¡Ya verás!

Tercer nivel

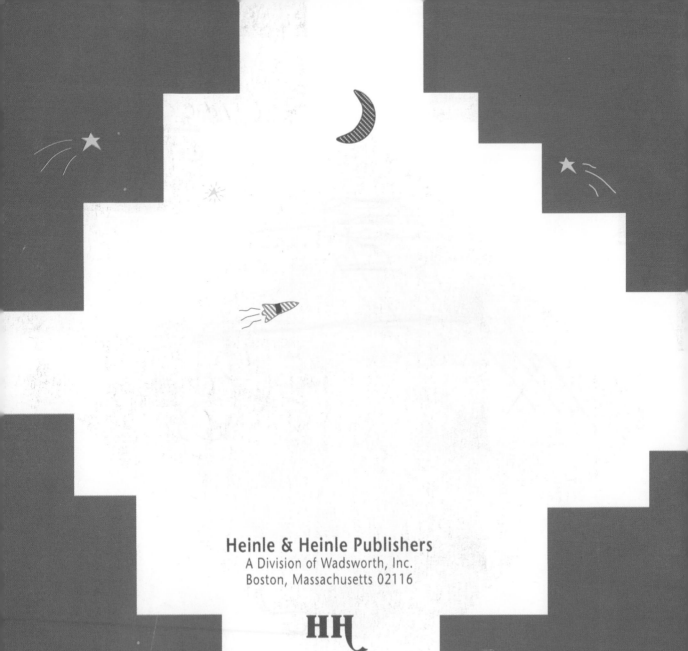

Heinle & Heinle Publishers
A Division of Wadsworth, Inc.
Boston, Massachusetts 02116

John R. Gutiérrez
The Pennsylvania State University
Harry Rosser
Boston College

¡Ya verás!

Tercer nivel

Publisher: Stanley J. Galek
Editorial Director: Janet L. Dracksdorf
Project Manager: Judy Keith
Art Editor / Copy Editor: Kris Swanson
Production Editor: Pamela Warren
Manufacturing Coordinator: Lisa McLaughlin
Assistant Editor: Nicole Baker
Composition: NovoMac Enterprises
Text Design: Sue Gerould/Perspectives
Cover Design: Jean Duvoisin/Duvoisin Design Associates
Illustrator: Jane O'Conor
Illustration Coordinator: Len Shalansky

Heinle & Heinle Publishers is a division of Wadsworth, Inc.

Manufactured in the United States of America

ISBN 0-8384-2194-6 (student edition)
ISBN 0-8384-2195-4 (teacher edition)

10 9 8 7 6 5 4 3

To the Student

As you continue your study of Spanish, you will not only discover how much you can already do with the language, but you will also learn to build on what you know. By now, you know how to talk about yourself, your family, and your friends; you can get around towns, use the subway in Madrid, and give directions; you are able to make purchases in a variety of stores; you can talk about the diversity of the Spanish-speaking world, including parts of the United States; and you have learned to use appropriate language in a variety of social interactions.

In Level Three of *¡Ya verás!* your cultural knowledge will expand to include information about foods, art, popular art, music, and literature of various parts of the Spanish-speaking world. You will learn to talk about food, clothing, art, music, and literature, and you will be able to make travel plans using various modes of transportation. Finally, by being exposed to a great variety of texts (recipes, menus, articles from magazines and newspapers, poetry, short stories, and even excerpts from some of the literary masterpieces of the Spanish language), you will hone your Spanish language reading skills. *Remember that the most important task ahead of you is NOT to accumulate a large quantity of knowledge about Spanish grammar and vocabulary, but rather to USE what you do know as effectively and creatively as you can.*

Communication in a foreign language means understanding what others say and transmitting your own messages in ways that avoid misunderstandings. As you learn to do this, you will make the kinds of errors that are necessary to language learning. DO NOT BE AFRAID TO MAKE MISTAKES! Instead, try to see errors as positive steps toward effective communication. They don't hold you back; they advance you in your efforts.

¡Ya verás! has been written with your needs in mind. It places you in situations that you as a young person might really encounter in a Spanish-speaking environment. Whether you are working with vocabulary or grammar, it leads you from controlled exercises (that show you just how a word or structure is used) to bridging exercises (that allow you to introduce your own personal context into what you are saying or writing) to open-ended exercises (in which you are asked to handle a situation much as you might in actual experience). These situations are intended to give you the freedom to be creative and express yourself without fear or anxiety. They are the real test of what you can DO with the Spanish you have learned.

Learning a language is hard work, but it can also be lots of fun. We hope that you find your experience with *¡Ya verás!* both rewarding and enjoyable.

TEXT PERMISSIONS

We wish to thank the authors, publishers and holders of copyright for their permission to reprint the following: **p. 9 and 10:** Pneu Michelin, Service de Tourisme, *Guide to Spain and Portugal;* **26:** The Natural Wildlife Federation, Vienna, VA; **42:** *Elle,* Hachette Publicaciones; **48:** *Tú* Magazine, Editorial America, Panama; **57 and 58:** *La guía del ocio,* Madrid, Spain; **92 and 93:** RENFE Brochure, Madrid, Spain; **103:** *Más* Magazine, Univision Publications, 1989 New York, NY; **104:** *Indelec,* Ediciones Tactic, Madrid, Spain; **117, 125, 126, 133, and 134:** RENFE Brochure, Madrid, Spain; **158, 274 and 275:** *Más* Magazine, Univision Publications, 1989, 1990. New York, NY; **187, 188:** "Frida Kahlo" Vol. 32, No. 3, 1980; **205 and 206:** "Paraíso prohibido" Vol. 37, No. 1, 1985; **214 and 215:** "México y sus máscaras" Vol. 32, No. 2, 1980; **219:** "Las pintorescas carretas" Vol. 38, No. 3, 1986: all reprinted from *Américas*, a bimonthly magazine published by the General Secretariat of the Organization of American States in English and Spanish; **342 and 343:** from *Historias de Cronopios y Famas de J. Cortázar:* Agencia Literaria Carmen Balcells, S.A. Barcelona, Spain.

PHOTO AND ART CREDITS

Robert Frerck/Odyssey: p. vii left, 6, 87, 89, 94, 128, 138, 150, 167, 168, 204, 224, 231, 239, 308.

Beryl Goldberg: p. v top and middle, 3, 4, 24, 32, 53, 66, 80, 90 bottom, 116, 149, 177, 262.

Stuart Cohen: p. v bottom, 15, 21, 29, 73, 90 top right, 250 bottom. **Stuart Cohen/Comstock:** 13, 50, 170 top left, 174, 202, 250 top left, 251, 288.

p. vii right Chicago Tourism Council ©1992 ARS, N.Y./SPADEM; **27** Jeff Foott; **28** top Sharon Chester/Comstock; **28** bottom left Owen Franken/Stock Boston; **28** bottom right Marvin Koner/Comstock; **65** Bill Schwob/WGBH, *The Victory Garden Cookbook*, Alfred A. Knopf, New York, 1982; **74** John Gutiérrez; **77** Marilu Swett; **90** top left Bettmann Archive; **114** Larry Mangino/Image Works; **137** Giraudon/Art Resource; **162** Duane and Associates; **170** top right Bonnie Kamin/Comstock; **170** bottom Craft and Folk Art Museum, Los Angeles; **175** Giraudon/Art Resource; **178** Scala/Art Resource; **181** top Comstock; **200** Giraudon/Art Resource ©1992 ARS, N.Y./SPADEM; **212** Costa Rica National Tourist Bureau; **214** Craft and Folk Art Museum, Los Angeles; **219, 220** top, **221** left and right John Gutiérrez; **225** AP/Wide World Photos; **233** Bob Daemmrich/Image Works; **234** Discos International, New York; **249, 250** top right Bettmann Archive; **254** UPI/Bettmann; **255** left AP/Wide World Photos; **255** right UPI/Bettmann; **256** top Reuters/Bettmann; **256** bottom, **258** left and right, **259** left UPI/Bettmann; **259** right Reuters/Bettmann; **260** UPI/Bettmann; **264** Frank Keith; **289** ©1992 ARS, N.Y./SPADEM; **301** Bettmann Archive; **314** Russ Kinne/Comstock; **315** AP/Wide World Photos; **327** George Gerster/Comstock; **337, 342** UPI/Bettmann.

p. 171 Pablo Picasso, *The Old Guitarist*, 1903. Oil on panel, 122.9 x 82.6 cm. Art Institute of Chicago, Helen Birch Bartlett Memorial Collection. ©1992 ARS, N.Y./SPADEM.

p. 179 José Clemente Orozco, *Zapatistas*, 1931. Oil on canvas, 45 x 55". Collection, The Museum of Modern Art, New York, Given anonymously.

p. 180 David Alfara Siqueiros, *Ethnography*, (1939). Enamel on composition board, 48 1/8 x 32 3/8". Collection, The Museum of Modern Art, New York, Abby Aldrich Rockefeller Fund.

p. 181 bottom Diego Rivera, *The Flower Carrier* (previously known as *The Flower Vendor*), 1935. Oil and tempera on masonite, 48 x 47 3/4". San Francisco Museum of Modern Art, Albert M. Bender Collection, gift of Albert M. Bender in memory of Caroline Walter.

p. 187 Frida Kahlo, *Self Portrait with Monkey and Parrot*, 1942. Oil on board, 21 x 17". Collection, IBM Corporation, Armonk, New York.

p. 190 Frida Kahlo. *Frieda and Diego Rivera*, 1931. Oil on canvas, 39 3/8 x 31". San Francisco Museum of Modern Art, Albert M. Bender Collection, gift of Albert M. Bender.

p. 191 Pablo Picasso, *Three Musicians*, Fontainebleau, summer 1921. Oil on canvas, 6'7" x 7'3 3/4". Collection, The Museum of Modern Art, New York, Mrs. Simon Guggenheim Fund. ©1992 ARS, N.Y./SPADEM.

p. 192 Pablo Picasso, *Family of Saltimbanques*, 1905. Oil on canvas, 83 3/4 x 90 3/8". National Gallery of Art, Chester Dale Collection. ©1992 ARS, N.Y./SPADEM.

p. 193 Joan Miró, *Woman and Bird in the Night*, 1945. Oil on canvas, 51 x 64". Albright-Knox Gallery, Buffalo, New York, gift of Seymour H. Knox. ©1992 ARS, N.Y./ADAGP.

p. 194 Salvador Dalí, *The Persistence of Memory,* 1931. Oil on canvas, 9 1/2 x 13". Collection, The Museum of Modern Art, New York, given anonymously. ©1992 ARS, N.Y./Demart Pro Arte.

p. 220 bottom Anonymous, *Santiago,* New Mexico, mid-19th century. Organic pigments on wood. Collections, International Folk Art Foundation, Museum of International Folk Art, Santa Fe.

MAPS

pp. xiv–xvi Deborah Perugi; **p. 26** Medsci Art Co.

Contents

La Mancha, España

Escultura por Picasso en Daley Center Plaza, Chicago, Illinois

3 El arte y la música en el mundo hispano 173

Acknowledgments

Creating a secondary language program is a long, complicated, and difficult process. First of all, we must express our deepest and most heartfelt thanks to our Editorial Director, Janet Dracksdorf, who strongly yet with great sensitivity and support, guided the project from its inception through its realization. Our Project Editor, Judy Keith, has managed the many facets of the production process with skill and good humor. Kris Swanson copyedited the manuscript, and we thank her for her poignant comments and excellent suggestions at every phase of the process. We would like to thank many other people who played a role in the production of the program: Nicole Baker, Assistant Editor; Elizabeth Holthaus, Editorial Production Manager; Sue Gerould, Designer; Jean Duvoisin, Cover Designer; Jane O'Conor, Illustrator; Vivian Novo-MacDonald, Compositor; Jaime Fatas, native Spanish-speaking reviewer; Carl Spector, photo researcher; and Camilla Ayers, Pam Halloran, and Kelly Zajechowski for their editorial assistance.

Our thanks also go to others at Heinle & Heinle who helped make this project possible: Charles Heinle, Stan Galek, José Wehnes, Erek Smith, and, of course, to Jeannette Bragger and Donald Rice, the authors of ***On y va!***. The feedback received from reviewers John Boehner, Stephen Collins, José M. Díaz, John LeCuyer and Phil Stone was invaluable as Level 3 developed. We also wish to express our appreciation to the people responsible for the fine set of ancillary materials available with the *¡Ya verás!* program: Stephen J. Collins, Workbook; Ana Martínez-Lage and Concha Barba, Testing Program; and Ana Beatriz Chiquito, Laboratory Tape Program.

Finally, a very special word of acknowledgment goes to the authors' children:

—to Mía (age 7) and Stevan (age 4) Gutiérrez, who are always on their daddy's mind and whose cultural heritage is ever present in *¡Ya verás!*

—to Susan, Elizabeth, and Rebecca Rosser, whose enthusiasm and increasing interest in Spanish inspired their father to take part in this endeavor.

John R. Gutiérrez and Harry L. Rosser

The publisher and authors wish to thank the following teachers who pilot-tested parts or all of the ***¡Ya verás!*** program. They used the materials with their classes and made invaluable suggestions as our work progressed. Their feedback benefits all who use this final product. We are grateful to each one of them for their dedication and commitment to teaching with the program in a prepublication format.

Nola Baysore
Muncy JHS
Muncy, PA

Barbara Connell
Cape Elizabeth Middle School
Cape Elizabeth, ME

Frank Droney
Susan Digiandomenico
Wellesley Middle School
Wellesley, MA

Michael Dock
Shikellamy HS
Sunbury, PA

Jane Flood Clare
Somers HS
Lincolndale, NY

Nancy McMahon
Somers Middle School
Lincolndale, NY

Rebecca Gurnish
Ellet HS
Akron, OH

Peter Haggerty
Wellesley HS
Wellesley, MA

José M. Díaz
Hunter College HS
New York, NY

Claude Hawkins
Flora Mazzucco
Jerie Milici
Elena Fienga
Bohdan Kodiak
Greenwich HS
Greenwich, CT

Wally Lishkoff
Tomás Travieso
Carver Middle School
Miami, FL

Manuel M. Manderine
Canton McKinley HS
Canton, OH

Grace Angel Marion
South JHS
Lawrence, KS

Jean Barrett
St. Ignatius HS
Cleveland, OH

Gary Osman
McFarland HS
McFarland, WI

Deborah Decker
Honeoye Falls-Lima HS
Honeoye Falls, NY

Carrie Piepho
Arden JHS
Sacramento, CA

Rhonda Barley
Marshall JHS
Marshall, VA

Germana Shirmer
W. Springfield HS
Springfield, VA

John Boehner
Gibson City HS
Gibson City, IL

Margaret J. Hutchison
John H. Linton JHS
Penn Hills, PA

Edward G. Stafford
St. Andrew's-Sewanee School
St. Andrew's, TN

Irene Prendergast
Wayzata East JHS
Plymouth, MN

Tony DeLuca
Cranston West HS
Cranston, RI

Joe Wild-Crea
Wayzata Senior High School
Plymouth, MN

Katy Armagost
Manhattan HS
Manhattan, KS

William Lanza
Osbourn Park HS
Manassas, VA

Linda Kelley
Hopkinton HS
Contoocook, NH

John LeCuyer
Belleville HS West
Belleville, IL

Sue Bell
South Boston HS
Boston, MA

Wayne Murri
Mountain Crest HS
Hyrum, UT

Barbara Flynn
Summerfield Waldorf School
Santa Rosa, CA

The publisher and authors would also like to thank the following people who reviewed the ***¡Ya verás!*** program at various stages of development. Their comments on the presentation of the content were much appreciated.

Lee Benedetti (Springfield Central HS, Springfield, MA); Patty Bohannon (Dewey HS, Dewey, OK); Maria Luisa Castillo (San Francisco University HS, San Francisco, CA); Diana Chase (Howell HS, Farmingdale, NJ); C. Ben Christensen (San Diego State University, San Diego, CA); Marty Clark (Peters Township HS, Canonsburg, PA); Stephen Collins (Boston College HS, Dorchester, MA); Wendy Condrat (Judge Memorial HS, Salt Lake City, UT); José M. Díaz (Hunter College HS, New York, NY); Johnny Eng (Alamo Heights HS, San Antonio, TX); Helen Ens (Hillsboro HS, Hillsboro, KS); Joe Harris (Poudre School District, Fort Collins, CO); Martha Hatcher (Wayzata West JHS, Wayzata, MN); Brooke Heidenreich (Issequah HS, Issequah, WA); Marty Hogan (Brandon Valley HS, Brandon, SD); Helen V. Jones (Supervisor of Foreign Languages, ESL and Bilingual Education, Department of Education, Richmond, VA); Nancy Landmesser (Tom's River HS South, Tom's River, NJ); Sue Lashinsky (George Washington HS, Lakewood, CO); Lois C. Leppert (Heritage HS, Littleton, CO); Manuel M. Manderine (Canton McKinley HS, Canton, OH); Leslie Martineau (Middletown HS, Middletown, MD); Douglas Morgenstern (Massachusetts Institute of Technology, Cambridge, MA); Edith Moritz (Westminster School, Atlanta, GA); Isolina Núñez (Western Albemarle HS, Croyet, VA); Elizabeth Pitt (Charlottesville HS, Charlottesville, VA); Mary Jo Renzi (Santa Rosa HS, Santa Rosa, CA); Connie Rossi (Annie Wright School, Tacoma, WA); Richard Seibert (San Mateo HS, San Mateo, CA); Maria Soares (Columbia Grammar and Preparatory School, New York, NY); Phil Stone (Lake Forest HS, Lake Forest, IL); Margaret Sullivan (Duggin JHS, Springfield, MA)

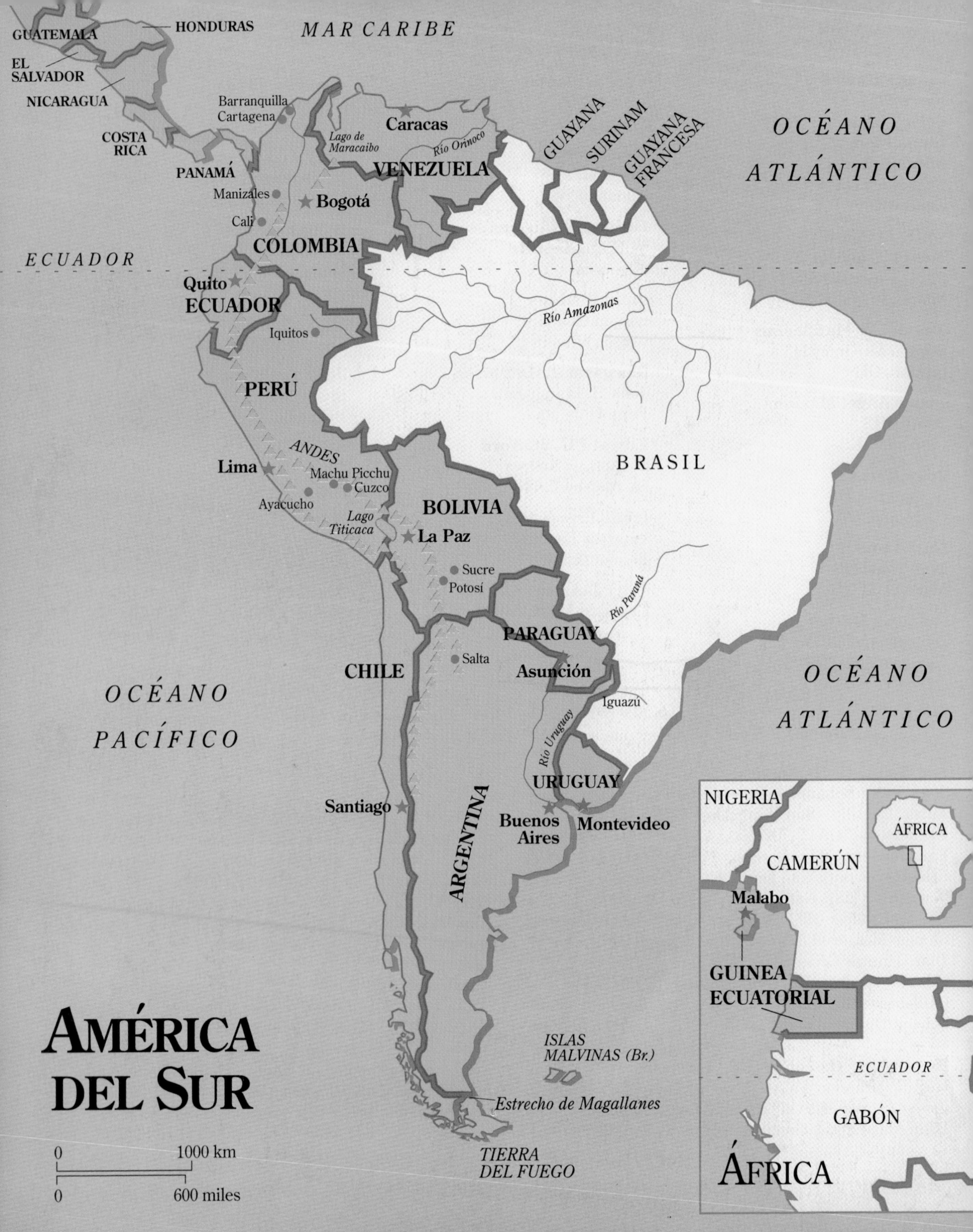

AMÉRICA DEL SUR
GUATEMALA
HONDURAS
EL SALVADOR
NICARAGUA
COSTA RICA
PANAMÁ
MAR CARIBE
Barranquilla
Cartagena
Caracas
Lago de Maracaibo
Río Orinoco
VENEZUELA
GUAYANA
SURINAM
GUAYANA FRANCESA
OCÉANO ATLÁNTICO
Manizales
Bogotá
Cali
COLOMBIA
ECUADOR
Quito
ECUADOR
Iquitos
Río Amazonas
PERÚ
ANDES
Lima
Machu Picchu
Cuzco
Ayacucho
Lago Titicaca
BOLIVIA
La Paz
Sucre
Potosí
BRASIL
Río Paraná
PARAGUAY
Asunción
Salta
CHILE
Iguazú
Río Uruguay
OCÉANO PACÍFICO
OCÉANO ATLÁNTICO
URUGUAY
Santiago
Buenos Aires
Montevideo
ARGENTINA
ISLAS MALVINAS (Br.)
Estrecho de Magallanes
TIERRA DEL FUEGO
0
1000 km
0
600 miles
NIGERIA
ÁFRICA
CAMERÚN
Malabo
GUINEA ECUATORIAL
ECUADOR
GABÓN
ÁFRICA

México, América Central y el Caribe
Estados Unidos
Tijuana
Mexicali
Santa Fe
Albuquerque
Nueva York
El Paso
Nogales
Ciudad Juárez
Baja California
Río Grande
San Antonio
México
Nuevo Laredo
Monterrey
Golfo de México
Océano Atlántico
N
Mazatlán
San Luis Potosí
León
Tampico
Miami
Puerto Vallarta
Guadalajara
Península de Yucatán
La Habana
México, D.F.
Cuba
Taxco
Veracruz
Mérida
Cancún
Cuernavaca
Puebla
Chichén Itzá
Santiago
República Dominicana
Acapulco
Oaxaca
Palenque
Océano Pacífico
Mar Caribe
San Juan
Belice
Jamaica
Haiti
Santo Domingo
Puerto Rico
Guatemala
Honduras
Tegucigalpa
San Salvador
El Salvador
Nicaragua
Managua
Canal de Panamá
San José
Costa Rica
Panamá
Caracas
Venezuela
Bogotá
Colombia
Brasil
0
1000 km
0
600 miles

ESPAÑA
MAR CANTÁBRICO
FRANCIA
OCÉANO ATLÁNTICO
ASTURIAS
Santiago
GALICIA
Santander
Bilbao
PIRINEOS
ANDORRA
EUSKADI
Pamplona
NAVARRA
Gerona
CASTILLA LA VIEJA
Río Ebro
Valladolid
Zaragoza
CATALUÑA
LEÓN
ARAGÓN
Barcelona
Segovia
Costa Brava
Salamanca
Río Tajo
Madrid
MENORCA
Toledo
MALLORCA
EXTREMADURA
VALENCIA
CASTILLA LA NUEVA
Valencia
IBIZA
PORTUGAL
Ciudad Real
ISLAS BALEARES
Alicante
MURCIA
Murcia
Río Guadalquivir
Córdoba
MAR MEDITERRÁNEO
Sevilla
ANDALUCÍA
Granada
Málaga
Cádiz
Costa del Sol
Estrecho de Gibraltar
Gibraltar (Br.)
Ceuta (Sp.)
Melilla (Sp.)
0
150 km.
ISLAS CANARIAS
TENERIFE
0
100 km.
0
100 m.

¡Ya verás!

Tercer nivel

CAPÍTULO PRELIMINAR

Vamos a repasar

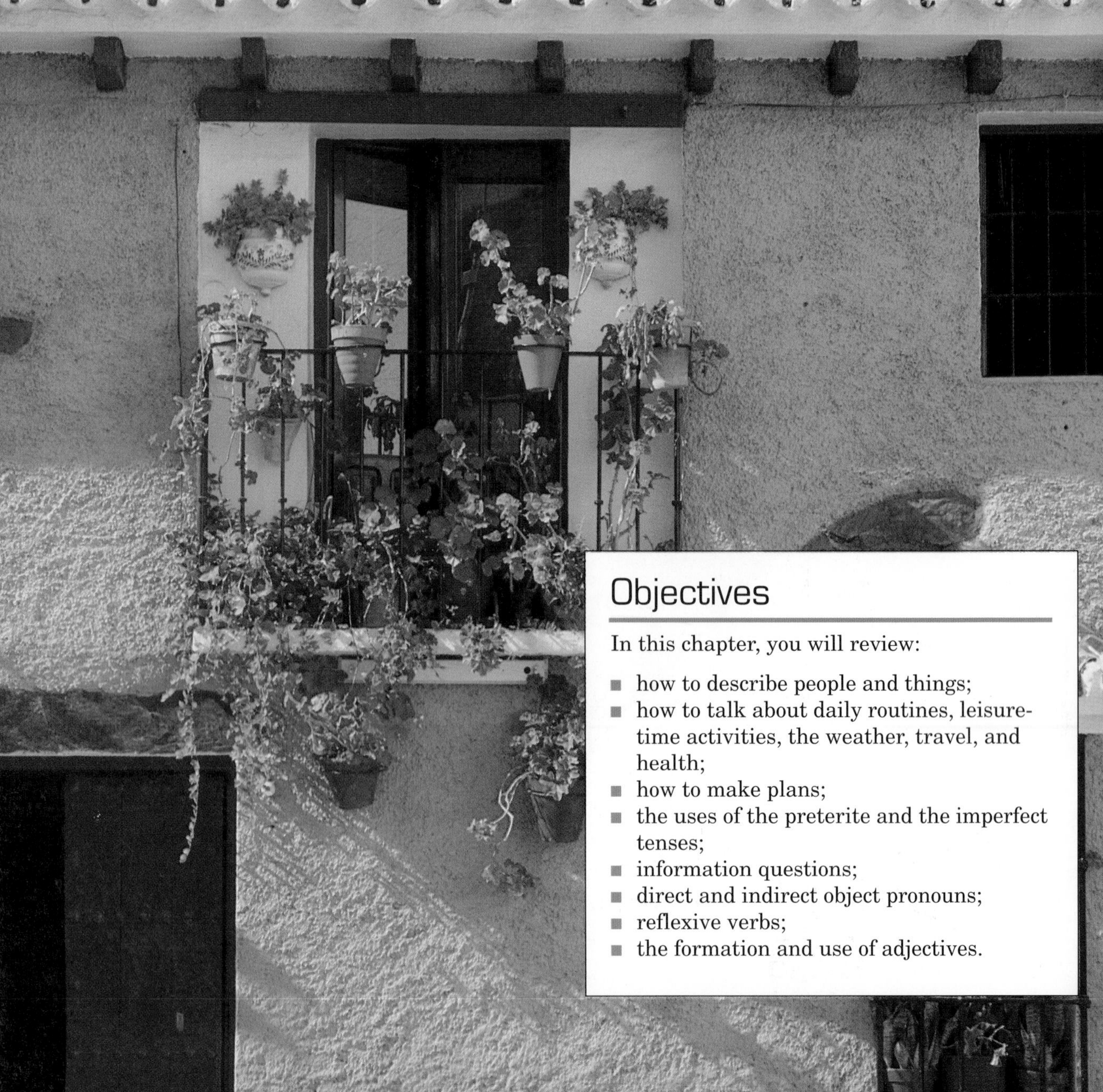

Objectives

In this chapter, you will review:

- how to describe people and things;
- how to talk about daily routines, leisure-time activities, the weather, travel, and health;
- how to make plans;
- the uses of the preterite and the imperfect tenses;
- information questions;
- direct and indirect object pronouns;
- reflexive verbs;
- the formation and use of adjectives.

Primera etapa

¿Qué hiciste durante las vacaciones?

Me llamo Margarita Lezcano y vivo en Madrid. Mi familia tiene una casa pequeña en Nerja, un pueblo en la Costa del Sol. Cada año pasamos el mes de agosto en nuestra casa, donde tenemos una bella vista del mar. Como de costumbre, el verano pasado fuimos de vacaciones. Salimos el 2 de agosto. Hicimos el viaje en coche en diez horas. Tuvimos buena suerte porque hizo buen tiempo el día que viajamos.

Los primeros días tuvimos mucho trabajo que hacer para arreglar la casa. Mi hermano y yo les ayudamos a nuestros padres. Limpiamos los cuartos, hicimos las camas y compramos comida — huevos, patatas, pan y fruta.

Después nos divertimos mucho. Mi hermano y yo nos encontramos con nuestros amigos, fuimos al cine, hicimos excursiones a la playa y comimos muchas cosas deliciosas. También fuimos a varias fiestas.

A fines de agosto cerramos la casa y volvimos a Madrid. Ahora estoy lista para volver a la escuela.

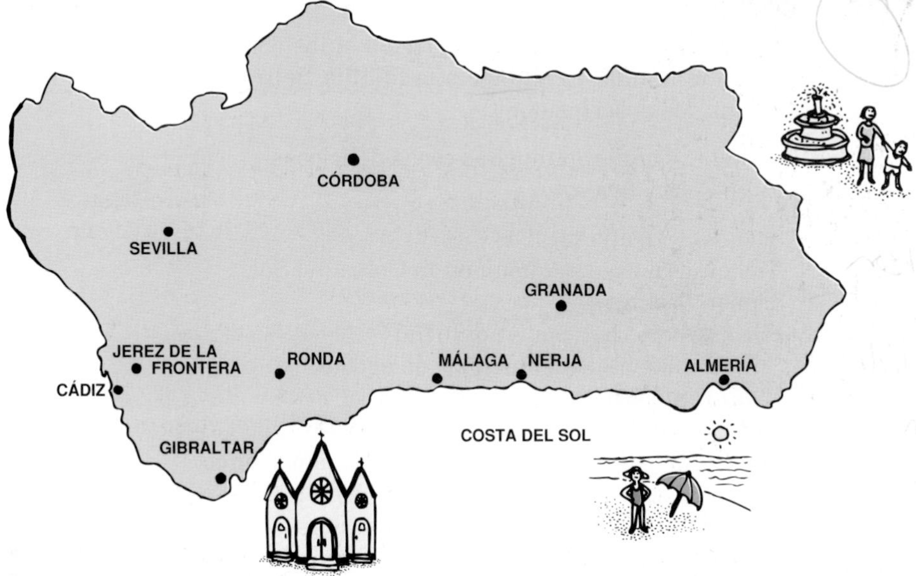

Me llamo Esteban Beltrán y vivo en Burgos con mi familia. El verano pasado hicimos un viaje por Andalucía. Mi abuela vive en Sevilla y también tengo primos en Córdoba. Hacía mal tiempo cuando salimos de Burgos. Hicimos el largo viaje a Granada en un sólo día. Estábamos muy cansados cuando llegamos al Parador de San Francisco. Dormimos bien esa noche.

El día siguiente comenzamos a explorar Granada. Visitamos la Alhambra, una fortaleza que construyeron los árabes en el siglo XIV. Visité el Alcázar con mis padres. Después nadé en la piscina del hotel.

De Granada viajamos a Córdoba donde visitamos la Mezquita, ahora una catedral famosa en el centro de la ciudad.

Pasamos unos días con mis primos. Vimos un concurso de baile flamenco, visitamos el Museo Arqueológico y comimos en un restaurante elegante.

Después de dos semanas de viaje, regresamos a Burgos. Estaba muy contento de volver a casa y ver a mis amigos otra vez.

Comprensión

A. **¿Los Lezcano o los Beltrán?** Decide si las oraciones que siguen se refieren a la familia Lezcano o a la familia Beltrán, según la información en las dos descripciones.

MODELO: Comieron muchas cosas deliciosas.
los Lezcano

1. Visitaron Granada.
2. Tienen una casa pequeña en la Costa del Sol.
3. Tienen dos hijos.
4. Hicieron un viaje por Andalucía.
5. Salieron de viaje a principios de agosto.
6. Visitaron a su abuela y a sus primos.
7. Son del norte de España.
8. El día que salieron de Madrid hacía buen tiempo.
9. Visitaron varios lugares de interés histórico.
10. Pasaron la mayor parte de sus vacaciones en un sólo lugar.

Uses of the preterite and the imperfect

The following table outlines the uses of the preterite and the imperfect tenses. As you study it, keep the following things in mind.

1. Both the preterite and the imperfect are past tenses.
2. Most Spanish verbs may be put into either tense, depending on the context in which they appear and the meaning that the speaker wishes to convey.
3. As a general rule, the preterite moves a story's action forward in past time.

   Visitamos el Museo del Prado, **vimos** muchos cuadros famosos y después fuimos a un restaurante elegante donde **comimos** paella.

4. As a general rule, the imperfect tends to be more descriptive and static.

   Hacía buen tiempo, el sol **brillaba** y nosotros **jugábamos** en la playa mientras nuestros padres **descansaban** en el hotel.

Imperfect	**Preterite**
Descriptions of characteristics (of people, things, physical conditions and mental states)	
Su tío **era** un hombre inteligente. El jardín **estaba** lleno de flores. **Estábamos** muy enfermos. Carlos **tenía** miedo de subir al avión.	
Habitual actions	*Single occurrences*
Durante las vacaciones siempre **íbamos** a Andalucía.	El verano pasado **fuimos** a Andalucía.
Indefinite period of time	*Definite period of time*
Cuando **era** niño, **tenía** un perro.	En 1989, **pasé** dos meses en Venezuela.
Generalmente **hacía** buen tiempo.	El sábado **hizo** buen tiempo.
Actions repeated an unspecified number of times	*Actions repeated a specified number of times*
A menudo **jugábamos** al tenis en el parque.	El domingo por la tarde **jugamos** al tenis dos veces.

B. **Mis vacaciones** Usa los siguientes verbos y expresiones para hablar de tus vacaciones más recientes. Usa el pretérito, según el modelo, para indicar qué hiciste. Si en realidad no fuiste de vacaciones, inventa los detalles *(details)*. Sigue el modelo.

MODELO: el verano pasado / ir
El verano pasado nosotros fuimos a Boston.

1. el verano pasado / ir
2. el primer día / desayunar
3. primero / visitar
4. después / ver
5. esa noche / ir
6. el día siguiente / comprar
7. más tarde / comer
8. después de unos días / salir
9. por fin / regresar

C. **¿Qué hacías? ¿Dónde estabas?** Contesta las preguntas, usando la información entre paréntesis. Sigue el modelo.

MODELO: ¿Qué hacías tú cuando comenzó a llover? (trabajar en el jardín)
Yo trabajaba en el jardín cuando comenzó a llover.

1. ¿Qué hacías tú cuando Juan entró? (mirar la televisión)
2. ¿Dónde estabas tú cuando Mario tuvo el accidente? (estar en la playa)
3. ¿Qué hacías tú cuando ella llamó por teléfono? (poner la mesa)
4. ¿Qué hacía él cuando vio a su profesor? (jugar al fútbol)
5. ¿Dónde estaban ellas cuando tú te caíste? (estar en la cocina)
6. ¿Qué hacían ustedes cuando llegó Isabel? (comer)
7. ¿Dónde estabas tú cuando tu mamá te llamó? (caminar por el parque)
8. ¿Qué hacían ellos cuando recibieron la noticia? (lavar el coche)

D. **Cuando yo era niño(a)...** Descríbele tu niñez *(childhood)* a un(a) amigo(a). ¿Dónde vivías? ¿Qué tiempo hacía en esa región? ¿A qué escuela asistías? ¿Qué hacías durante las vacaciones? ¿Qué te gustaba hacer durante los fines de semana? Usa el imperfecto en tu descripción.

E. **El verano pasado** Diles a tus compañeros lo que hiciste el verano pasado. Cuéntales de tus actividades, de lo que hacías los fines de semana, de un viaje que hiciste, etc. Usa las descripciones de Margarita y de Esteban como modelos. Presta atención a los usos del pretérito y del imperfecto.

¿Recuerdan?

To ask for information, use the question words **cuándo** *(when)*, **por qué** *(why)*, **qué** *(what / which)*, **dónde / adónde** *(where)*, **cuánto / cuánta / cuántos / cuántas** *(how much, how many)*, **quién / quiénes** *(who)*, **con quién / con quiénes** *(with whom)*, **cómo** *(how)*, or **cuál / cuáles** *(what / which)*.

¿**Cuándo** regresaste de tus vacaciones, Esteban?
¿**Por qué** visitaste Granada?
¿**Qué** viste en esa ciudad?
¿**Dónde** vive tu abuela?
¿**Adónde** fueron después de Córdoba?
¿**Cuántos** días pasaron en Sevilla?
¿**Quién** visitó el Museo Arqueológico?
¿**Con quiénes** fuiste al concurso de baile flamenco?
¿**Cómo** hicieron el viaje por Andalucía?
¿**Cuál** fue tu lugar favorito?

F. **¡Qué curioso!** Por cada cosa que dice tu compañero(a), hazle tres preguntas para obtener más información. Tu compañero(a) tiene que inventar los detalles para responder a tus preguntas. Sigue el modelo.

MODELO: Este verano estuve en España.
—¿Cuándo saliste para España?
—El 2 de julio.
—¿Qué ciudades visitaste?
—Madrid y Barcelona.
—¿Con quiénes estuviste en España?
—Con mis padres.

1. Este verano acampamos.
2. El año pasado mi familia y yo estuvimos en Andalucía.
3. Anoche mis amigos y yo comimos en un restaurante.
4. El fin de semana pasado me quedé en casa.
5. Nuestro profesor pasó el verano en España.
6. Mis padres acaban de comprar un coche.
7. El sábado pasado fui al centro.

G. **Una entrevista** Entrevista a uno(a) de tus compañeros sobre el tema de las vacaciones. Hazle por lo menos seis preguntas. Después explícale a la clase lo que tu compañero(a) hizo durante el verano.

Direct objects

A direct object is a person or thing that is directly affected by the action of the verb. To simplify communication and avoid repeating the noun for that person or thing over and over again, a direct object pronoun may be used in its place.

¿Compró Carlos la **cámara japonesa**?	Sí, **la** compró.
¿Leyó tu padre **el libro** anoche?	Sí, mi padre **lo** leyó anoche.
¿Quieren **las entradas**?	Sí, **las** queremos.
¿Vieron a **los actores**?	No, no **los** vimos.

Remember that the direct object pronoun is placed immediately in front of a conjugated verb. When used with a conjugated verb and an infinitive together, the direct object pronoun may be attached to the end of the infinitive, or it may come before the verb and the infinitive.

Lo leo.
Quiero leer**lo**.
Lo quiero leer.

RENFE
TREN TARIFA IMPORTE CLASE
00 00 00.165
VILLALBA GMA.
MADRID CHA.
Kms. 39
NO ES VALIDO SIN IMPRESION DE MAQUINA.
ENTREGUESE A LA LLEGADA, INCLUIDO S.O.V.
FECHA BILLETE N.°
-9AGO 2948

H. **En pocas palabras** Habla de los detalles del viaje, reemplaza los complementos directos con los pronombres correspondientes. Sigue el modelo.

MODELO: Marta hizo los arreglos para el viaje.
Marta los hizo.

1. Mi hermano llevó las maletas al coche.
2. Mi padre compró los pasajes.
3. El taxi llevó a la familia a la estación de tren.
4. Leí una revista mientras esperábamos.
5. Vimos una cafetería nueva en la estación.
6. Quería beber un refresco.
7. Mi hermana vio a unos amigos suyos.
8. El conductor anunció la hora de la salida.

I. **Es decir...** Indica lo que buscaste, pediste o viste en un viaje al centro. En los comentarios que haces en el pretérito usa los pronombres que corresponden a los siguientes complementos directos. Sigue el modelo.

MODELO: un restaurante mexicano
Lo busqué. o:
Lo vi.

1. a un mesero joven
2. una mesa pequeña
3. el menú
4. tacos de pollo
5. a unos amigos
6. una ensalada
7. la cuenta
8. el teléfono

J. **No quiero hacerlo.** Dile a un(a) amigo(a) que no quieres hacer lo que se sugiere. Usa los pronombres que corresponden a los complementos directos. Sigue el modelo.

MODELO: ver la película
No quiero verla. o:
No la quiero ver.

1. llevar a mi hermano a la escuela
2. hacer las maletas
3. ver el museo
4. comprar ese disco
5. saber su opinión
6. hacer la tarea
7. mirar los mapas
8. llevar calcetines
9. perder el partido

Contexto: En el Hotel Madrid

—Buenos días, señor.
—Buenos días, señora. ¿En qué puedo servirle?
—Quisiera reservar dos habitaciones por tres noches. Una habitación para dos personas y una habitación individual.
—Cómo no. ¿Bajo qué nombre, por favor?
—Bajo el nombre de Álvarez.
—Muy bien. Dos habitaciones por tres noches. ¿Con baño o sin baño?
—Con baño, por favor.
—Bien. Una habitación para dos personas a 3325 pesetas por persona y una habitación para una persona a 4550 pesetas. ¿Le parece bien?
—Sí, perfecto. ¿Está incluido el desayuno?
—No, señora. Usted tiene que pagar un suplemento de 225 pesetas por el precio del desayuno.
—De acuerdo.

Madrid sin rest, Carretas 10, ✉ 28012, ✆ 521 65 20, Telex 43142, Fax 531 02 10 – |$|
AE ⓓ E VISA LY r
400 – **72 hab** 5400/7400.

¡Aquí te toca a ti!

K. **En el hotel** You and your family are in Madrid checking into the Hotel Carlos V. Because you are the only one in the familiy who speaks Spanish, you make the arrangements at the desk. Get the number of rooms necessary for your family, decide if you want a bathroom in each room, find out the price, and ask if breakfast is included. Your classmate will play the desk clerk and use the following guidebook entry to give you the correct information.

¿Cuánto cuesta?

La instalación

Las habitaciones de los hoteles que recomendamos poseen, en general, instalaciones sanitarias completas. No obstante puede suceder que en las categorías 🏨, 🏨 y 🏨 algunas habitaciones carezcan de ellas.

30 hab **30 qto**	Número de habitaciones
[icon]	Ascensor
[icon]	Aire acondicionado
[icon]	Televisión en la habitación
[icon]	Teléfono en la habitación por centralita
[icon]	Teléfono en la habitación directo con el exterior
[icon]	Habitaciones de fácil acceso para minusválidos
[icon]	Comidas servidas en el jardín o en la terraza
[icon]	Piscina: al aire libre o cubierta
[icon]	Jardín
[icon]	Tenis en el hotel — Golf y número de hoyos
25/150	Salas de conferencias: capacidad de las salas
[icon]	Garaje en el hotel (generalmente de pago)
[icon]	Aparcamiento reservado a la clientela
[icon]	Prohibidos los perros (en todo o en parte del establecimiento
Fax	Transmisión de documentos por telecopia
mayo-octubre	Período de apertura comunicado por el hotelero
temp.	Apertura probable en temporada sin precisar fechas. Sin mención, el establecimiento está abierto todo el año
28 012 **1 200**	Código postal

COMIDAS

Com 1 200 Ref 1 000	**Menú a precio fijo.** Almuerzo o cena servido a las horas habituales
Carta 2 450 a 3 800 Lista 1 800 a 2 550	**Comida a la carta.** El primer precio corresponde a una comida normal comprendiendo: entrada, plato fuerte del día y postre. El 2° precio se refiere a una comida más completa (con especialidad) comprendiendo: dos platos, postre
☕ 325	Precio del desayuno

HABITACIONES

hab. 4 500/6 700	Precio de una habitación individual / precio de una habitación doble, en temporada alta
hab ☕ 4 800/7 000 **qto** ☕ 4 400/6 300	Precio de la habitación con desayuno incluido

PENSIÓN

PA 2 500	Precio de la pensión alimentacia (desayuno, comida y cena) 2 500. El precio de la pensión completa por persona y por día se obtendrá añadiendo al importe de la habitación individual el de la pensión alimentacia. Conviene concretar de antemano los precios con el hotelero.

Carlos V sin rest, Maestro Vitoria 5, ✉ 28013, ✆ 531 41 00, Telex 48547, Fax 531 37 61 – AE VISA KY **f**
☕ 600 – **67 hab** 9000/11250

Contexto: El tiempo

Si piensas hacer un viaje, es buena idea consultar la sección meteorológica del periódico. Mira el mapa y lee el pronóstico del tiempo del periódico antes de hacer el ejercicio que sigue.

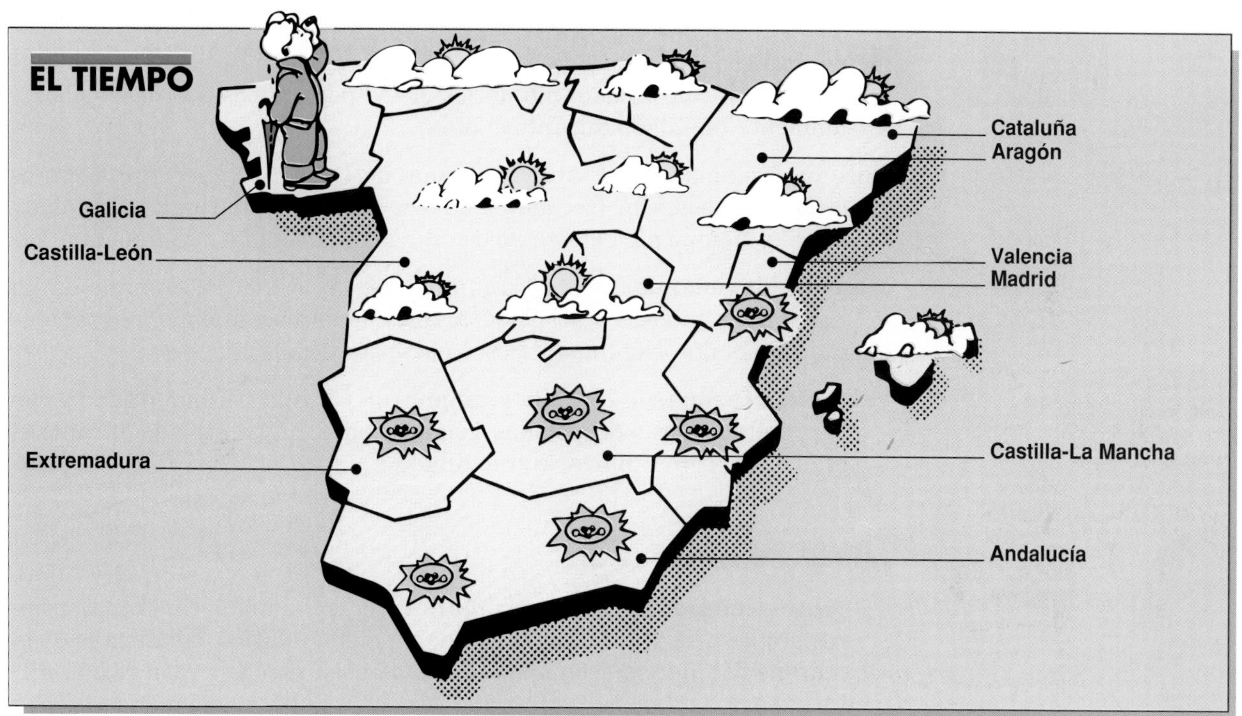

Excepto Galicia, soleado

Más lentamente de lo esperado va a **mejorar** la situación atmosférica en la mayoría de las regiones españolas, con predominio de los cielos parcialmente nubosos o despejados. Únicamente **habrá** tiempo nublado y algo inestable en Galicia y algunos intervalos nubosos frecuentes en las costas norteñas.

mejorar: to improve; *habrá*: there will be

Andalucía. Máxima, de 22° a 26°; mínima, de 11° a 19°. **Ambiente** templado, con cielos despejados. Áreas de **marejada.**

Ambiente: Atmosphere; *marejada*: heavy sea

Aragón. Máxima, de 16° a 21°; mínima, de 10° a 15°. Predominio de los cielos parcialmente nubosos, con bancos de niebla **matinales** en el valle del Ebro y ambiente suave.

matinales: morning

Castilla–La Mancha. Máxima, de 19° a 24°; mínima, de 10° a 13°. Ambiente suave, con cielos despejados y algunas neblinas matinales.

A cooling off

Castilla-León. Máxima, de 17° a 21°; mínima, de 10° a 13°. **Refrescamiento**, con intervalos nubosos, más frecuentes en las áreas montañosas, con algunas precipitaciones débiles ocasionales.

Cataluña. Máxima, de 17° a 24°; mínima, de 10° a 16°. Cielos parcialmente nubosos en el norte. Predominio de los grandes claros, con bancos de niebla matinales en el resto. Marejada.

Extremadura. Máxima, de 23° a 25°; mínima, de 14° a 18°. Neblinas matinales, con predominio de los cielos poco nubosos o despejados y ambiente templado durante el día.

Galicia. Máxima, de 19° a 21°; mínima, de 11° a 14°. Predominio de los cielos nubosos, con frecuentes bancos de niebla matinales, ambiente suave y tiempo algo inestable con lluvias ocasionales. Marejada.

Madrid. Máxima, de 22° a 25°; mínima, de 11° a 14°. Predominio de los cielos poco nubosos o despejados, con ambiente templado y agradable durante el día. Neblinas y fresco nocturno y matinal.

dry

Valencia. Máxima, de 23° a 25°; mínima, de 15° a 17°. Tiempo **seco** y cielos poco nubosos o despejados, con ambiente muy templado durante el día y nieblas matinales. Marejadilla.

¡Aquí te toca a ti!

L. **¿Qué tiempo va a hacer mañana?** Trabajando con un(a) compañero(a) de clase, estudia el mapa meteorológico de España y la información que lo acompaña. Cada persona escogerá una región distinta para hablar del tiempo que va a hacer allí, mencionando la ropa que conviene llevar bajo las condiciones que describe. Háganse preguntas sobre la información que dan. Usen las expresiones **va a hacer...** and **va a estar...** (i.e. "**Va a hacer sol**; **Va a hacer frío**;" etc. y "**Va a estar nuboso**.") en sus descripciones y "**La temperatura está a** + *degrees* " al hablar de la temperatura.

Estos estudiantes de Córdoba están celebrando el cumpleaños de una amiga.

Contexto: *Vamos a hacer planes*

—¿Qué vas a hacer el sábado por la noche?
—No sé. ¿Qué quieres hacer tú?
—Podemos ir al cine.
—Si tú quieres... Pero yo... pues yo prefiero organizar una fiesta.
—De acuerdo. ¡Buena idea! ¿Dónde vamos a tener la fiesta?
—Pues, en mi casa. ¿Qué te parece? Yo invito a algunos amigos y tú compras algo para beber y comer.
—De acuerdo. ¿A qué hora va a comenzar?
—A las ocho.
—¿Tú tienes muchos discos y cintas? Todos podemos bailar.
—¡Claro que sí! Bueno, adiós. Hasta el sábado.

¡Aquí te toca a ti!

M. **Una fiesta para la clase de español** Con la ayuda de dos amigos, organiza una fiesta para la clase. Decidan:

- dónde van a tenerla.
- el día.
- la hora.
- qué refrescos y comida van a servir.
- qué actividades prefieren.

N. **El fin de semana pasado** Tell your classmates how you spent last weekend. Talk about your activities, the weather, how you felt, etc. Your classmates will ask you questions to get more details. Be careful to distinguish between which verbs you use in the preterite tense and which verbs you use in the imperfect tense.

O. **Un lugar que yo conozco** Tell a classmate about a city, state, or country you have visited and know well. Tell when you last went to this place, what it was like, what you did, whom you visited and/or met, how the weather was, etc. Your classmate will ask you questions to get more details. Be sure to use the preterite and the imperfect appropriately when you talk about the past.

Lectura: *Andalucía y los andaluces*

Las ocho provincias andaluzas forman la región más extensa de España. Los primeros habitantes de la región, entre los años 750 y 500 a. de C., fueron de la antigua civilización de los tartesios. Tuvieron contacto comercial con otros grupos como los fenicios y griegos hasta que los cartagineses los dominaron. Más tarde llegaron los romanos. Bajo ellos, aumentó la producción de trigo, vinos y metales en la región.

Los árabes invadieron el sur de España en el 711 y nombraron el territorio "Al Andalus". Llegó a ser un brillante centro del Islam durante muchos siglos. Todavía es evidente la influencia árabe en la arquitectura, la artesanía, la comida y los nombres de Andalucía.

Cuando pensamos en el folklore andaluz, pensamos inmediatamente en el arte flamenco, una expresión cultural rica y variada en su música, canciones y bailes. El plato andaluz más conocido es el gazpacho, del que existen innumerables variedades. Otro plato típico es el pescado frito.

Comprensión

P. **Lo que yo sé sobre Andalucía** Usa el mapa en la página 3, la información que dan Margarita y Esteban en las páginas 3 y 4 y la lectura anterior para hablar un poco en español de lo que ya sabes de los siguientes temas.

1. la posición geográfica de Andalucía
2. los primeros grupos que vivieron en la península
3. unas atracciones turísticas
4. la influencia árabe
5. el folklore andaluz
6. la comida

Segunda etapa

¿Qué haces tú de costumbre?

Me llamo Norma Bravos Oñate y vivo en Viña del Mar, Chile. Nací en Santiago, la capital de nuestro país, pero ahora mi familia y yo vivimos en Viña del Mar. Todos los días tengo la misma rutina: me levanto a las 6:30, me baño y me visto. Para el desayuno tomo jugo de naranja y como pan tostado y mermelada. Generalmente, salgo a la escuela a las 7:30. Después de mis clases trabajo en la farmacia de mi papá. Soy una dependienta. Me gusta el trabajo porque es interesante y variado.

Todos los días llegan clientes que necesitan de todo. Algunos traen recetas del médico y mi padre tiene que atenderlos. También llegan otros con catarro o la gripe. Generalmente yo les vendo aspirinas, gotas para los ojos o la nariz, pastillas para la garganta o antihistamínicos.

Raramente estoy enferma, pero hoy no fui a la escuela porque tengo un poco de fiebre. Mi papá dice que no es muy grave, pero me siento verdaderamente mal. Tengo dolor de cabeza, estornudo sin parar y tengo escalofríos. Parece que tengo la gripe. Estoy un poco enojada porque voy a perder mi clase de ejercicios aeróbicos. Va a ser un día verdaderamente desagradable.

Me llamo Alejandro Gutiérrez y vivo en Santiago de Compostela, España. Normalmente en un día típico estoy muy ocupado. Por la mañana me despierto a eso de las 6:30, pero en general no me levanto hasta las 7:00. Me ducho, me afeito y me visto. Por lo general, como pan tostado y tomo un café con leche. Después me lavo los dientes y salgo para tomar el autobús un poco antes de las 8:00. Mi escuela no está lejos de mi casa, pero prefiero ir en autobús porque puedo charlar con mis amigos.

En la escuela tengo un horario bastante ocupado. Tengo cursos de alemán, inglés, historia, química, geografía y álgebra.

Después de la escuela generalmente voy a la casa de unos amigos o a la piscina. En la casa de mis amigos a veces jugamos al básquetbol o vamos a jugar al fútbol. Si hace buen tiempo, me gusta ir a correr o jugar al tenis. Creo que es muy importante hacer ejercicio y estar en buena forma.

Vuelvo a mi casa a eso de las 6:30. Todos cenamos juntos entre las 7:30 y las 8:00. Hago mi tarea y si tengo tiempo miro la tele o escucho mis discos compactos. Por fin, me acuesto a eso de las 11:00.

Comprensión

A. **Una conversación** Alejandro y Norma hablaron de su rutina diaria y ahora quieren saber cómo es un día típico para ti. Uno de tus compañeros hace el papel de Alejandro y otra el papel de Norma. Contesta sus preguntas.

MODELO: ALEJANDRO: Generalmente me despierto a las 6:30. ¿A qué hora te despiertas tú?
TÚ: *Yo me despierto a eso de las 7:00.*

1. ALEJANDRO: Yo vivo en Santiago de Compostela. ¿Dónde vives tú?
2. NORMA: Yo nací *(I was born)* en Santiago. ¿Dónde naciste tú?
3. ALEJANDRO: Antes de ir a la escuela, yo me ducho, me afeito, me visto y como algo. ¿Qué haces tú antes de ir a la escuela?
4. ALEJANDRO: Yo tomo el autobús para ir a la escuela. ¿Cómo vas tú a la escuela?
5. ALEJANDRO: Para el desayuno yo como pan tostado y tomo un café con leche. ¿Qué comes y tomas tú?
6. NORMA: Por la tarde yo trabajo en la farmacia de mi padre. ¿Trabajas tú? ¿Qué haces?
7. NORMA: Raramente estoy enferma. ¿Cuánto tiempo hace que estuviste enfermo(a)? ¿Qué tenías?
8. ALEJANDRO: Me gustan mucho los deportes. ¿Te gustan los deportes? ¿Qué deportes practicas?
9. NORMA: Tres veces por semana yo voy a una clase de ejercicios aeróbicos. ¿Haces ejercicios aeróbicos también?
10. ALEJANDRO: Yo estoy muy ocupado durante mi tiempo libre. ¿Qué te gusta hacer durante el fin de semana cuando tienes tiempo libre?

Reflexive verbs

Verbs may be used reflexively to express two different meanings. They may express:

1. an action that reflects back on the subject.

Yo **me lavo.**	I *wash (myself).*
Ella **se levanta**.	She *gets up.* (Literally: *She gets herself up.*)

2. an action in which two or more subjects interact.

Nosotras **nos reunimos** por la tarde.	We *get together* in the afternoon.
Ellas **se miran**.	They *look at each other.*

In both cases, the subject (noun or pronoun) is accompanied by the corresponding reflexive pronoun **(me, te, se, nos, os, se)**. When the verb is conjugated, the reflexive pronoun precedes it.

Yo **me levanto** temprano todos los sábados.

When the verb is an infinitive, the reflexive pronoun usually is attached to it.

Mañana **tengo que levantarme** a las 5:30.

In a command, the reflexive pronoun is attached to the verb if the command is affirmative.

¡**Levántate** ahora mismo!

The reflexive pronoun precedes the verb if the command is negative.

¡No **te levantes**!

Notice how the following reflexive verbs are used in various tenses.

Present tense:	Él **se afeita**.
Immediate future:	Él **va a levantarse** a las 7:00.
Preterite:	Él **se acostó** tarde anoche.
Imperfect:	Nosotros siempre **nos levantábamos** tarde.
Imperative:	**Levántate** ahora mismo.
	No **te levantes**.

Here are some of the most commonly used reflexive verbs:

acostarse
afeitarse
bañarse
desayunarse
dormirse
ducharse
encargarse
encontrarse con
lavarse
lavarse los dientes
levantarse
llamarse
maquillarse
mirarse
moverse
ocuparse de
peinarse
ponerse
quedarse
quitarse
reunirse
sentarse
servirse
vestirse

B. **Un día típico** Di a qué hora haces lo siguiente. Usa el presente de los verbos indicados. Sigue el modelo.

MODELO: despertarse
Yo me despierto a las 6:00.

1. despertarse
2. levantarse
3. ducharse
4. desayunarse
5. lavarse los dientes
6. afeitarse o maquillarse
7. acostarse
8. dormirse

C. **¿Y tú?** Usa los verbos del Ejercicio B para hacerle preguntas a un(a) compañero(a) sobre tu rutina diaria. Tu compañero(a) va a contestar tus preguntas. Sigue el modelo.

MODELO: despertarse
—¿A qué hora te despiertas por la mañana?
—Me despierto a las 7:15.

D. **Unas comparaciones** Compara lo que hiciste el fin de semana pasado con lo que haces en un fin de semana típico. Usa los verbos indicados para decir primero lo que haces de costumbre. Después di lo que hiciste el fin de semana pasado. Sigue el modelo.

MODELO: despertarse
De costumbre me despierto a las 6:30. Pero el fin de semana pasado, me desperté a las 9:00.

1. despertarse
2. levantarse
3. desayunarse
4. ducharse
5. ponerse
6. reunirse con
7. acostarse
8. dormirse

E. **Un día de vacaciones** Explícale a un(a) compañero(a) en qué se diferencia un día típico de un día de vacaciones. Usa por lo menos tres verbos reflexivos.

The formation and use of adjectives

An adjective must agree in gender and number with the noun it modifies. Many adjectives end in **-o** if they are masculine and **-a** if they are feminine. If the masculine form of an adjective ends in **-e**, the feminine form also ends in **-e**. To make both these types of adjectives plural, you simply add **-s**.

Juan es **alto.**
Los jugadores de básquetbol son **altos**.
El **libro** es **interesante.**
Esos **libros** son **interesantes.**

María es **alta.**
Las **norteamericanas** son **altas.**
La **lección** es **interesante.**
Esas **novelas** son **interesantes.**

Adjectives ending in **-sta** have the same ending for both the masculine and feminine forms. To make these adjectives plural, you simply add **-s**.

José es muy **pesimista** pero **Marta** es bastante **optimista**. Sus **hijos** son bastante **optimistas**.

If an adjective ends in **-l, -s,** or **-z,** it keeps that ending in both the masculine and feminine forms. To make these adjectives plural, add **-es.** Notice that for adjectives ending in **-z** the **z** changes to **c** before adding **-es**.

El **examen** es **difícil.**
El **libro** es **gris.**
El **niño** es **feliz.**

Las **preguntas** son **difíciles.**
Las **faldas** son **grises.**
Las **niñas** son **felices.**

Remember: The only exception to this rule is that when an *adjective of nationality* ends in **-s** in the masculine form, the feminine form ends in **-sa**.

El **profesor** es **francés.**

La **profesora** es **francesa.**

In Spanish, most adjectives are placed after the noun. When two adjectives modify the same noun, they are placed after the noun and connected with the word **y**.

una escuela **grande y bonita**
unos muchachos **inteligentes y responsables**

F. **¡Más información, por favor!** Usa los adjetivos entre paréntesis en las siguientes oraciones. Cuidado con las formas de los adjetivos.

1. Nosotros tenemos un perro. (pequeño)
2. Me gusta mucho la música. (moderno)
3. Yo compré unos libros. (viejo)
4. Prefiero a los actores. (inteligente)
5. No me gustan las novelas. (triste)
6. Es un hotel. (elegante)
7. Es una iglesia. (viejo)
8. Es un amigo. (ideal)
9. Es una joven. (inglés)
10. Son unos jóvenes. (extraño)

G. **¿Cómo es...?** Usa la siguiente lista de adjetivos para describir a uno de tus parientes *(relatives)*. Sigue el modelo.

MODELO: *Yo tengo tres primos. Mi primo Jack es alto y simpático.*

Parientes: primo / prima / tío / tía / abuela / abuelo / sobrino / sobrina / hermano / hermana / padre / madre / hermanastra / hermanastro / padrastro / madrastra

Adjetivos: feo / bonito / viejo / joven / pequeño / grande / aburrido / interesante / alegre / triste / bueno / malo / divertido / extraño / optimista / pesimista / romántico / inteligente / tradicional / serio / sincero

H. **Mi vecino(a)** Mira con cuidado a la persona que está a tu lado. Presta atención a sus características físicas—ojos, pelo, nariz, boca, cara. Cierra los ojos y trata de describir a esta persona. Después, abre los ojos y verifica tu descripción. Sigue el modelo.

MODELO: *Mike es alto y delgado. Tiene los ojos verdes y el pelo rojo. Tiene una boca pequeña y una cara ovalada.*

Características físicas:

Ojos: azul / verde / gris / café
Pelo: rubio / negro / rojo / moreno
Nariz: grande / pequeño
Boca: grande / pequeño
Cara: redondo / cuadrado / ovalado / triangular

¿Puedes describir a este madrileño?

I. **Mis vecinos** Conversa con tus compañeros sobre una familia que vive cerca de tu casa (o de tu apartamento). Primero habla de los miembros de la familia. Entonces describe las características físicas de cada persona. Finalmente, describe la personalidad de cada persona.

Mi mejor amigo(a) Describe a tu mejor amigo(a). Menciona su edad, sus características físicas y su personalidad, etc. Habla también de la familia de tu amigo(a) y lo que hace para divertirse, etc. Tus compañeros pueden hacerte preguntas. Incluye en la descripción: su nombre, su edad, el lugar donde vive, las personas en su familia, una descripción física y una descripción de su personalidad.

REPASO

Indirect object pronouns

Él **me** escribió una carta.
Ella **te** compró un disco.
Mi mamá **me** dio un jarabe para la tos.
¿**Le** dio una receta el médico **a Juan**?

Indirect object pronouns are used to indicate what person or thing receives the direct object.

The indirect object pronouns in Spanish are:

me	to (for) me	**nos**	to (for) us
te	to (for) you	**os**	to (for) you
le	to (for) him, her, you	**les**	to (for) them, you

Me gusta el español, pero no **me gustan** las matemáticas.
Hoy **me duele** la cabeza. Voy a tomar una aspirina.
Cuando corro mucho **me duelen** las piernas.

Remember that indirect object pronouns are used with certain verbs like **gustar** and **doler** and that only the third person singular and plural forms of these verbs are used, depending on whether what hurts or what you like is singular or plural.

K. **El médico le dio la medicina a...** Indica a quién le dio el médico cada cosa. Sigue el modelo.

MODELO: el jarabe / Mario
El médico le dio el jarabe a Mario.

1. la medicina / Laura
2. el jarabe / mis hermanos
3. el antibiótico / nosotros
4. la receta / mi mamá
5. las gotas para los ojos / yo
6. las aspirinas / mis primos
7. el antihistamínico / Ud.
8. las pastillas / mi padre

L. **¿Qué te duele?** Pregúntales a varios compañeros de clase si les duele alguna parte del cuerpo. Sigue el modelo.

MODELO: la muñeca / la espalda
—¿Te duele la muñeca?
—No, no me duele la muñeca. Me duele la espalda.

1. el tobillo / los pies
2. los ojos / la cabeza
3. la espalda / las piernas
4. las orejas / el brazo
5. la rodilla / la garganta
6. el hombro / las piernas

M. **¿Qué te da tu mamá cuando...?** Pregúntales a varios compañeros de clase lo que les da su mamá cuando están enfermos o tienen otros problemas. Sugerencias: **la gripe, un catarro, un dolor de cabeza (estómago, etc.), una alergia.**

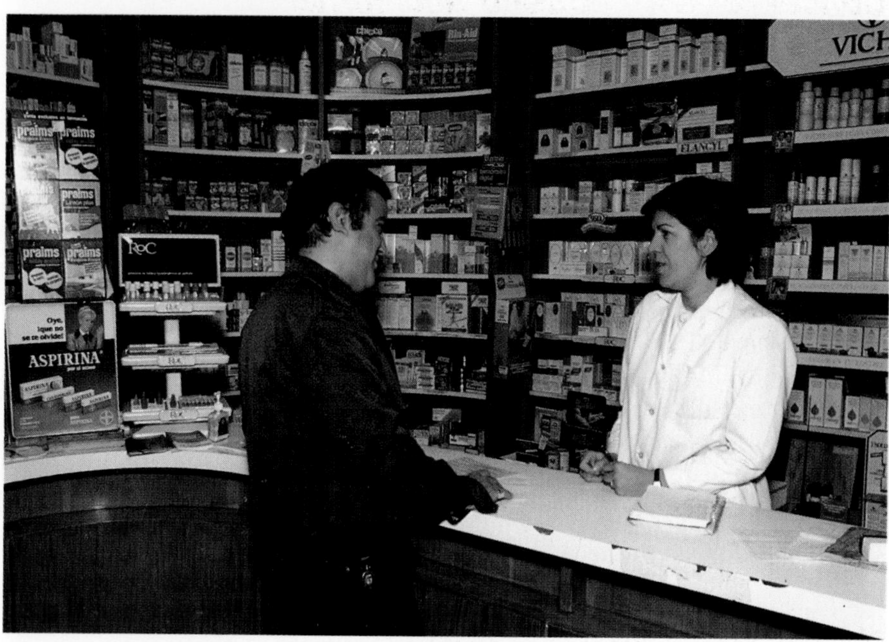

¿Tiene algo para la tos y el dolor de garganta?

Contexto: En la farmacia

—Buenos días, señor. ¿En qué puedo servirle?
—Creo que tengo gripe. Toso sin parar, tengo dolor de garganta y también tengo un poco de fiebre.
—Pues, parece que es un resfriado.
—¿Tiene Ud. algo para la tos?
—Claro que sí. Le voy a dar un jarabe para la tos y unas pastillas para el dolor de garganta.
—Muchas gracias. ¿Puede darme unas aspirinas también?
—Aquí tiene, señor. Descanse y beba agua y jugo de naranja.

¡Aquí te toca a ti!

N. **Estoy enfermo(a).** No te sientes bien y necesitas medicinas. Ve a la farmacia y explícale al (a la) farmacéutico(a) tus síntomas. Tu compañero(a) de clase va a hacer el papel del (de la) farmacéutico(a) y va a sugerirte medicinas (aspirinas, gotas, pastillas, antihistamínicos, jarabe, etc.).

Contexto: Un pequeño accidente

—¡Ay, ay, ay, Felipe! ¿Qué te pasó?
—No es nada, mamá. Me corté el dedo, es todo.
—¡Pero Felipe, tienes que tener más cuidado! Tú tienes accidentes constantemente.
—Sí, sí, sí, yo sé. Pero los accidentes nunca son serios.
—De acuerdo, pero siempre me asusto *(I get frightened)* cuando tienes un accidente. La semana pasada te torciste el tobillo cuando jugabas al fútbol. El mes pasado te lastimaste la rodilla en tu clase de gimnasia. Y hace tres meses te rompiste el brazo cuando andabas en tu bicicleta. ¡No me parece muy normal!
—Sí, sí, sí, yo sé. ¡Pero por lo menos nunca estoy enfermo!

¡Aquí te toca a ti!

O. **Mi propio accidente** Habla con tus compañeros de clase sobre un accidente que tú o un(a) amigo(a) tuvo. Incluye los detalles — ¿qué pasó y qué te lastimaste?

Contexto: Comemos bien

La profesora: Hoy vamos a hablar de las comidas que son buenas y malas para la salud. ¿Quién comienza?
Ángela: Yo. Como muchos vegetales. Los vegetales son buenos para la salud.
La profesora: Tienes razón, Ángela. ¿Y tú, Marcos?
Marcos: Mi mamá dice que la sal no es buena para la salud. Ella no usa la sal cuando prepara nuestras comidas.
La profesora: Tu mamá tiene razón.
Alberto: Sí, y no es bueno comer mucha carne roja, y debemos comer menos dulces…
La profesora: Es verdad, Alberto. Es mejor comer pescado o pollo. Y si queremos guardar la línea, no debemos comer muchos postres. Creo que Uds. saben muy bien la importancia de la comida apropiada.

¡Aquí te toca a ti!

P. **Lo que como de costumbre y lo que comí ayer** Habla con uno(a) de tus compañeros de clase sobre las comidas que comes de costumbre. Después habla de lo que comiste ayer. Tus compañeros van a decir si las comidas que comiste son buenas o malas para la salud. Sigue el modelo.

MODELO: Tú: *Generalmente yo como algo dulce todos los días. Pero ayer, no comí postre.*
Estudiante 1: *El azúcar no es bueno para la salud. Es mejor comer fruta.*

Q. **Mi vida diaria** Habla con tus compañeros de tu rutina diaria. Habla de las cosas que comes, tus actividades preferidas y la gente con quien hablas. Tus compañeros van a hacerte preguntas para saber más detalles.

R. **Durante las vacaciones...** Ahora explícales a tus compañeros cómo cambia tu rutina durante las vacaciones. También menciona lo que comes cuando estás de vacaciones.

La migración de las mariposas desde Canadá y el este de los EEUU a México

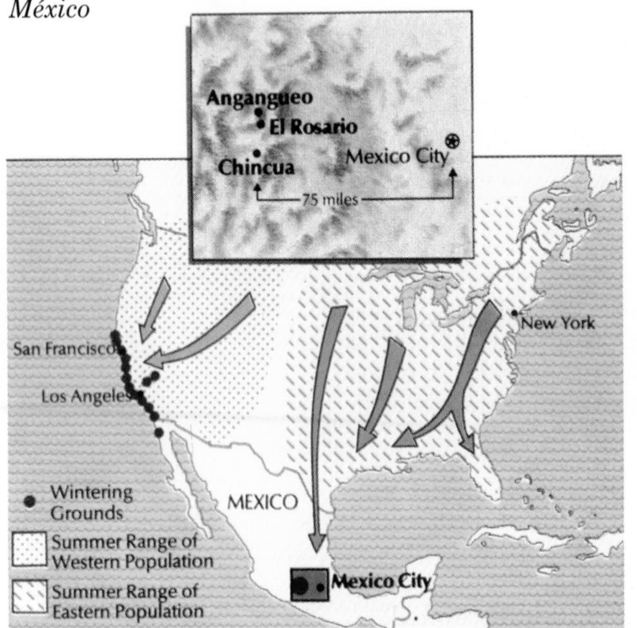

Lectura: *Las mariposas monarcas de México*

La migración anual de millones y millones de mariposas monarcas es uno de los fenómenos más impresionantes de la naturaleza. Durante el invierno estas mariposas vuelan dos meses y más de 2.500 millas desde muchas partes de los Estados Unidos y Canadá a una región montañosa en el sur de México. Es una migración que, según los científicos, es única en el mundo de los insectos. Los científicos todavía no han podido explicar el misterio de cómo las mariposas saben adónde tienen que ir ni cómo llegan allí, ya que ninguna de estas mariposas ha volado anteriormente por esa ruta.

Se cree que desde hace siglos estas mariposas hacen esta migración a México porque en el arte de los indios precolombinos encontramos representaciones de monarcas y otras mariposas. Por ejemplo, el dios de la primavera, Xipe Toteca, es representado con una mariposa monarca en los labios. Pero es curioso que el área

Miles de mariposas, con sus lindos colores, cubren el tronco de un árbol

adónde migran — mide 30 por 50 millas — no fue descubierta por los científicos hasta mediados de la década de los años 1970. Kenneth Brugger, un norteamericano que vivía en México, y Fred Urquhart, un biólogo canadiense, fueron los dos científicos que encontraron ese lugar con la ayuda de la gente que vivía cerca de allí.

Comprensión

S. **Las mariposas que migran a México** Answer the following questions about the reading. You may answer in English.

1. In general, what is the reading about?
2. When do these insects return to Mexico?
3. What is still a mystery for scientists?
4. How do we know that the migration has been going on for centuries?
5. Who is Xipe Totec? Why is he significant?
6. How big is the area to which the butterflies migrate?
7. When was the place to which the butterflies migrate discovered?
8. What are the nationalities of the two scientists who discovered the place?

Sopas

FRIJOLES NEGROS	1.30	1.65
SOPA DE POLLO	1.55	1.85
SOPA DE CEBOLLA AL GRATEN		2.75
CALDO GALLEGO	1.65	2.35

Ensaladas

ENSALADA CESAR	2.75
CHEF SALAD	4.95

DIN STEAK (9 oz.)
látanos (65) 9.35
látanos (141) 9.95
UBANA (42) 4.65
látanos.
IANA (35) 5.75
TASAJO (36) 7.65
látanos.
ADO (45) 9.65
átanos.

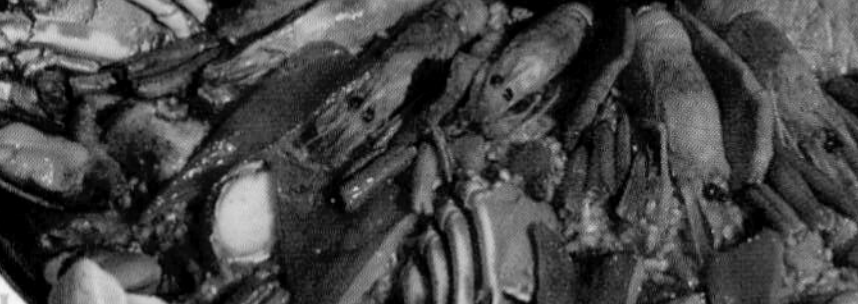

PRIMERA UNIDAD

La ropa y la comida

Objectives

In this unit, you will learn:

- to name and describe articles of clothing and kinds of shoes;
- to make purchases in clothing and shoe stores;
- to ask for and give information about clothing and shoes;
- to read a menu and order a meal in a restaurant;
- to understand a recipe;
- to understand cultural aspects of the food of the Hispanic world.

Introducción cultural: **Tú y la moda**

Capítulo uno: **Vamos de compras**
Primera etapa: Ropa para mujeres
Segunda etapa: Ropa para hombres

Lectura cultural: **Los hits de la moda**

Capítulo dos: **La comida de España**
Primera etapa: El menú
Segunda etapa: La guía del ocio

Lectura cultural: **El gazpacho**

Capítulo tres: **La comida de la América Latina**
Primera etapa: Un menú mexicano
Segunda etapa: La comida Tex-Mex

Expansión cultural: **El chocolate: Regalo de los dioses**

Introducción cultural

Tú y la moda

¿Te interesa la moda?
¿Te influencian las revistas de moda?
¿Te gusta tener un estilo original?
Completa la siguiente encuesta y suma los puntos. Después lee los comentarios.

La encuesta del mes

1. ¿Lees revistas de moda?
   a. Frecuentemente. (3 puntos)
   b. A veces. (2 puntos)
   c. Nunca. (1 punto)
2. Cuando vas a comprar ropa...
   a. no sabes lo que quieres comprar. La (El) dependienta(e) decide por ti. (1)
   b. compras lo que encuentras en las vitrinas de los almacenes grandes. (2)
   c. compras lo que está de moda en ese momento. (3)
3. ¿Dónde compras tu ropa?
   a. En los almacenes grandes. (2)
   b. En las tiendas de descuento. (1)
   c. En las tiendas de diseñadores. (3)
4. ¿Qué tipo de ropa llevas generalmente?
   a. Cada día, llevas un conjunto diferente. (3)
   b. Llevas el mismo conjunto todos los días: vaqueros, camiseta, zapatos de tenis. (1)
   c. Depende de la ocasión. (2)
5. Cuando vas al peluquero...
   a. sabes cómo quieres el corte de pelo porque lo viste en una revista de moda. (3)
   b. le dices al peluquero, "Como siempre". (1)
   c. experimentas con un corte nuevo. (2)
6. Esta temporada, los pantalones largos con flores están de moda.
   a. Tal vez los vas a comprar. (2)
   b. Los vas a comprar inmediatamente. (3)
   c. Jamás los vas a comprar. (1)
7. ¿Haces tu propia ropa?
   a. No, siempre compras la ropa. (3)
   b. A veces haces tu propia ropa y a veces la compras. (2)
   c. Siempre haces tu propia ropa porque es más barato. (1)

Tú y la moda: Comentarios

Entre 17 y 21 puntos
Estás muy de moda. Esto no es muy bueno porque debes ser más original de vez en cuando.

Entre 11 y 16 puntos
Te interesa la moda un poco. Tienes gustos personales y eres un poco original.

Menos de 11 puntos
Tienes gustos que son muy originales. No te interesa la moda. Tampoco te importa lo que piensan los otros de ti.

Comprensión

A. **Significados** Para adivinar el significado de las palabras que se emplean en la encuesta sobre la moda, busca la palabra en inglés a la derecha que corresponde a la palabra en español a la izquierda.

1. la moda	a. *hairdresser*
2. las vitrinas	b. *pants*
3. los almacenes grandes	c. *jeans*
4. un conjunto	d. *haircut*
5. los vaqueros	e. *store windows*
6. el peluquero	f. *fashion*
7. el corte de pelo	g. *department stores*
8. los pantalones	h. *outfit*

B. **Ahora tú** Contesta las preguntas de la encuesta, suma los resultados y lee los comentarios correspondientes.

C. **Yo...** Explícale a un(a) compañero(a) tus resultados de la encuesta. Sigue el modelo.

MODELO: *Tengo diecisiete puntos. Yo estoy muy de moda porque yo compro mi ropa en las tiendas de diseñadores y porque yo llevo un conjunto diferente cada día.*

CAPÍTULO UNO

Vamos de compras

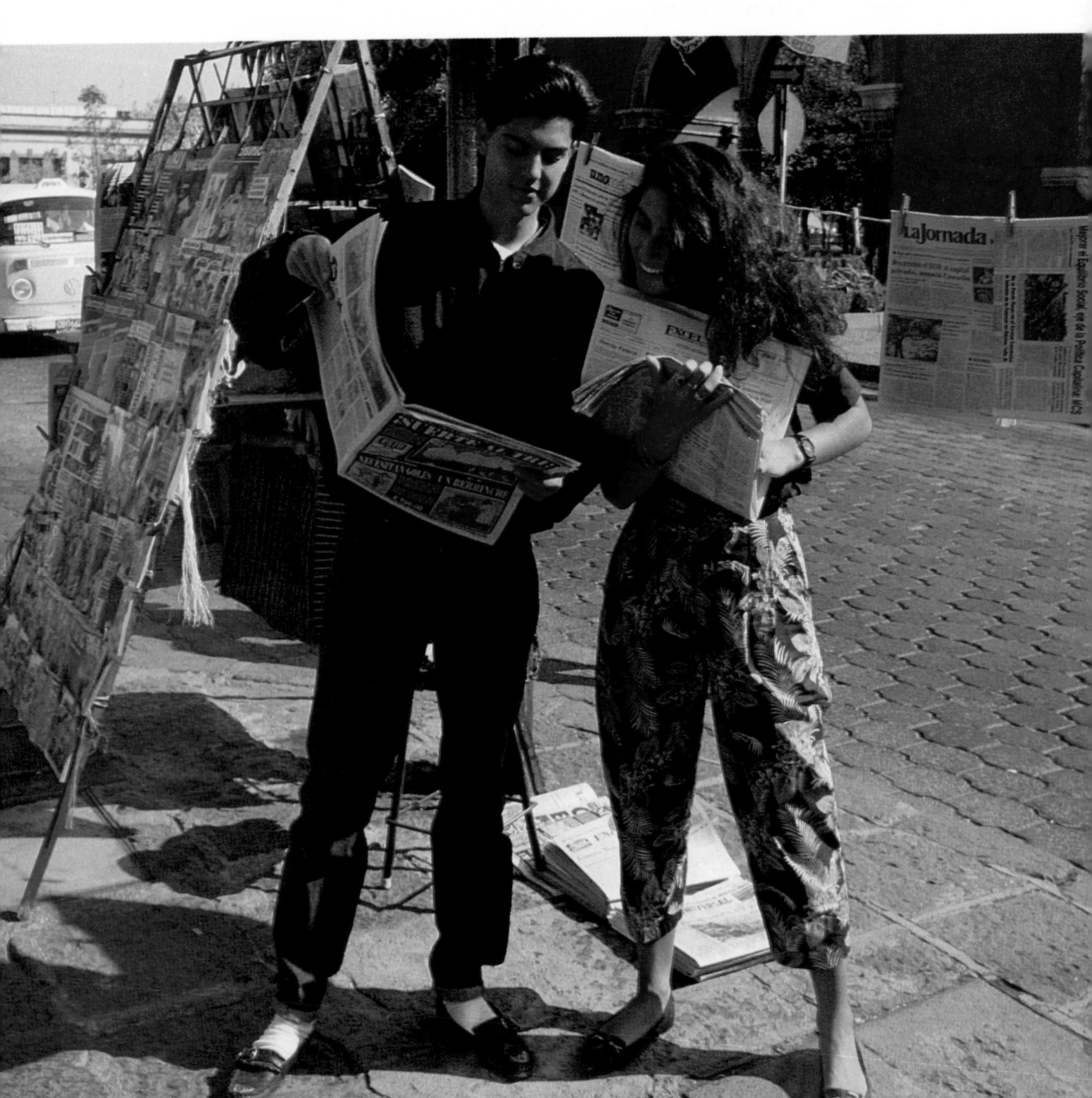

Primera etapa

Ropa para mujeres

Las **prendas de vestir**

*Las **prendas de vestir:*** articles of clothing

¡Aquí te toca a ti!

A. **¿Qué llevan ellas?** Identifica la ropa para mujeres.

MODELO: *María lleva pantalones cortos y una camiseta.*

1. Sara lleva...

2. Lisa lleva...

3. Ana María lleva...

4. Silvia lleva...

5. Diana lleva...

B. **Yo tengo... Yo prefiero...** Muchachas: Miren los dibujos en el Ejercicio A y digan qué prendas de vestir tienen y qué prendas no tienen. Muchachos: Miren los dibujos y digan qué ropa prefieren y qué ropa no prefieren.

MODELO: Muchacha: *Yo tengo una falda pero no tengo un sombrero.*
Muchacho: *Para las muchachas, yo prefiero pantalones; no me gustan las faldas.*

C. **Descripciones** Describe la ropa que llevan Sara, Lisa, Ana María, Silvia y Diana en los dibujos del Ejercicio A. Incluye los colores.

MODELO: *María lleva unos pantalones azules y una camiseta blanca.*

Double object pronouns: indirect object pronouns ***me, te, nos*** *with direct object pronouns*

—¿Cuándo **te** compró tu mamá el vestido?	When did your mom buy the dress *for you*?
—Ella **me lo** compró ayer.	She bought *it for me* yesterday.
—¿**Te** compró tu papá las camisetas?	Did your dad buy the tee shirts *for you?*
—Sí, él **me las** compró.	Yes, he bought *them for me.*

Direct object pronouns

Singular		**Plural**	
me	*me*	**nos**	*us*
te	*you (familiar)*	**os**	*you (familiar)*
lo	*you (formal), him, it (m.)*	**los**	*you (formal), them (m.)*
la	*you (formal), her, it (f.)*	**las**	*you (formal), them (f.)*

Indirect object pronouns

me	*to me* or *for me*	**nos**	*to us* or *for us*
te	*to you* or *for you*		

In Level 2 of *¡Ya verás!* you learned about direct and indirect object pronouns. When the direct object is already known from the context of the conversation, you replace it with a direct object pronoun. It is more natural to speak with pronouns since it is easier to use them than to repeat the noun each time you want to refer to the direct object. Notice how unnatural the following conversation sounds without the use of direct object pronouns.

Ana: ¿Quién te compró el vestido?
Julia: Papá me compró el vestido.
Ana: ¿Cuándo te compró el vestido?
Julia: Me compró el vestido ayer.

Now observe how much more natural it sounds when you use direct and indirect object (double object) pronouns:

Ana: ¿Quién te compró el vestido?
Julia: Papá me lo compró.
Ana: ¿Cuándo te lo compró?
Julia: Me lo compró ayer.

Because of the shared information that Ana and Julia have (both are referring to **el vestido**), they don't have to repeat the words **el vestido** each time they have to refer to the dress. When a direct and indirect object pronoun are used together, both are placed before the conjugated verb—with the indirect object pronoun always preceding the direct object pronoun.

Aquí practicamos

D. Sustituye las palabras en cursiva con las palabras entre paréntesis y haz los cambios necesarios.

1. Yo me compré *el vestido*. (los guantes / un pañuelo / las medias / un sombrero / la falda)
2. Tu hermano te compró *el traje de baño*. (un chaleco / los pantalones / unas botas / la camiseta / el suéter)
3. Mis padres nos compraron *unas blusas*. (los vaqueros / las sandalias / un cinturón / unos pantalones cortos / los pañuelos)

Ahora repite el ejercicio, pero sustituye cada complemento directo por un pronombre.

MODELO: Mi papa me compró *el vestido.* (los guantes)
Mi papá me los compró.

E. **Van de compras.** Sustituye el complemento directo en cada frase por un pronombre de complemento directo.

1. La dependienta me mostró *(showed)* una blusa azul.
2. Él nos compró un pañuelo rojo.
3. Mi mamá me trajo unas botas de Texas.
4. Mi papá me compró el suéter ayer.
5. Ellos nos compraron el cinturón en México.
6. Ellas nos trajeron el sombrero de Panamá.
7. El dependiente te mostró los vaqueros.
8. Mi novio me compró la falda.
9. Mi hermana me trajo el abrigo de Argentina.
10. Mi hermana me compró unas medias en Nueva York.

F. **¿Quién te compró...?** Contesta las siguientes preguntas, empleando pronombres de complemento indirecto y directo según el modelo.

MODELO: ¿Quién te compró el sombrero? (mi novio[a])
Mi novio(a) me lo compró.

1. ¿Quién te compró el cinturón? (mi papá)
2. ¿Quién te mostró los pantalones? (la dependienta)
3. ¿Quién te trajo el abrigo? (mi hermano)
4. ¿Quién te compró las sandalias? (mi mamá)
5. ¿Quién te mostró la falda? (el dependiente)
6. ¿Quién te trajo el pañuelo? (mi tío)
7. ¿Quién te compró las botas? (mi hermana)
8. ¿Quién te mostró los pantalones cortos? (mi amiga)
9. ¿Quién te trajo el vestido? (mi papá)
10. ¿Quién te compró la blusa? (mi novio[a])

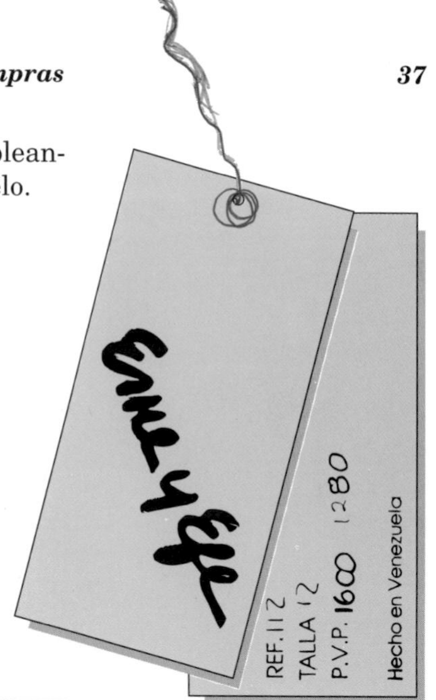

Position of object pronouns with infinitives and present participles

Papá va a comprár**melo**.	Dad is going to buy *it for me*.
Juan está comprándo**melo**.	Juan is buying *it for me*.
Papá **me lo** va a comprar.	Dad is going to buy *it for me*.
Juan **me lo** está comprando.	Juan is buying *it for me*.

Double object pronouns may either be attached to the end of an infinitive or present participle or they may go before the conjugated form of the verb that is being used with the infinitive or present participle. Notice that when you attach the two pronouns, an accent mark is added to the vowel before the **-ndo** of the present participle or to the vowel before the **-r** of the infinitive.

G. Sustituye el pronombre en cursiva con el pronombre de complemento directo que corresponde a cada sustantivo. Sigue el modelo.

MODELO: Mi papá quiere comprárme*la*. (un vestido)
Mi papá quiere comprármelo.

1. Mi papá quiere comprárme*la*. (un vestido / las botas / los vaqueros / las medias / una camiseta)
2. Voy a mostrárte*la*. (el suéter / las sandalias / los zapatos / el pañuelo / el sombrero)
3. Mi mamá piensa traérnos*la*. (los zapatos de tacón / los trajes de baño / las camisetas / las faldas / los abrigos)
4. La dependienta está mostrándote*la*. (unas botas / el sombrero / los zapatos de tacón / el pañuelo / un suéter)
5. El dependiente está vendiéndome*lo*. (las medias / un traje de baño / una falda / los vaqueros / las sandalias)

H. **¿Quién va a comprar...?** Contesta las siguientes preguntas. Emplea pronombres de complemento indirecto y directo según el modelo.

MODELO: ¿Quién va a comprarte el sombrero? (mi novio[a])
Mi novio(a) va a comprármelo. o:
Mi novio(a) me lo va a comprar.

1. ¿Quién va a comprarte el pañuelo? (mi hermana)
2. ¿Quién está mostrándote el abrigo? (la dependienta)
3. ¿Quién va a traerte las botas? (mi tío)
4. ¿Quién está comprándote el suéter? (mi papá)
5. ¿Quién va a mostrarte el vestido? (el dependiente)
6. ¿Quién está mostrándote la blusa? (mi amiga)

Escucha la conversación en la cinta. Presta atención en particular a las expresiones para hablar de la ropa.

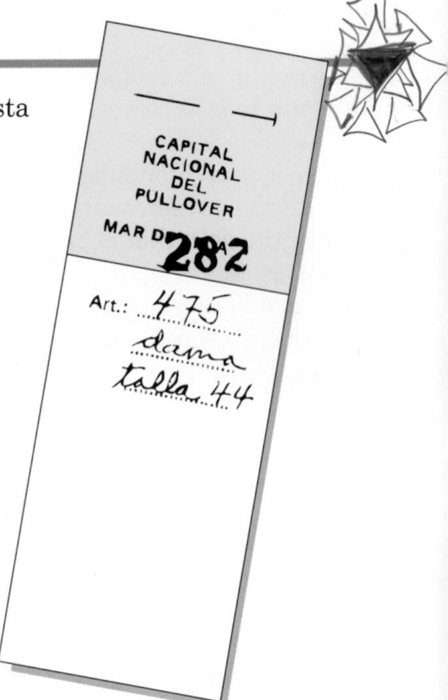

CAPITAL
NACIONAL
DEL
PULLOVER
282
Art.: 475
dama
talla 44

En otras palabras

Expresiones para hablar de la ropa

¿Puede **mostrarme** ese vestido?	Can you *show me* that dress?
Voy a **probarme** el vestido.	I am going *to try on* the dress.
¿Cómo **me queda** este vestido?	How does this suit *look on me*?
Te queda muy bien.	*It looks* very good *on you.*
Te queda chico.	*It looks* small *on you.*
¿Cómo **me quedan** estos pantalones?	How do these slacks *look on me*?
Te quedan grandes.	*They look* big *on you.*
Te quedan mal.	*They look* bad *on you.*

¡Aquí te toca a ti!

I. **¿Cómo me queda...?** Imagina que un(a) compañero(a) y tú van de compras. Tú te pruebas varias prendas de ropa y tu compañero(a) comenta.

¡Adelante!

Ejercicio oral

J. **¿Qué llevo?** An exchange student from Caracas has arrived in your town. She doesn't know what clothes to wear for various occasions. Tell her what kinds of clothes girls in your school wear to an informal party, to a dance, to a school football game, to a movie, and to a restaurant with a date.

Ejercicio escrito

K. **Una carta** The exchange student's sister will be coming to your town to visit her from Caracas, Venezuela, in a week. She plans to stay for three months. You are helping the exchange student write a letter to her sister to tell her what to bring. Tell her about the climate for the next three months in your region. Then tell her what clothing she should bring.

Segunda etapa

Ropa para hombres

Expresiones para hablar de materiales y diseños

de algodón	*cotton*	**de mezclilla**	*denim*
de cuero	*leather*	**de poliéster**	*polyester*
de lana	*wool*	**de rayas**	*striped*
de lunares	*polka-dotted*	**de seda**	*silk*

¡Aquí te toca a ti!

A. **¿Qué llevan ellos?** Identifica la ropa para hombres.

MODELO: *José lleva pantalones cortos y una camiseta.*

1. Juan lleva...

2. Leonardo lleva...

3. Alberto lleva...

4. Silvio lleva...

5. Diego lleva...

B. **Yo tengo... Yo prefiero...** Muchachos: Miren los dibujos en el Ejercicio A y digan qué prendas de vestir tienen y cuáles no tienen. Muchachas: Miren los dibujos y digan qué ropa prefieren y qué ropa no prefieren.

MODELO: Muchacho: *Yo tengo un impermeable pero no tengo un traje.*
Muchacha: *Para los muchachos, yo prefiero camisetas; no me gustan las camisas.*

C. **Descripciones** Describe la ropa que llevan Juan, Leonardo, Alberto, Silvio y Diego en los dibujos del Ejercicio A. También di de qué tela está hecha cada prenda de vestir. Si no estás seguro(a) de la tela, inventa una respuesta.

MODELO: *José lleva unos pantalones cortos de poliéster y una camiseta de algodón.*

Repaso

D. **Para mi cumpleaños...** Un(a) amigo(a) está haciéndote preguntas sobre unos regalos que recibiste o vas a recibir para tu cumpleaños. Contesta empleando pronombres de complemento indirecto y directo.

1. ¿Quién te compró el pañuelo?
2. ¿Quién te dio la falda?
3. ¿Quién te trajo las sandalias?
4. ¿Quién va a comprarte los zapatos?
5. ¿Quién piensa traerte las botas?
6. ¿Quién quiere comprarte el abrigo?

E. **Unas mujeres que están de moda** Describe la ropa que llevan las mujeres en las siguientes fotografías.

ESTRUCTURA

*Double object pronouns: indirect object pronouns **le** and **les** with direct object pronouns*

—¿Quién **le** compró la camisa **a Jorge**?	Who bought the shirt *for Jorge*?
—Su novia **se la** compró.	His girlfriend bought *it for him.*
—¿Quién **les** trajo el libro **a tus hermanitos**?	Who brought the book *for your little brothers*?
—Mi papá **se lo** trajo.	My dad brought *it for them.*

You will recall from *¡Ya verás!* Level 2 that the indirect object pronouns for the third person singular and plural are **le** and **les**. Notice that these pronouns become **se** when used with the direct object pronouns **lo, la, los,** and **las**. The following chart may help you remember this.

le +		**lo**				**lo**
	{	**la**	=	**se** +	{	**la**
les +		**los**				**los**
		las				**las**

F. Sustituye las palabras en cursiva con las palabras entre paréntesis y haz los cambios necesarios.

1. Mi papá le compró *el traje* a mi hermano. (los calcetines / las camisas / el saco / la corbata)
2. Tu hermano les compró *los trajes de baño* a tus hermanitos. (los suéteres / las gorras / los guantes / las sudaderas)
3. Mis padres les compraron *unas camisas* a mis hermanos. (unas chaquetas / unos impermeables / unos zapatos de tenis / unos sacos)

Ahora repite el ejercicio, pero sustituye el complemento directo con un pronombre. Recuerda que tienes que cambiar **le** y **les** a **se** cuando estos pronombres se usan con **lo, la, los** y **las**.

MODELO: Mi papá le compró *el traje* a mi hermano. (los calcetines)
Mi papá se los compró.

G. **¿Qué compraron**? Sustituye el complemento directo con un pronombre y haz los otros cambios necesarios. Sigue el modelo.

MODELO: La dependienta le mostró una blusa a Cecilia.
La dependienta se la mostró.

1. La dependienta le mostró una camisa azul a José.
2. Él les compró una corbata de seda.
3. Mi mamá le trajo unas botas a mi hermano.
4. Mi papá les compró los guantes a mis hermanos ayer.
5. Ellos les compraron el cinturón a mis hermanos.
6. Ellas le trajeron el sombrero de Panamá a Enrique.
7. El dependiente le mostró los vaqueros a mi hermana.
8. Mi novia le compró la corbata a su papá.
9. Mi hermana le trajo el abrigo a mi papá.
10. Mi mamá les compró unas medias a mis hermanas en Nueva York.

H. **¿Quién lo hizo?** Contesta las siguientes preguntas, empleando pronombres de complemento indirecto y directo según el modelo.

MODELO: ¿Quién le compró el sombrero? (mi novio([a])
Mi novio(a) se lo compró.

1. ¿Quién le compró el cinturón a Julián? (mi papá)
2. ¿Quién les mostró los pantalones a tus amigos? (la dependienta)
3. ¿Quién le trajo el abrigo a tu papá? (mi hermano)
4. ¿Quién les compró las sandalias a tus hermanas? (mi mamá)
5. ¿Quién les mostró las corbatas a tus amigos? (el dependiente)
6. ¿Quién le trajo la bufanda a María? (mi tío)
7. ¿Quién le compró las botas a Rogelio? (mi hermana)
8. ¿Quién les mostró los pantalones cortos a tus hermanas? (mi amiga)
9. ¿Quién le trajo el vestido a Diana? (mi papá)
10. ¿Quién les compró las blusas a ellas? (mi novio[a])

NOTA GRAMATICAL

Position of object pronouns with commands

¿Te compro el vestido?	Should I buy you the dress?
Sí, **cómpramelo**.	Yes, *buy it for me*.
No, no **me lo compres**.	No, *don't buy it for me*.
¿Le compro el sombrero a Marcos?	Should I buy Marcos the hat?
Sí, **cómpraselo**.	Yes, *buy it for him*.
No, no **se lo compres**.	No, *don't buy it for him*.

As you have learned in Level 2, when a pronoun is used with an affirmative command, it is attached to the end of the command. If the command is negative, the pronoun must be placed before the command form. The same is true when two pronouns are used together. Notice that for regular verbs when you attach both pronouns to the end of an affirmative command, you then put an accent mark on the fourth to the last syllable. Remember, the indirect object pronoun always comes before the direct object pronoun.

I. Contesta las siguientes preguntas, empleando mandatos afirmativos informales según el modelo.

MODELO: ¿Te compro este vestido?
Sí, cómpramelo.

1. ¿Te muestro las corbatas?
2. ¿Te compro estos guantes?
3. ¿Te traigo el impermeable?
4. ¿Te muestro los zapatos de tenis?
5. ¿Te compro el suéter?
6. ¿Te traigo las sudaderas?
7. ¿Les compro esas camisas?
8. ¿Les muestro esos vestidos?
9. ¿Les traigo aquellos zapatos?
10. ¿Les compro aquella gorra?

Ahora repite el ejercicio, empleando mandatos negativos informales según el modelo.

MODELO: ¿Te compro este vestido?
No, no me lo compres.

Ahora repite el ejercicio otra vez, empleando mandatos afirmativos formales según el modelo.

MODELO: ¿Le compro este vestido?
Sí, cómpremelo.

Ahora repite el ejercicio por última vez, empleando mandatos negativos formales según el modelo.

MODELO: ¿Le compro este vestido?
No, no me lo compre.

J. **¿Te compro...?** Haz una lista de la ropa que quieres comprar. Compara tu lista con la lista de un(a) compañero(a). Pregúntale a tu compañero(a) si quiere que le compres algo en la lista.

MODELO: *¿Te compro una blusa azul?*
Sí, cómpramela. o:
No me la compres, mi mamá va a comprármela.

Aquí escuchamos

Escucha la conversación en la cinta. Presta atención en particular a las expresiones para hablar de la ropa.

En otras palabras ◆

Más expresiones para hablar de la ropa

Esa camisa **no hace juego** con esos pantalones. No la compres.	That shirt *doesn't go* with those pants. Don't buy it.
Esa blusa **hace juego** con esa falda. Cómprala.	That blouse *goes* with that skirt. Buy it.
Luces bien en ese vestido. ¿Te lo compro? Sí, cómpramelo.	*You look good* in that dress. Should I buy it for you? Yes, buy it for me.
Esa corbata **luce bien** con ese saco. Cómprala.	That tie *looks good* with that suit coat. Buy it.
Esa bufanda **luce mal** con ese suéter. No la compres.	That scarf *doesn't look good* with that sweater. Don't buy it.

¡Aquí te toca a ti!

K. **Ropa nueva** Tú vas a una tienda para comprar la ropa indicada. Conversa con un(a) compañero(a) de clase. Para cada prenda de ropa, imagina una conversación con el (la) dependiente(a) en la que Uds. hablan de color, material y precio. Sigan el modelo.

MODELO: una chaqueta / 4800 pesetas
—Quisiera comprar una chaqueta.
—¿De qué color?
—Azul.
—¿De algodón o de poliéster?
—De algodón.
—Aquí hay unas chaquetas de algodón.
—Muy bien. ¿Cuánto cuesta esta chaqueta azul?
—4800 pesetas.
—Muy bien. Voy a comprarla.

Ropa para mujeres

1. una falda / 4000 pesetas
2. unos pantalones / 3200 pesetas
3. un vestido / 6500 pesetas
4. un abrigo / 15.000 pesetas
5. un pañuelo / 800 pesetas

Ropa para hombres

6. una camisa / 3500 pesetas
7. unos vaqueros / 2800 pesetas
8. unos pantalones cortos / 5600 pesetas
9. una chaqueta / 5600 pesetas
10. una camiseta / 1800 pesetas

¡Adelante!

Ejercicio oral

L. **Vamos de compras.** Organize a clothes-shopping trip in your town with two of your friends. Decide what stores you'll go to and what clothes you'll have to buy. Assume that each of you has $150 to spend.

Ejercicio escrito

M. **Una carta** Your friend from Spain has written you and is curious about your shopping habits. Write to him or her and tell about a shopping trip you took recently. Tell where you went and about the clothing items you looked at and tried on and what you bought.

Vocabulario

Temas y contextos

Las prendas de vestir

el abrigo
la blusa
las botas
la bufanda
los calcetines
la camisa
la camiseta
el cinturón
la corbata
el chaleco
la chaqueta
la falda
la gorra
los guantes
el impermeable
las medias
los pantalones
los pantalones cortos
el pañuelo
el saco
las sandalias
el sombrero
las sudaderas
el suéter
el traje
el traje de baño
los vaqueros
el vestido
los zapatos
los zapatos de tacón
los zapatos de tenis

Para charlar

Para hablar de la ropa

Hace juego con…
Luce bien.
mal.
Te queda chico.
grande.
mal.
muy bien.
¿Puede mostrarme…?
Voy a probármelo.

Expresiones para hablar de materiales y diseños

de algodón
de cuero
de lana
de lunares
de mezclilla
de poliéster
de rayas
de seda

Lectura cultural

Los hits de la moda

HITS DE LA MODA

Adopta un estilo casual — y gitano — con los chalecos. ¡Son la última adquisición de la moda!

Desde que la onda española se internacionalizó y los Gipsy Kings salieron a la conquista del mundo, todo lo que tiene que ver con gitanos también se puso de moda, como los chalecos, por ejemplo. Estos vienen simples o con bolsillos, zippers o botones. Y las telas son muy variadas: van desde el algodón, hasta el corduroy, la mezclilla y la seda.

PAÑUELOS

Los pañuelos y las bufandas han venido a solucionar muchos problemas de la ropa. No sólo sirven para acentuar un conjunto, sino que además, te protegen el pelo del viento y el cuello del frío.

Comprensión

A. **Los hits de la moda** Answer the questions about the reading. You may answer in English.

1. What do the Gipsy Kings have to do with the popularity of vests?
2. According to the reading, what materials are vests often made of?
3. What are some of the accessories that can be found on vests? Name at least two.
4. Besides being stylish, what two functional purposes do scarves serve?
5. What parts of the body can scarves highlight? Name at least two.

B. **¡Gran oferta!** *(Big sale!)* Imagina que vas a tener una gran oferta para vender algunas de tus prendas de ropa favoritas. Diseña un anuncio para esta liquidación *(sale)*. Incluye los nombres de las prendas, los colores, los precios, etc.

CAPÍTULO DOS

La comida de España

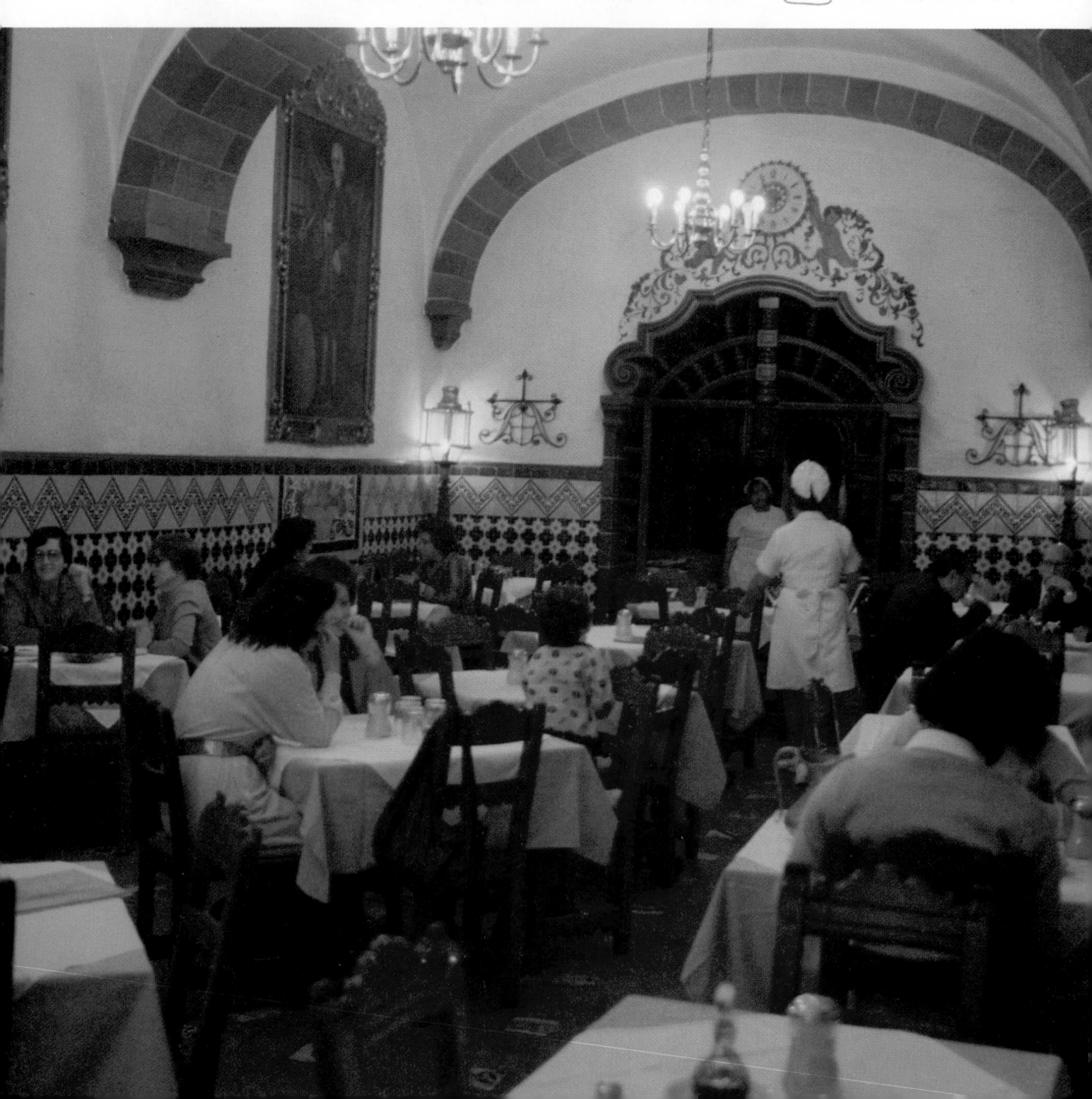

Primera etapa

Restaurante La Barraca

Aperitivos

Espárragos a la parmesana
Tortilla española
Calamares **fritos**
Chorizo
Jamón serrano
Gambas al ajillo

appetizers
asparagus
Spanish ham, similar to prosciutto / fried / shrimp in garlic

Sopas

Gazpacho andaluz
Sopa de **ajo**
Sopa de pescado
Sopa del día

cold soup with tomatoes, garlic, onion (from Andalucía) / garlic

Entradas

Pescado frito
Paella valenciana
Pollo al chilindrón
Ternera asada
Chuletas de cordero
Bistec

roast veal
Spanish dish with rice, shellfish, and chicken / lamb chops / Spanish dish with chicken in a spicy tomato sauce

Ensaladas

Ensalada mixta (lechuga, cebolla, tomate)

Postres

Flan
Fruta
Queso manchego
Helados **variados**

cheese from La Mancha region in Spain / assorted

Bebidas

Agua mineral con gas
sin gas
Café
Té
Refrescos **surtidos**

assorted

La mesa

¡Aquí te toca a ti!

A. **¿Qué vas a comer?** Consulta el menú del Restaurante La Barraca y contesta las preguntas que siguen.

1. Tengo ganas de comer vegetales. ¿Qué puedo comer como aperitivo?
2. Tengo ganas de comer carne. ¿Qué puedo comer como aperitivo?
3. Tengo ganas de comer mariscos. ¿Qué puedo comer como aperitivo? ¿Qué puedo comer como entrada?
4. No quiero comer pescado. ¿Qué platos debo evitar *(avoid)*?
5. ¿Qué tipos de carne sirven como entrada?

B. **¿Qué le recomiendas?** Consulta el menú del Restaurante La Barraca y pide una comida que incluya aperitivo, sopa, entrada y postre para cada una de las siguientes personas.

1. A una persona que quisiera pescado.
2. A una persona que quisiera mariscos.
3. A una persona que es vegetariana.
4. A una persona que come mucho.
5. A una persona que quisiera comer comida norteamericana tradicional.
6. A una persona que no come carne.

Repaso

C. **¿Te compro...?** Hazle preguntas a un(a) compañero(a) de clase basándote en las claves dadas. Él (Ella) debe contestar, empleando mandatos familiares y pronombres de complemento indirecto y directo. Sigan el modelo.

MODELO: comprar / el chaleco
—¿Te compro el chaleco?
—Sí, cómpramelo. o:
No, no me lo compres.

1. traer / unas botas
2. mostrar / el vestido
3. comprar / la bufanda
4. vender / estos zapatos
5. traer / las sandalias
6. mostrar / el traje de baño
7. comprar / los vaqueros
8. vender / la falda

ESTRUCTURA

Gustar and verbs like gustar

—¿**Te gusta** la comida italiana?	*Do you like* Italian food?
—No **me gusta** la comida italiana, pero **me gusta** la comida china.	*I don't like* Italian food, but *I like* Chinese food.

Gustar and verbs like it are used only in the third person singular (**gusta**) or plural (**gustan**) forms along with the indirect object pronouns: **me**, **te**, **le**, **nos**, **os**, and **les**.

—¿**Te gusta** comer?	*Do you like* to eat?
—Sí, **me gusta** comer.	Yes, *I like* to eat.
—¿Qué **te gusta** hacer en tu tiempo libre?	What *do you like* to do in your free time?
—**Me gusta** comer, estudiar y dormir.	*I like* to eat, study, and sleep.

When **gustar** is followed by an infinitive, regardless of how many, the third person singular is always used.

Here are some other verbs that may be used in the same way as **gustar**.

encantar	*to like very much*	**tocar**	*to be one's turn*
faltar	*to need, lack*	**apetecer**	*to appeal*

Aquí practicamos

D. Sustituye las palabras en cursiva con las palabras entre paréntesis y haz los cambios necesarios.

1. ¿Te gusta *la comida china*? (las chuletas / el pescado / el queso / el pollo / las gambas)
2. Me encantan *los calamares fritos*. (la tortilla española / los postres / el jamón serrano / las gambas al ajillo / la fruta fresca)
3. Camarero, por favor, nos falta *un tenedor*. (una cuchara / dos cuchillos / una servilleta / la sal / tres vasos)
4. ¿Te apetecen *unas chuletas de cerdo*? (un gazpacho / una sopa de ajo / unas gambas / un bistec / unos calamares fritos)
5. A *Juan* le toca pagar la cuenta. (ella / nosotros / ellos / Uds. / él)

E. **¿A quién le gusta...?** Haz preguntas y contéstalas refiriéndote a las personas indicadas según el modelo.

MODELO: gustar / sopa de ajo (Juan)
¿A quién le gusta la sopa de ajo?
A Juan le gusta la sopa de ajo.

1. encantar / calamares (nosotros)
2. tocar / pagar la cuenta (Jaime)
3. faltar / tenedor (Linda)
4. tocar / comprar las bebidas (ellas)
5. faltar / dinero (nosotros)
6. encantar / paella (la profesora)
7. faltar / servilleta (ella)
8. apetecer / una ensalada mixta (vosotros)

F. **¿Qué le falta a...?** Tú y tus amigos llegan a su mesa en un restaurante y notan que les faltan algunas cosas. Sigan el modelo.

MODELO: *¿Qué le falta a Luisa?*
A Luisa le falta una servilleta.

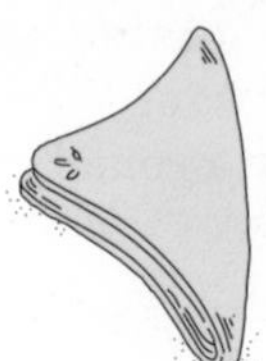

Luisa

1. Mónica

2. Jaime

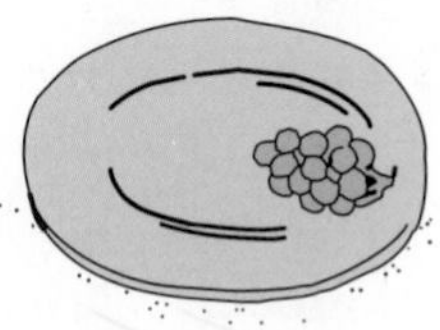

3. Sara

4. Tomás

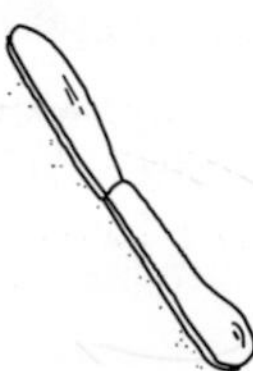

5. Carmen

Aquí escuchamos

Escucha la conversación en la cinta. Presta atención en particular a las expresiones útiles para pedir una mesa, la comida y la cuenta.

En otras palabras ◆

Expresiones para pedir una mesa en un restaurante

Quisiera / **Quisiéramos** } una mesa para... personas, por favor.
I would like / *We would like* } *a table for...people, please.*

Expresiones para pedir la comida

¿Qué quisiera pedir como aperitivo?
sopa?
What would you (sing.) *like as an appetizer?*
a soup?
¿Qué quisieran pedir como entrada?
postre?
What would you (pl.) *like as an entree?*
a dessert?

Como { aperitivo / sopa / entrada / postre } **quisiera...**

As { *an appetizer* / *soup* / *an entree* / *a dessert* } *I would like...*

Expresiones para pedir la cuenta

La cuenta, por favor.	*The check, please.*
¿Podría traernos la cuenta, por favor?	*Could you bring us the check, please?*
Quisiera la cuenta, por favor.	*I would like the check, please.*
Quisiéramos la cuenta, por favor.	*We would like the check, please.*

¡Aquí te toca a ti!

G. **Por favor, señor (señorita)** Tu papá (mamá) estará en España para un viaje de negocios y quiere aprender a pedir una comida en un restaurante. Contesta sus preguntas sobre lo que debe decir en español.

1. How do I ask for a table?
2. How will the waiter ask me if I would like an appetizer?
3. How do I order my meal?
4. How will the waiter ask me if I would like dessert?
5. How do I get the check?

H. **¿Qué desean?** Consulta el menú del restaurante La Barraca y escoge la comida que vas a pedir. El (La) profesor(a) u otro(a) estudiante va a hacer el papel del camarero(a).

¡Adelante!

Ejercicio oral

I. **En el restaurante** You go to a restaurant with a friend. Request a table, discuss the menu, and order your meal. One of your classmates will play the role of the waiter. Look at the menu on page 51 to decide what to order.

Ejercicio escrito

J. **Un menú** Your family is planning to open a Spanish restaurant in your town. Design a short but interesting menu for the new restaurant. Include listings for each category (**aperitivo, sopa, entrada, postre**). Select foods that you think would appeal to people in your area.

RESTAURANTE LOS CARACOLES
Casa Bofarull
Abierto todos los días de la 1 mediodía a 12 noche
CALLE ESCUDELLERS, 14 - BARCELONA - 2 (ESPAÑA)

La guía del ocio

La guía del ocio: Guide to leisure-time activities

■ **¡A TODO MEXICO!** San Bernardino, 4. Tel. 541 93 59. Plaza República del Ecuador, 4. Tel. 259 48 33. San Leonardo, 3. Tel. 247 54 39. Cocina mexicana. Especialidad: tamales, carnitas, mole poblano. Admite tarjetas. **(3)**.

■ **AIRIÑOS DO MAR.** ORENSE, 39. Tel. 556 00 52. Cocina gallega. Especialidad: pescados y mariscos. Cerr. dom. **(3)**.

■ **ASADOR REAL.** Dr. Fleming, 22 (esquina a Panamá). Tel. 250 84 60. Esp. cordero asado. Cerr. fest. noche y dom. **(3)**.

■ **LA BARANDA.** Augusto Figueroa, 32. Tel. 522 55 99. De 13 a 16 y de 21 a 24 h. Vier. y sáb. hasta la 1 h. Ensaladas, crepes, pizzas y pastas. **(2)**.

■ **LA BARRACA.** Reina, 29. (Centro-Cibeles). Tel. 532 71 54. Especialidad: paellas, arroces y cocina española. **(3)**.

■ **EL CACIQUE.** C/ Padre Damián, 47. Tel. 259 10 16. Cocina Argentina. Especialidad: Carnes a la brasa. Pankeke y dulces de leche. **(4)**.

■ **CASA FABAS.** Plaza Herradores, 7. Tel. 541 11 03. Cocina casera. Especialidad: Fabada Asturiana. Callos. Cordero asado. Repostería casera. Cierra domingos noche y lunes todo el día. **(2)**.

■ **CASA GALLEGA.** Bordadores, 11 (frente a Iglesia San Ginés). Tel. 541 90 55. Cocina gallega. Esp.: mariscos, pescados y carnes. **(3)**.

■ **CASA GADES.** Conde Xiquena, Tel. 522 75 10. Cocina Italiana. Especialidad: pastas, pizzas y postres caseros. **(3)**.

■ **CASA PEDRO.** Nuestra Señora de Valverde, 119. Tel. 734 02 01. Cocina castellana. Horno de leña. Esp.: cordero, cochinillo y perdices. Leche frita. **(4)**.

■ **LOS CHAVALES.** Plaza Valvanera, 4 (parque de San Juan Bautista). Tel. 415 79 86. Especialidad en mariscos. Cerrado domingos tarde. No admite tarjetas. **(2)**.

■ **CHIKY.** Restaurante-Pub. Mayor, 24 (Centro-Sol) y Cololeros, 3. Tel. 266 24 57 y 265 94 48. Especialidad: todos los días, paella y cocido madrileño. Hasta las 2 h. **(2)**.

■ **DA NICOLA.** Plaza de los Mostenses, 11 (junto a parking). Tel. 542 25 74. Cocina italiana y pizzas para llevar. Abierto todo el verano. **(2)**.

■ **DE LA DIVA.** Cochabamba, 13. (250 77 57). De lunes a viernes de 13 a 18 horas. Cocina casera. Especialidad: Almejas a la marinera con arroz blanco y cola de gambas. Pecho de ternera al horno. **(3)**.

■ **DON EMILIANO.** Plaza de los Herradores, 10. (541 13 72). Coc. mexicana, regionales. Esp.: carnes, aves, pescados, mariscos y cócteles tropicales. No admite tarjetas. **(2)**.

■ **DONZOKO.** Echegaray, 3 y 9 (Centro). (429 57 20 y 429 62 24). Cocina japonesa. Cerrado domingos. No admite tarjetas. **(2)**.

■ **FIGON FAUSTINO.** Palencia, 29. (253 39 77). Cocina segoviana. Cordero y cochinillo encargado. Sábados cerrado. Visa. **(2)**.

■ **LA FLOR DE LA CANELA.** General Orgaz, 21 (altura Orense, 39). (571 18 13). Cocina española-peruana. Especialidad: paellas y arroces. Abierto domingos y festivos mediodía. Paellas y platos de encargo. **(2)**.

■ **PAPARAZZI.** Sor Angela de la Cruz, 22 (Centro). (279 67 67). Cocina italiana. Esp.: pastas, frito mixto de gambas y calamares, pallarda. Tarjetas. **(2)**.

■ **XOCHIMILCO.** Piano-bar. Esquilache, 4 (Cuatro Caminos). (535 17 98). Cocina mexicana. Esp. desde "antojitos" a "chiles en nogada". Admite tarjetas. Cierra domingos noche. **(3)**.

Guía de precios

En España la mayoría de los restaurantes abre, aproximadamente, de las 12:30 a las 16:00 h. y de las 20:00 a las 24:00 h. Los números entre paréntesis que aparecen al final del texto de cada restaurante indican el precio aproximado por persona: (1) menos de 1.000 pesetas; (2) de 1.000 a 2.000 pesetas; (3) de 2.000 a 3.000 pesetas; (4) de 3.000 a 4.000 pesetas y (5) más de 4.000 pesetas.

¡Aquí te toca a ti!

A. **Recomendaciones** While in Madrid, you receive a letter from your parents asking you to help some of their friends who are touring Spain. When you meet the friends, they ask for help in choosing a place to go to dinner. Consult the listings from *La guía del ocio* to determine what restaurants you will recommend to someone who wants:

1. paella
2. seafood
3. lamb
4. pizza
5. Italian food
6. Argentine food
7. Japanese food
8. Galician food
9. shrimp and squid
10. Mexican food

Once you have selected ten restaurants, give an estimate as to how much it will cost one person to eat at each of the restaurants.

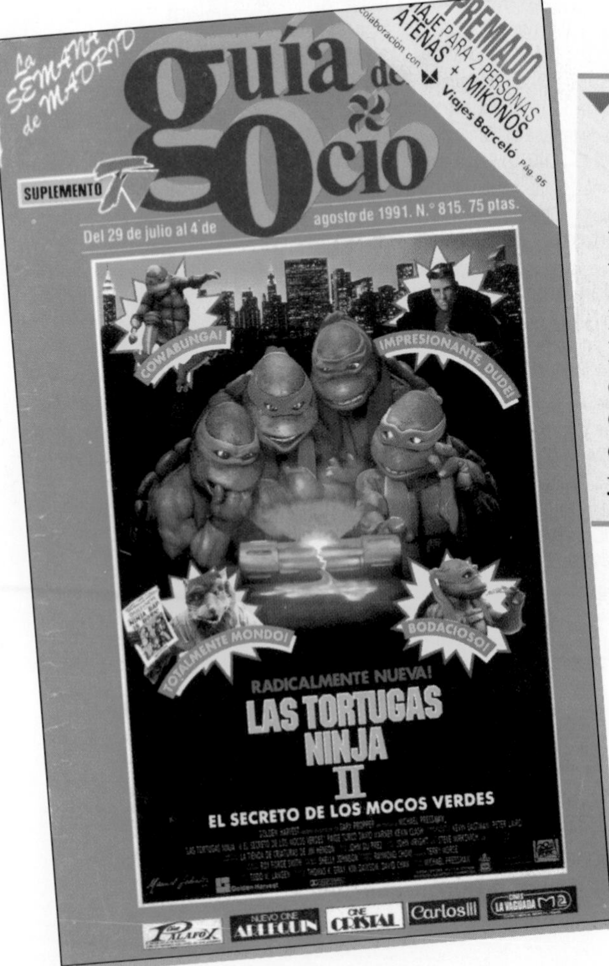

COMENTARIOS CULTURALES

La guía del ocio

La guía del ocio es una publicación semanal que contiene información sobre lo que hay que hacer en Madrid durante el tiempo libre, o sea las horas de ocio. En esta publicación podemos encontrar información sobre exhibiciones de arte, funciones dramáticas, conciertos, eventos deportivos, restaurantes y mucho más.

Repaso

B. **¿Te gusta...?** Pregúntales a varios compañeros de clase si les gustan las siguientes comidas. Ellos van a contestar según sus opiniones individuales.

MODELO: sopa de ajo
—¿Te gusta la sopa de ajo?
—Sí, me gusta la sopa de ajo. o:
—Sí, me encanta la sopa de ajo. o:
—No, no me gusta la sopa de ajo. o:
—No, detesto la sopa de ajo.

1. gambas
2. espárragos
3. calamares
4. chuletas de cordero
5. pescado frito
6. ternera asada
7. flan
8. café
9. té
10. helado

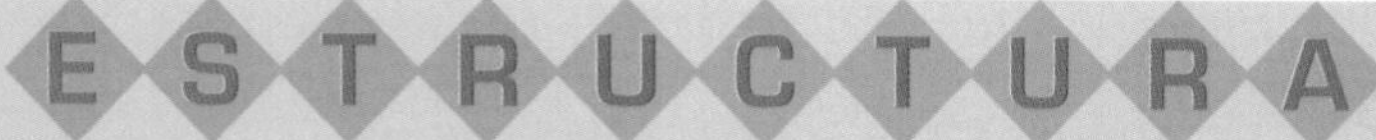

Impersonal se

Se habla español aquí.	*You (people, they, one)* speak(s) Spanish here.
Se come bien en España.	*You (people, they, one)* eat(s) well in Spain.

There are several ways in Spanish to express an action that is carried out by an unmentioned person or persons. This is called an *impersonal* action. In English several words can be used to refer to impersonal actions that are performed by no one in particular: *one, you, they, people*. In Spanish, one way to make these impersonal statements is to place **se** before the third person form of the verb: **se come, se habla, se vende,** etc.

Aquí practicamos

C. Sustituye las palabras en cursiva con las palabras entre paréntesis y haz los cambios necesarios.

Se come bien en España. (vivir bien en este país / servir buena comida en ese restaurante / estudiar mucho en esta escuela / trabajar demasiado en la universidad / hablar francés en Francia)

D. Cambien las siguientes oraciones según el modelo.

MODELO: Vivimos bien en España.
Se vive bien en España.

1. Comen bien en España.
2. Sirven una paella excelente en ese restaurante.
3. Siempre bailamos en las fiestas.
4. Estudian mucho en la universidad.
5. Viven bien en España.
6. Bajan por esta escalera.
7. No compran fruta en la farmacia.
8. Antes de la sopa, sirven el aperitivo.
9. Después de la entrada, sirven el postre.
10. En España comen la ensalada después de la entrada.

E. **¿Qué se hace?** Hagan unos comentarios impersonales sobre las actividades que la gente debe hacer o no hacer en las siguientes situaciones o lugares.

MODELO: la biblioteca
Se estudia en la biblioteca. o:
Se lee en la biblioteca. o:
No se habla en la biblioteca.

1. el restaurante
2. el fin de semana
3. un día típico
4. la iglesia
5. una fiesta de cumpleaños
6. la escuela

Aquí escuchamos

Escucha la conversación en la cinta. Presta atención en particular a las expresiones útiles para decir que uno tiene mucha hambre, para hablar de los platos y para indicar preferencias.

En otras palabras ◆

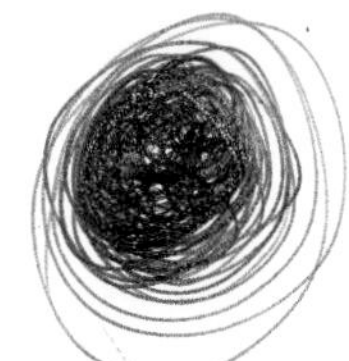

Expresiones para hablar del hambre

¡Estoy que me muero de hambre!	*I'm dying of hunger!*
Tengo tanta hambre que me podría comer un toro.	*I'm so hungry I could eat a horse (literally, a bull).*

Expresiones para indicar sus preferencias

Tengo ganas de comer...	*I feel like eating...*
Yo quisiera comer...	*I would like to eat...*
Me encanta la comida china (griega, italiana, francesa, etc.).	*I love Chinese (Greek, Italian, French, etc.) food.*

¡Aquí te toca a ti!

F. **¿A qué restaurante vamos?** Tú y tu amigo(a) van en busca de un restaurante. A tu amigo(a) no le gusta la primera sugerencia, pero él (ella) acepta el segundo restaurante que le sugieres. Sigue el modelo.

MODELO: un restaurante donde la especialidad es pescado / un restaurante conocido por la carne asada
—Mira, estoy que me muero de hambre.
—Yo también. Me podría comer un toro.
—¿Por qué no buscamos un restaurante?
—Buenísima idea. Allí hay un restaurante donde se sirve un pescado frito excelente.
—No. No me gusta mucho el pescado. Prefiero la carne.
—Ah, allí hay un restaurante donde la carne asada es la especialidad.
—Perfecto. Me encanta la carne asada.

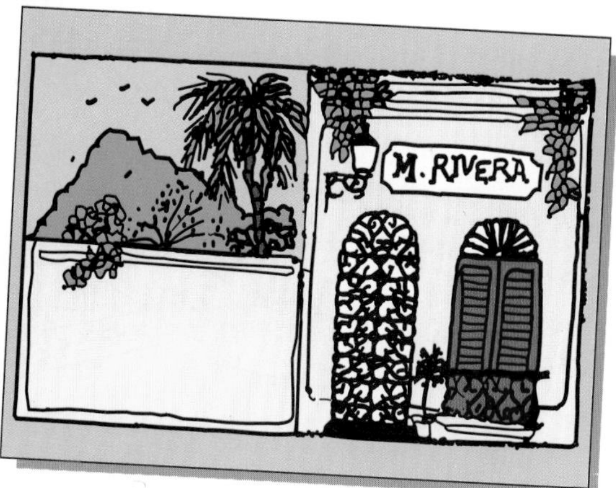

1. un restaurante italiano / un restaurante chino
2. un restaurante vegetariano / un restaurante donde la especialidad son los mariscos
3. un restaurante donde la carne asada es la especialidad / un restaurante griego
4. un restaurante donde las chuletas de cordero son la especialidad / un restaurante francés
5. un restaurante donde el pollo asado es la especialidad / un restaurante mexicano

¡Adelante!

Ejercicio oral

G. **¿Adónde vamos a comer?** While visiting Madrid, you and your friend(s) are trying to choose a restaurant for your evening meal. Consult the listings from *Guía del ocio* on page 57 at the beginning of this **etapa,** discuss what each of you would like to eat, how much you would like to spend, and try to decide upon a restaurant.

Ejercicio escrito

H. **Anoche nosotros cenamos en...** Imagine that last night you and your family had dinner at the restaurant whose menu appears on page 51. Write a postcard to your Spanish teacher telling him or her about the meal.

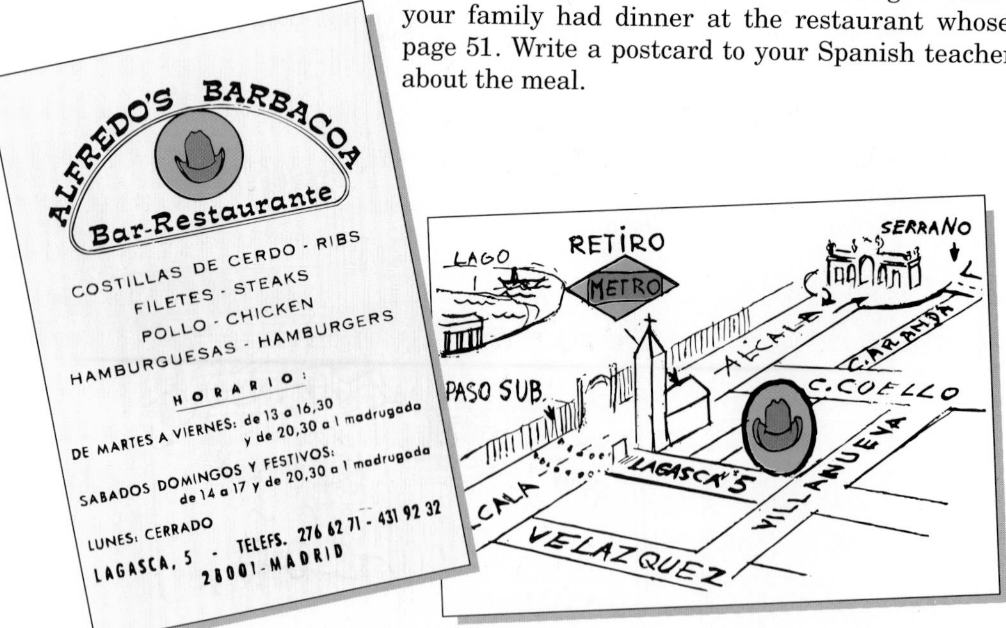

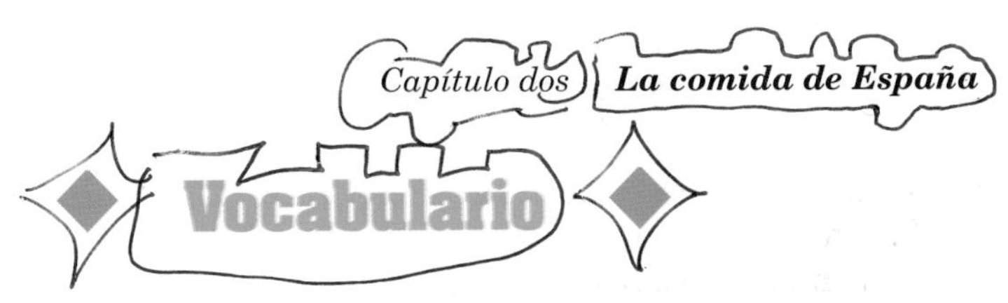

Vocabulario

Para charlar

Para pedir una mesa en un restaurante

Quisiera / Quisiéramos } una mesa para… personas, por favor.

Para pedir la comida

¿Qué quisiera pedir como aperitivo?
sopa?
¿Qué quisieran pedir como entrada?
postre?

Como { aperitivo / sopa / entrada / postre } quisiera…

Para hablar del hambre

¡Estoy que me muero de hambre!
Tengo tanta hambre que me podría comer un toro.

Para indicar preferencias

Tengo ganas de comer…
Yo quisiera comer…
Me encanta la comida china (griega, italiana, francesa, etc.).
Se come bien en este restaurante.

Para pedir la cuenta

La cuenta, por favor.
¿Podría traernos la cuenta, por favor?
Quisiera / Quisiéramos } la cuenta, por favor.

Temas y contextos

El menú

Aperitivos
- espárragos a la parmesana
- tortilla española
- calamares fritos
- chorizo
- jamón serrano
- gambas al ajillo

Sopas
- gazpacho andaluz
- sopa de ajo
- sopa de pescado
- sopa del día

Entradas
- pescado frito
- paella valenciana
- pollo al chilindrón
- ternera asada
- chuletas de cordero
- bistec

Bebidas
- agua mineral con gas
- sin gas
- café
- té
- refrescos surtidos

Ensaladas
- ensalada mixta

Postres
- flan
- fruta
- queso manchego
- helados variados

Vocabulario general

Verbos como ***gustar***

- apetecer
- encantar
- faltar
- tocar

La mesa

- el azúcar
- la cuchara
- la cucharita
- el cuchillo
- la mantequilla
- la pimienta
- el platillo
- el plato
- el plato hondo
- la sal
- la servilleta
- la taza
- el tenedor
- el vaso

Lectura cultural

El gazpacho

El gazpacho es una sopa que se toma fría. El plato se prepara en Andalucía, en el sur de España, donde el clima es bastante caliente. En un día de verano, cuando la temperatura está a 40°C, no hay nada más refrescante que un plato hondo de gazpacho, especialmente cuando se sirve bien frío.

Ingredientes

- tres cucharadas de aceite de oliva
- tres cucharadas de vinagre
- un litro de jugo de tomate
- dos dientes de ajo, picados
- cuatro tomates grandes, picados
- medio pepino, un pimiento rojo, un pimiento verde } picados, para servir como adorno
- sal, pimienta
- cubitos de hielo
- pan
- una cebolla grande, picada

Para preparar el gazpacho

1. Se mezclan el aceite, el vinagre y el ajo.
2. Se agrega el jugo de tomate.
3. Se agrega el tomate picado.
4. Se agrega la cebolla picada.
5. Se sazona con sal y pimienta.
6. Se pone en el refrigerador hasta que esté bien frío.
7. Antes de servir, se agregan los cubitos de hielo.
8. Se sirve con el pimiento verde, pimiento rojo y el pepino picados como adorno.

Comprensión

A. **Adivina** Based on your understanding of the recipe, what do you think the following words and phrases might mean?

1. un diente de ajo	4. se mezclan
2. picados	5. se agrega
3. cubitos	6. se sazona

B. **¿Cómo se hace el gazpacho?** A friend wants to make gazpacho for a party but does not read Spanish. Explain to him or her how to make it and serve it.

CAPÍTULO TRES

La comida de la América Latina

Primera etapa

Un menú mexicano

SOPAS

Sopa Especial de Pollo Denny's

Sopa de Tortilla

Sopa del Día

Sopa de Verduras Frescas

ENSALADAS

Nuestra Ensalada Especial del Chef
Lechuga, gajos de jitomate, tiras de jamón pollo y queso, rebanadas de huevo cocido.

Ensalada de Camarones
Lechuga, gajos de jitomate, camarones frescos, huevo cocido.

Ensalada de Pollo
Lechuga, gajos de jitomate, dos cucharones de pollo aderezado y huevo cocido.

Ensalada de Atún
Lechuga, gajos de jitomate, atún aderezado y huevo cocido.

Ensalada de Lechuga, Jitomate y Pepino

BEBIDAS

Nuestro Famoso Café Denny's

Té Caliente o Helado
Chocolate Caliente
Chocolate Frío
Refrescos
Leche
Naranjada
Limonada

ESPECIALIDADES MEXICANAS

Tacos de Pollo *(4)*
Servidos con guacamole, crema y frijoles refritos

Tacos de Bistec *(3)*
Acompañados de cebollitas de cambray asadas, servido con frijoles charros.

Costilla de Res a la Parrilla *(2)*
Servida con chilaquiles y frijoles charros. servidas con arroz, enchilada, guacamole y frijoles refritos.

Plato Mexicano
Puntas de cerdo en salsa ranchera o chipotle, servidas con arroz, enchilada, guacamole y frijoles refritos.

Pepitos *(2)*
Tierno filete de res en bolillos, acompañado de guacamole, frijoles refritos, rajas con crema y papas a la francesa.

Chilaquiles Verdes o Rojos
Gratinados con queso y servidos con crema, cebolla y frijoles refritos.
Con pollo.
Con pollo y huevo.

ENCHILADAS

Enchiladas Suizas
Elaboradas con pollo y salsa suiza, preparadas con nuestra receta especial

Enchiladas Verdes o Rojas
Preparadas con pollo, queso al gratín y una generosa porción de salsas deliciosamente condimentadas.

Enchiladas de Mole
Elaboradas con pollo, ajonjolí, cebolla y delicioso mole poblano.

CARROUSEL DE HAMBURGUESAS

Dennyburger
Servida con jitomate y lechuga
Con queso

Combinación Denny's
Riquísima hamburguesa acompañada de papas a la francesa. A su elección, sopa del día o ensalada con aderezo Denny's.

Combinación Denny's Gigante
Riquísima hamburguesa de 200 gramos, acompañada de papas a la francesa. A su elección, sopa del día o ensalada con aderezo Denny's.

Hamburguesa Mexicana
Servida con frijoles refritos, salsa chipotle, cebollas fritas, hoja de lechuga y rebanada de jitomate.

Plato Dieta
Hamburguesa en pan de centeno, acompañada de queso cotage, rebanada de jitomate y huevo cocido.

CARNES, AVES Y PESCADO

Parrillada Mixta
Preparada con filete de res, pollo, cerdo y chorizo, servida con guacamole, frijoles charros y tortillas.

Pechuga de Pollo
Tierna pechuga de pollo empanizada, servida con puré de papa, lechuga y jitomate.
O asada a la plancha acompañada de verduras salteadas.

Filete de Pescado
Fresco filete empanizado, servido con puré de papa y salsa tártara o preparado ricamente al mojo de ajo y servido con papas a la francesa.

verduras vegetables; *camarones* shrimp; *atún* tuna; *costilla de res* beef ribs; *pepitos* sandwich made with tender filet of beef in a Mexican hard roll *(bolillo)*; *chilaquiles* dish made with corn tortillas and chiles; *parrillada* a variety of meats cooked on a grill *(parrilla)*; *pechuga* breast

¡Aquí te toca a ti!

A. **¿Qué van a pedir?** Adivina lo que van a pedir las siguientes personas.

1. ¿Qué va a pedir alguien que no come carne?
2. ¿Qué va a pedir alguien que quiere comer algo ligero?
3. ¿Qué va a pedir un(a) turista que no quiere comer comida mexicana?
4. ¿Qué tipo de tacos va a pedir alguien que no come carne?
5. ¿Qué va a pedir alguien que quiere comer varios tipos de carne?

Repaso

B. **¿Qué se hace...?** Un amigo español tiene varias preguntas sobre la vida en los Estados Unidos. Contesta sus preguntas empleando oraciones impersonales con **se**.

1. ¿Qué se hace aquí en la escuela?
2. ¿Qué se hace en una fiesta?
3. ¿Qué se come en una fiesta?
4. ¿Qué se hace en general los fines de semana?
5. ¿Qué se hace en el verano?

COMENTARIOS CULTURALES

Xitomatl

Xitomatl es la palabra náhuatl para el tomate. Esta lengua todavía se habla en México y es la que hablaban los aztecas cuando llegaron los españoles en 1519. Hoy día en México se usa la palabra *jitomate* en vez de *xitomatl*, pero en otras partes del mundo hispano se usa la palabra *tomate*. Se cree que esta fruta se cultiva en México y en partes de la América Central desde hace más de cinco mil años. Los exploradores españoles fueron los que introdujeron esta fruta en Europa.

Estar *+ adjectives to express states or conditions*

Yo **estoy nervioso** hoy porque tengo un examen.	I *am nervous* today because I have an exam.
Marta **está triste** hoy porque no hace sol.	Marta *is sad* today because it is not sunny.
Camarero, este plato **está sucio**. Tráigame otro, por favor.	Waiter, this plate *is dirty*. Please bring me another one.

The verb **estar** is used with certain adjectives to express conditions that are true at a given moment, but not necessarily permanent. Some common adjectives that are used with **estar** to express these types of conditions are:

abierto(a)	*open*	**limpio(a)**	*clean*
aburrido(a)	*bored*	**lleno(a)**	*full*
alegre	*happy*	**mojado(a)**	*wet*
caliente	*hot*	**nervioso(a)**	*nervous*
cansado(a)	*tired*	**ocupado(a)**	*busy*
cerrado(a)	*closed*	**preocupado(a)**	*worried*
contento(a)	*happy*	**seco(a)**	*dry*
enfermo(a)	*sick*	**sucio(a)**	*dirty*
frío(a)	*cold*	**triste**	*sad*
furioso(a)	*furious*	**vacío(a)**	*empty*

Remember that when a singular adjective ends in **-o** it has four forms and must agree in both number and gender with the noun it modifies:

El vaso está **limpio**.
Los vasos están **limpios**.
La cuchara no está **limpia**.
Las cucharas no están **limpias**.

Adjectives that end in **-e** in the singular have only two forms and need only agree in number with the noun they modify:

Alberto está **triste** y **Marta** está **alegre**.
Las **niñas** están muy **alegres** hoy.

Aquí practicamos

C. Sustituye las palabras en cursiva y haz los otros cambios necesarios.

1. *Josefina* está aburrida hoy porque no hace sol. (Jorge / yo / nosotros / la profesora / mis hermanas)
2. *Yo* no estoy preocupado hoy porque no hay examen. (Diana / mi amigo / mis compañeros / tú / nosotras)
3. ¿Por qué están nerviosos *Uds.* hoy? (Diego / Marta y Sara / tú / la profesora / José y León)

D. **¿Cómo están?** Un(a) compañero(a) de clase te hace varias preguntas sobre cómo están varias personas que Uds. conocen. Contesta sus preguntas según el modelo.

MODELO: tu mejor amiga / aburrido
—*¿Cómo está tu mejor amiga hoy?*
—*Está aburrida.*

1. tu padre / furioso
2. la maestra de español / ocupado
3. tus amigas favoritas / triste
4. tus compañeros de clase / cansado
5. tu mamá / preocupado
6. tú / alegre

E. **Tráigame una...** Cuando tú y tus compañeros llegan a la mesa en un restaurante, hay varias cosas sucias. Pídanle al mesero otras limpias según el modelo.

MODELO: cuchara
Mesero, esta cuchara está sucia. Tráigame una cuchara limpia, por favor.

1. tenedor
2. vaso
3. cuchillos
4. servilletas
5. platos
6. taza

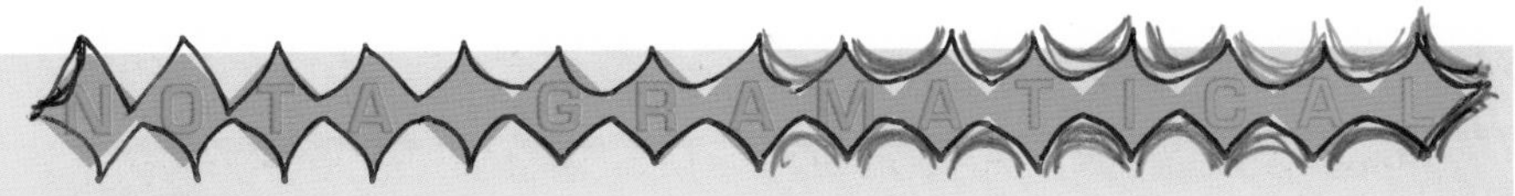

Adding emphasis to a description

¿Cómo está Alberto hoy?	How is Alberto today?
Está **un poco** cansado. Estoy **muy** nervioso hoy.	He is *a little* tired. I am *very* nervous today.
Me gustan los refrescos cuando están **bien** fríos.	I like soft drinks when they are *very* cold.
¿Estás preocupado ahora? Sí, estoy **algo** preocupado.	Are you worried now? Yes, I am *somewhat* worried.

Un poco, **muy**, **algo**, and **bien** may be placed before an adjective of condition in order to add emphasis to the description.

F. **¿Cómo está Tina hoy?** Un(a) compañero(a) de clase te hace varias preguntas sobre cómo están varias personas que Uds. conocen. Contesta sus preguntas según el modelo.

MODELO: Tina / aburrido
—¿Cómo está Tina hoy?
—Está muy aburrida. o:
—Está algo aburrida. o:
—Está un poco aburrida. o:
—Está bien aburrida.

1. Julia / preocupado
2. tu padre / contento
3. la profesora / ocupado
4. Sara y Ester / triste
5. Jaime y Nicolás / cansado
6. vosotras / preocupado

G. **Intercambio** Siempre se conoce mejor a una persona cuando sabemos sus sentimientos. Hazle preguntas a uno(a) de tus compañeros(as) y luego comparte la información con el resto de la clase. Sigue el modelo.

MODELO: cansado
—¿Cuándo estás cansado(a)?
—Estoy cansado(a) cuando no duermo bien.

1. cansado(a)
2. preocupado(a)
3. triste
4. nervioso(a)
5. alegre
6. aburrido(a)
7. ocupado(a)
8. furioso(a)

Aquí escuchamos

Escucha la conversación en la cinta. Presta atención en particular a las expresiones para comentar si te gusta la comida.

En otras palabras ◆

Expresiones para comentar si te gusta la comida

¿Qué tal está la sopa?	*How's the soup?*
¡Está muy rica! (¡Está riquísima!)	*It's very good!*
¿Qué tal están los tacos?	*How are the tacos?*
Están muy ricos. (¡Están riquísimos!)	*They're very good!*
¡Qué rica está la hamburguesa!	*This hamburger is great!*
¡Qué ricos están los tacos!	*These tacos are great!*

H. **A comer en casa** You offer to make a meal for a friend. Ask what he or she usually likes to eat, what he or she prefers to eat at home, and what is better in a restaurant. Say whether you can make what your friend wants and make other suggestions of things you can prepare well.

¡Adelante!

Ejercicio oral

I. **¿Qué van a pedir?** With a partner, practice ordering a meal from the menu on page 67 at the beginning of this **etapa**. One of your classmates will play the role of the waiter or waitress.

Ejercicio escrito

J. **Una postal** You are traveling through Mexico and you write a post-card to a friend of yours telling him or her about the wonderful food you are eating there.

Segunda etapa

La comida Tex-Mex

¿Cuál es tu plato mexicano favorito? ¿Los tacos? ¿Las enchiladas? ¿Los nachos con salsa picante? Los norteamericanos están acostumbrados a la comida mexicana, pero la comida mexicana que se come en los Estados Unidos—la comida Tex-Mex—no es como la comida que generalmente se prepara en México. La comida Tex-Mex que comemos aquí en este país es una adaptación de las **recetas** que se usan en México.

recipes

Esta comida tiene una larga historia. En 1800, en Álamo, Texas, **nació** el famoso "chile con carne", hoy el plato oficial de la cocina tejana. **Hoy día** la mayoría de los supermercados en este país tienen una sección especial que está dedicada a los productos que se usan para preparar la comida Tex-Mex.

was born
Today

Desde los años 80, la comida Tex-Mex **ha disfrutado** de una popularidad fenomenal en este país. Un caso interesante de esta comida son los nachos. En México no se conocen los nachos, **o sea** es una comida que se inventó aquí en los EEUU. Pero los nachos son tan populares que hasta en los partidos de béisbol se comen en vez de los "hot dogs". Otros platos de la cocina Tex-Mex son las fajitas, los burritos y los tacos. Estos platos se sirven siempre con una salsa **al lado**. La salsa puede ser picante o no picante, según los **gustos** de cada persona.

has enjoyed
that is
on the side
tastes, preferences

Nachos, salsa, tostadas, tacos, enchiladas... Todos ejemplos de la rica comida Tex-Mex

¡Aquí te toca a ti!

A. **¿Puedes decir...?** Contesta las siguientes preguntas, según lo que comprendiste de la lectura.

1. ¿En qué se diferencia la comida Tex-Mex de la comida mexicana?
2. ¿Cuándo se inventó el "chile con carne"?
3. ¿Dónde se pueden comprar productos para preparar los platos Tex-Mex?
4. ¿Dónde se inventaron los nachos?
5. ¿Con qué se sirven los platos Tex-Mex?
6. ¿Cuál es tu plato favorito de la cocina Tex-Mex?

Repaso

B. **¿Cómo te sientes...?** Di cómo te sientes en cada una de las siguientes situaciones.

1. cuando tienes un examen
2. cuando no hay escuela
3. cuando tienes que estudiar grámatica
4. cuando llueve y no tienes paraguas
5. cuando sacas una "A" en un examen
6. cuando pierde un partido tu equipo de fútbol favorito

Un hispano en Nuevo México cultiva sus plantas de chile.

COMENTARIOS CULTURALES

El chile

Los chiles son un ingrediente importante en la comida Tex-Mex. Hay más de 2.000 tipos de *chiles.* La palabra *chile* viene de la lengua náhuatl, igual que la palabra *xitomatl* que aprendiste en la primera etapa de este capítulo. Muchas variedades de chiles se cultivaban en la América Latina en tiempos precolombinos. Los chiles se preparan de diferentes maneras, o sea a veces se muelen (*they are ground*) para hacer salsas o se sirven enteros o cortados según la receta. Hay chiles rojos, verdes y amarillos. Algunos de los chiles más conocidos son el jalapeño, el serrano, el pequín, el chipotle y el ancho. Dicen que el habanero, cultivado en Yucatán, es probablemente el más picante de todos los chiles cultivados en la América Latina y tal vez en el mundo.

Negative and affirmative expressions

—Alberto **no** va a la fiesta y Mario **no** va **tampoco**.	Alberto is *not* going to the party and Mario is *not* going *either*.
—¿Quiere **alguien** ir conmigo al partido?	Does *someone* want to go with me to the game?
—**No** quiere ir **nadie**.	*No one* wants to go.
—Sabes tú **algo** de biología?	Do you know *anything* about biology?
—**No**, **no** sé **nada** de biología.	*No,* I do*n't* know *anything* about biology.
—¿Hay **algún** estudiante aquí?	Is there *a* student here?
—**No**, **no** hay **ningún** estudiante aquí.	*No,* there is *not a single* student here.
—¿Va Alberto **o** Nico a la fiesta?	Is *either* Alberto *or* Nico going to the party?
—**No** va **ni** Alberto **ni** Nico.	*Neither* Alberto *nor* Nico is going.

You have already learned that you can make Spanish sentences negative by simply placing **no** before the conjugated verb. Another common way to make sentences negative in Spanish is to use a double negative construction: ***No** va **nadie** a la fiesta.* Notice that the words **alguno** and **ninguno** become **algún** and **ningún** before a singular masculine noun.

Here are some negative words in Spanish along with their affirmative counterparts.

nadie	*no one, nobody*	**alguien**	*someone, somebody*
		todo el mundo	*everyone*
ningún **ninguno** **ninguna**	*none*	**algún** **alguno** **alguna**	*a, an*
		algunos **algunas**	*some*
nada	*nothing*	**algo**	*something*
tampoco	*neither, either*	**también**	*also*

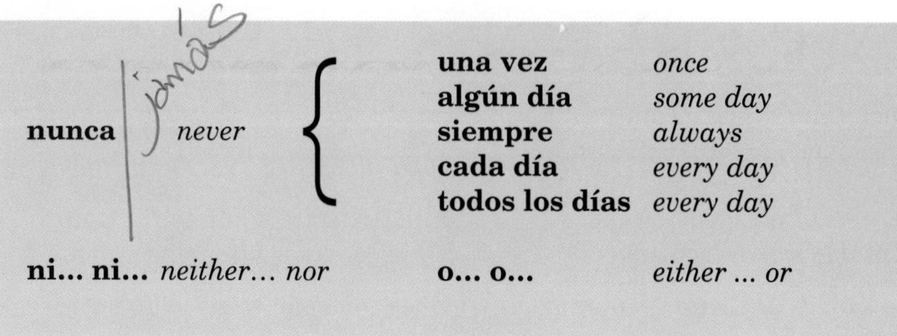

nunca	*never*	**una vez**	*once*
		algún día	*some day*
		siempre	*always*
		cada día	*every day*
		todos los días	*every day*
ni... ni...	*neither... nor*	**o... o...**	*either ... or*

C. **No, no y no** Expresa negativamente. No olvides la negativa doble. Sigue el modelo.

MODELO: Nilda va a ese restaurante todos los días.
Nilda nunca va a ese restaurante.

1. Alberto va a pedir la paella también.
2. Alguien quiere comer calamares.
3. Yo quiero comer algo antes de salir de casa.
4. Su familia come en un restaurante cada día.
5. Elena siempre pide la misma comida que su hermana.
6. Algunos estudiantes van a comer pizza el viernes.
7. O Alberto o Enrique va al mercado.
8. Alicia come ensaladas todos los días.

D. **Otra vez no** Contesta las siguientes preguntas negativamente.

1. ¿Va tu amigo a cenar con nosotros también?
2. ¿Hay algún restaurante bueno en este barrio?
3. ¿Sirven algún plato típico en este restaurante?
4. ¿Hay algo interesante en el menú?
5. ¿Sirven paella en este restaurante también?
6. ¿Alguien te recomendó este restaurante?

E. **No quiero...** Tú estás de muy mal humor hoy. Un(a) compañero(a) te sugiere varias posibilidades, pero tú siempre le contestas negativamente.

1. ¿Quieres invitar a alguien a cenar con nosotros?
2. ¿Quieres llamar a algún amigo por teléfono?
3. ¿Quieres mirar algo en la televisión?
4. Pero tú siempre quieres mirar la televisión, ¿verdad?
5. ¿O quieres leer o salir a cenar?
6. ¿Quieres hacer algo esta noche?

Aquí escuchamos

Escucha la conversación en la cinta. Presta atención en particular a las expresiones para comentar sobre el sabor de la comida.

Expresiones para comentar sobre el sabor *(taste)* de la comida

Está un poco (muy, algo, bien) **picante**.	It's a little (very, somewhat, pretty) *spicy*.
Está un poco (muy, algo, bien) **dulce**.	It's a little (very, somewhat, pretty) *sweet*.
Está un poco (muy, algo, bien) **salado(a)**.	It's a little (very, somewhat, pretty) *salty*.
Está un poco (muy, algo, bien) **sabroso(a)**.	It's a little (very, somewhat, pretty) *tasty*.
No tiene(n) sabor.	*It's tasteless.*

¡Aquí te toca a ti!

F. **En un restaurante Tex-Mex** Un(a) amigo(a) y tú están en un restaurante Tex-Mex. Hablen de lo que van a pedir y pidan la comida. Después hablen de cómo está la comida.

G. **¿Cómo se hace y cómo es?** Tu amigo(a) español(a) va a cenar contigo en un restaurante norteamericano. Contesta sus preguntas sobre algunos de los platos que están en el menú del restaurante.

1. ¿Cómo es el "Clam Chowder"? (*clams* = **almejas**)
2. ¿Cómo es el "Southern Fried Chicken"?
3. ¿Cómo es una "tossed salad"?
4. ¿Cómo es el "Banana Cream Pie"?
5. ¿Son muy picantes los "Barbecued Spare Ribs"?
6. ¿Es muy dulce el "Blueberry Pie"?

¡Adelante!

Ejercicio oral

H. **La comida Tex-Mex** Your friend from Peru wants to know about certain Tex-Mex foods. You describe to him or her what the following foods are like. Be sure to comment in Spanish on whether you like them or not.

1. nachos
2. tacos
3. salsa picante
4. burritos
5. chile con carne

Ejercicio escrito

I. **Una fiesta Tex-Mex** With a partner, plan a Tex-Mex party. Prepare a menu for the party; then make a shopping list of the ingredients you will need to prepare those items. Include at least three dishes and two key beverages in your menu.

 **Vocabulario** 

Para charlar

Expresiones para comentar sobre el sabor de la comida

¿Qué tal está(n)...?
Está muy rico(a).
Están muy ricos(as).
¡Está riquísimo(a)!
¡Están riquísimos(as)!
¡Qué rica(o) está...!
¡Qué ricos(as) están...!
Está un poco (muy, algo, bien) picante.
Está un poco (muy, algo, bien) dulce.
Está un poco (muy, algo, bien) salado(a).
Está un poco (muy, algo, bien) sabroso(a).
No tiene(n) sabor.

Temas y contextos

Expresiones para dar énfasis

algo
bien
un poco
muy

Expresiones afirmativas y negativas

algo
alguien
algún / alguno / alguna / algunos / algunas
algún día
cada día
nada
nadie
ni… ni
ningún / ninguno / ninguna
nunca
o… o
siempre
también
tampoco
todos los días
una vez

Vocabulario general

Adjetivos

abierto(a)
aburrido(a)
alegre
caliente
cansado(a)
cerrado(a)
contento(a)
enfermo(a)
frío(a)
furioso(a)
limpio(a)
lleno(a) – full
mojado(a)
nervioso(a)
ocupado(a)
preocupado(a)
seco(a) – dry
sucio(a) – dirty
triste
vacío(a)

Sustantivos

el atún
los camarones
la costilla de res
los chilaquiles
los gustos
la parrillada
la pechuga
los pepitos
las recetas
las verduras

Verbos

nacer

Otras palabras y expresiones

al lado
ha disfrutado
hoy día
o sea

Aquí leemos

Receta: Moros y cristianos

En el año 711 después de Cristo, los moros invadieron la Península Ibérica — lo que hoy es España y Portugal. Los moros no fueron expulsados por los cristianos hasta 1492; es decir, su dominación de la península duró casi 800 años. Esta comida de la foto, moros y cristianos, que se hace con frijoles negros y arroz blanco, alude al color de los dos grupos (blanco — los cristianos — y negro — los moros) que lucharon casi 800 años por el dominio de la península.

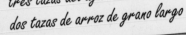

Ingredientes

media taza de aceite de oliva
dos pimientos verdes
una pizca de orégano seco
una hoja de laurel
dos tazas de frijoles negros
diez tazas de agua
tres tazas del agua caliente de la cocción de los frijoles
dos tazas de arroz de grano largo
una cebolla
seis dientes de ajo
sal
pimienta

Elaboración

1. Se cocinan los frijoles hasta se estén blandos.
2. Se pican los pimientos, la cebolla y los dientes de ajo.
3. Se sofríen estos tres ingredientes en el aceite caliente.
4. Se agregan los frijoles y se sofríen ligeramente, junto con el agua caliente donde se cocinaron.
5. Se agregan el orégano, el laurel, el arroz, la sal y la pimienta.

6. Se tapa bien la cazuela y se hierve a fuego lento durante treinta minutos.
7. Se apaga el fuego y se dejan asentar durante diez minutos antes de servir.

Comprensión

A. **Adivina** Based on your understanding of the recipe, what do you think the following words and phrases mean?

1. pizca
2. hoja
3. arroz de grano largo
4. cocción
5. se sofríen
6. se tapa
7. se apaga

B. **¿Cómo se hacen los moros y cristianos?** A friend wants to make **moros y cristianos** for a special dinner but does not read Spanish. Explain to him or her how to make them.

Repaso

C. **¿Alguien come allí?** Un(a) compañero(a) te hace varias preguntas sobre un restaurante muy malo que hay en tu pueblo. Tú le contestas negativamente.

1. ¿Alguien come en ese restaurante?
2. ¿Hay algo sabroso en el menú?
3. ¿Sirven alguna comida étnica?
4. ¿Te gusta algún plato de los que sirven allí?
5. ¿Sirven paella o sirven arroz con pollo allí?
6. Tu familia siempre come allí, ¿verdad?

RESTAURANTE
SANTA CRUZ
Justino de Neve, 2 (Plaza de los Venerables) - Telf. (954) 223583 - 41004 SEVILLA

Aquí repasamos

In this section, you will review:

- double object pronouns;
- **gustar** and verbs like **gustar**;
- impersonal **se**;
- **estar** + adjectives of condition;
- adding emphasis to a description;
- negative words and their affirmative counterparts.

Direct object pronouns

Singular		**Plural**	
me	*me*	**nos**	*us*
te	*you (familiar)*	**os**	*you (familiar)*
lo	*you (formal), him, it (m.)*	**los**	*you (formal), them (m.)*
la	*you (formal), her, it (f.)*	**las**	*you (formal), them (f.)*

Indirect object pronouns

me	*to* or *for me*	**nos**	*to* or *for us*
te	*to* or *for you (familiar)*	**os**	*to* or *for you (familiar)*
le	*to* or *for him, her, you (formal)*	**les**	*to* or *for them, you (formal)*

Remember, **le** or **les** becomes **se** before **lo, la, los,** and **las**.

le + / **les** + { **lo**, **la**, **los**, **las** } = **se** + { **lo**, **la**, **los**, **las** }

A. **¿Te paso...?** Tú eres el (la) anfitrión (anfitriona) *(host / hostess)* de una cena muy elegante. Quieres que todos tus huéspedes *(guests)* coman mucho. Tú les preguntas si quieren que les pases algún plato y ellos te contestan según sus preferencias. Sigue el modelo.

MODELO: gambas
—¿Te paso las gambas?
—Sí, pásamelas, por favor. o:
—No gracias, no me las pases.

1. tortilla
2. chorizo
3. chuletas
4. queso
5. espárragos
6. calamares
7. gazpacho
8. fruta fresca

Gustar and verbs like *gustar*

With verbs like **gustar**, we use only the third person singular (**gusta**) or plural (**gustan**) forms along with the indirect object pronouns: **me, te, le, nos, os,** and **les**.

Some verbs used like **gustar** are:
apetecer
encantar
faltar
tocar

B. **¿Te apetecen unas gambas?** Tú estás con un(a) amigo(a) en un restaurante en España. Tu amigo(a) te sugiere ciertas comidas y tú le contestas según tus preferencias. Sigue el modelo.

MODELO: gambas
—¿Te apetecen unas gambas?
—Sí, me apetecen. o:
—No, no me apetecen. o:
—No, no me gustan. o:
—Sí, me encantan las gambas.

1. un bistec
2. unos espárragos
3. una sopa de pescado
4. un pescado frito
5. una ensalada mixta
6. unos calamares
7. un jamón serrano
8. unas chuletas de cordero

Impersonal *se*

In Spanish, you can make impersonal statements by placing **se** before the third person form of the verb.

C. **¿Qué se hace...?** Un(a) amigo(a) te pregunta lo que se hace en varios sitios. Tú le contestas empleando el **se** impersonal. Sigue el modelo.

MODELO: el parque
—¿Qué se hace en el parque?
—Se juega en el parque. o:
—Se camina en el parque. o:
—Se descansa en el parque.

1. la discoteca
2. el restaurante
3. la clase de español
4. el restaurante
5. la tienda de ropa
6. la fiesta

Estar + adjectives of condition

The verb **estar** is used with adjectives to express conditions that are true at a given moment but are not necessarily permanent. Some common adjectives that express these types of conditions are:

abierto(a)
aburrido(a)
alegre
caliente
cansado(a)
cerrado(a)
contento(a)
enfermo(a)
frío(a)
furioso(a)
limpio(a)
lleno(a)
mojado(a)
nervioso(a)
ocupado(a)
preocupado(a)
seco(a)
sucio(a)
triste
vacío(a)

Remember that to add emphasis to a description in Spanish the following may be placed before an adjective:

un poco
muy
algo
bien

D. **¿Cómo están?** Un(a) compañero(a) te pregunta cómo están varios de tus amigos(as). Tú le contestas según los comentarios que siguen. Sigue el modelo.

MODELO: Jaime tiene que leer 200 páginas para su clase de historia.
Jaime está algo aburrido. o:
Jaime está un poco triste. o:
Jaime está bien ocupado.

1. Alberto corrió cinco millas hoy.
2. Marta sacó una "A" en un examen de química.
3. Julia quiere dar un paseo en el parque pero está lloviendo.
4. Eduardo tiene un examen en su clase de física hoy.
5. Linda quiere salir, pero tiene que trabajar y después tiene que estudiar para dos exámenes.
6. Esteban tiene una temperatura de 101°F y estornuda sin parar.
7. Marisol no tiene dinero para ir al concierto el sábado.
8. Martín caminó quince minutos en la lluvia.

Negative and affirmative expressions

Palabras negativas y afirmativas

nadie	**alguien** **todo el mundo**
ningún / ninguno / ninguna	**algún / alguno / alguna** **algunos / algunas**
nada	**algo**
tampoco	**también**
nunca	**una vez** **algún día** **siempre** **cada día** **todos los días**
ni... ni...	**o... o...**

E. **Un(a) amigo(a) negativo(a)** Tú tienes un(a) amigo(a) muy negativo(a) que te hace varios comentarios sobre un restaurante que hay en tu pueblo. Tú no estás de acuerdo y le corriges *(correct)* con comentarios afirmativos.

1. Nadie come en ese restaurante.
2. No hay nada sabroso en el menú.
3. No sirven ninguna comida étnica.
4. Tampoco sirven comida americana.
5. Ni sirven paella ni sirven arroz con pollo.
6. Tú nunca comes allí.

Aquí llegamos

Actividades orales

A. **El gran almacén** Go to the department store; choose an outfit for a particular occasion; discuss colors, fabrics, and price with the salesperson. Your outfit should include shoes and accessories.

B. **Un modelo** Find a picture of a fashion model (male or female) in a magazine or catalog and describe what he or she is wearing. Include shoes and accessories. Remember to talk about fabrics, colors, prints, etc.

C. **En el restaurante** Choose a local restaurant and imagine that you and your friends are going there. Ask for a table, discuss what you are going to eat, order dinner, discuss how the food tastes, and decide whose turn it is to pay the check.

D. **Una cena entre amigos** Organize a potluck dinner that will include you and four of your friends. Invite your friends. Together arrange what each will contribute to the meal: appetizer, main course, salad, dessert, and drinks.

E. **Una cena especial** With a classmate, plan a special meal for your teacher, your parents, a friend's birthday, etc. Decide when and where you will serve the meal, whom you will invite, and what you will prepare.

Actividades escritas

F. **Un inventario** In planning your next trip to the mall, you make an inventory of at least ten items of clothing in your closet that you would like to replace with others. Write the name of each article of clothing and briefly describe it. Be sure to include shoes and accessories.

G. **Una comida ideal** Prepare the menu for an ideal meal that you would like to eat and/or prepare. Then compare menus with your classmates.

H. **Una carta** You have just received a letter from a friend in Spain who asks about a typical holiday meal in the U.S. (Choose a holiday: **Día de Acción de Gracias, la Navidad, Hanukkah, el Día de la Independencia.**) Write and tell him or her about a typical meal for that day. Be sure to mention appetizers, soups, salads, main course, and desserts.

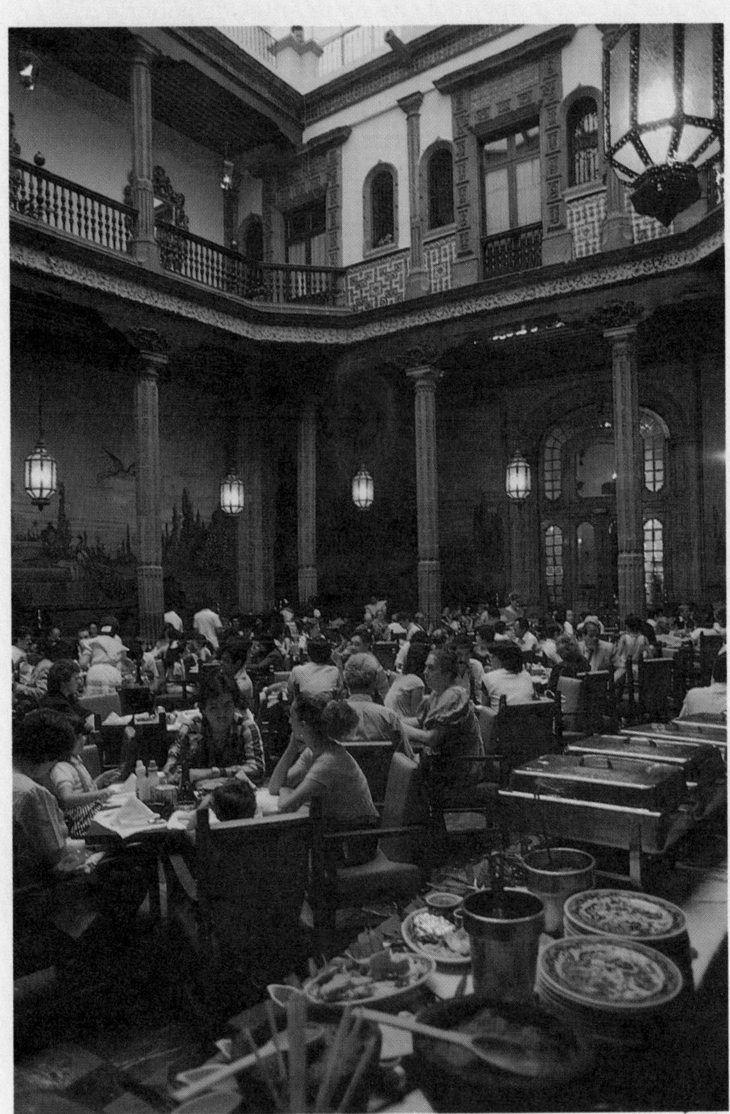

El famoso restaurante Sanborn's en la ciudad de México

Expansión cultural

El chocolate: Regalo de los dioses

Regalo de los dioses: Gift of the gods

bitter

deer / turkey

they carried out

honey / made of

cinnamon

married

La palabra *xocoatl* es la palabra azteca para el chocolate... sí, el chocolate — divino, delicioso y delectable. La palabra *xoco* significa **amargo** en la lengua náhuatl y *atl* significa *agua*. Las dos palabras juntas significan *agua amarga* porque así es el sabor del chocolate antes de ponerle azúcar.

Las leyendas entre los indios precolombinos nos dicen que el chocolate fue un regalo de los dioses. Cristóbal Colón fue el primer europeo que probó el chocolate durante su cuarto viaje al Nuevo Mundo en 1502. Después, en 1519, otro español, Cortés, probó el chocolate en Tenochtitlán, la capital de la civilización azteca. Cortés pudo tomar chocolate en la corte del emperador Moctezuma. Moctezuma tenía la costumbre de dar unas cenas elegantes en las que se servía carne de **ciervo** y **pavo** exquisitamente preparada junto con varios tipos de frutas exóticas. Después de la cena **se llevaba a cabo** una ceremonia en la que las servientas se lavaban las manos y les servían a los huéspedes chocolate — mezclado con **miel**, especias y vainilla — en unas tazas **hechas de** oro. Así fue como Cortés probó el chocolate por primera vez. Moctezuma era gran aficionado al chocolate y se dice que tomaba cincuenta pequeñas tazas de chocolate cada día.

El sabor del chocolate impresionó mucho a Cortés y en 1528, cuando volvió a España, le llevó chocolate a Carlos V, el rey de España en aquella época. La bebida fascinó a Carlos V y llegó a ser una bebida preferida entre los reyes y nobles. Estos mezclaban el chocolate con **canela**, pistachos, almendras y otras especias. Hasta 1615 el chocolate fue un secreto de los españoles pero en ese año **se casó** Ana de Austria, una princesa española, con Luis XIII de Francia. Como regalo, Ana le trajo chocolate a su nuevo esposo. Durante los años en que gobernaron Ana y Luis, una de las invitaciones más prestigiosas entre los nobles era ir al palacio de los reyes para tomar el chocolate de Ana. El chocolate llegó a ser muy popular en Francia y los franceses lo introdujeron al resto del mundo, pero fueron los indios precolombinos los que primero probaron esta delicia.

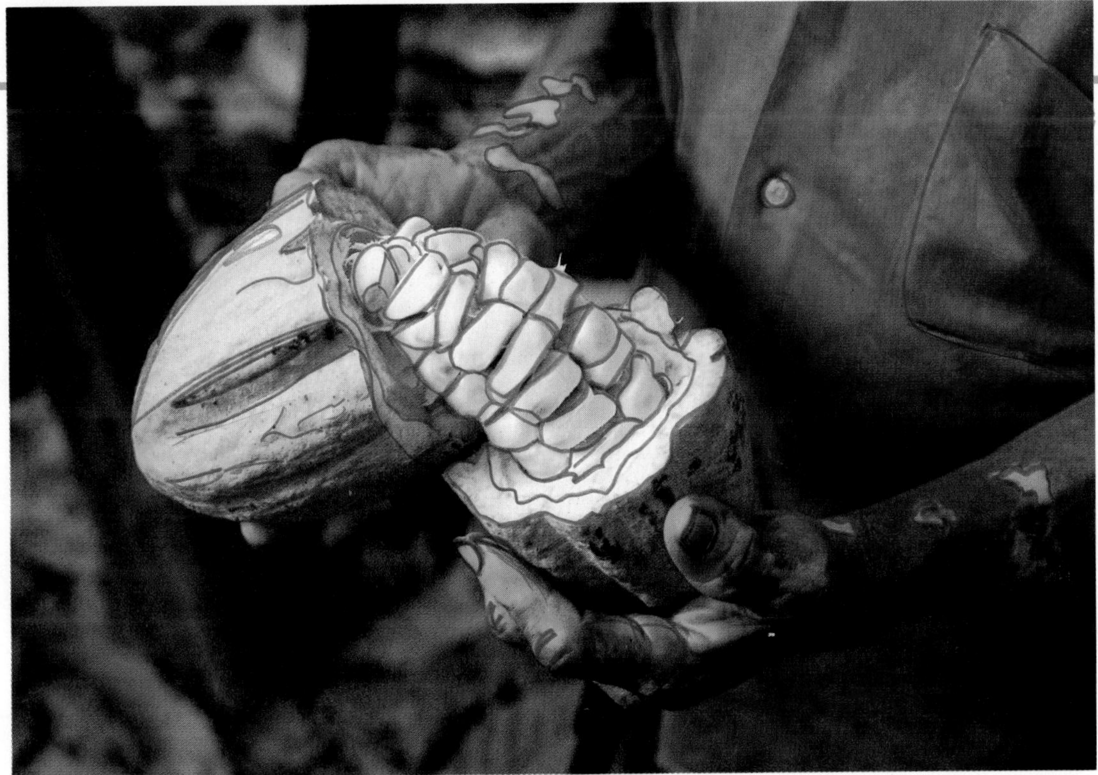

El cacao, del cual se hace el chocolate

Comprensión

A. **¿Sabes qué...?** Answer the following questions about the reading.

1. Where did the Indians say chocolate came from?
2. When did Columbus *(Colón)* taste chocolate?
3. Where did Cortés taste chocolate?
4. How was chocolate served after Moctezuma's dinners?
5. Did Moctezuma himself drink chocolate?
6. To whom did Cortés take chocolate?
7. Who was Ana de Austria?
8. How did the French people get to know about chocolate?

B. **La historia del chocolate** Usa la información en la lectura para escribir un informe breve sobre la historia del chocolate. Dibuja un mapa para ilustrar cómo llegó el chocolate de México primero a Europa y finalmente a los Estados Unidos.

SEGUNDA UNIDAD

¡Vamos de viaje!

Objectives

In this unit, you will learn:

- to organize a trip;
- to use the telephone;
- to make arrangements to travel by train, car, or plane;
- to ask and answer questions about people and things.

Introducción cultural:	**RENFE — La Red Nacional de Ferrocarriles Españoles**
Capítulo cuatro:	**Vamos a hacer un viaje**
Primera etapa:	Atocha y las otras estaciones de Madrid
Segunda etapa:	Para llamar por teléfono
Lectura cultural:	**El tren de la fresa**
Capítulo cinco:	**Iremos en tren**
Primera etapa:	El horario de trenes
Segunda etapa:	Ofertas de RENFE
Lectura cultural:	**Los exploradores**
Capítulo seis:	**¿En coche, en autobús o en avión?**
Primera etapa:	El mapa de carreteras
Segunda etapa:	El Aeropuerto Internacional de México
Expansión cultural:	**Un recorrido por la Ciudad de México**

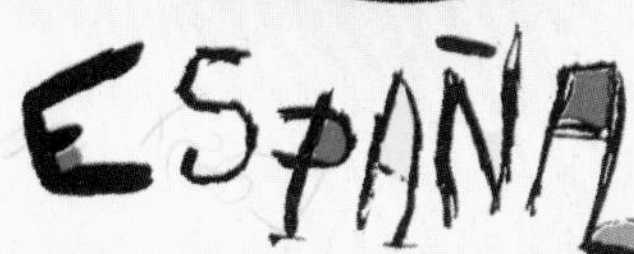

Introducción cultural

RENFE: La Red Nacional de Ferrocarriles Españoles

España ahora toma el tren. En los diez últimos años en este país vimos muchas cosas nuevas. Escribimos páginas importantes de nuestra reciente historia en ellos. Estamos caminando hacia el futuro, a la **búsqueda** de un mundo mejor. Ahora tomamos el tren. Mirando hacia adelante. Contemplando con tranquilidad el panorama. **Disfrutando de** nuestro viaje.

El tren a diario El mundo no **para**. Todos los días pasan miles de cosas. Y para seguir su ritmo hay que saber estar ahí, sin perder el tren. Aceptando el **reto** a cada instante. Sacando conclusiones del pasado. Mirando hacia el futuro. Sólo así podemos llegar lejos. Sólo así podemos **estar al momento**. Con un medio que es para todos los días. Que es para siempre. Como el tren.

Tome el tren y viva su propia historia. Mire hacia cualquiera de los cuatro **puntos cardinales.** Cualquiera que sea el lugar que quiera visitar, seguro que está lleno de tradiciones, historias, gentes agradables. Seguro que el tren pasa muy cerca. Que forma ya parte del paisaje. **No lo dude**, llegue hasta él. Con tranquilidad. Disfrutando de España. Dedicándose a lo que le guste. El tren **le deja las manos libres** para **acariciar** la vida. Para vivir su propia historia.

búsqueda search; *Disfrutando de* Enjoying; *para* stop; *reto* challenge; *estar al momento* to be up to date; *puntos cardinales* compass points; *No lo dude* Don't doubt it; *le deja las manos libres* leaves your hands free; *acariciar* to caress

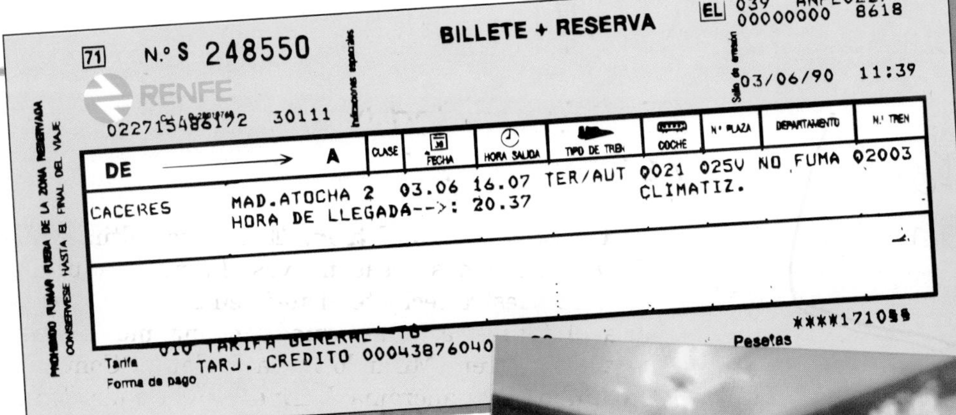

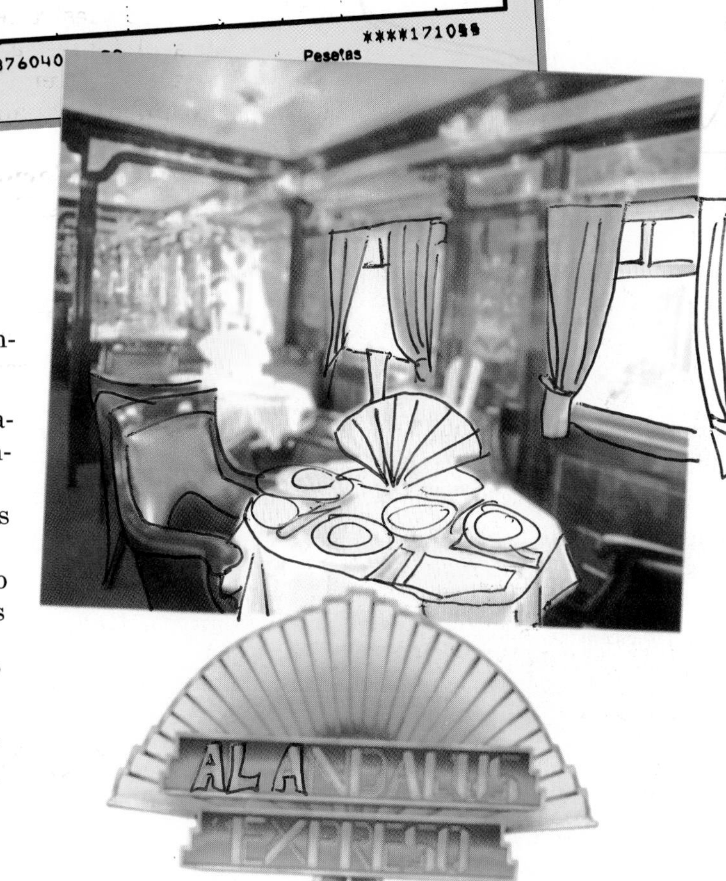

Comprensión

A. **Sobre la lectura** Contesta las preguntas sobre la lectura en español.

1. ¿Cuáles son las cinco palabras o frases que se repiten con más frecuencia en estos anuncios?
2. ¿Por qué crees que hay tantas frases y oraciones breves en los anuncios?
3. Estos anuncios no tienen que ver sólo con el tren. ¿Qué más "venden" estos anuncios?
4. ¿Qué anuncio te gusta más? ¿Por qué?

B. **Otro anuncio** Escribe un anuncio de seis a ocho oraciones para RENFE en tus propias palabras, llamando la atención sobre las ventajas *(advantages)* de viajar en tren por España.

CAPÍTULO CUATRO

Vamos a hacer un viaje

Primera etapa

Atocha y las otras estaciones de Madrid

RENFE (**Red** Nacional de Ferrocarriles Españoles) administra el sistema **ferroviario** español. Su centro geográfico y administrativo es Madrid. La capital tiene tres estaciones principales: Atocha, Chamartín y Norte. La estación más antigua es Atocha que está localizada en el centro de Madrid. Chamartín, en el norte de la ciudad, es la estación más grande. Cada estación sirve como punto de partida a diferentes regiones del país y de Europa. Por eso, cuando alguien desea viajar desde Madrid, es importante saber no sólo la estación de destino, sino cuál de las tres estaciones es la de origen para cierta región. El mapa reproducido aquí muestra la red ferroviaria y su relación con las tres estaciones de Madrid.

Network
railway

Estación Madrid — Atocha:
Andalucía, Toledo, Extremadura, Valencia y Portugal
Estación Madrid — Chamartín:
Burgos, Euskadi (País Vasco), Cantabria / Asturias, Cataluña, Bilbao, Santander, Portugal y Francia
Estación Madrid — Norte:
Barcelona, Sevilla, Granada, Galicia y Salamanca

¡Aquí te toca a ti!

A. **¿De qué estación salimos?** After spending a week together in Madrid, several American families are heading off to visit different parts of Spain and Europe. Get them started in the right direction by telling each family at which station they should begin their travels.

1. Mark and his parents are going to spend a week in Cataluña.
2. Elizabeth and her brother want to travel to France.
3. Carol and her cousins are heading for the beaches of Andalucía in southern Spain.
4. Rebecca and her grandparents want to visit Valencia.
5. Paul and his father are going to Salamanca.
6. Laura and her mother want to visit Bilbao.
7. Susan and her family are going to visit some friends in Galicia.
8. John and his uncle want to spend a week in Portugal.

B. **¿Cuál es la distancia entre... y... ?** For many Americans who are used to calculating distances in miles, kilometers often do not have a lot of meaning. A simple formula for converting kilometers to miles is to divide the number of kilometers by eight and then multiply the result by five. Using the distances on the rail map on p. 95, calculate how far it is in miles between the following cities. Give your final figures in Spanish.

MODELO: Madrid — Valencia
352 km = approximately 220 miles
Son trescientos cincuenta y dos kilómetros, que son aproximadamente doscientas veinte millas.

1. Madrid — Barcelona
2. Madrid — Sevilla
3. Madrid — Burgos
4. Madrid — Salamanca
5. Madrid — Santander
6. Madrid — Granada

ESTRUCTURA

The future tense

—¿**Visitaremos** el castillo mañana?	*Will we visit* the castle tomorrow?
—Sí, **llamaré por teléfono** para confirmarlo.	Yes, *I'll call* to confirm it.
—¿Dónde **nos encontraremos**?	Where *will we meet*?
—Te **esperaré** enfrente del banco.	*I'll wait* for you in front of the bank.

So far, to talk about future time you have used either the present tense with a future reference (**Mañana visitamos a tus primos**.), the immediate future (**ir a** + infinitive — **Vamos a ver una película esta noche**.), or an expression that implies the future (**quiero**, **pienso**, **espero** + infinitive —**Espero ir a Madrid este verano**.). Spanish also has a future tense that, like the future tense in English, expresses what will happen. In Spanish, however, this tense is not used in everyday conversation with as much frequency as the two alternatives you already know.

To form the future tense, simply add the endings **-é, -ás, -á, -emos, -éis,** and **-án** to the infinitive form of the verb (whether it is an **-ar, -er,** or **-ir** verb).

llegar
llegar (infinitive)

yo	llegar**é**	nosotros	llegar**emos**
tú	llegar**ás**	vosotros	llegar**éis**
él / ella / Ud.	llegar**á**	ellos / ellas / Uds.	llegar**án**

ver
ver (infinitive)

yo	ver**é**	nosotros	ver**emos**
tú	ver**ás**	vosotros	ver**éis**
él / ella / Ud.	ver**á**	ellos / ellas / Uds.	ver**án**

pedir
pedir (infinitive)

yo	pedir**é**	nosotros	pedir**emos**
tú	pedir**ás**	vosotros	pedir**éis**
él / ella / Ud.	pedir**á**	ellos / ellas / Uds.	pedir**án**

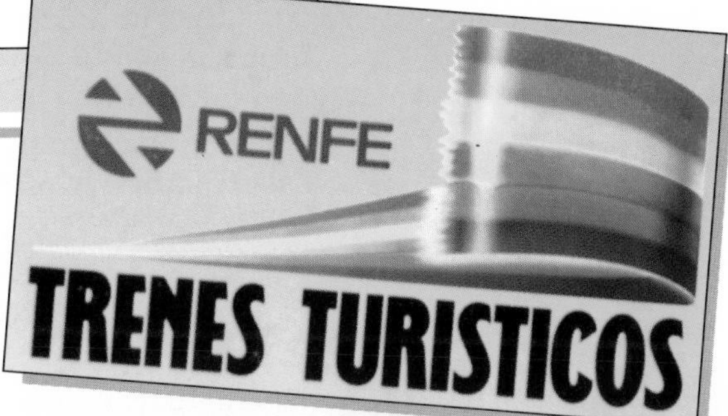

Aquí practicamos

C. Sustituye las palabras en cursiva con las palabras entre paréntesis, haciendo los cambios necesarios.

1. *Ella* organizará un viaje a Portugal. (nosotros / yo / Marta / tú / ellos)
2. *Tú* viajarás con nosotros. (Uds. / ella / vosotros / ellos / mi hermano)
3. *Él* comprenderá el portugués. (yo / ellas / tú / nosotros / Ud. / Mario)
4. *Nosotros* veremos muchos pueblos pequeños. (Uds. / ella / vosotros / tú / yo)
5. *Yo* comeré platos típicos del país. (mis amigos / Manuel / ella / tú / Ud.)
6. *Ustedes* irán a la famosa playa de Cascais. (yo / ellos / Maura y Lalo / ella / tú)
7. *Ellos* volverán a Madrid después del viaje. (él / mi tía / nosotros / yo / usted)

The future of irregular verbs

Some of the verbs that you have learned don't use the infinitive to form the future tense. Because of this they are considered "irregular." The endings that attach to this form, however, are the same as those you just learned (**-é**, **-ás**, **-á**, **-emos**, **-éis**, **-án**). Some commonly used irregular verbs in the future tense are:

decir **dir-**

yo	**diré**	nosotros	**diremos**
tú	**dirás**	vosotros	**diréis**
él, ella, Ud.	**dirá**	ellos, ellas, Uds.	**dirán**

hacer **har-** yo **haré**
querer **querr-** yo **querré** } **-ás, -á, -emos, -éis, -án**

Note that in the following verbs the **-e** of the infinitive is dropped to form the new stem.

poder **podr-** yo **podré**
saber **sabr-** yo **sabré** } **-ás, -á, -emos, -éis, -án**

Remember that **hay** *(there is, there are)* comes from the verb **haber**, which forms the future in the same way as **poder** and **saber**. Therefore, the future form of **hay** is **habrá** *(there will be).*

In these next verbs the **-er** or **-ir** infinitive ending is replaced by **-dr** before adding the future tense endings.

poner	**pondr-**	yo **pondré**	
salir	**saldr-**	yo **saldré**	**-ás, -á, -emos, -éis, -án**
tener	**tendr-**	yo **tendré**	
venir	**vendr-**	yo **vendré**	

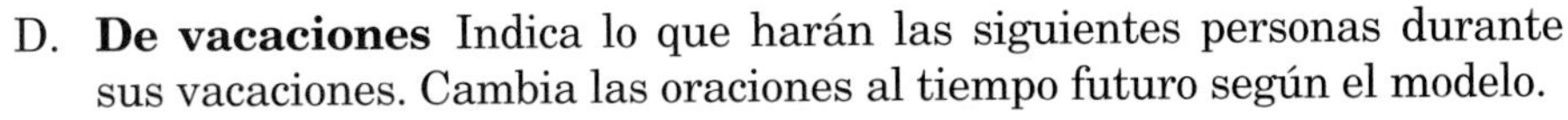

D. **De vacaciones** Indica lo que harán las siguientes personas durante sus vacaciones. Cambia las oraciones al tiempo futuro según el modelo.

MODELO: Mario está en Madrid. Visita el Museo del Prado. Después va a Toledo.
Mario estará en Madrid. Visitará el Museo del Prado. Después irá a Toledo.

1. Juanita tiene ganas de estar al aire libre. Va al campo con sus padres. Van de campamento.
2. Vamos a la playa. Podemos tomar el sol y nadar. Queremos aprender a usar la tabla-vela.
3. Jorge y su primo van a Sevilla. Se quedan en casa de sus abuelos. Comen mucho gazpacho.
4. Voy a Portugal. Estoy allí por tres días. Te escribo una tarjeta postal.
5. Estás en casa. Cuidas a tu hermano. Recibes cartas de tus amigos.

E. **Hoy no, pero mañana sí** Indica que las siguientes personas harán mañana lo que no pueden hacer hoy. Sigue el modelo.

MODELO: ¿Puedes ir al banco hoy?
Hoy no, pero iré al banco mañana.

1. ¿Tu hermana puede llevar a los niños al parque?
2. ¿Piensan estudiar ustedes?
3. ¿Vas al cine con tu novio(a)?
4. ¿Carmen puede llamarnos por teléfono?
5. ¿Ud. quiere tomar el tren a Granada?
6. ¿Pueden salir ustedes temprano?

7. ¿Puedes comprar las bebidas en el supermercado?
8. ¿Maricarmen espera aprender ese poema?
9. ¿Tienes tiempo libre hoy?
10. ¿Carlos puede venir a la casa?
11. ¿Hay tiempo para ir a la playa?

F. **Intercambio** Usa los elementos indicados para hacerle preguntas a un(a) compañero(a), que después te contestará. Indica el futuro empleando el tiempo futuro o con un verbo o una expresión. Sigue el modelo.

MODELO: hacer / después de la clase
—¿Qué harás tú después de la clase?
—Yo iré (o *voy, voy a ir, pienso ir,* etc.) *al centro.*

1. hacer / después de esta clase
2. hacer / esta tarde después de volver a tu casa
3. hacer / esta noche
4. ver / en el cine la semana próxima
5. comprar / en la nueva tienda de ropa
6. comer / en el restaurante mexicano
7. recibir / como regalo de cumpleaños
8. aprender a hacer / el próximo verano
9. hacer / el año próximo
10. viajar / el mes que viene

COMENTARIOS CULTURALES

Los trenes en España

Como España es un país relativamente pequeño, mucha gente viaja más en tren que en avión. La red nacional española de trenes es bastante eficaz *(efficient)* y su importancia es similar a la que tienen las líneas aéreas en los Estados Unidos. Los españoles están orgullosos *(proud)* del desarrollo extenso del sistema ferroviario en los últimos diez años. Los trenes generalmente ofrecen buen servicio y son cómodos y bastante puntuales. En algunas líneas (Madrid — Barcelona — Valencia — Madrid) la velocidad ha subido *(has risen)* a 160 km por hora. El gobierno español, que administra el sistema de transporte conocido como RENFE, ha contribuido con más de 3.000 millones de pesetas para mejorar las vías *(rail routes)* y aumentar la velocidad de los trenes. Todavía no son velocidades que se puedan comparar a las francesas o a las japonesas, pero es un punto de partida.

Escucha la conversación en la cinta. Presta atención a las expresiones para sugerir diferentes actividades.
Tres amigas, Raquel, Marisa y Victoria, hablan de sus vacaciones. Quieren ponerse de acuerdo sobre el lugar adónde irán.

En otras palabras ◆

Expresiones para proponer cualquier cosa y para responder afirmativamente

—¿Qué tal si vamos a...?	What if we go to...?
—Buena idea.	Good idea.
—¿Por qué no + *verb*?	Why not + *verb*?
—De acuerdo.	O.K. (I agree.)
—Tengo una idea. Vamos a...	I have an idea. Let's go to...
—Me parece bien.	That sounds good to me.
—¡Cómo no!	Sure.

¡Aquí te toca a ti!

G. **¿Adónde iremos?** Quieres organizar un viaje con dos amigos. Ustedes no están de acuerdo con las dos primeras sugerencias que hacen, pero sí con la tercera idea. Sigan el modelo.

MODELO: a Andalucía, mucho calor / a Galicia, el año pasado / a San Sebastián
AMIGO(A) 1: *¿Por qué no vamos a Andalucía?*
AMIGO(A) 2: *No, hace mucho calor. Tengo una idea. Vamos a Galicia.*
Tú: *No, yo estuve en Galicia el año pasado. ¿Qué tal si vamos a San Sebastián?*
AMIGO(A) 1: *Sí, sí. Buena idea.*
AMIGO(A) 2: *Me parece bien. ¡Cómo no!*
Tú: *Bien, de acuerdo. ¡Vamos a San Sebastián!*

1. a los Pirineos, mucho frío / a Pamplona, el verano pasado / a Málaga
2. a Portugal, mucho calor / a Italia, el año pasado / a Francia
3. a Alicante, muchos turistas / a Barcelona, el año pasado / a Sevilla
4. a Roma, mucho calor / a Londres, demasiada gente / a Portugal
5. a Cádiz, muy lejos / a Tunez, mucho calor / a Mallorca

H. **¿Por qué no vamos a...?** Sugiéreles a dos compañeros de clase que vayan a los siguientes lugares. Usa las expresiones *¿Qué tal si vamos a...?, ¿Por qué no vamos a...?, Tengo una idea. Vamos a...* Tus compañeros deben responder a tus sugerencias con expresiones apropiadas.

La Cueva de la Pileta	La Costa Blanca	La Alhambra
La ciudad de Ronda	La playa de Marbella	Andalucía

¡Adelante!

Ejercicio oral

I. **¡Vamos a organizar un viaje!** You and two classmates are planning a short vacation trip that will begin in Madrid. As you plan where to go, each of you proposes one of the places listed below. Each of you will object to one suggestion. Finally, all three of you will agree on a fourth destination (also chosen from the list below). Then refer back to page 95 and the list of train stations and their destinations in order to find out from which station your train will leave.

Possible destinations: Toledo / Bilbao / Burgos / Valencia / Santander
Salamanca / Sevilla / Granada

Ejercicio escrito

J. **¿Por qué no vas con nosotros?** Write a short note to a friend, describing the trip that you and your classmates planned in Exercise I and inviting your friend to join you. Follow the outline given below. Begin the note with **Querido(a) (nombre de tu amigo(a))** and end it with **Tu amigo(a) (tu nombre)**.

1. Tell where you are planning to go.
2. Tell who is going with you.
3. Tell from where you are planning to leave.
4. Mention how long you plan to travel.
5. Indicate when you plan to return home.
6. Invite your friend to accompany you.

Segunda etapa

Para llamar por teléfono

¡Aquí te toca a ti!

A. After reading the telephone company advertisement, answer in English the following questions based on its content.

1. What is the special feature of the phone service that is offered in the ad?
2. What are the four types of phone calls that can be made with operator assistance?
3. What happens if you call a wrong number (**número equivocado**)?
4. What number do you dial and what do you say in order to use one of the services offered by this phone company?
5. Do you think this ad would have wide appeal in the United States? Why or why not?

"¿Sólo dijiste AT&T Español?..."

"Sí, y me ayudaron en español."

Tan sencillo como eso. Porque AT&T tiene muchas opciones para hacer sus llamadas de larga distancia y AT&T Español es una de ellas.

Con AT&T Español usted obtiene asistencia para completar sus llamadas de persona a persona, por cobrar, hechas con la tarjeta "AT&T Card" y llamadas cobradas a un tercer número, así como crédito inmediato por llamadas a números equivocados y muchos beneficios más.

Para hacer sus llamadas de larga distancia con asistencia de operadora, si desea ayuda inmediata y efectiva en español...sólo marque "0" más el número al que desea llamar y diga "AT&T Español" a la operadora.

Disfrute la opción de utilizar AT&T Español.

AT&T
La mejor decisión.

B. **El teléfono para coche** Answer the following questions in English on the basis of the information in the advertisement below.

1. How large is the telephone that is being advertised?
2. Where is the best place to attach it to the car?
3. Can this phone only be used inside the vehicle?
4. What kind of memory capacity does the telephone have?
5. Is the company successful? How do you know this?
6. What do you think the man in the drawing is doing?
7. Do you like the idea of a car phone? Why or why not?

Cuando llamar es necesario, Teléfono para coche Indelec.

Las ventajas de un líder.

No espere hasta verse en una situación tan apurada para usar el teléfono para coche INDELEC. Disfrute ahora de todas las ventajas de una gran compañía.

Porque no sólo puede utilizarlo en su coche, sino convertirlo en portátil. Para llevarlo con usted donde quiera.

Porque la disposición horizontal del microteléfono supone una mayor comodidad en el manejo y una perfecta adaptabilidad al tablero de su coche.

Y porque el teléfono para coche **1-4000** de INDELEC dispone de 99 memorias, equipo totalmente extraíble, display líquido de 16 cifras, regulación del volumen de audición, sistema de operación "manos libres" y un montón de ventajas más que hace que los teléfonos para coche fabricados por INDELEC sean los más vendidos en nuestro país.

Solicite información al
900-100 336

Comunicación en marcha.

Cómo llamar por teléfono en una cabina

1. Descuelga *(Pick up)* el auricular *(receiver)* del teléfono.
2. Deposita las monedas necesarias o introduce la tarjeta de crédito para pagar la tarifa indicada.
3. Espera hasta escuchar la señal de marcar *(dial tone)*.
4. Marca *(Dial)* el número deseado.
5. Habla con la persona que contesta.
6. Después de terminar, cuelga *(hang up)* el auricular y saca la tarjeta.

C. **Marcando números** Dile a un(a) amigo(a) que tiene el libro cerrado los números de teléfono de la columna A. Él (Ella) debe escribirlos. Después, él (ella) te leerá los números de la columna B, mientras tú escribes los números que oyes. Finalmente, comparen los números escritos con los números de las dos columnas para ver si son correctos.

Columna A	**Columna B**
1. 34–1–418–1436	1. 54–1–18–22–46
2. 34–54–332–1848	2. 351–1–75–11–32
3. 52–5–92–55–07	3. 56–2–10–05–91
4. 57–1–66–17–52	4. 58–2–82–14–4

D. **Vamos a llamar por teléfono.** Working with a partner, imagine that you are talking on the telephone with a Spanish friend who doesn't speak English. In each of the following situations, give him / her information about where you are and what you plan to do, as well as the telephone number he or she should have in order to help you with your travel plans.

1. You are in Madrid talking to a friend in Barcelona. Next week you would like to go to Barcelona and stay in a hotel you've heard about. Can your friend in Barcelona call ahead and get a room for you for two nights? It's the Hotel Presidente, Av. Diagonal 570, 200–21–11.
2. Now you are in Barcelona talking to a friend in Madrid. Next week, when you visit your friend in Madrid, you would like to go eat at a restaurant your Spanish teacher recommended. It is called Casa Botín and its address and phone number are Cuchilleros 17, 266–42–17. You would like your friend to call and make a reservation for the two of you.
3. Now you are in Madrid talking to a friend in Sevilla. You need to call some family friends whose last names are Martínez Estrada. They live in Sevilla and their number, you think, is 57–92–16. Ask your friend in Sevilla to verify their name and number in the phone book in that city.
4. You are still in Madrid talking once again to your friend in Barcelona. You plan to visit Barcelona again in two weeks and meet your parents there. Tell your friend that they will be staying at the Hotel Covadonga, Av. Diagonal 596, 209–55–11, and that you would like to get together with him / her there and then go with your parents to see a play.

Repaso

E. **En el año 2025** Imagina cómo será el mundo en el año 2025. Cambia las oraciones siguientes al tiempo futuro para describir el mundo en ese año.

MODELO: Vivimos en otros planetas.
Viviremos en otros planetas.

1. Podemos manejar automóviles en el aire.
2. No tenemos más armas nucleares.
3. No hay contaminación del aire.
4. Hacemos viajes interplanetarios.
5. Podemos pasar las vacaciones en la luna.
6. Estudiamos en las universidades hasta la edad de 40 años.

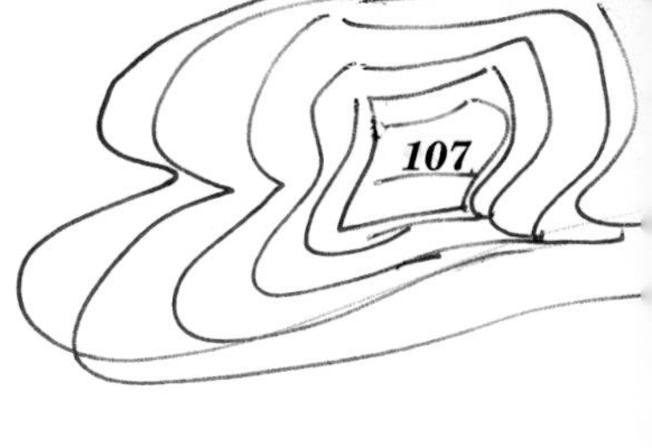

7. Los niños aprenden por lo menos cuatro lenguas en la escuela.
8. Sabemos curar el cáncer.
9. Venden la comida en forma de pastilla.
10. Vienen a la tierra habitantes de otros planetas.

COMENTARIOS CULTURALES

El número de teléfono

Un número de teléfono en algunas de las ciudades grandes de España, como Madrid, tiene siete cifras *(digits)*; en otras, como Segovia, tiene seis. Estas cifras forman el número de la zona telefónica y el de la línea local (por ejemplo: **2-10-16-46** ó **22-28-70**.) Generalmente, se dice el número de esta manera: **dos diez**, **dieciséis cuarenta y seis** o **veintidós**, **veintiocho**, **setenta**.

Si la llamada es de larga distancia dentro de España, hay que incluir otro número, el *indicativo*, para marcar la ciudad. Si la llamada tiene su origen en otro país, hay que marcar el código territorial *(country code)*. (Por ejemplo, **34** indica que la llamada es a España.) Es decir, para una llamada de larga distancia hay diez cifras en total.

En otros países de habla española los números de teléfono generalmente tienen cinco o seis cifras para una llamada ordinaria (en México, por ejemplo, 28-03-94 es un número típico).

F. **Las ciudades de España** En el mapa a la derecha, identifica las ciudades de España que están marcadas con una estrella *(star)*. Consulta el mapa en la página 95 si es necesario.

1. Madrid
2. Barcelona
3. Sevilla
4. Granada
5. Toledo
6. Málaga
7. Burgos
8. Valencia
9. Salamanca
10. Córdoba

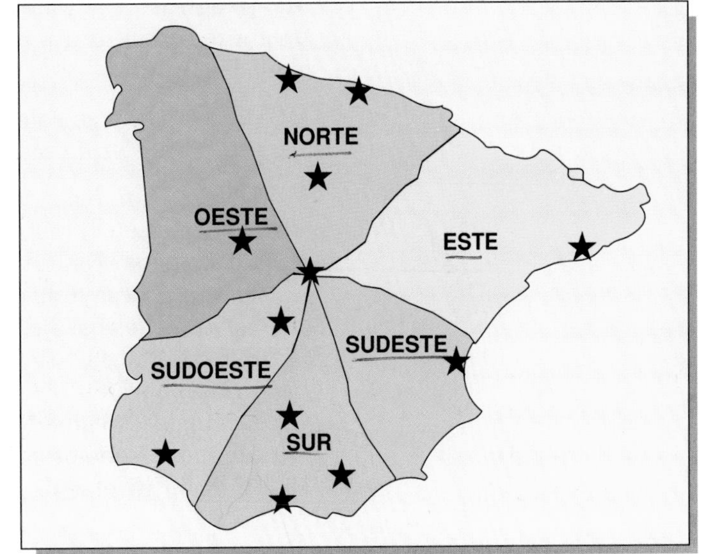

Special uses of the future tense

—¿Cuántos años **tendrá** ese actor?	*I wonder how old* that actor *is.*
—**Tendrá** unos treinta.	*He's probably (He must be)* about thirty.
—¿Quién **será** esa persona?	*I wonder who* that person *is.* (Who *can* that person *be*?)

The future tense is often used in Spanish to wonder out loud about an action or a situation related to the present. This special use of the future tense always takes the form of a question: **¿Dónde estará Margarita?** *(Where can Margarita be?)*

Another common use of the future tense is to express probability or uncertainty with regard to an action or a situation in the present. In other words, when you make a comment that is really more of a guess or speculation, rather than actual knowledge, the future tense is used: **Margarita estará en la biblioteca a estas horas.** *(Margarita is probably in the library about this time.)*

Aquí practicamos

G. **Me pregunto...** Cambia las siguientes oraciones en el presente a preguntas en el futuro para expresar la probabilidad o la duda. Sigue el modelo.

MODELO: El tren sale a tiempo.
¿El tren saldrá a tiempo?

1. El tren llega más tarde.
2. Comemos en el restaurante de la estación.
3. Puedo pagar con un cheque viajero.
4. Sirven el desayuno en el tren.
5. Hay muchos pasajeros alemanes.
6. Este tren llega a tiempo.
7. El tren para en Huelva.
8. Los ingleses van a Málaga.
9. Mi padre tiene problemas con las maletas.
10. Al llegar a Jeréz de la Frontera estamos cansados.

H. **¡No sé, José!** Your Spanish friends' persistent little eight-year-old son, José, is traveling on the same train with you. Like most children his age, he asks you lots of questions for which you really don't have exact answers. For each response you come up with, use the same verb José uses, but change it to the future tense to express your uncertainty about your response. Follow the model.

MODELO: —¿Qué hora es?
—*¡No sé, José! Serán las nueve.*

1. ¿Cómo se llama el conductor del tren?
2. ¿Qué sirven para comer en el tren?
3. ¿Qué tipo de música escucha esa chica en su "Walkman"?
4. ¿Qué tiene esa señora en su maleta?
5. ¿A qué hora llega ese señor a su casa?
6. ¿Cuántas personas hay en este tren?
7. ¿Qué pueblo es éste?
8. ¿Dónde estamos ahora?
9. ¿Quién es ese señor alto del sombrero negro?
10. ¿A cuántos kilómetros por hora vamos en este momento?

Aquí escuchamos

Escucha la conversación en la cinta. Presta atención a las expresiones para hablar por teléfono y para invitar a una persona a hacer algo.

Mercedes Benítez llama por teléfono a su amiga Alicia Videla para invitarla a cenar.

En otras palabras

Expresiones para hablar con alguien por teléfono

¿Diga? / ¿Dígame? (España)	Hello?
¿Aló? (Colombia, Perú, Ecuador)	
Hola. (Argentina, Uruguay)	
¿Bueno? (México)	
¿De parte de quién?	Who's calling?
¿Quién habla, por favor?	Who's speaking, please?
Soy (nombre); **habla** (nombre).	I'm (name); (name) speaking.
Quisiera hablar con (nombre).	I'd like to speak with (name).
¿Está (nombre)**?**	Is (name) there?

Un momento, por favor.	One moment, please.
Te lo (la) paso.	I'll get him (her).
Tiene un número equivocado.	You have a wrong number.
Lo siento, no está.	I'm sorry, he (she) isn't here.
¿Podría decirle...?	Could you tell him (her)...?
¿Puedo dejarle un recado?	May I leave him (her) a message?
Dígale que le llamó (nombre), **por favor.**	Please tell him (her) that (name) called.

Expresiones para invitar a alguien a hacer algo

¿Estás libre?	Are you free?
¿Quieres (infinitivo)**?**	Would you like to (infinitive)?
Te invito a (infinitivo).	I'm inviting you to (infinitive).
Quiero invitarte a (infinitivo).	I want to invite you to (infinitive).
¿Podría (infinitivo) **con nosotros?**	Could you (infinitive) with us?
Quisiera invitarlo(la) a (infinitivo).	I'd like to invite you to (infinitive).

Expresiones para aceptar una invitación

Sí, me parece bien.	Yes, that sounds good to me.
¡Cómo no! ¡Estupendo!	Sure! Great!
¡Claro que sí! Sería un placer.	Of course! It would be a pleasure.
Me encantaría.	I'd be delighted.
Acepto con gusto.	I gladly accept.

Expresiones para rechazar *(refuse)* una invitación

Oh, lo siento mucho, pero no puedo.	Oh, I'm sorry, but I can't.
Me gustaría, pero no estoy libre.	I'd like to, but I'm not free.
Muchas gracias, pero ya tengo planes.	Thanks very much, but I already have plans.
Es una lástima, pero no será posible.	It's a shame, but it won't be possible.
Me da pena, pero no estoy libre.	It's a pity (I'm sorry), but I'm not free.

¡Aquí te toca a ti!

I. **¿Aló?... ¿Diga?** Sigue los modelos para hacer unas llamadas telefónicas.

MODELO: Patricia Arizpe (su prima)
—Aló. Habla (nombre). *¿Eres tú, Patricia?*
—No. Soy su prima.
—Ah, perdón. ¿Está Patricia?
—Sí. Te la paso.

1. Daniel Flores (su hermano)
2. Juan Carlos Rodríguez (su primo)

MODELO: Luis Prado / 35–84–92
—¿Diga?
—¿Aló? ¿Este es el 35–84–92?
—Sí, señor (señorita).
—Quisiera hablar con Luis Prado, por favor.
—¿De parte de quién?
—De parte de (nombre).
—Un momento, por favor. Voy a ver si está... Lo siento, ya salió.
—¿Podría decirle que (nombre) *le llamó?*
—Sí, cómo no, señor (señorita).
—Muchas gracias, señor (señorita). Adiós.
—Adiós.

3. Elena Cardozo / 45–37–88
4. Benjamín Briseño / 23–17–65

J. **Voy a invitar a estas personas a cenar.** Llama por teléfono para hacer las invitaciones siguientes. Un(a) compañero(a) de clase hará el papel de la persona invitada que contesta el teléfono.

1. Invita a un(a) amigo(a) a cenar en tu casa.
2. Invita a un(a) amigo(a) a cenar en un restaurante contigo y dos amigos(as).
3. Invita a dos amigos(as) a almorzar en tu casa.
4. Invita a los padres de un nuevo estudiante a cenar en un restaurante contigo, con tu amigo y con tus padres. La madre contesta el teléfono.
5. Invita a tu profesor(a) a cenar en tu casa.

¡Adelante!

Ejercicio oral

K. **Una llamada telefónica** You and your family have just arrived in Madrid. You call your Spanish friend Verónica Velázquez, who lives in a suburb of Madrid. A family member answers the phone and says that Verónica is away on vacation for several days. Identify yourself as Verónica's American friend, find out when she will be back, and decide whether to call again or to leave a message.

Ejercicio escrito

L. **Un mensaje** *(a brief message)* Your friend Verónica Velázquez still has not gotten in touch with you. You have called back several times, but no one has answered the phone. You write her a short message in which you tell her you're in Madrid with your family, say how much longer you will be there, and invite her to join you and your family for dinner one night next week.

HOTEL EUROPA

hotel residencia EUROPA

Calle del Carmen, 4
(PUERTA DEL SOL)

Tels. 521 2
28013 M

RECADO TELEFONICO

Del Nº ....

Le hablaron a las .... horas,

de parte de ....

DICIENDO QUE:

☐ Llame Ud. al llegar.

☐ Le llamarán después.

☐ Que pase a verlo.

☐ Que vendrá a verlo a las ....

Asunto: ....

Fecha, ...

RECADO RECIBIDO POR

710962 U. - F 111

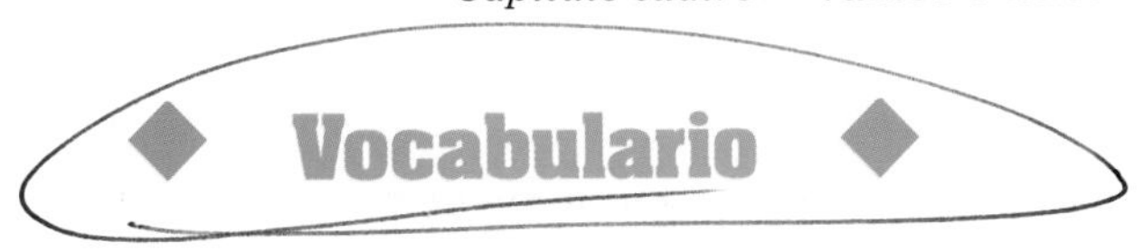

Para charlar

Para sugerir algo o para invitar a alguien a hacer algo

¿Estás libre?
¿Podría + (infinitivo) con nosotros?
¿Por qué no + (verbo)?
¿Qué tal si vamos a...?
¿Quieres + (infinitivo)?
Quiero invitarte a + (infinitivo).
Quisiera invitarlo(la) + (infinitivo).
Te invito a + (infinitivo).
Tengo una idea. Vamos a + (infinitivo).

Para responder a una invitación o sugerencia

Afirmativo
Acepto con gusto.
¡Buena idea!
¡Claro que sí! Sería un placer.
¡Cómo no! ¡Estupendo!
De acuerdo.
Me encantaría.
Me parece bien.

Negativo
Lo siento, pero no puedo.
Es una lástima, pero no será posible.
Me gustaría, pero no estoy libre.
Me da pena, pero no estoy libre.
Muchas gracias, pero ya tengo planes.

Para hablar con alguien por teléfono

¿Aló?
¿Bueno?
¿Diga?
Hola.
¿De parte de quién?
Dígale que llamó (nombre), por favor.
¿Quién habla, por favor?
Habla (nombre).
Soy (nombre).
¿Está (nombre)?
Quisiera hablar con (nombre).
Un momento, por favor.
Te lo (la) paso.
Lo siento, no está.
¿Puedo dejarle un recado?
¿Podría decirle...?
Por favor, dígale (dile) que le llamó (nombre).
Tiene un número equivocado.

Vocabulario general

Adjetivos
ferroviario

Sustantivos
el auricular
la cifra
el código territorial
las monedas
la red
la señal de marcar

Verbos
colgar
descolgar
haber
marcar

Lectura cultural

El tren de la fresa

voice
loudspeakers
heart

Estamos en la estación de Madrid-Delicias y la **voz** que oímos por los **alto-parlantes** nos anuncia la salida de nuestro tren. Cada uno de los Trenes Turísticos nos llevará al **corazón** de ciudades y regiones con mucha historia... monumentales, llenas de anécdotas, de leyendas, de viejos lugares y nuevas experiencias. Esta vez iremos a Aranjuez, que queda a poca distancia de Madrid. Saldremos a las 10:10 de la mañana y llegaremos a Aranjuez a las 11:20.

leap
strawberry / cars
hostesses

Este será un viaje especial porque haremos un **salto** al pasado en el famoso "tren de la **fresa**". Este tren del siglo anterior tiene **vagones** de madera y una locomotora de vapor. Nos acompañarán **azafatas** vestidas a la moda antigua, que ofrecerán fresas e información sobre el tren a todos los viajeros.

Muchos turistas prefieren viajar por España en tren.

Tendremos tiempo libre en Aranjuez para una visita guiada del Palacio Real, El Jardín de la Isla y el Monumento a Joaquín Rodrigo, el gran compositor de música clásica para la guitarra. Almorzaremos en el restaurante "El **Faisán**". Según el horario, saldremos de Aranjuez a las 19:05 de la tarde. Llegaremos a Madrid a las 20:00. Estamos seguros de que disfrutaremos de un día **inolvidable**. La semana próxima viajaremos a Burgos y a otras ciudades del norte del país.

pheasant / unforgettable

Comprensión

A. **Cierto/Falso** Indica si las oraciones siguientes son verdaderas o falsas. Corrige *(Correct)* las oraciones falsas con la ayuda de la información del texto.

1. Aranjuez queda bastante lejos de Madrid.
2. Oímos la hora de nuestra salida por los alto-parlantes.
3. El tren en que viajamos se llama "el tren de la fresa".
4. Este tren especial es moderno y rápido.
5. Las azafatas sirven manzanas a los pasajeros.
6. En Aranjuez visitaremos varios lugares de interés histórico.
7. Volveremos a Madrid a las doce de la noche.

B. **Una postal** Imagina que acabas de hacer el viaje en "el tren de la fresa". Escríbele una postal de seis a ocho oraciones a un(a) amigo(a) español(a) con detalles sobre el viaje. Usa los tiempos del imperfecto y el pretérito. Puedes incluir información de la lectura, así como detalles que tú quieras inventar.

CAPÍTULO CINCO

Iremos en tren

El horario de trenes

RENFE prepara horarios regionales que indican las salidas y llegadas de los trenes entre la mayoría de las ciudades principales de España. Estudia este horario de los trenes entre Madrid y Barcelona.

Tipo de tren		Interurb.	**Diurno**	Interurb.	Interurb.	**Diurno**	Reg.Exp.
Número circulación		36004	**684**	32042	36006	**686**	6008
Número ordenador			**684**			**686**	
Plazas sentadas		1-2	1-2	2	1-2	1-2	1-2
Plazas acostadas							
Prestaciones							
Suplementos/P. Global		Ⓖ			Ⓖ		Ⓖ
Circulación y notas		Ⓐ					1
Origen		■	■	■	■	■	■
Madrid-Atocha		6 00	**9 15**	11 00	13 35	**15 45**	19 45
Aranjuez	○	6 41	**9 51**	11 42	14 11	**16 21**	20 21
Aranjuez		6 42	**9 52**	11 43	14 12	**16 23**	20 22
Ontígola (apd)							*20 31*
Ocaña		7 01		12 05	14 30		20 41
Noblejas (apd)				12 11	*14 34*		*20 45*
Villarrubia de Santiago		7 13		12 18	14 40		20 52
Santa Cruz de la Zarza		7 25		12 31	14 53		21 09
Tarancón		7 39	**10 37**	12 45	15 05	**17 10**	21 22
Huelves (apd)		*7 48*					
Paredes de Melo		7 53					
Vellisca (apd)		*8 00*					
Huete		8 11	**11 04**	13 20	15 32	**17 38**	21 50
Caracenilla (apd)							
Castillejo del Romeral (apd)							
Cuevas de Velasco		8 29		13 41	15 51		22 11
Villar del Saz de Navalón (apd)		*8 34*					
Chillarón		8 44		14 02	16 13		
Cuenca	○	8 52	**11 43**	14 11	16 22	**18 23**	22 35
Cuenca		■	**11 45**	14 16	■	**18 30**	■
La Melgosa (apd)							
Los Palancares							
Cañada del Hoyo (apd-cgd)				14 43			
Carboneras de Guadazaón			**12 17**	14 51		**19 00**	
Arguisuelas				15 05			
Yemeda-Cardenete				15 24			
Villora (apd)				15 33			
Enguídanos (apd)				15 44			
Camporrobles				16 03			
Cuevas de Utiel (apd)				16 14			
Utiel (apt-cgd)			**13 20**	16 24		**20 00**	
San Antonio de Requena (apd)				16 32			
Requena			**13 30**	16 40		**20 10**	
Rebollar (apt)							
Siete Aguas (apd)				17 06			
Venta Mina-Siete Aguas (apt)				17 10			
Buñol				17 24			
Chiva (apt)				17 31			
Cheste				17 37			
Loriquilla-Llano (apt-cgd)				17 48			
Aldaya				17 56			
Vara de Quart (apt-cgd)							
Valencia-Término	○		**14 45**	18 12		**21 15**	
Destino			■	■		■	

1 Río Huecar.

Otros signos

○	Llegada.
■	Origen/destino del tren o rama.
Ⓐ	Suplemento tren cualificado tipo A, B.
Ⓖ	Precio global.
Ⓢ	Suplementos internacionales.
¦	El tren no circula por ese tramo.
|	El tren no para en ese tramo o estación.
1	Llamada remitiendo a pie de página.
apd, apt	Apeadero, apartadero.
cgd	Cargadero
	Estación fronteriza.
Talgo P.	Talgo Pendular.
Talgo C.	Talgo Camas.
Reg.Exp.	Regional Exprés.
Interurb.	Interurbano.
Cercan.	Cercanías.
IC	INTERCITY.
EC	Eurocity. Tren europeo de calidad.

Composición de los trenes

1, 2	1ª y 2ª clase.
	Coche-literas.
	Coche-camas.
	Cama Gran Clase
	Cama Ducha.
	Tren con servicio de restaurante.
	Tren con servicio de cafetería.
	Tren con servicio de bar.
	Mini-bar.
	Tren con servicio de vídeo.
	Megafonía.
	Coche guardería.
	Coche Rail Club.
	Autoexpreso
	Motoexpreso

¡Aquí te toca a ti!

A. **Un horario** Answer the following questions about the Madrid-Valencia timetable.

1. How many direct trains are there daily between Madrid and Valencia?
2. How long does it take to go from Madrid to Valencia?
3. If you are in Cuenca and want to go to Valencia, how long will it take you? Are there direct trains?
4. Is there a train between Madrid and Valencia that offers meal service?
5. Which trains have a final destination in Cuenca?

B. **Más información** Varios de tus amigos quieren tomar el tren entre Madrid y Valencia pero necesitan más información. Consulta el horario para contestar a sus preguntas. Sigue el modelo.

MODELO: Quiero llegar a Cuenca a las 12:00. ¿Qué tren debo tomar desde Madrid?
Es necesario tomar el tren de las 9:15.

1. Quiero llegar a Valencia esta noche a las 8:00 para cenar con la familia. ¿Qué tren debo tomar desde Madrid?
2. Voy a Valencia pero quiero desayunar con amigos a las ocho antes de salir. ¿Qué tren puedo tomar?
3. ¿Cuántas paradas *(stops)* hace el tren de las 6:00 entre Madrid y Cuenca?
4. Quiero llegar a Valencia antes de las 9:00 esta noche. ¿Qué tren debo tomar desde Madrid?

COMENTARIOS CULTURALES

El calendario de RENFE

RENFE divide el calendario del año en tres períodos: **días blancos**, **días rojos** y **días azules**. Los días de viaje preferibles son **los días azules** porque hay menos viajeros y el precio de los billetes es más barato por los descuentos *(discounts)* que RENFE ofrece en esos días. Los precios son más caros para los **días blancos** (los fines de semana de ciertos meses) y especialmente para los **días rojos** (días festivos).

Repaso

C. **Así será.** En la estación de trenes la gente te hace muchas preguntas. Al contestar las siguientes preguntas, usa el tiempo futuro para expresar probabilidad, indicando que no sabes si tu respuesta es correcta o no.

MODELO: ¿Dónde está tu billete para el tren?
No sé. Estará en casa.

1. ¿Cuántas personas viajan en este tren?
2. ¿A qué hora abre el coche comedor para el almuerzo?
3. ¿En cuántas horas hace el viaje desde Madrid a Málaga este tren?
4. ¿Qué estación de trenes en Madrid tiene más tráfico?
5. ¿Quién nos espera en la estación adónde vamos?
6. ¿Cuándo llega este tren a Barcelona?
7. ¿Cuál es el precio de un viaje de ida y vuelta *(round trip)* entre Madrid y París?
8. ¿De dónde es ese pasajero que habla inglés?
9. ¿Qué les sirven de beber a los pasajeros?
10. ¿Cuál es la ciudad más grande de España?
11. ¿Dónde tienen revistas y periódicos en el tren?
12. ¿Cuál es la velocidad máxima de este tren?

ESTRUCTURA

Prepositions of place: ***a, en, de, por, para, entre, hasta, hacia, cerca de, lejos de***

En julio iremos **a** España.	In July we'll go *to* Spain.
Comeremos gazpacho **en** Sevilla y mariscos **en** la costa.	We'll eat gazpacho *in* Seville and seafood *on* the coast.
Saldremos **de** Nueva York.	We'll leave *from* New York.
Viajaremos **por** todo el país.	We'll travel *through(out)* the entire country.
Después saldremos **para** Francia.	Then we'll leave *for* France.
¿Qué distancia hay **entre** Madrid y París?	What's the distance *between* Madrid and Paris?
Seguiremos **hasta** la frontera italiana.	We'll continue on *all the way to* the Italian border.
Caminaremos **hacia** los Pirineos.	We'll walk *in the direction of* the Pyrenees.

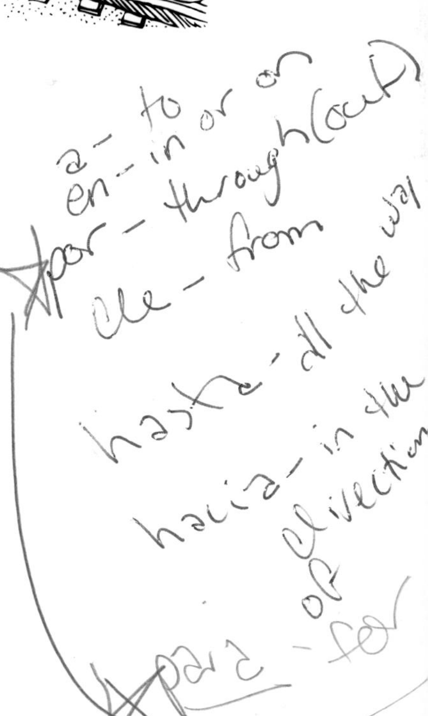

Segovia está **cerca de** Madrid.	Segovia is *close to (near)* Madrid.
Cádiz está **lejos de** Madrid.	Cádiz is *far from* Madrid.

All of the prepositions shown are often used to tell something about a location. These prepositions describe places in the following ways:

- as the location itself (**en**)
- as a starting point or place of origin (**de**)
- as a final destination (**a, hasta**)
- as movement toward a place (**hacia, para**)
- as a reference to the distance between it and another place (**entre**)
- as a reference to traveling through a place (**por**)
- as an indication of general proximity (**cerca de, lejos de**)

Aquí practicamos

D. **Lugares, lugares** Según el contexto, indica cuál de las preposiciones entre paréntesis es la correcta.

MODELO: Mis tíos ahora viven (de / en / hasta) México.
Mis tíos ahora viven en México.

1. Mañana el tren sale (entre / en / para) Andalucía a las 8:05.
2. ¿Quiénes quieren almorzar (hasta / entre / en) el Parque del Retiro?
3. Prefiero ir (en / a / entre) la Costa del Sol.
4. Aranjuez está a 25 km (hacia / de / a) Madrid.
5. ¿Sólo son 25 km? Entonces Aranjuez no está (cerca de / lejos de / para) Madrid.
6. Dicen que el tren hace seis paradas (en / por / entre) Madrid y Málaga.
7. Pienso llevar a mi sobrino (de / en / a) la playa este fin de semana.
8. El niño durmió en el tren (para / entre / a) Barcelona y Zaragoza.
9. El plan es salir (lejos de / de / hacia) la estación de Atocha porque tiene los trenes más rápidos.

E. **Preguntas sobre un viaje** Hazle las siguientes preguntas sobre las vacaciones a un(a) compañero(a). Cada vez que haces una pregunta, llena *(fill)* los espacios en blanco con la preposición que corresponde a la que aparece en inglés entre paréntesis. Después el (la) compañero(a) contestará la pregunta con **sí** o **no**, usando la misma preposición. Sigan el modelo.

MODELO: ¿Irás _____ la playa con tu familia este verano? *(to)*
Tú: *¿Irás a la playa con tu familia este verano?*
ÉL (ELLA): *Sí, iré a la playa con mi familia.*
o:
ÉL (ELLA): *No, iré a la playa con mis amigos.*

1. ¿Estarán Uds. _____ una ciudad? *(far from)*
2. ¿Cuándo regresarás _____ tu casa? *(to)*
3. En su viaje, ¿pasarán _____ el pueblo donde viven tus abuelos? *(through)*
4. ¿Podrán conducir _____ Francia en un coche tan viejo? *(all the way to)*
5. ¿Irán _____ el norte el segundo día de su viaje? *(in the direction of)*
6. ¿Comerás _____ el famoso restaurante de mariscos que está _____ la costa? *(in/on)*

NOTA GRAMATICAL

Other useful prepositions: antes de, después de

Antes del viaje, hablaré con mis padres por teléfono. — *Before* the trip, I'll speak to my parents on the phone.

Antes de comprar los billetes, quiero ver el horario de trenes. — *Before* buying the tickets, I want to see the train schedule.

Después de las vacaciones, no estaré cansado. — *After* vacation, I will not be tired.

Después de visitar los museos, mis padres sabrán mucho sobre España. — *After* visiting the museums, my parents will know a lot about Spain.

The prepositional phrase **antes de** *(before)* may be used with a noun (**antes del viaje**) or an infinitive (**antes de comprar**). The prepositional phrase **después de** *(after)* may also be used with a noun (**después de las vacaciones**) or an infinitive (**después de visitar**).

Remember that when the masculine singular article **el** is used with **de**, it becomes **del**.

F. Sustituye las palabras en cursiva con las palabras entre paréntesis y haz los cambios necesarios.

1. Antes de *la salida del tren*, pensamos desayunar. (la llegada / el viaje / la parada / la llamada telefónica)
2. Después de *la visita al museo*, pasaré por tu casa. (la película / el desayuno / las vacaciones / el viaje)
3. Antes de *visitar a mi abuela*, llamaremos por teléfono. (ir al restaurante / organizar el viaje / ir a la estación / salir para Segovia)
4. Después de *hacer las reservaciones*, regresaremos al hotel. (consultar el horario / caminar por el parque / llamar por teléfono)

G. **¿Quieres llamar por teléfono? ¡Es muy fácil!** Explícale a un(a) compañero(a) de clase cómo hacer una llamada telefónica en España. Cada vez que tú dices algo, tu amigo(a) lo repetirá, usando la frase preposicional **después de** y el infinitivo del primer verbo que tú usaste.

MODELO: Llegas a la estación de trenes, entonces buscas una cabina telefónica.
Después de llegar a la estación de trenes, buscas una cabina telefónica.

1. Encuentras una cabina telefónica, entonces entras.
2. Entras en la cabina, entonces descuelgas el teléfono.
3. Descuelgas el teléfono, entonces esperas la señal.
4. Oyes la señal, entonces depositas las monedas necesarias.
5. Pones las monedas, entonces marcas el número.
6. Hablas con la persona que contesta, entonces cuelgas el teléfono.
7. Cuelgas el teléfono, entonces sales de la cabina.
8. Sales de la cabina, entonces sales de la estación de trenes.

Aquí escuchamos

Escucha la conversación en la cinta. Presta atención a las expresiones para reservar plazas en un tren.

Francisco va a la Estación de Atocha en Madrid para comprar billetes de tren y para reservar dos plazas.

En otras palabras ◆

Expresiones para reservar plazas en un tren

Quisiera reservar tres plazas para Barcelona.	I'd like to reserve three seats for Barcelona.
Una plaza de ida y vuelta, por favor.	One round-trip seat, please.
Necesito dos plazas de primera clase, por favor.	I need two first-class seats, please.
¿Me da una plaza de segunda clase, por favor?	Could you give me a second-class seat, please?
¿Sería posible reservar una plaza en el tren de las 14:35?	Would it be possible to reserve a seat on the 2:35 afternoon train?
Quisiera una plaza en la sección de no fumar.	I'd like a seat in the non-smoking section.

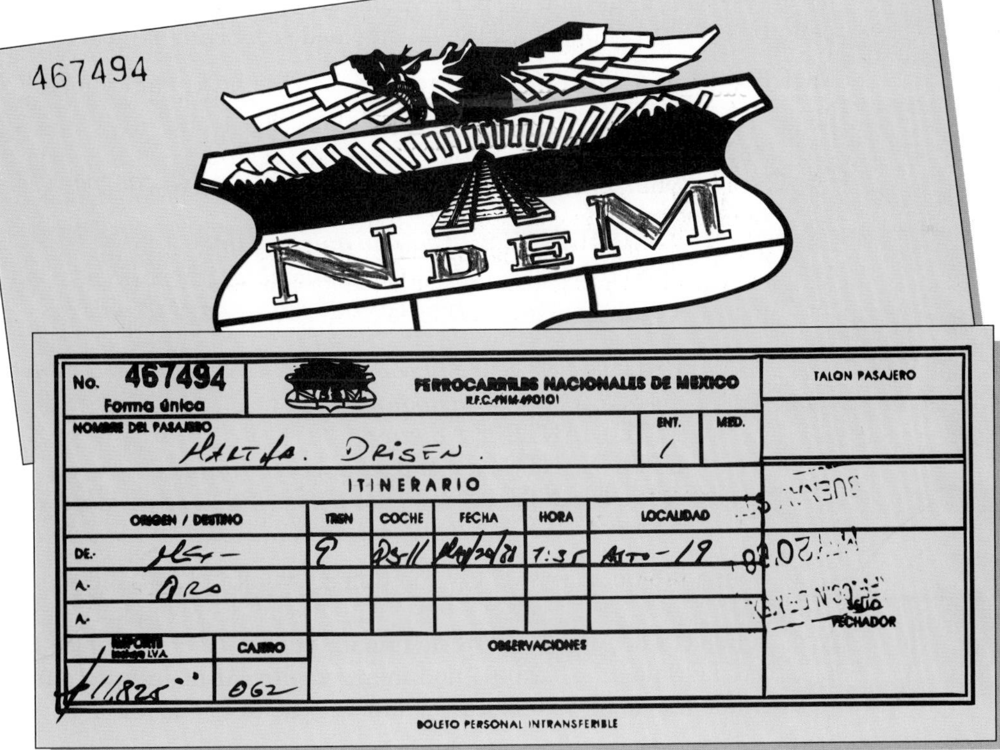
467494
NDEM
No. 467494
Forma única
FERROCARRILES NACIONALES DE MEXICO
TALON PASAJERO
NOMBRE DEL PASAJERO
ENT.
MED.
ITINERARIO
ORIGEN / DESTINO
TREN
COCHE
FECHA
HORA
LOCALIDAD
DE.
A.
A.
IMPORTE
CAJERO
OBSERVACIONES
SELLO FECHADOR
BOLETO PERSONAL INTRANSFERIBLE

¡Aquí te toca a ti!

H. **En la taquilla** Compra unos billetes para el tren, usando la información que sigue. Uno(a) de tus compañeros(as) hará el papel del (de la) empleado(a). Sigan el modelo.

MODELO: 4 / Sevilla / ida / segunda clase
ESTUDIANTE 1: *Quisiera reservar (Necesito) cuatro plazas para Sevilla, por favor.*
ESTUDIANTE 2: *¿De ida y vuelta?*
ESTUDIANTE 1: *No, de ida nada más.*
ESTUDIANTE 2: *¿Primera o segunda clase?*
ESTUDIANTE 1: *Segunda, por favor.*

1. 1 / San Sebastián / ida / primera clase
2. 3 / Bilbao / ida y vuelta / segunda clase
3. 2 / Granada / ida y vuelta / segunda clase
4. 4 / Valencia / ida / segunda clase

I. **¡Vamos a reservar nuestras plazas!** Usa la información que sigue para reservar unas plazas para viajar en tren. Un(a) de tus compañeros(as) hará el papel del (de la) empleado(a). Sigan el modelo.

MODELO: 3 / salida (16 de septiembre, 14:25) / no fumar / vuelta (26 de septiembre, 9:00)
ESTUDIANTE 1: *Quisiera reservar tres plazas, por favor.*
ESTUDIANTE 2: *¿Cuándo quiere salir?*
ESTUDIANTE 1: *El 16 de septiembre. ¿Es posible reservar tres plazas en el tren de las 14:25?*
ESTUDIANTE 2: *Sí, ¡cómo no! ¿En la sección de fumar o no fumar?*
ESTUDIANTE 1: *No fumar.*
ESTUDIANTE 2: *Y la vuelta, ¿para cuándo?*
ESTUDIANTE 1: *La vuelta para el 26 de septiembre, a las nueve de la mañana, si es posible.*

1. 2 / salida (28 de agosto, 8:45) / no fumar / vuelta (4 de septiembre, 10:15)
2. 4 / salida (12 de junio, 11:25) / no fumar / vuelta (19 de junio, 15:30)
3. 1 / salida (3 de julio, 22:00) / no fumar / vuelta (31 de julio, 21:00)
4. 3 / salida (25 de mayo, 12:05) / no fumar / vuelta (10 de junio, 18:30)

Ejercicios orales

J. **Comodidades para el viajero** After consulting the RENFE brochure, telephone a friend and tell about three conveniences on the train for a person traveling in Spain. Your friend will then tell you which of these services he or she likes most.

SALIDAS, LLEGADAS, ENLACES.
Descanse cómodamente y relajado antes o después de su trayecto. En las Salas "RAIL CLUB" respirará el confort que Vd. merece.

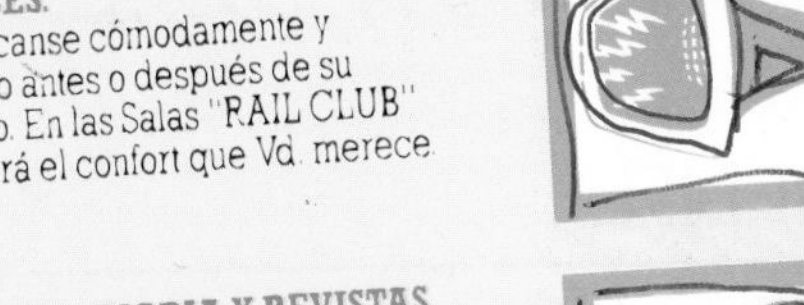

INFORMACION MEGAFONICA
Las Salas "RAIL CLUB" son un buen lugar para escuchar con claridad las salidas y entradas de trenes. Nuestro servicio de megafonía le mantendrá informado continuamente.

PRENSA DIARIA Y REVISTAS
Disfrute plácidamente de los periódicos y revistas que el servicio "RAIL CLUB" pone en su mano. Mántengase a la espera, manteniéndose informado.

TELEFONO PUBLICO
Al alcance de su mano en cualquier momento para que Vd. resuelva con una llamada cualquier tema que le urja o preocupe.

TV.
O, simplemente, olvídese de todo frente a los monitores de TV.

APARCAMIENTO GRATIS
Para que todo marche sobre ruedas, el servicio "RAIL CLUB" le da derecho a utilizar gratuitamente durante 48 horas, los aparcamientos vigilados de Madrid-Chamartín, Barcelona Sants y Valencia Término.

BAR "RAIL CLUB"
Donde podrá gozar de un buen café o bebida refrescante sin pagar nada a cambio.
Si desea encargar otras consumiciones, nuestras azafatas se las proporcionarán.

SALAS ABIERTAS
Actualmente están abiertas al público las salas siguientes (1):
EN MADRID: Estación de Chamartín. Vestíbulo principal, lateral más próximo a bajada andenes vía 1 (ver croquis).
Estación de Atocha. Piso superior de la cafetería en andenes de largo recorrido. Instalación provisional (ver croquis).
EN BARCELONA: Estación de Sants. Vestíbulo principal, lateral más próximo a la entrada de la estación frente a locutorio de teléfonos (ver croquis).
EN VALENCIA: Estación de Valencia-Término. Situada en lateral más próximo al andén n.º 1 (ver croquis).
EN VIGO: Situada junto a cafetería (ver croquis).
EN ZARAGOZA: Próxima apertura.

(*) Actualmente los trenes pertenecientes a la Red EUROCITY Europea son los siguientes:
— Talgo Camas Madrid-París y vv (París-Madrid Talgo)
— Talgo Camas Barcelona-París y vv (Barcelona Talgo)
Talgo diurno Barcelona-Ginebra y vv (Catalán Talgo)

K. **¡Vamos a hacer nuestras reservaciones!** Imagine that you and several members of your family wish to take the train from Madrid to the city of your choice — Sevilla, Granada, Valencia, San Sebastián, or Barcelona. Go to the appropriate Madrid train station. (See page 95 for help with this information.) Make reservations for the trip, including all the necessary details regarding arrival and departure days, times, etc.

Ejercicio escrito

L. **Escribe un mensaje.** Write a note to your Spanish family in Barcelona (or Sevilla, Segovia, etc.—wherever your final destination was in Exercise K) giving the important information about the tickets you bought for your trip. Tell them the price, your time of departure, time of arrival, etc.

Segunda etapa

Ofertas de RENFE

RENFE ofrece una variedad de tarjetas y planes de descuento, además de ciertos beneficios especiales, a los que viajan en tren.

Tarjeta familiar

Permite obtener descuentos del 50 al 70% para 3 viajeros o más. Menores de 4 años no pagan. La Tarjeta Familiar o Libro de Familia también permite obtener la tarjeta "Rail Europa Familiar", válida para descuentos en toda Europa en días azules.

Tarjeta joven

Para viajar por la **mitad** del precio, en días azules. Para jóvenes entre 12 y 26 años. RENFE **regalará** con la tarjeta un viaje **gratis** en coche cama. Sólo necesitarás presentar Certificado de **Nacimiento** o Pasaporte. Sólo necesitarás 2.500 pesetas, y poco más, para viajar por Europa. Ser joven con RENFE es una **ventaja.**

half / will give / free of charge / Birth / advantage

Coche guardería

Para niños entre 2 y 11 años de edad. Durante el viaje, estarán con **azafatas** con experiencia **en cuidar a** los menores de edad. Abriremos la **guardería** 15 minutos después de la salida del tren y la cerraremos 15 minutos antes de la llegada.

stewardesses / in caring for
nursery

Auto expreso

Para viajar en tren con coche. Los descuentos dependerán del número de billetes y del viaje. En días azules las reducciones de los precios podrán variar entre un 20 y un 100%.

Especial parejas

Para viajar con su pareja en coche cama. Todos los días azules. Su **acompañante** sólo pagará 2.000 pesetas adicionales al precio de su billete.

traveling companion

Departamentos exclusivos

En días azules permitiremos usar en exclusiva **departamentos de literas** o **plazas sentadas**. En coche litera viajarán 6 personas y sólo pagarán 4. En segunda clase viajarán 8 por el precio de 5.

berth compartments
seats

Moto expreso

A partir de ahora, será posible llevar tu moto a cualquier lugar y a 160 km por hora. RENFE pondrá tu moto en las mismas plataformas en las que van los coches, pero por la mitad del precio. Y tranquilo, somos especialistas en transporte; sabemos que tu moto es frágil y la llevaremos con el mayor cuidado.

Animales domésticos

Los **animales domésticos** viajarán con la familia en su departamento de cama o, si lo desea, en nuestras **perreras** especiales.

household pets
kennels

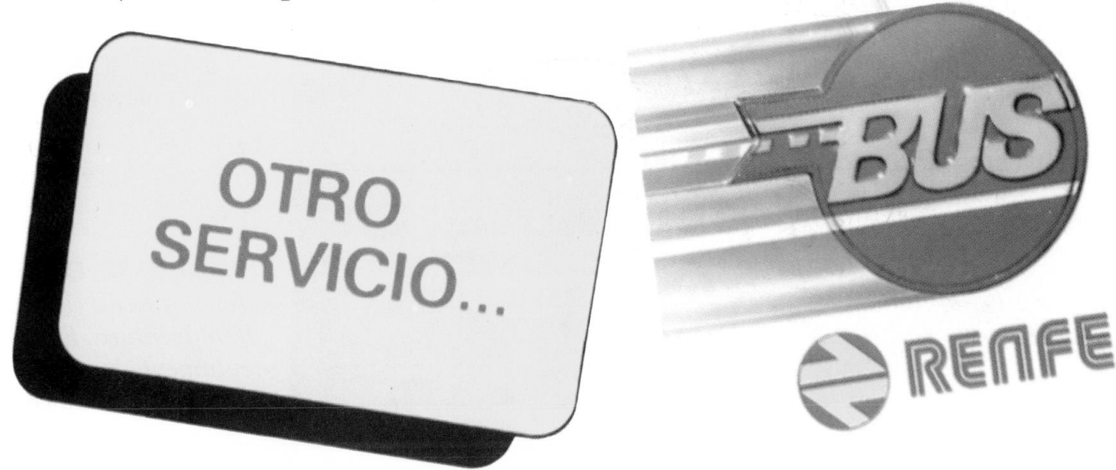

¡Aquí te toca a ti!

A. **Es una oferta perfecta para...** Con la ayuda de uno(a) o dos compañeros(as) de clase, clasifica a cada una de las personas que se describen aquí con la oferta especial de RENFE más apropiada para su situación. Indiquen dos ventajas de la oferta que les parecen más apropiadas para la persona mencionada.

1. La Sra. Méndez tiene tres hijos de menos de nueve años. Su esposo no puede viajar con ellos en esta ocasión. ¿Qué servicio hay para ella?
2. La familia Cohen es de Chicago y quiere viajar por toda Europa durante el verano. El señor y la señora viajan con un hijo de 16 años y una hija de 12 años. ¿Qué oferta será de más interés para ellos?
3. Mario Bermúdez, de Madrid, tiene una motocicleta nueva que compró para su hermano Martín, que vive en Barcelona. Piensa visitar a su hermano el día de su cumpleaños y quiere llevarle la moto como una sorpresa. ¿Qué solución hay para Mario?
4. Marisol y su hermana Catalina van a visitar a sus primos en Málaga en agosto. No pueden dejar sus dos gatos en casa porque sus padres también estarán de viaje ese mes. ¿Qué pueden hacer las hermanas?
5. Lalo y Lulú celebrarán su segundo aniversario con un viaje a Granada. Van en tren porque fue en un tren donde se conocieron por primera vez. Son inseparables y muy románticos. ¿Qué oferta les conviene más a ellos?
6. Susan Spaulding y Martha Davis son estudiantes norteamericanas que quieren viajar en tren para conocer España. Las dos tienen 17 años. El problema es que tienen tiempo para viajar pero no tienen mucho dinero. ¿Cuál es el mejor plan para ellas?

Un viaje entre Cuzco y Machu Picchu es una verdadera aventura. El tren sube lentamente la cordillera a unos 2.400 pies de altura.

Repaso

B. **Planes para nuestro viaje** Consulta el siguiente mapa con un(a) compañero(a). Hablen de un viaje que piensan hacer. Usen Madrid como punto de partida y destino final e indiquen la ruta circular que van a seguir en su viaje. Hagan planes para visitar por lo menos tres de las ciudades en el mapa. Usen todas las preposiciones posibles de la lista que sigue al hablar de sus planes: **a**, **en**, **de**, **por**, **para**, **hacia**, **hasta**, **entre**, **cerca de**, **lejos de**. También se puede usar los siguientes verbos: **ir**, **salir**, **llegar**, **regresar**, **parar**, **seguir**, **pasar**.

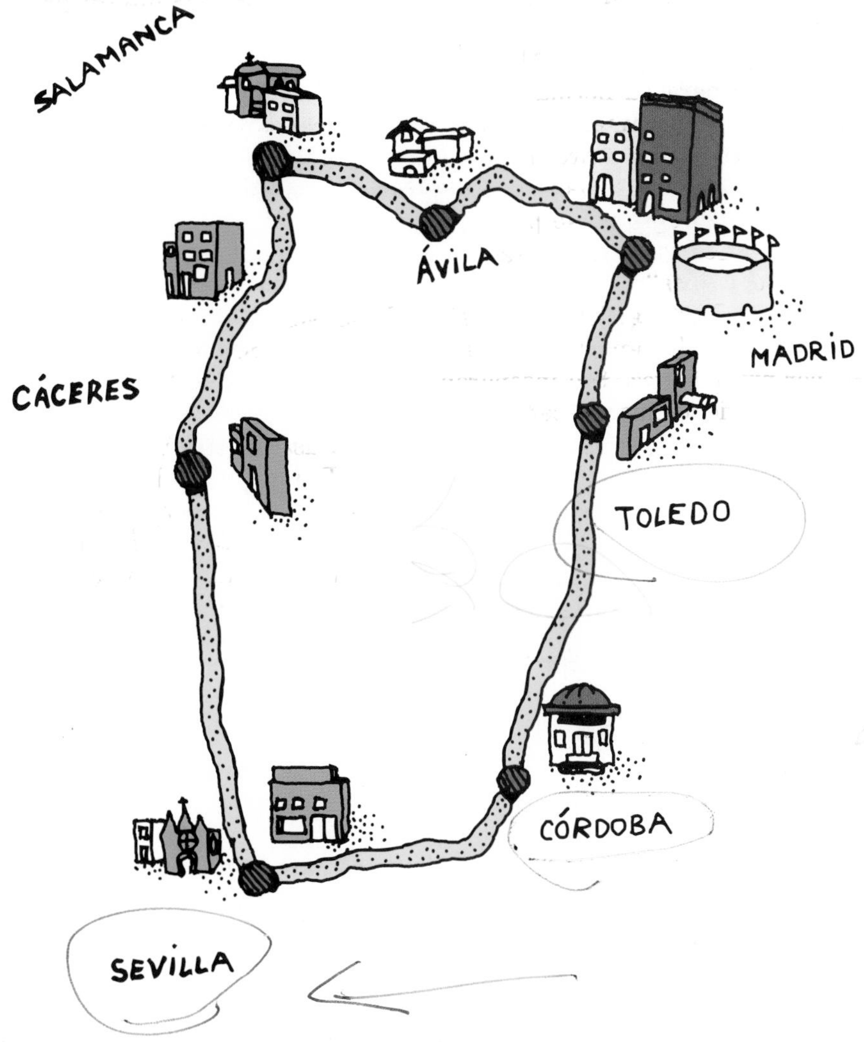

Prepositional pronouns

Pablo vive lejos de **ella**.	Pablo lives far from *her*.
Ella vive cerca de **nosotros**.	She lives near *us*.
¿Van a viajar con **él**?	Are you going to travel with *him*?
Los billetes son para **ustedes**.	The tickets are for *you*.
—¿Hablan ustedes de **mí**?	Are you talking about *me*?
—No, no hablamos de **ti**.	No, we're not talking about *you*.
—¿Quieres ir **conmigo**?	Do you want to go *with me*?
—Sí, quiero ir **contigo**.	Yes, I want to go *with you*.

A prepositional pronoun is any pronoun that follows a preposition. When pronouns are used this way, they are exactly the same as the subject pronouns, except for **yo** and **tú** which change to **mí** and **ti**. (Notice that **mí** has an accent in order to distinguish it from the possessive pronoun **mi**.)

Subject Pronouns	Prepositional Pronouns
yo	**mí**
tú	**ti**
él, ella, Ud.	**él, ella, Ud.**
nosotros(as)	**nosotros(as)**
vosotros(as)	**vosotros(as)**
ellos, ellas, Uds.	**ellos, ellas, Uds.**

When used with the preposition **con**, the pronouns **mí** and **ti** combine with it to form **conmigo** and **contigo**.

Aquí practicamos

C. Sustituye las palabras en cursiva con las palabras entre paréntesis y haz los cambios necesarios.

1. El agente de viaje comprará los billetes para *la familia*. (ustedes / nosotros / ti / usted / él)
2. Los empleados hablaron mucho de *los turistas*. (usted / mí / ella / vosotros / ti)

3. Josefina y José viven cerca de *la profesora*. (usted / nosotros / ti / ellos / mí)
4. Carlitos no irá a la escuela sin *compañeros.* (ellos / ustedes / mí / él / ti)
5. Mis padres dicen que siempre piensan en *los hijos*. (nosotros / ti / ella / mí / ustedes / él)

D. **¿Con quién?** Un(a) compañero(a) de clase te hace las siguientes preguntas. Cada vez que menciona a una persona, tú contestas que con esa(s) persona(s) no tienes planes, pero con otra(s) sí. Identifica a esta(s) persona(s).

MODELO: *—¿Con quién piensas ir al concierto? ¿Con Mercedes?*
—No, con ella no. Con (nombre).

1. ¿Con quién vas a salir este fin de semana? ¿Con Pablo?
2. ¿Piensas salir para el centro conmigo muy temprano?
3. ¿Fuiste al cine con Francisco anoche?
4. ¿Vamos a hablar con Carlos y Guillermo esta tarde?
5. ¿Con quiénes iremos al cine el sábado? ¿Con Alberto y Jorge?
6. ¿Con quiénes van a viajar ustedes a Málaga? ¿Con sus padres?
7. ¿Regresaste de Barcelona con tu abuela?
8. ¿Vas a estudiar conmigo esta noche?

E. **¿Para quién es?** Cuando tú contestas el teléfono, un(a) compañero(a) pregunta para quién es la llamada. Dile que no es para la persona que él (ella) menciona sino para otra persona. Usa los pronombres preposicionales apropiados. Sigue el modelo.

MODELO: ¿para Juan? (es para Claudia)
ESTUDIANTE 1: *¿Para quíen es? ¿Para Juan?*
ESTUDIANTE 2: *No, no es para él. Es para Claudia. Quiere hablar con ella.*

	Estudiante 1	**Estudiante 2**
1.	¿para Juan?	(para Ramón)
2.	¿para tu hermano?	(para mi papá)
3.	¿para mí?	(para mí)
4.	¿para Alicia?	(para ti)
5.	¿para tus padres?	(para nosotros)
6.	¿para ti?	(para ti)

Aquí escuchamos

Escucha la conversación en la cinta. Presta atención a las expresiones para obtener información en la estación de trenes.

Es el día que Carmen y Antonio Altabé comienzan sus vacaciones. Llegan a la estación de Atocha en Madrid para tomar el tren para Valencia.

En otras palabras ◆

Expresiones para obtener información en la estación de trenes

¿A qué hora sale el próximo tren para Burgos?	What time does the next train for Burgos leave?
¿A qué hora llega el tren de Valencia?	What time does the train from Valencia arrive?
¿El tren llegará tarde / temprano / a tiempo?	Will the train arrive late / early / on time?
¿El tren llegará retrasado / adelantado / a tiempo?	Is the train late / early / on time?
¿De qué andén sale el tren para Sevilla?	From what platform does the train for Sevilla leave?
¿Cómo se llega al andén B?	How do you get to platform B?
¿Queda de este lado?	Is it on this side?
¿Queda del otro lado?	Is it on the other side?
¿Dónde está el vagón número 15?	Where is car number 15?

¡Aquí te toca a ti!

F. **El horario de trenes** Son las 14:38 y acabas de llegar a la estación de Atocha en Madrid. Consulta el horario de trenes para contestar las siguientes preguntas sobre las salidas de los trenes.

1. ¿A qué hora sale de Madrid el primer tren para Córdoba?
2. ¿A qué hora llega el primer tren de Madrid a Córdoba?
3. Vas a Sevilla. Mira el reloj. ¿Cuánto tiempo tienes que esperar para la salida del tren que quieres tomar?
4. ¿Cuál es el nombre principal de la estación de trenes en Sevilla?
5. ¿A qué hora llega a Cádiz el tren que sale de Madrid-Chamartín a las 22:15?
6. ¿A qué hora sale el primer tren que va de Córdoba a Cádiz?

Origen		■	■	■	■	■	■	■	■
				15 00	15 00	16 35	22 15	22 15	23 05
Madrid-Chamartín **Madrid-Atocha**	O	8 25 8 35	10 30 10 41	15 10	15 10	16 45	|	|	|
Madrid-Atocha Aranjuez **Alcázar de San Juan**	O	8 36 9 05 9 53	10 42 11 16 12 09	15 12 16 30	15 12 16 30	16 46 17 14 18 01	0 06	0 06	0 07 1 09
Alcázar de San Juan Manzanares Valdepeñas Santa Cruz de Mudela Almuradiel-Viso del Marqués Vilches **Linarez Baeza**	O	9 53 10 18 10 33 11 54 11 55	12 10 12 37 12 53 13 03 13 15 13 49 14 04 14 06	16 31 18 08 18 10	16 31 18 08 18 10	18 01 18 24 18 37 19 49 19 50	0 10 2 14 2 20	0 10 2 14 2 20	1 13 1 44 3 03 3 23 3 51
Linarez Baeza **Espeluy**	O	|	14 23 14 24	18 27 18 29	18 27 18 29	|	3 02	3 02	4 37
Espeluy Andújar Villa del Río Montoro El Carpio de Córdoba **Córdoba**	O	12 29 13 15	14 48 15 10 15 22 15 55	18 46 19 39	18 46 19 39	20 24 21 11	3 27 4 20	3 27 4 20	5 45
Córdoba Palma del Río Lora del Río Los Rosales	O	13 16	16 03 16 45 17 03 17 16 17 17	19 43	19 43	21 13 22 35	4 30 5 08 5 32 6 23	4 30 5 08 5 32 6 23	5 55 6 38 7 03 7 19 7 20 8 00
Los Rosales **Sevilla-San Bernardo**	O	14 31 ■	17 44	21 00	21 00	■	▼		■
Sevilla-San Bernardo La Palma del Condado **Huelva-Término**	O		▼	▼	21 12 22 11 22 41 ■			6 55 8 07 8 45 ■	
Sevilla-San Bernardo Dos Hermanas (apt-cgd) Utrera Lebrija Jerez de la Frontera Puerto de Santa María Puerto Real (apt-cgd) San Fernando de Cádiz **Cádiz**	O		17 48 17 58 18 09 18 32 18 54 19 07 19 14 19 25 19 40	21 08 22 04 22 15 22 31 22 46			6 41 7 02 7 57 8 17 8 8 39 9 00		
Destino		■	■	■	■	■	■		

• Composición de los trenes

- 1, 2 — 1^a y 2ª clase
- Coche-literas
- Coche-camas
- Cama Gran Clase
- Cama Ducha
- Tren con servicio de restaurante
- Tren con servicio de cafetería
- Tren con servicio de bar
- Mini-bar
- Tren con servicio de vídeo
- Megafonía
- Coche guardería
- Coche Rail Club
- Autoexpreso
- Motoexpreso

G. **Dime.** Vas a viajar con un(a) amigo(a) que organizó todos los detalles *(details)* para ustedes. Cuando llegas a la estación, le haces preguntas sobre el viaje. Él (Ella) te contesta según la información indicada. Tú quieres saber:

- a qué hora sale su tren
- de qué andén sale
- el número del vagón donde tienen plazas
- si tienen mucho tiempo

MODELO: 13:27 / B / 11 / 13:00

TÚ: *¿A qué hora sale nuestro tren?*
TU AMIGO(A): *Sale a la una y vientisiete.*
TÚ: *¿De qué andén sale?*
TU AMIGO(A): *Del andén B.*
TÚ: *¿Cuál es el número de nuestro vagón?*
TU AMIGO(A): *Es el 11.*
TÚ: *Tenemos mucho tiempo, ¿no?*
TU AMIGO(A): *Oh, sí. Sólo es la una.* o: *¡No! Ya es la una y veinticinco. ¡Vamos ya! ¡Corre!*

1. 9:44 / F / 18 / 9:25
2. 11:40 / I / 14 / 11:37
3. 15:51 / B / 12 / 15:50
4. 18:20 / C / 16 / 18:05

¡Adelante!

Ejercicio oral

H. **Un itinerario** You and your parents are in Madrid and would like to visit Burgos, the birthplace of El Cid, a famous Spanish leader and warrior. The city is also known for its gothic architecture and medieval art. After reading information shown in the brochure, call a friend on the telephone to invite him / her to go with you. Explain the following:

1. what day you are going to leave
2. from which station in Madrid the train leaves
3. to what city you're going to take the train
4. what time the train leaves for this city
5. whether there is a stop along the way
6. what time you will arrive at your destination
7. where you will stay during the visit
8. what you plan to visit in the city
9. what day you will be leaving Madrid
10. what time you will be back in Madrid

TIERRAS DEL CID

PROGRAMA

Sábado

8.30 h. Salida en tren Ter de Madrid-Chamartín
11.23 h. Llegada a Lerma. *Transbordo a autocar. Circuito a Lerma.
13.30 h. Covarrubias. Visita a la Colegiata. Tiempo libre para almorzar.
16.30 h. Salida en autocar para visitar Santo Domingo de Silos y La Yecla.
20.00 h. Llegada a Burgos. Traslado al hotel. Tiempo libre.
21.30 h. Saludo del Ayuntamiento en el antiguo Monasterio de San Juan, vino y actuaciones folclóricas. Elección de la madrina del Tren.

Domingo

8.00 h. Desayuno en el hotel.
8.30 h. Recogida en el hotel en autobús. Visita guiada a la Catedral, Monasterio de las Huelgas, Monasterio de San Pedro de Cardeña (posibilidad de oír misa) y Cartuja.
14.00 h. Tiempo libre para almorzar.
16.30 h. Visita panorámica de la Ciudad. Traslado a la Estación.
17.45 h. Salida en tren Ter hacia Madrid.
21.30 h. Llegada a Madrid Charmartín. Fin de viaje.

* NOTA: El tren TER continúa a Burgos, llegando a las 12.10 h. Los viajeros no interesados en la excursión pueden continuar a Burgos y hacer uso de sus habitaciones en el hotel elegido.

Burgos, cuna del Cid. Donde el romántico y el gótico se entremezclan para formar una de las provincias más ricas en arte medieval. Lerma, Covarrubias, Silos y Burgos capital, donde el gótico culmina en una gran obra, la Catedral.

Ejercicio escrito

I. **Una carta a tu profesor(a)** You, your parents, and a friend have just returned from the trip you planned in Exercise H. Write a letter to your Spanish teacher telling about your visit to the city where El Cid was born. Begin and end your letter appropriately.

Vocabulario

Para charlar

Para reservar una plaza en el tren

¿Me da una plaza de segunda clase, por favor?
Necesito una plaza de primera clase, por favor.
Quisiera reservar una plaza para (destino).
Quisiera una plaza en la sección de no fumar.
¿Sería posible reservar una plaza en el tren de (hora)?
Una plaza de ida y vuelta, por favor.

Para obtener información en la estación

¿A qué hora llega el tren de...?
¿A qué hora sale el próximo tren para…?
¿Cómo se llega al andén…? ¿Queda de este lado? ¿Queda del otro lado?
¿De qué andén sale el tren para…?
¿Dónde está el vagón número…?
¿El tren llegará retrasado / adelantado / a tiempo?
¿El tren llegará tarde / temprano / a tiempo?

Vocabulario general

Sustantivos

el (la) acompañante
el animal doméstico
la azafata
el departamento de literas
el departamento de plazas sentadas
la guardería
la mitad
el nacimiento
la pareja
la perrera
la ventaja

Adjetivos

gratis

Verbos

cerrar
cuidar
oscilar
regalar

Preposiciones

a
antes de
cerca de
conmigo
contigo
de
después de
en
entre
hacia
hasta
lejos de
para
por

Lectura cultural

Los exploradores

Exploradores: personas que viajan, que quieren ver nuevos lugares. Los modernos viajan en tren, en avión o en coche. Pero los primeros grandes viajeros, los exploradores que salían para descubrir el Nuevo Mundo, viajaban en barco y andaban por distancias increíbles. Lee los mini-retratos de tres de los primeros viajeros de la época de los grandes descubrimientos. Identifica en el mapa las rutas que ellos tomaron en los siglos XV y XVI. Después contesta las preguntas sobre los exploradores.

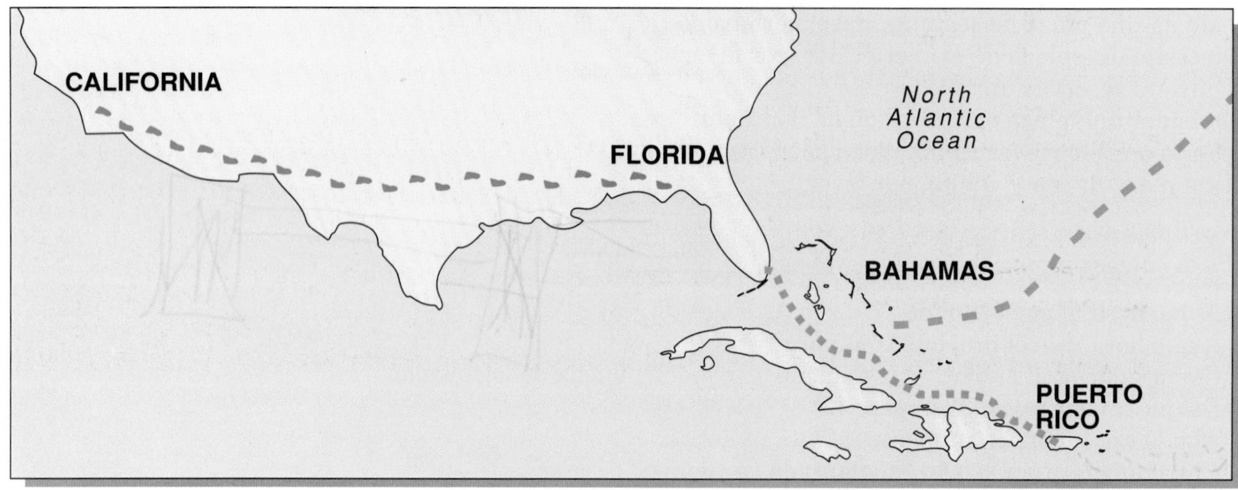

1. En 1492, Cristóbal Colón salió con tres pequeños barcos del puerto de Palos en el sur de España. Tenía la idea de buscar un camino a la India, pero después de navegar por tres meses, llegó a una pequeña isla que él llamó San Salvador. Esta isla forma parte de las Bahamas hoy en día. Colón hizo tres viajes más a otras islas y a las costas de Venezuela y Centroamérica. Describió sus viajes con mucho detalle en su diario. Cuando estaba a punto de **morir**, en 1506, indicó en su testamento que creía que había llegado hasta el Japón y China.
2. Juan Ponce de León, gobernador de Puerto Rico, navegó hacia el noroeste y descubrió la Florida en 1513. Por muchos años exploró la región en busca de la fuente de la juventud, que él creía que existía cerca de allí. Según la leyenda, sus aguas impedían el proceso de **envejecimiento**. Pero Ponce de León nunca encontró la fuente. Murió en una **lucha** con los indios.

morir: to die
envejecimiento: aging
lucha: fight

En 1992, para celebrar el Quinto Centenario del increíble viaje de Colón, el gobierno español mandó construir réplicas exactas de la Niña, la Pinta y la Santa María.

3. Alvar Núñez Cabeza de Vaca navegó al Nuevo Mundo en 1527 en una expedición a la Florida que fue un desastre. Pudo salvarse del **naufragio** con tres compañeros, pero **se perdieron** porque no conocían el territorio. Caminaron durante más de ocho años por el inmenso continente americano —desde la Florida hasta el Golfo de California. Exploraron las regiones que hoy forman el sur de los Estados Unidos. Tuvieron muchas aventuras que Cabeza de Vaca describió en su libro *Naufragios*. Sus compañeros y él aprendieron las lenguas y las costumbres de los indígenas, casi **olvidándose** del español.

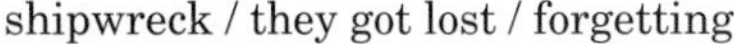

shipwreck / they got lost / forgetting

Comprensión

Cuestionario Contesta las preguntas sobre la lectura.

1. ¿Qué es un explorador?
2. ¿Quién es un explorador famoso de nuestra época?
3. ¿Cuánto duró el primer viaje de Colón?
4. ¿Adónde llegó Colón primero?
5. ¿Adónde creía Colón que había llegado?
6. ¿Qué buscaba Ponce de León en la Florida?
7. ¿Encontró Ponce de León lo que buscaba?
8. ¿Qué le pasó a Ponce de León al final?
9. ¿De dónde a dónde caminó Cabeza de Vaca con sus tres amigos?
10. ¿Cómo sabemos de las aventuras de Cabeza de Vaca?
11. ¿Cuál es el viaje más largo que tú has hecho en tu vida?
12. ¿Adónde te interesa viajar en el futuro? ¿Por qué?

CAPÍTULO SEIS

¿En coche, en autobús o en avión?

Primera etapa

El mapa de carreteras

El Departamento de Turismo publica una serie de mapas detallados de cada región de México. Con la ayuda de la leyenda, que explica los signos convencionales, estudia el siguiente mapa. **Fíjate en** la capital del país y en otras ciudades y pueblos cerca de ella. notice

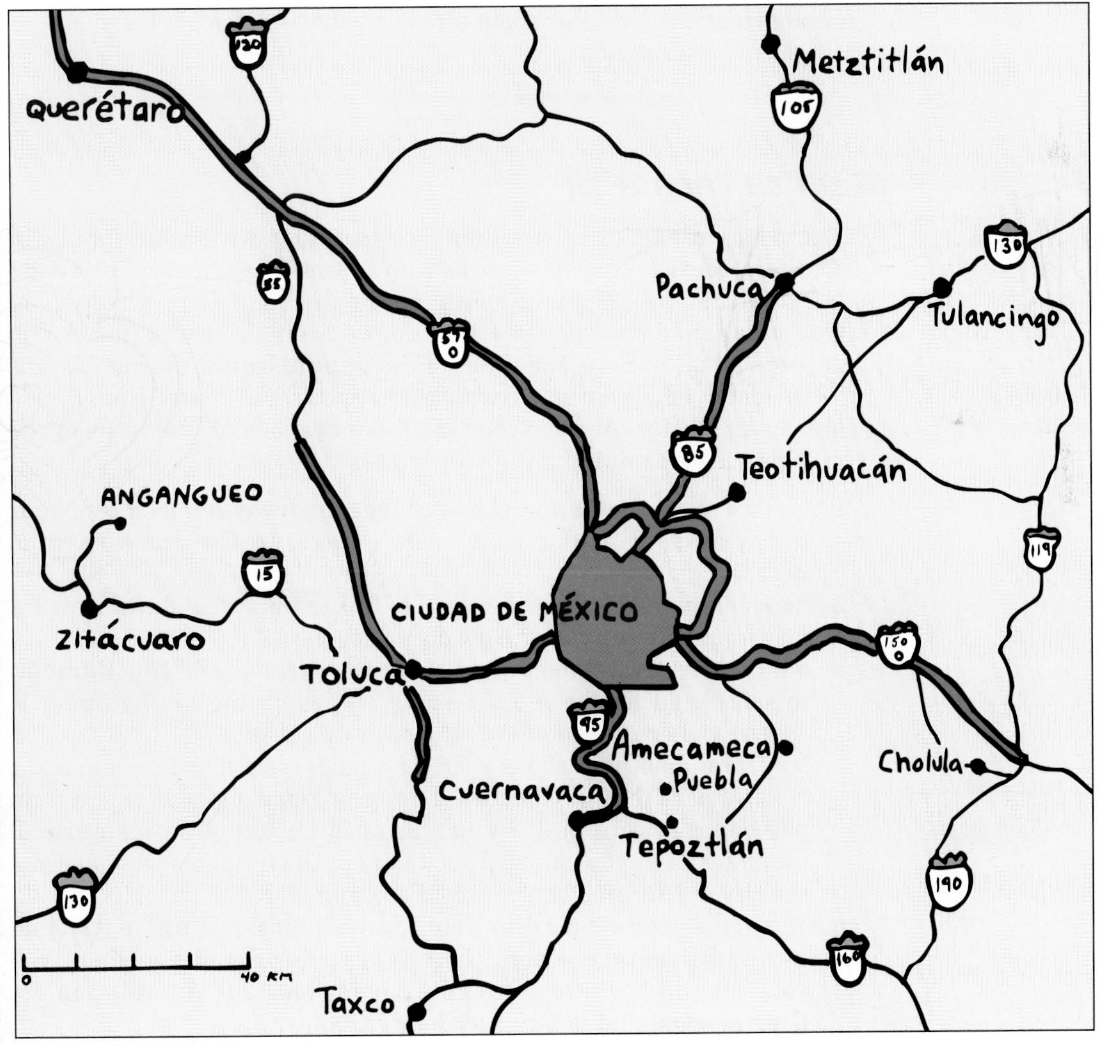

COMENTARIOS CULTURALES

Los ángeles verdes

Muchas de las carreteras de México pasan por regiones muy montañosas. Para ayudar a los viajeros en caso de emergencia, el Departamento de Turismo tiene una **flota** de más de 250 **camiones** verdes asignados a policías especiales que hablan inglés. Los policías llevan uniformes del color de sus vehículos. Estos "ángeles verdes", como los llaman los mexicanos, ofrecen asistencia mecánica y **primeros auxilios**. Además, tienen información sobre la condición de las carreteras. Todo esto es gratis, con excepción de la gasolina, el **aceite**, o **piezas de repuesto**. La Asociación Mexicana Automovilística (AMA) también ofrece muchos servicios a los miembros de su organización.

fleet / trucks

first aid

oil / spare parts

¡Aquí te toca a ti!

A. **Vamos a mirar el mapa.** You are traveling with your family in southern Mexico. You have picked up a rental car in **la Ciudad de México** and are heading south on Route 95 in the direction of **Cuernavaca,** a city that has been known for its beautiful homes and gardens as far back as the times of the **conquistador** Hernán Cortés in the early 16th century. Because you speak and read Spanish, you are the navigator. Answer your family's questions on the basis of the map provided, explaining the best route to take in each case.

1. You are near the **Tepoztlán** exchange, highway number 160. Your father asks, "How far is it, more or less, to **Cuernavaca** from here?"
2. Your mother says, "I'd like to go to **Toluca** in a few days. How far is it from **Cuernavaca**? How do we get there?"
3. Your sister says, "We studied about the pyramids of **Teotihuacán** in school. I'd like to see the ruins and climb the big pyramid. Is that anywhere around here? How can we get there?"
4. Your grandmother, who is reading a guidebook of the region, adds, "It says here that in **Cholula** there is an amazing sight: more than 350 chapels were built by the Spanish on top of as many small pyramids, and you can still see many of them. It's not too far from the city of **Puebla**. Can we get there from here?"
5. You remember reading in your Spanish class about the colonial city of **Querétaro** where there is a centuries-old aqueduct. Tell your family where **Querétaro** is located in relation to **Cuernavaca** and la **Ciudad de México**.

6. Finally, your mother says, "Well, it looks like we'll be in **Cuernavaca** in time for lunch. Later this afternoon I would like to go on to **Taxco**, the old silver-mining town, and buy some earrings and bracelets. How far do you think **Taxco** is from **Cuernavaca**? Should we wait until tomorrow to go there?"

B. **Las señales de tránsito** *(traffic signs)* Some of the signs you see along roads in Spanish-speaking countries look like the signs you are used to in the United States; others are quite different. Try to match the signs shown with the following English equivalents:

a. *No adelantar*

b. *No virar*

c. *No hay paso*

d. *En obras / trabajo*

e. *Aduana*

f. *No estacionar*

1. Do not enter
2. Customs
3. No parking
4. Do not pass
5. No turns
6. Construction zone

Repaso

C. **¡Decisiones, decisiones!** Después de leer la siguiente información, contesta las preguntas. Usa solamente la preposición y el pronombre preposicional apropiados.

1. Estás en la estación de trenes. Ves a un hombre viejo con dos maletas y a una muchacha joven con tres maletas. El pobre hombre obviamente tiene prisa. La muchacha está sentada y te mira.
   a. ¿*Con quién* vas a hablar primero?
   b. ¿*A quién* vas a ayudar?
   c. ¿*Por quién* tienes más compasión?

2. Tus amigos te invitan a ir a una fiesta el sábado. Tu tío Alberto te invita al concierto en que él va a tocar el violín esa noche. Tienes que decidir con quién vas a salir el sábado.
   a. ¿*A quién / quiénes* le / les vas a decir que no podrás ir?
   b. ¿En realidad *con quién / quiénes* prefieres salir?
   c. ¿*De quién / quiénes* recibes más invitaciones, por lo general?

3. Yo soy tu padre. Tú y yo vamos a viajar alrededor de la Ciudad de México. Tú quieres ir a las pirámides y yo quiero ir a Taxco, que queda en la otra dirección. Háblame de las alternativas para decidir lo que podemos hacer.
   a. ¿Quién puede ir *con quién* a las pirámides primero?
   b. ¿Quién puede ir *con quién* a Taxco después?
   c. ¿Puede cada uno ir al lugar de preferencia *sin la otra persona*?

The present perfect tense

¿**Han hablado ustedes** con él?	*Have you spoken* with him?
He visitado España y Portugal.	*I've visited* Spain and Portugal.
Esta noche **has comido** temprano.	Tonight *you've eaten* early.
¿No **ha salido** el tren para Segovia?	*Has*n't the train *left* for Segovia?
Nunca **he comprendido** tu actitud.	*I've* never *understood* your attitude.

The present perfect tense is used to talk about an action that has happened already, either in the general past or quite recently in relation to the moment of speaking. The equivalent in English is *to have done* something. Sometimes it may be used to suggest that the effects of a past event carry over into the present: "I've always done it that way *(and still do)*."

This tense has two parts, exactly as in English: the first part is called a "helping" verb ("have" in English and **haber** in Spanish). The second part is called a past participle. The past participle of an **-ar** verb is formed by substituting **-ado** for **-ar**. The ending for both **-er** and **-ir** verbs is **-ido**.

Note that this two-part verb is *not* split up in Spanish by a negative as it is in English.

Carlos **no ha llegado**.	Carlos *has* ***not*** *arrived*.

Notice also that this compound verb is not split up by the subject or subject pronoun when it is used in a question as it is in English.

¿**No ha salido *el tren***?	*Hasn't* ***the train*** *left*?
¿**Ha llamado *Julia***?	*Has* ***Julia*** *called*?

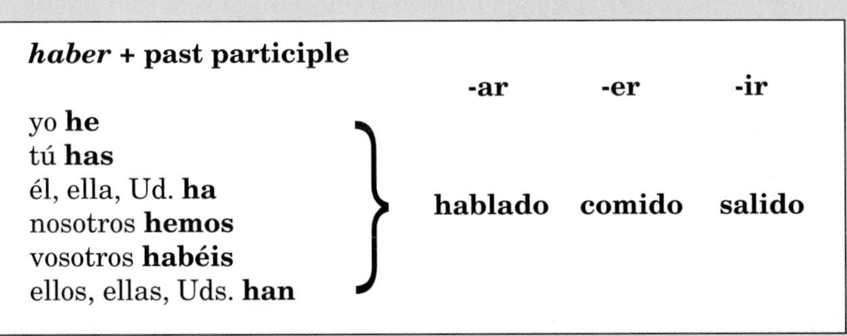

***haber* + past participle**

	-ar	-er	-ir
yo **he** tú **has** él, ella, Ud. **ha** nosotros **hemos** vosotros **habéis** ellos, ellas, Uds. **han**	**hablado**	**comido**	**salido**

Here are some more examples of past participles:

-ar verbs	-er verbs	-ir verbs
bailar - **bailado**	aprender - **aprendido**	ir - **ido**
dar - **dado**	comer - **comido**	seguir - **seguido**
estar - **estado**	comprender - **comprendido**	pedir - **pedido**

Aquí practicamos

D. Sustituye las palabras en cursiva con las palabras entre paréntesis y haz los cambios necesarios.

1. *Nosotros* hemos bailado el mambo. (ustedes / ellos / él / Silvia y Ramón / tú)
2. *La profesora* ha leído muchas novelas españolas. (mi padre / nosotros / ella / yo / vosotros)
3. *Mi hermano* no ha podido comprar los billetes. (yo / usted / Raquel y José / el señor Méndez / tú)
4. ¿No ha salido *el tren*? (tus amigos / ustedes / ella / los autobuses / Carlos)
5. *Mi hermana* nunca ha estado en México. (nosotros / ellos / tú / yo / vosotros / la familia de Pablo)
6. *Tú* has vivido en España. (el profesor / mis primos / ella / yo / nosotros)
7. ¿Han comido *ustedes* burritos? (sus padres / tú / él / Maricarmen / usted)

E. **¿Qué ha pasado antes?** Mario y Marta Mendoza han llegado a la estación de trenes. Explica lo que han hecho antes de su llegada.

MODELO: leer la guía turística sobre España
Han leído la guía turística sobre España.

1. ir a su agencia de viajes
2. discutir sus planes
3. pedir reservaciones de plazas en el tren
4. llevar el gato a la casa de un amigo
5. comer bien
6. preparar las maletas
7. salir temprano de la casa
8. tomar un taxi a la estación

F. **Todavía no, pero...** *(Not yet, but...)* Cuando un(a) amigo(a) te hace unas preguntas, dile que todavía no has podido hacer eso pero que sí has hecho otra cosa. Sigan el modelo.

MODELO: viajar por España
—¿Has viajado por España?
—No, todavía no he viajado por España, pero he viajado por México.

1. comer gazpacho
2. ir al Ballet Folklórico de México
3. leer *Don Quijote de la Mancha*
4. viajar en tren
5. estudiar portugués
6. vivir en Madrid
7. beber sangría
8. tener un mes de vacaciones en México
9. pedir caracoles *(snails)* en un restaurante español
10. querer jugar al jai-alai
11. estar en la Ciudad de México
12. subir a una pirámide azteca
13. bailar el flamenco
14. conocer a Julio Iglesias
15. correr con los toros por las calles de Pamplona
16. oir la música de mariachis mexicanos

Irregular past participles

He hecho las reservaciones para el tren. — *I've made* the reservations for the train.

¿**Has visto** la guía turística? — *Have you seen* the tourist guidebook?

Mis primos me **han escrito** tarjetas postales de México. — My cousins *have written* postcards to me from Mexico.

When some verbs are used in the present perfect tense, they do *not* follow the same patterns in the formation of the past participles you learned on page 143.

Infinitive	Past participle
abrir	**abierto**
decir	**dicho**
escribir	**escrito**
hacer	**hecho**
poner	**puesto**
ver	**visto**
volver	**vuelto**

G. Sustituye las palabras en cursiva con las palabras entre paréntesis y haz los cambios necesarios.

1. *Carolina* no ha hecho las reservas de plazas. (nosotros / tú / la empleada / él / yo)
2. ¿Han visto *ustedes* la nueva película de Raúl Julia? (tu hermano / ellas / vosotras / Carlos y Carmen / ella)
3. ¿Ha vuelto *tu tío* de Barcelona? (usted / los profesores / él / ustedes / ella)
4. *Mis hermanos y yo* hemos escrito 20 tarjetas postales. (yo / mi padre / tú / ellos / usted / vosotros)
5. ¿Ha dicho *usted* que no hay billetes? (el agente de viajes / ustedes / ellos / ella / tú)
6. *Fernando* ya ha puesto las maletas en el coche. (yo / nosotros / usted / mi padre / ellos)
7. *Yo* no he abierto la carta que llegó ayer. (tú / Maricarmen / usted / él / ellos)
8. *Marisol* todavía no ha puesto la mesa. (yo / él / ustedes / ella / Jorge y tú)

H. **Ya lo he hecho.** Un(a) amigo(a) te hace preguntas sobre un viaje que vas a hacer. Contéstale que ya has hecho todo lo necesario. Usa pronombres para abreviar *(to abbreviate)* tus respuestas.

MODELO: ¿Ya viste los nuevos billetes que venden?
Sí, ya los he visto.

1. ¿Ya fuiste a la agencia de viajes?
2. ¿Ya hiciste todas las preparaciones?
3. ¿Ya les dijiste a tus padres que vas a ir a Málaga?
4. ¿Ya viste el horario de trenes?
5. ¿Ya pusiste tu maleta en el coche?
6. ¿Ya hiciste una llamada telefónica a Málaga?
7. ¿Ya escribiste la lista de regalos que vas a comprar?

Aquí escuchamos

Escucha la conversación en la cinta. Presta atención a las expresiones para hablar del tiempo necesario para hacer algo.

Patricia del Valle va de viaje en coche con sus dos hijos—Alonso, de 10 años y Claudia, de 7 años. Viven en la Ciudad de México. Van a pasar ocho días con la hermana de Patricia en Querétaro. Están en camino en la carretera número 57.

En otras palabras

Expresiones para hablar del tiempo que se necesita para viajar en coche

¿Cuánto tiempo se necesita para ir a...?	How much time do you need to go to...?
Se necesita(n)...	You need...
¿Cuánto tarda el viaje de... a... (en coche)?	How long does the trip take from...to... (by car)?
Son... horas de viaje de... a... (en coche).	The trip from...to...takes... hours (by car).
¿En cuánto tiempo se hace el viaje de... a... (en coche)?	How much time does it take to make the trip from...to...(by car)?
Se hace el viaje de... a... en... horas (en coche).	You can make the trip from... to...in...hours (by car).

¡Aquí te toca a ti!

I. **¿Es largo el viaje de México a Cuernavaca?** Oyes a dos jóvenes mexicanos hablar de un viaje. Van a ir en coche con su familia. Tú no conoces bien la geografía de México y quieres saber si el viaje será largo. Por eso les haces varias preguntas. Sigue el modelo.

MODELO: México — Cuernavaca (105 km / 1 hora y 1/2)
—¿Es largo el viaje de la Ciudad de México a Cuernavaca?
—No, no muy largo. Cuernavaca está a ciento cinco kms de México.
—¿Cuánto tarda el viaje de México a Cuernavaca en coche? o:
—¿Cuánto tiempo se necesita para hacer el viaje de México a Cuernavaca en coche?
—Es una hora y media de México a Cuernavaca en coche. o:
—Se hace el viaje de México a Cuernavaca en una hora y media en coche.

1. México — Acapulco (418 km / 6 horas)
2. México — Taxco (173 km / 2 horas y 1/2)
3. Guadalajara — Puerto Vallarta (330 km / 4 horas y 1/2)
4. Toluca — México (66 km / 45 minutos)
5. Puebla — Veracruz (280 km / 3 horas y 1/2)
6. México — Puebla (125 km / 1 hora 45 minutos)

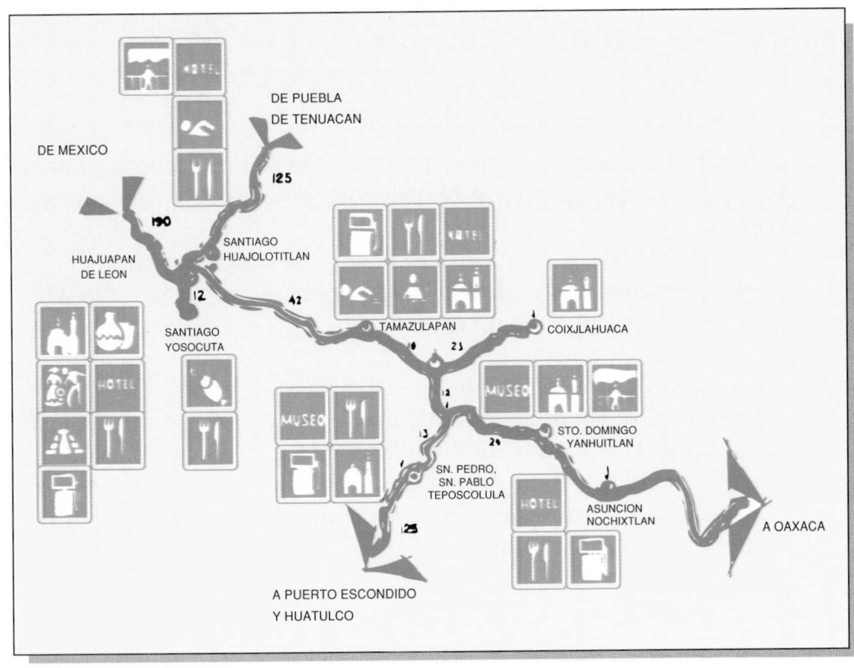

J. **¡Los coches se han descompuesto** *(broken down)***!** Tu familia y tú van de viaje en coche. Cada vez que ven un coche que se ha descompuesto al lado de la carretera, una persona comenta sobre lo que ha pasado. Indica qué dibujo corresponde a lo que dice cada persona.

a. b. c. d.

1. ¡Miren! Se les ha acabado la gasolina. Han salido de su coche. Están poniendo gasolina en el depósito ahora.
2. ¡Ay, qué mala suerte! ¡Pobres! Han abierto la capota. ¡Se ha descompuesto el motor! Necesitan un mecánico.
3. ¡Miren a ese pobre hombre! Ha tenido un pinchazo y por eso ha parado su coche. Tendrá que cambiar la llanta (o el neumático).
4. Creo que no se ha descompuesto el coche de esa pareja. Parece que han parado porque no saben el camino. Están leyendo un mapa.

¡Adelante!

Ejercicio oral

K. **¿Quieres ir con nosotros?** Invite a Mexican student visiting your school to go on a day trip by car with your family. Decide upon your destination in advance. A classmate will play the role of the exchange student and ask you questions about the distance, the time the trip takes, and the route. After hearing your answers, he / she will decide whether to accept your invitation.

L. **Una tarjeta postal** Write a postcard to a friend. In the first part talk generally about your trip and use the present perfect tense to tell four things that you have done lately. In the second part tell about a specific incident that happened with the car (refer to words and expressions in Exercise J) and use the preterite tense to pinpoint the time, day, etc., when the problem occurred. Begin and end your card appropriately.

Segunda etapa

El Aeropuerto Internacional de México Benito Juárez

Este aeropuerto es uno de los más importantes del mundo. Por sus puertas pasan millones de viajeros extranjeros y nacionales cada año.

En general, los aviones que van de los Estados Unidos a México llegan al Aeropuerto Internacional de México Benito Juárez. El aeropuerto queda bastante lejos del centro de la Ciudad de México pero hay muchas maneras de hacer el viaje entre el aeropuerto y la ciudad — en la línea roja del metro a la Estación Pantitlán, en autobús (o camión, como también lo llaman los mexicanos) y, por supuesto, en taxi.

La manera preferida de viajar para mucha gente es en un *colectivo.* Cada persona paga un precio fijo para **compartir** el coche o la **camioneta** con otras personas que tienen la misma destinación o que viajan en la misma dirección. El conductor vende los boletos antes de comenzar el viaje a las zonas en que está dividida la ciudad.

to share / van

El Aeropuerto Internacional Benito Juárez es famoso por ser uno de los centros de tráfico aéreo más importantes del mundo. Casi todas las aerolíneas extranjeras llegan a este aeropuerto. En un año típico, pasan

En la Ciudad de México, los pilotos tienen que saber despegar y aterrizar sus aviones con mucho cuidado. Esto se debe a las grandes montañas que rodean la ciudad.

millones de turistas extranjeros y nacionales por la ciudad, y muchos de ellos viajan por avión. Los pasajeros siempre tienen una vista espectacular de la capital de México.

Como la Ciudad de México está a una altura de 2.240 m (más de 7.000 pies) sobre el **nivel del mar**, pero dentro de un gran valle **rodeado** de altos volcanes, los pilotos reciben un **entrenamiento** especial. Tienen que aprender a **despegar** y **aterrizar** los aviones dentro de un espacio bastante limitado. Para hacer esto sin problemas, tienen que saber subir o descender en grandes círculos con mucha **destreza** por las muchas montañas que rodean la ciudad. ¡Para algunos pasajeros es una experiencia inolvidable!

sea level / surrounded / training / to take off / to land / skill

¡Aquí te toca a ti!

A. **Al llegar a la Ciudad de México...** Answer the following questions in English on the basis of the information provided.

1. What are the ways to go from the Benito Juárez Airport into the center of Mexico City?
2. What is one of the most popular ways to go to and from this airport?
3. Which way would you guess takes the most time?
4. How is it decided who will ride in a **colectivo**?
5. What is another word for **autobús** in Mexico?
6. How would you describe this airport in terms of its plane and people traffic?
7. At what altitude is Mexico City's airport?
8. What is so unique about Mexico City's location?
9. What kind of special training must pilots have to fly in and out of this airport safely?

COMENTARIOS CULTURALES

Los taxis en la Ciudad de México
La Ciudad de México es famosa por sus numerosos taxis, o *libres* como dicen los mexicanos. (Cuando hay uno "libre", o no ocupado, está a la disposición del pasajero que lo necesita.) Hay taxis de muchos colores y de muchos modelos. Algunos, como los anaranjados, tienen el número de su sitio *(taxi stand)* pintado en la puerta y reciben llamadas telefónicas. Otros, como los amarillos, van por las calles en busca de pasajeros.

Los chóferes casi ya no usan medidores *(meters)* por el cambio constante en los precios que causa el problema de la inflación que tiene el país. Generalmente el pasajero tiene que preguntarle el precio y, a veces, llegar a un acuerdo con el chófer antes de tomar el taxi. La costumbre es siempre dar una buena propina después de llegar a la destinación. Por lo general, este tipo de transporte *(transportation)* es bastante económico para el pasajero que quiere conocer la ciudad en taxi.

Repaso

B. **Siempre / Nunca ha sido así, pero esta vez...** Forma una oración a base de la siguiente información. Úsala para explicarle a un(a) amigo(a) lo que ha sido típico (o no) para ti o para las personas mencionadas, pero dile que esta vez va a haber un cambio. Sigue el modelo.

MODELO: Yo / siempre / viajar a España / pero esta vez / viajar a México
Yo siempre he viajado a España, pero esta vez voy a viajar a México.

1. Yo / siempre / leer novelas de misterio / pero esta vez / leer una novela romántica
2. Mi hermano / siempre / jugar al tenis / pero esta vez / jugar al golf
3. Yo / nunca / ver una película de horror / pero esta vez / ver una
4. Mis padres / siempre / escribir cartas / pero esta vez / escribir postales
5. Nosotros / nunca / comer caracoles / pero esta vez / comer algunos
6. Su mamá / nunca / hacer un pastel de chocolate / pero esta vez / hacer uno
7. Ustedes / siempre / ir en tren / pero esta vez / ir por avión

8. El profesor / nunca / dar un examen los lunes / pero esta vez / dar un examen el lunes
9. Los empleados / siempre / abrir la tienda a las 10:00 / pero esta vez / abrir la tienda a las 9:00
10. El jefe / nunca / decir nada sobre la economía / pero esta vez / decir algo
11. Isabel y yo / siempre / bailar el cha-cha-chá / pero esta vez / bailar el merengue
12. Roberto / siempre / pedir tacos en este restaurante / pero esta vez / pedir tamales

The past perfect tense

Carlos no fue porque ya **había visto** la película.	Carlos didn't go because he *had* already *seen* the movie.
Mis padres **habían llegado** a Madrid cuando me llamaron.	My parents *had arrived* in Madrid when they called me.
El tren ya **había salido** cuando llegamos a la estación.	The train *had* already *left* when we arrived at the station.

The past perfect tense is used to indicate that something had already happened before something else occurred. Just as in English, this tense needs another action in the past as a reference point, whether it is stated or not, in order to make sense. Like the present perfect, the past perfect has two parts: the "helping" verb **haber** and the past participle. The only difference between the present perfect and past perfect tenses is in the form of **haber**, which is formed with *imperfect* tense endings when using the past perfect.

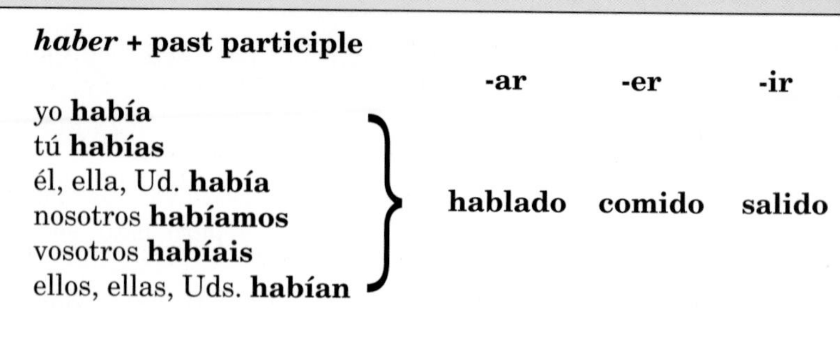

haber **+ past participle**

	-ar	**-er**	**-ir**
yo **había** tú **habías** él, ella, Ud. **había** nosotros **habíamos** vosotros **habíais** ellos, ellas, Uds. **habían**	**hablado**	**comido**	**salido**

Aquí practicamos

C. Sustituye las palabras en cursiva con las palabras entre paréntesis y haz los cambios necesarios.

1. *Carlos* ya había salido cuando llegué. (tú / ellos / ustedes / el tren / usted)
2. ¿Habían conocido *ustedes* a mi papá? (ella / Jorge / ellos / tú / vosotros)
3. *Nosotros* habíamos dicho la verdad. (los niños / usted / ellas / yo / Carmen)
4. ¿No habías visto *tú* El Museo del Prado? (ustedes / Esteban / tus primos / la profesora)
5. Nunca había estado *yo* aquí antes. (él / mi novia / los turistas / nosotros / ellos)
6. *Lidia* había puesto la mesa antes de las 6:00. (nosotros / yo / mi hermano / nadie / vosotras)
7. *Marta y yo* no habíamos viajado por España hasta este verano. (ustedes / él / yo / mis hermanos / usted)

D. **Ya lo había hecho cuando...** Cambia las oraciones según el modelo para indicar que algo ya había pasado antes de otra cosa.

MODELO: El mesero sirvió las enchiladas y después yo llegué.
El mesero ya había servido las enchiladas cuando yo llegué.

1. El avión llegó y después yo llamé por teléfono.
2. El agente de viajes preparó el itinerario y después Mario compró los boletos.
3. Vimos el horario y después fuimos a comer.
4. El empleado nos dijo algo sobre el vuelo y después oímos las noticias.
5. Pediste una mesa en la sección de no fumar y después nos llamó el mesero.
6. Mi papá hizo las reservaciones y después yo llegué.
7. En el restaurante comimos demasiado y después nos sirvieron el postre.
8. Yo salí para Barcelona y después me mandaste la tarjeta.
9. Le escribí cinco postales a mi novia y después ella llamó por larga distancia.
10. Ustedes se durmieron en el avión y después el piloto nos habló de las condiciones atmosféricas.

E. **Antes de cumplir trece años...** Averigua *(Find out)* tres o cuatro cosas interesantes o inolvidables *(unforgettable)* de la vida de tres de tus compañeros(as) de clase antes de los trece años de edad: **¿Qué cosa(s) interesante(s) habías hecho antes de cumplir trece años? (Antes de cumplir trece años, yo / él / ella ya había...** o **Cuando cumplí / cumplió trece años él / ella / yo ya había...)** Después escribe una lista de esta información para leérsela a la clase.

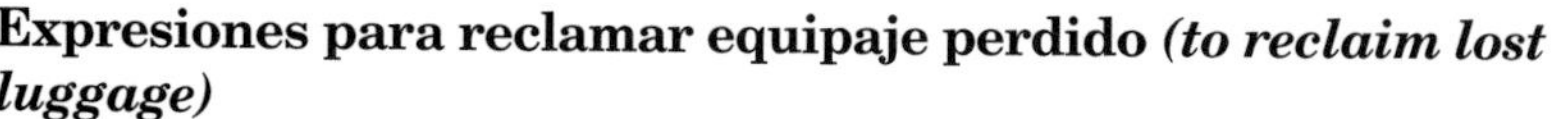

En otras palabras

Expresiones para reclamar equipaje perdido *(to reclaim lost luggage)*

—¿Ha perdido usted su maleta (bolsa, valija, maletín)?	Have you lost your suitcase (purse, valise, briefcase)?
—Sí, la he dejado en el avión.	Yes, I've left it on the plane.
o:	or:
—Sí, la facturé, pero no he podido encontrarla.	Yes, I checked it, but I haven't been able to find it.
—¿En qué avión? ¿En qué vuelo?	On what plane? On what flight?
—Aeroméxico, vuelo 208.	Aeroméxico, flight 208.
—¿De qué color es la maleta?	What color is the suitcase?
—Es azul.	It's blue.
—¿De qué material es?	What kind of material is it?
—Es de tela (de cuero, de plástico).	It's cloth (leather, plastic).
—¿De qué tamaño es?	What size is it?
—Es grande (pequeña).	It's large (small).
—¿Lleva la maleta alguna identificación?	Does the suitcase have some kind of identification on it?
—Lleva una etiqueta con mi nombre y dirección.	It's got a tag with my name and address.
—¿Qué contiene la maleta?	What does the suitcase contain?
o:	or:
—¿Qué lleva Ud. en la maleta?	What do you have in the suitcase?
—Contiene ropa, unos vestidos, unos documentos, etc.	It contains clothes, some dresses, some documents, etc.

Aquí escuchamos

Escucha la conversación en la cinta. Presta atención a las expresiones para reclamar equipaje perdido.

Durante un vuelo a Guadalajara, Judy Miller ha conocido a dos mexicanos—el señor y la señora Castillo. Judy les ha dicho que está un poco nerviosa porque es su primer viaje a México y su primer vuelo en avión. Los Castillo le explican lo que hay que hacer en el aeropuerto: mostrar su documentación, ir a la sala de equipaje para recoger las maletas que ha facturado, abrir las maletas en la sala de inspección, pasar por la aduana. Finalmente, los tres bajan del avión.

¡Aquí te toca a ti!

F. **La llegada al aeropuerto** Explícale a un(a) amigo(a) lo que tiene que hacer cuando llega al Aeropuerto Internacional Benito Juárez. Usa las expresiones que siguen pero en el orden correcto. Usa también las palabras **primero**, **entonces**, **después**, **finalmente**.

MODELO: *Primero, bajas del avión. Después tú..., etc.*

ir a la aduana / mostrar tu pasaporte y tu visa / tomar un autobús o un taxi al centro de la ciudad / ir a la puerta *(gate)* número 36 / ir a la sala de reclamación de equipaje / abrir las maletas en la sala de inspección de la aduana / recoger *(pick up)* las maletas facturadas

G. **¿Has perdido algo?** Explícale al (a la) agente del aeropuerto que has perdido las maletas indicadas en los dibujos. Después contesta las preguntas que hace el (la) agente sobre las maletas. Tu compañero(a) de clase hará el papel del (de la) agente con la ayuda de las preguntas sugeridas a continuación:

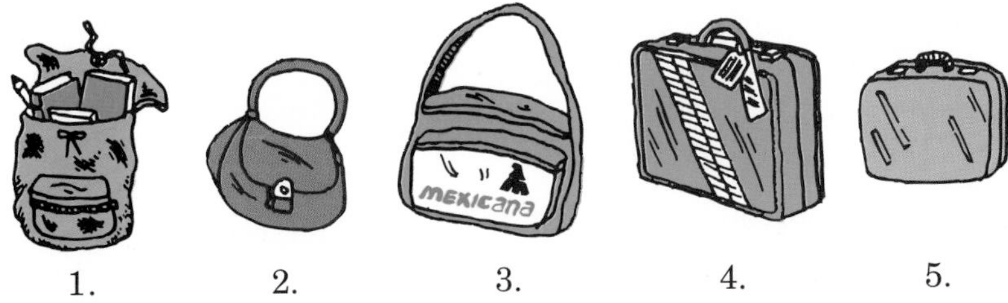

1. 2. 3. 4. 5.

1. ¿Ha perdido su maleta (bolsa, valija, maletín)?
2. ¿En qué avión? ¿En qué vuelo?
3. ¿De qué color es la maleta?
4. ¿De qué material es?
5. ¿Lleva la maleta alguna identificación?
6. ¿Qué contiene la maleta? *o* ¿Qué lleva en la maleta?

¡Adelante!

Ejercicio escrito

H. **Paso por ti** *(I'll pick you up)* **al aeropuerto.** A Mexican friend who doesn't speak English is coming to visit you in the United States. He / she will be coming by plane—either flying directly to where you live or changing planes (and going through customs) at a major city before reaching your local airport. In a letter, explain briefly to him / her what to do upon arrival at the airport (in your city and / or in the major city).

Ejercicio oral

I. **Desde que llegué, he hecho lo siguiente** *(the following)*... Play the role of your Mexican friend, who has now been with you for a week and has called his / her parents in Mexico City. He / she tells them over the telephone the things that have happened and what he / she has done since arriving in the United States. Use the present perfect tense for recounting the activities.

Vocabulario

Para charlar

Para hablar del tiempo que se necesita para viajar en coche

¿Cuánto tarda el viaje de... a... ?
¿Cuánto tiempo se necesita para ir a... ?
¿En cuánto tiempo se hace el viaje de... a... (en coche)?
Se necesita(n)...
Son... horas de viaje de... a... (en coche).
Se hace el viaje de... a... en... horas (en coche).

Para reclamar equipaje perdido

¿Ha perdido su maleta (bolsa, valija, maletín)?
Sí, la he dejado en el avión.
Sí, la facturé pero no he podido encontrarla.
¿En qué avión? ¿En qué vuelo?
(Línea aérea), vuelo (número).
¿De qué color es la maleta?
¿De qué material es?
Es (color). Es de tela (cuero, plástico).

¿De qué tamaño es?
Es grande (pequeña).
¿Lleva la maleta alguna identificación?
Lleva una etiqueta con mi nombre y dirección.
¿Qué contiene la maleta?
¿Qué lleva en la maleta?
Contiene…

Temas y contextos

El coche

la carretera
la llanta
el mapa de carreteras
el neumático

Los vuelos

el avión
facturar la maleta (la bolsa, la valija, el maletín)
el pasaporte
reclamar el equipaje (perdido)
la visa

Vocabulario general

Sustantivos

la ayuda
el boleto
la camioneta
la destreza
el entrenamiento
el nivel

Verbos

aterrizar
compartir
despegar
fijarse en

Adjetivos

rodeado(a)

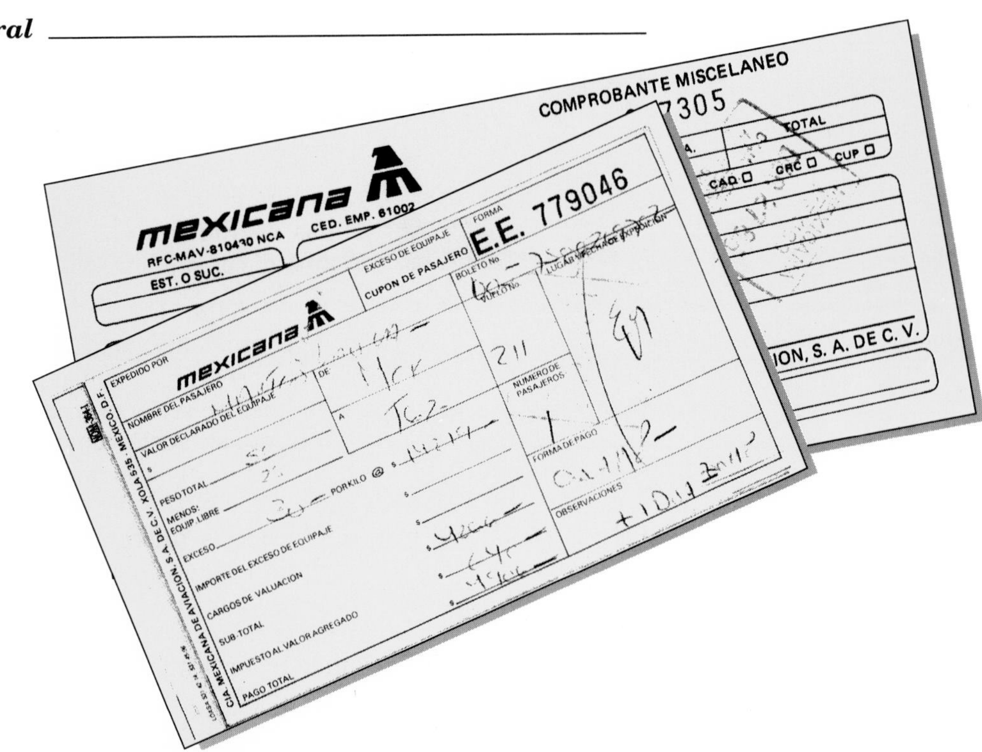

Aquí leemos

Nacido para triunfar

Roberto José Guerrero se recuperó milagrosamente de un coma de 17 días para seguir corriendo con más ganas

team

Roberto José Guerrero tiene muchas razones para considerarse un hombre afortunado. A los 31 años es el piloto principal de Patrick Racing, el **equipo** campeón del circuito CART para autos Indy en los Estados Unidos.

improved
races

Guerrero conducirá el coche March con motor Alfa Romeo. Este coche es una versión **mejorada** del que ganó cinco de las 16 **carreras** que corrió en 1989. Estas incluyen la gran Carrera de las 500 Millas de Indianápolis con el brasileño Emerson Fittipaldi como piloto.

career

Para Guerrero, que nació en Medellín, Colombia, ésta es la culminación de una **carrera** como piloto que empezó desde que tiene memoria. Cuando era niño, Roberto José observaba a su padre que corría "karts" en Medellín. Guerrero nunca ha querido ser otra cosa que piloto de carreras. Después de correr "karts" durante su adolescencia, decidió estudiar en la escuela de pilotaje de Jim Russell en Inglaterra.

driving
demanding

Poco a poco, Guerrero pasó por las diferentes categorías de **pilotaje**, incluyendo dos años en Fórmula 1, donde pudo competir en un total de 21 carreras. En 1984 decidió participar en el **exigente** circuito Indy de los Estados Unidos. En su primera carrera en las 500 Millas de Indianápolis, Guerrero terminó en segundo lugar. En los años siguientes quedó tercero, cuarto y segundo otra vez. Casi ganó en 1987 cuando iba en primer lugar, pero su coche no **arrancó** después de una parada, sólo 30 **vueltas** antes de terminar.

start up / laps

En septiembre de ese mismo año, mientras **probaba** llantas para Goodyear, tuvo un accidente. Una de las llantas **se desprendió** del coche y lo **golpeó** en la cabeza. Guerrero permaneció en el hospital en coma 17 días. Cuatro meses más tarde, Guerrero se había recuperado **milagrosamente**. Regresó a las **pistas**. En 1988, en su primera carrera después del accidente, Guerrero quedó en segundo lugar tras Mario Andretti en el circuito de Phoenix.

was testing
broke loose
struck
miraculously
tracks

Para Guerrero, una de sus más grandes satisfacciones ha sido la de seguir al gran campeón Fittipaldi como piloto principal del equipo Patrick Racing. "Cuando yo era niño, ya no había lugar en mi cuarto para una foto más de Fittipaldi", dice, "Ahora ha pasado de ser mi ídolo a mi competidor".

Aunque ganar nunca ha sido fácil, en este caso Guerrero tiene todo lo que necesita para **desarrollar** sus **capacidades**. El piloto colombiano ha terminado entre los cinco primeros pilotos en 19 de las 82 carreras en que ha participado en el circuito Indy y 26 veces entre los primeros 10 pilotos. Obviamente ha sido un piloto consistentemente superior. Esta vez tiene tres carros a su disposición. Al Unser, miembro del equipo de Guerrero para la carrera de Indianápolis, **manejará** uno de ellos.

to develop / abilities
will drive

"Este año y el '91, van a ser los años de ganar carreras", dice Guerrero, quien está casado y es padre de dos hijos. "Me siento muy afortunado. Estoy ganando mucho dinero, haciendo lo que más me gusta hacer: correr coches a su velocidad máxima".

Roberto Guerrero lleva el automovilismo en las venas y no descansará hasta ser campeón.

Comprensión

A. **Preguntas sobre Guerrero** Contesta en español las preguntas sobre la lectura.

1. ¿De dónde es Roberto José Guerrero?
2. ¿Cuándo empezó a tener interés en los coches de carrera?
3. ¿Por qué decidió ir a Inglaterra?
4. ¿En qué lugar terminó Guerrero en su primera carrera en Indianápolis?

5. ¿Qué le pasó en 1987 mientras probaba llantas para Goodyear?
6. ¿Qué hizo después de salir del hospital?
7. ¿Quién es Emerson Fittipaldi? ¿Qué piensa Guerrero de él?
8. En general, ¿cómo se puede caracterizar la carrera de piloto que ha tenido Guerrero hasta ahora?
9. ¿Cómo se siente Guerrero cuando habla de su profesión?

B. **Una entrevista con un (una) piloto** Haciendo el papel de periodista, hazle seis a ocho preguntas a un(a) compañero(a) de clase que hará el papel de piloto de coches de carreras. Escribe en tu cuaderno las contestaciones que él / ella hace, basándose en la información de la lectura y en detalles que él / ella inventa.

Repaso

C. **¿Qué dijeron?** Durante la cena, el teléfono suena y tú contestas. Cuando varias personas en tu familia quieren saber quién es y qué ha dicho, tú les das la información. Después de indicar quién llamó, usa el pluscuamperfecto *(past perfect tense)* al repetir lo que la persona que llamó te dijo, cambiando los verbos al pasado y los pronombres a las formas que corresponden a la situación. Sigue el modelo.

MODELO: (José llama. Te dice que ha llegado al cine y que ya ha visto la película que van a ver.)
Llamó José. Me dijo que había llegado al cine pero que ya había visto la película.

1. (Francisco llama. Te dice que ha hablado con el agente de viajes y que no ha podido comprar los boletos para el avión.)
2. (Alicia llama. Te dice que ha ido al centro y que ya ha vuelto a su casa.)
3. (Tu tío Guillermo llama. Te dice que ha puesto un regalo para ti en su coche pero que todavía no ha tenido tiempo de ir a tu casa para dártelo.)
4. (Tu amigo Luis llama. Te dice que el profesor ha cambiado el día del examen y que ha hecho unos cambios en el examen.)
5. (Una persona que no conoces llama. Te dice que ha marcado este número tres veces y que ha tenido problemas con la línea.)
6. (Tu amiga Silvia llama. Te dice que ha recibido una invitación para la fiesta de Carlos y ya ha comprado un vestido nuevo.)
7. (El empleado de la biblioteca llama. Te dice que ha buscado el libro que necesitas pero que no lo ha encontrado.)
8. (La secretaria de tu papá llama. Te dice que ha recibido una llamada urgente y que ha estado preocupada.)

Aquí repasamos

In this section you will review:

- the future tense;
- prepositions related to location;
- other useful prepositions;
- prepositional pronouns;
- the present perfect tense;
- the past perfect tense.

The future tense

The future tense is used to talk about future time, usually the relatively distant future. It is also used to wonder about an action or situation in the present, as well as to express probability and uncertainty about them.

llegar

yo llegar**é**	nosotros llegar**emos**
tú llegar**ás**	vosotros llegar**éis**
él, ella, Ud. llegar**á**	ellos, ellas, Uds. llegar**án**

ver

yo ver**é**	nosotros ver**emos**
tú ver**ás**	vosotros ver**éis**
él, ella, Ud. ver**á**	ellos, ellas, Uds. ver**án**

pedir

yo pedir**é**	nosotros pedir**emos**
tú pedir**ás**	vosotros pedir**éis**
él, ella, Ud. pedir**á**	ellos, ellas, Uds. pedir**án**

Some common verbs with irregular stems in the future are **decir (dir-), hacer (har-), querer (querr-), poder (podr-),** and **saber (sabr-).**

A. **¡No te preocupes!** Usa las expresiones entre paréntesis para hacer frases para consolar a tus amigos en las situaciones indicadas. Usa los verbos en el tiempo futuro.

MODELO: No encuentro al perro. No está en la casa. (volver)
No te preocupes. El perro volverá.

1. No sé donde están los billetes del tren. (encontrar)
2. No puedo ir al cine esta noche. (ver la película mañana)
3. Mis padres van de vacaciones sin mí. (regresar la semana próxima)
4. ¿Qué voy a hacer? Mi coche está descompuesto. (tomar el autobús)
5. Mi hermana no se siente bien. Está enferma. (estar mejor muy pronto)
6. Mi padre está muy preocupado. No puede jugar al tenis conmigo. (tener tiempo la semana próxima)
7. No le compramos un regalo de cumpleaños a nuestra abuela. (comprarle uno para el Año Nuevo)
8. No pude comprar los libros para el curso. (poder comprarlos la próxima vez)

Prepositions of place

The following prepositions are often used to tell something about a location. These prepositions describe places in the following ways:

- as the location itself (**en**)
- as a starting point or place of origin (**de**)
- as a final destination (**a, hasta**)
- as movement towards a place (**hacia, para**)
- as a reference to the distance between it and another place (**entre**)
- as a reference to traveling through a place (**por**)
- as an indication of general proximity (**cerca de, lejos de**)

B. Escoge la preposición apropiada para cada oración.

1. Pensamos viajar (entre / a) Madrid.
2. Mi tío llegó (hacia / hasta) la cima de la montaña.
3. Creo que son 65 km (entre / cerca de) México y Toluca.
4. Vimos a Carlos (a / en) el restaurante.
5. ¿Ya salió el tren (para / hasta) Barcelona?
6. Tu casa está (para / lejos de) mi casa.
7. Prefiero caminar (entre / por) el parque.
8. Saldremos (de / en) la ciudad mañana.

Other useful prepositions: *antes de, después de*

The prepositional phrase **antes de** (*before*) may be used with a noun (**antes del viaje**) or an infinitive (**antes de comprar**). The prepositional phrase **después de** (*after*) may also be used with a noun (**después de las vacaciones**) or an infinitive (**después de visitar**). Remember that when the masculine singular article **el** is used with **de**, it becomes **del**.

C. Sustituye las palabras en cursiva con las palabras entre paréntesis.

1. Fuimos al museo después de *comer.* (estudiar / la clase / las vacaciones / llamar por teléfono / las 4:00 / leer la guía turística)
2. Antes de *la fiesta* voy a ir de compras. (jugar al tenis / el concierto / mirar televisión / el almuerzo / leer el periódico / la salida del tren)

Prepositional pronouns

Subject Pronouns	Prepositional Pronouns
yo	**mí**
tú	**ti**
él, ella, Ud.	**él, ella, Ud.**
nosotros(as)	**nosotros(as)**
vosotros(as)	**vosotros(as)**
ellos, ellas, Uds.	**ellos, ellas, Uds.**

When used with the preposition **con**, the pronouns **mí** and **ti** join with it to form two special prepositional pronouns: **conmigo** and **contigo.**

D. Contesta las siguientes preguntas, diciendo que estás pensando en otra persona y no en la que se ha mencionado. Usa los pronombres preposicionales apropiados. Sigue el modelo.

MODELO: ¿Para quién es el libro? ¿Para mí?
No, es para él.

1. ¿De quiénes hablan? ¿De ellas?
2. ¿Con quién vas? ¿Conmigo?
3. ¿A quiénes llamaron? ¿A ustedes?
4. ¿Piensas hacerlo sin quíen? ¿Sin mí?
5. ¿En quién piensa Gloria? ¿En ti?

The present perfect tense

This tense has two parts, exactly as in English: the first part is called a "helping" verb, and in Spanish **haber** is used. The second part is called a past participle. The past participle of an **-ar** verb is formed by substituting **-ado** for **-ar**. The ending of both **-er** and **-ir** verbs is **-ido**.

***haber* + past participle**

	-ar	**-er**	**-ir**
yo **he** tú **has** él, ella, Ud. **ha** nosotros **hemos** vosotros **habéis** ellos, ellas, Uds. **han**	**hablado**	**comido**	**salido**

Irregular past participles

Infinitive	Past participle
abrir	**abierto**
decir	**dicho**
escribir	**escrito**
hacer	**hecho**
poner	**puesto**
ver	**visto**
volver	**vuelto**

E. **¿Quién lo ha hecho ya?** Contesta las siguientes preguntas usando el sujeto entre paréntesis.

MODELO: ¿Quién ha visto ya esa película? (Francisco)
Francisco ya ha visto esa película.

1. ¿Quién ha hecho el trabajo? (nosotros)
2. ¿Quiénes han dicho la verdad? (Felipe y Eduardo)
3. ¿Quién ha ido a España? (ustedes)
4. ¿Quién ha estado enfermo? (yo)
5. ¿Quiénes han comido en ese restaurante? (mis padres)
6. ¿Quién ha puesto la mesa esta mañana? (nadie)

7. ¿Quién ha escrito estas postales? (tú)
8. ¿Quién ha jugado al tenis con Gabriela? (mi primo)
9. ¿Quién ha abierto la tienda? (los empleados)

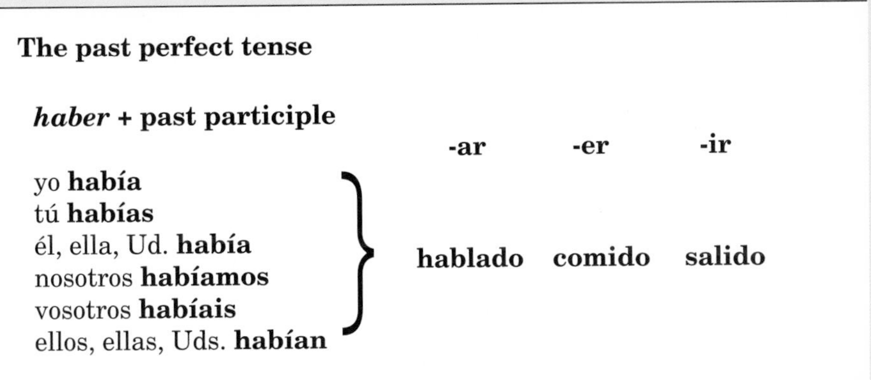

The past perfect tense

***haber* + past participle**

	-ar	-er	-ir
yo **había** tú **habías** él, ella, Ud. **había** nosotros **habíamos** vosotros **habíais** ellos, ellas, Uds. **habían**	**hablado**	**comido**	**salido**

F. **No, porque ya...** Completa cada oración con el mismo verbo en el pluscuamperfecto que se usa en el pretérito. Incluye complementos (pronombres) directos e indirectos cuando sean necesarios. Sigue el modelo.

MODELO: No escuché el disco otra vez porque...
No escuché el disco otra vez porque ya lo había escuchado.

1. No vimos esa película otra vez porque ya...
2. No fueron a Madrid otra vez porque ya...
3. No abrí las ventanas otra vez porque ya...
4. No bailé con él (ella) otra vez porque ya...
5. No se lo dijeron otra vez porque ya...
6. No leíste el libro otra vez porque ya...
7. No paré el coche otra vez porque ya...
8. No presenté mis documentos otra vez porque ya...
9. No hice el mismo error otra vez porque ya...
10. No salieron después de las 10:00 porque ya...

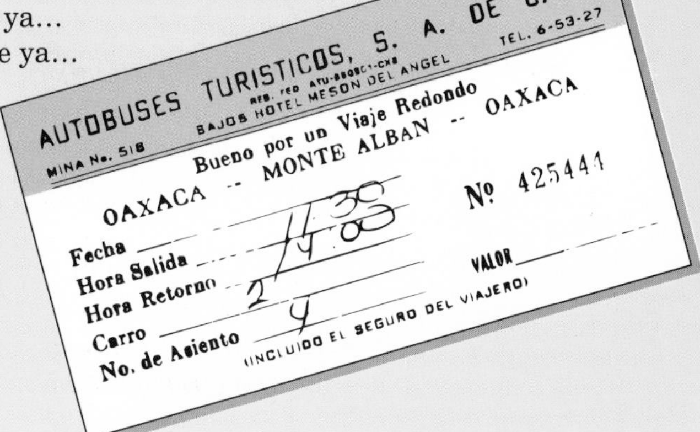

AUTOBUSES TURISTICOS, S. A. DE C. V.
MINA No. 518
BAJOS HOTEL MESON DEL ANGEL
TEL. 6-53-27
Bueno por un Viaje Redondo
OAXACA -- MONTE ALBAN -- OAXACA
Nº 425444
Fecha
Hora Salida
Hora Retorno
Carro
No. de Asiento
VALOR
(INCLUIDO EL SEGURO DEL VIAJERO)

Aquí llegamos

Actividades orales

A. **Planes para un viaje** You and two friends want to travel in Spain. Plan a one- or two-week trip starting and ending in Madrid. Decide what area you want to visit, how you want to travel, and what itinerary you'll follow. Then go to the train station (or the travel agency) and buy your tickets.

B. **El viaje perfecto** You have just won a large sum of money in a lottery and have decided to spend some of it on travel. You can go anywhere you want in the world. Decide which countries you want to visit and why, as well as how long you will be gone and how much time you will spend traveling from place to place. Then explain your itinerary to other students. They will ask you questions.

C. **¡Vamos a descubrir los Estados Unidos!** Tell the rest of the class about one or two states that you have visited and know fairly well. Give your reactions to this (these) state(s). As each student talks about a state, you should ask questions and share your ideas and opinions. Suggestions: name the state, tell when and where you visited it, and mention some things you saw.

Actividades escritas

D. **¡A ti te toca organizar el viaje!** Write out the itinerary for the trip that you planned with your classmates in Exercise A. Also create a list of clothing you plan to take, depending on the season during which you will be traveling.

E. **Un diario** *(diary)* **del viaje** When on a trip, travelers often keep a diary, making notes each evening about where they went and what they did that day. Imagine that you are on a one-week trip somewhere in Spain or Mexico. Write your diary entries for each day of the trip.

F. **Unas tarjetas postales** When traveling, you often don't have time to write letters; it is much easier just to send postcards. Imagine that you are on a one-week trip in Spain or Mexico. Each day you send a postcard to your Spanish teacher telling him / her where you are and what you have done.

Expansión cultural

Un recorrido por la Ciudad de México en metro

El Sistema de Transporte Colectivo de la Ciudad de México es uno de los más extensos del mundo. Es una manera rápida y económica de viajar de un lado a otro en el Distrito Federal, la capital de la nación. La Ciudad de México es uno de los centros urbanos más grandes del mundo con más de 20 millones de habitantes que necesitan un metro limpio y eficiente como éste.

El metro mexicano se inauguró en septiembre de 1969. Para poder servir bien al público, tiene nueve líneas de diferentes colores, 105 estaciones, y 136 km de **vías**. En ciertas partes el metro corre a una velocidad máxima de 90 km por hora, aunque el **promedio** en general es 35 km por hora. Con un sólo boleto el viajero puede tomar el metro hasta su destino, si es que no pasa antes por una de las puertas de salida. Durante los primeros

tracks
average

Una estación del metro mexicano adornada con enormes esculturas de la época de las grandes civilizaciones indígenas.

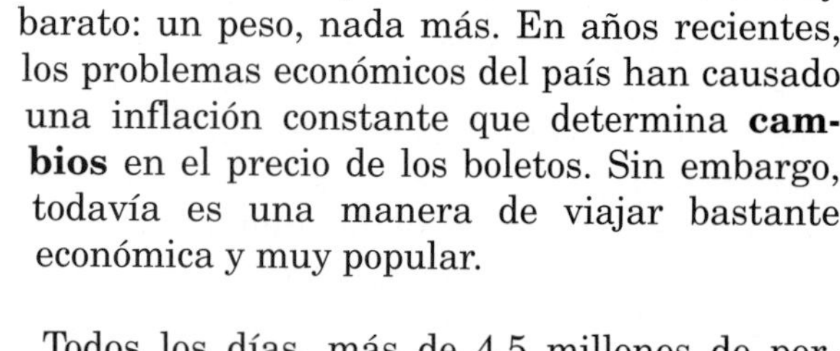

años del metro el precio de un boleto era muy barato: un peso, nada más. En años recientes, los problemas económicos del país han causado una inflación constante que determina **cambios** en el precio de los boletos. Sin embargo, todavía es una manera de viajar bastante económica y muy popular.

Todos los días, más de 4,5 millones de personas viajan en el metro. Al comparar los números de pasajeros que usan el metro mexicano con los de otros países, México ocupa el tercer lugar en el mundo, después de Moscú en Rusia y Tokio en el Japón. Claro está, durante las horas más populares—antes de las 10:00 de la mañana y después de las 4:00 de la tarde, el metro está completamente lleno. Obviamente, es mejor viajar durante el día a las horas menos populares.

Es interesante notar que durante las excavaciones que hicieron para el sistema subterráneo, los **obreros**, arquitectos y arqueólogos encontraron muchas ruinas de las antiguas civilizaciones de la época antes de la llegada de Colón y los conquistadores y colonizadores españoles. La Ciudad de México está construída sobre Tenochtitlán, la antigua capital de los aztecas. Por eso descubrieron pequeños templos, como el que está en el centro de la estación de Pino Suárez, y muchos artefactos de la época: artículos artísticos de piedras semipreciosas, pequeñas figuras de **barro**, y **joyas** de oro y de plata. El gobierno mexicano mandó hacer réplicas de muchas de estas cosas y ahora la gente que viaja en el metro puede verlas exhibidas en las estaciones.

changes / workers / clay / jewels

Cada una de las hermosas estaciones del metro tiene decoraciones artísticas y su propio símbolo. Algunas estaciones llevan el nombre de alguna persona **ilustre** de la historia mexicana como el emperador azteca Moctezuma; el héroe de la Independencia, José María Morelos; el General Ignacio Zaragoza; el Presidente Benito Juárez; y el revolucionario Emiliano Zapata entre otros. También hay "módulos de información" en las estaciones donde el público puede conseguir mapas y asistencia general. Sin duda, hacer un **recorrido** por la Ciudad de México en el metro es una experiencia interesante. ¡Cómo el metro de México no hay dos!

illustrious, famous

trip, a run

Comprensión

Sobre el metro Contesta las preguntas sobre el metro mexicano, según lo que has aprendido de la lectura.

1. ¿Cuándo abrieron el metro mexicano por primera vez?
2. ¿Cuántos kilómetros de vías tiene este sistema de transporte?
3. ¿Cuántas líneas tiene? ¿Cuál es su velocidad máxima?
4. ¿Cuáles son las horas más populares para viajar en el metro?
5. En un día típico, ¿cuántas personas usan el metro?
6. En comparación con el uso de los metros de otros países, ¿qué lugar ocupa México en el mundo?
7. ¿Qué dice el texto sobre el precio de los boletos del metro?
8. ¿Qué es "un módulo de información"?
9. ¿Qué encontraron cuando los obreros hicieron las excavaciones para los túneles del metro?
10. ¿En qué estación del metro se puede ver un pequeño templo azteca?
11. ¿De dónde vienen muchos de los nombres de las estaciones?
12. ¿Tienes interés en hacer un recorrido en este metro? ¿Por qué o por qué no?

Using a Spanish/English dictionary

Up until now you have been using various strategies to guess the meaning of new words. However, there will be times when you will want to look up a word in the dictionary. This lesson will acquaint you with the basic uses of a Spanish/English dictionary. A good bilingual dictionary will contain a considerable amount of information for each word that is included there. Each dictionary entry will include information about the pronunciation of the word, the part of speech of the word, whether it is more commonly used in certain parts of the Spanish-speaking world than in others, and whether there is any idiomatic usage of the word. For example, consider some of the many uses for the word *to get* in English.

Mary *got* a scholarship.	Mary **obtuvo** una beca.
Robert *got* a good grade on the test.	Robert **sacó** una buena nota en el examen.
My brother *got* a good job.	Mi hermano **consiguió** un buen trabajo.
She *got on* the bus at the corner.	Ella **subió** al autobús en la esquina.
He *got off* the train in Sevilla.	**Bajó** del tren en Sevilla.
She *got* angry and left.	**Se enojó** y salió.
My brother *got* sick last night.	Mi hermano **se enfermó** anoche.
My aunt *got* married last week.	Mi tía **se casó** la semana pasada.

As you can see in the above sentences, each of these uses of the verb *to get* has a different translation in Spanish. The common tendency is to pick the first word you find in the dictionary and use it. Before picking which word you want to use, however, you must look at the entire range of definitions the word may have in different contexts.

Look at the word *swallow* and its possible uses in the following sentences.

Give me a *swallow* of that milk.	Dame un **trago** de esa leche.
The *swallows* return to San Juan Capistrano every spring.	Las **golondrinas** vuelven a San Juan Capistrano cada primavera.
He *swallowed* the medicine.	Él **se tragó** la medicina.

In the first two examples the word is used as a noun and in the last one as a verb. How do you decide which of the dictionary entries best fits your context?

Dictionary entries

Deciding which of the English equivalents of the word you want to use will depend on your becoming familiar with a typical dictionary entry and the information conveyed by the symbols that accompany it. Below is a guide to some of the more common symbols you will find when you look up words in a dictionary.

Parts of speech

adj	adjective
adv	adverb
art	article
conj	conjunction
nf	noun feminine
nm	noun masculine
prep	preposition
pro	pronoun
v	verb
vref	reflexive verb

Regions of the Spanish-speaking world

Typically, the Spanish-speaking world is divided into several regions that reflect common usage of certain words. That is, some words are more common in certain parts of the Spanish-speaking world than in others. Note that **Spain** *(Esp)* and **Latin America** *(LAm)* are the two basic divisions. Latin America, however, is divided into five sub-regions: **Mexico** *(Mex)*, **Andean** *(And)*, **Caribbean** *(Carib)*, **Southern Cone** *(Cono Sur),* and **Central America** *(CAm)*. Note the countries that fall within each of the five sub-regions.

Mex	**Mexico**
And	**Andean:** Bolivia, Colombia, Ecuador, Peru
Carib	**Caribbean:** Cuba, Dominican Republic, Puerto Rico, Venezuela
Cono Sur	**Southern Cone:** Argentina, Chile, Paraguay, Uruguay
CAm	**Central America:** Costa Rica, El Salvador, Guatemala, Honduras, Nicaragua, Panama

Dictionary activities

A. What can you tell from the English equivalents for the word bean below?

> **bean 1.** *nm* frijol; **2.** *nf (Carib)* habichuela; **3.** *nf (Esp)* judía; **4.** *nm (Cono Sur)* poroto.

B. Think about the various uses of the word *fly* in English and match the uses with the definitions below.

There is a *fly* in my soup.

Fly-fishing is my father's hobby.

I am in a hurry and have to *fly*.

When I go from Pittsburgh to Albuquerque, I usually *fly*.

When I go to Spain I *fly* into Barajas Airport.

The ostrich is a bird that cannot *fly*.

They *fly* the flag every day.

Jim is going to *fly* his own plane to New York next week.

He likes to *fly* kites when it's windy.

> **fly 1.** *nf* mosca; **2.** (fly-fishing) pescar a mosca; **3.** *v* volar; **4.** (travel by plane) ir en avión; **5.** (to fly into LA International Airport) llegar a Los Ángeles en avión; **6.** (rush) salir de prisa; **7.** (to fly a plane) *(LAm)* pilotear, *(Esp)* dirigir; **8.** (to fly a flag) izar una bandera.

C. Look up the following words in a Spanish/English dictionary. Pay special attention to the symbols and the information in parentheses that accompany each word. Which word in Spanish best corresponds to each? Why?

1. bolt *v*
2. inside *n*
3. value *v* (to think highly of)
4. hum *n*
5. date *n* (to have a date with someone)
6. hope *n*
7. iron *v*
8. palm *n* (the tree)
9. rest *v*
10. show *v*

Looking up words in Spanish

You remember learning the Spanish alphabet and you are familiar with the differences between the Spanish and English alphabets. One of the differences is a basic one since it concerns alphabetical order in Spanish. Use a dictionary to look up these words: **chocolate**, **llama**, **ñandú**. Read the complete entry for each one, and write some of the information such as gender and part of speech that is included for these words.

Did you have trouble finding them? In the Spanish alphabet there are three extra letters: **ch**, **ll**, and **ñ**. Your dictionary reflects Spanish alphabetical order by having separate sections for words beginning with these letters. They follow the letters **c**, **l**, and **n** respectively.

When these letters occur in the middle of words, they may be hard to find if you do not remember this difference in alphabetical order. **Niña**, for example, is listed after all the words that begin with **nin-**; **leche** appears after all the words that begin with **lec-**; and **calle** will be found after all the words that begin with **cal-**. Until you become used to these differences in alphabetical order between Spanish and English, you may sometimes think that a word you are looking for is not in your dictionary.

There is actually a fourth letter in the Spanish alphabet that does not occur in English. This letter is **rr**. When the alphabet is recited, **rr** occurs after **r**, but since no words in Spanish begin in **rr**, there is not a separate section for it in the dictionary. In alphabetical lists, **rr** is simply treated as one **r** followed by another **r**.

Do you know what part of speech **chocolate** is? In Spanish, **chocolate** can only be a noun whereas in English it can also be used as an adjective. Information of this kind is often essential when you need to interpret a word in a reading passage. What is the gender of the word **llama**? When you look up a word, always pay attention to the grammatical information in the entry.

1. Look up the following words. Read the complete entry for each, checking to be sure you understand any abbreviations. Take notes on the grammatical information you find in the entry.

a. ñoño	c. degollar	e. pañuelo
b. alcachofa	d. cigüeña	f. colcha

2. Write these words in Spanish alphabetical order. Then check your order by looking for them in a dictionary.

a. cartón	c. carácter	e. carro
b. carrera	d. carpintero	f. caro

3. Look up the following words in a Spanish/English dictionary but pay special attention to the symbols that accompany each word.

a. cura *nf*	c. corte *nf*	e. pez *nf*
b. capital *nm*	d. papa *nm*	f. vocal *nf*

C. 4
C. 9
C. 6 C. 4
C. 2
f ten.
DD

TERCERA UNIDAD

El arte y la música en el mundo hispano

Objectives

In this unit, you will learn:

- to understand texts about art, popular art, and music in the Spanish-speaking world;
- to express wishes, desires, and hopes;
- to express emotions and reactions;
- to talk about art and music.

Introducción cultural: **El arte gráfico**

Capítulo siete: **La pintura**
Primera etapa: El muralismo mexicano
Segunda etapa: Tres pintores españoles del siglo XX: Picasso, Miró, Dalí

Capítulo ocho: **El arte popular**
Primera etapa: Las molas de los indios cunas
Segunda etapa: México y sus máscaras

Capítulo nueve: **La música en el mundo hispano**
Primera etapa: La historia de "La bamba"
Segunda etapa: La música mariachi

Expansión cultural: **Andrés Segovia, inventor de la guitarra**

Introducción cultural

El arte gráfico

Calendario azteca ▼

Bisonte de las cuevas de Altamira ▲

Para hablar del arte gráfico hay que empezar con las figuras y los dibujos que crearon los hombres prehistóricos. Una de las representaciones más grandiosas y magníficas de este tipo de arte se encuentra en las *cuevas* de Altamira, en el norte de España. Estas cuevas consisten en un vestíbulo, que probablemente servía como habitación, y una serie de galerías. Las galerías están decoradas con una serie de figuras relativamente grandes con un *promedio* de metro y medio de *longitud.* Son además policromas, combinando distintos colores, como el rojo, el amarillo y el negro. Entre las figuras encontramos bisontes, mamuts, *renos* y *osos.* Pintadas en el interior de las cuevas, a la *luz* de lámparas de grasa, muchas de ellas tenían un significado religioso o mágico. Se estima que fueron pintadas hace más de 10.000 años. Podemos decir que en estas cuevas, en el año 8.000 antes de Cristo, comenzó el arte gráfico hispano.

caves

average / length

reindeer / bears
light

En América, sobre todo en México, también existía una antigua tradición de arte gráfico. A partir de los años 1.000 a 1.500 después de Jesucristo,

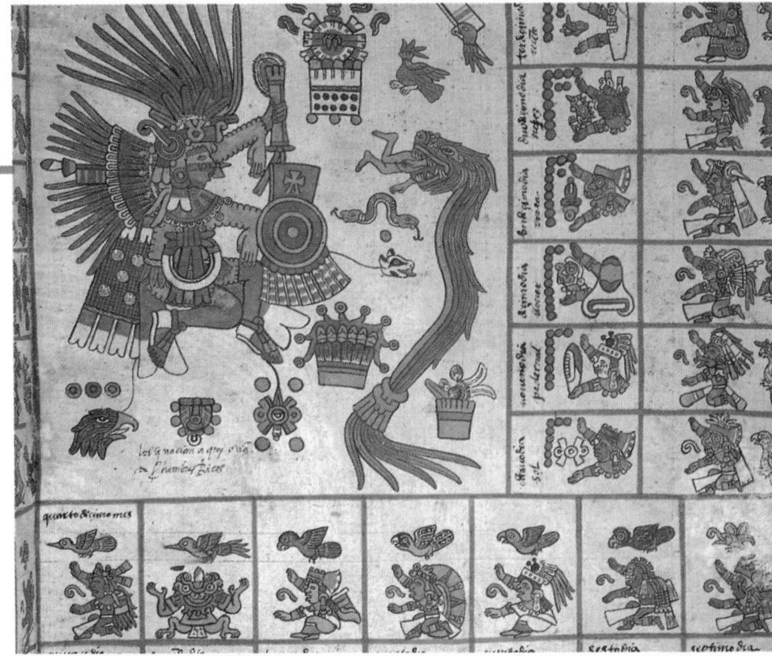

Códices aztecas

existían dibujos llamados "códices". Éstos fueron pintados por los "tlacuilos", que eran reporteros del emperador azteca. Éstos viajaban por todo el imperio azteca dibujando todo lo que veían en cada región. Así podían documentar las costumbres, tradiciones, *guerras* o desastres naturales que ocurrieron.

wars

Esta tradición fue renovada por los llamados muralistas mexicanos. Las primeras manifestaciones del muralismo de México *se remontan a* 1910, año en que Gerardo Murillo, conocido como el Dr. Atl, y varios estudiantes de la Academia de San Carlos organizaron una exposición y *propusieron* decorar con murales el anfiteatro de la Escuela Preparatoria en la ciudad de México. Se trataba de un arte monumental y político, *realizado* por artistas comprometidos que trataban de crear un arte público para todo el pueblo. También trataban de revalorizar la legendaria cultura prehispánica. Las composiciones *solían* estar protagonizadas por indígenas prehispánicos, conquistadores españoles, *campesinos, obreros,* políticos y revolucionarios.

date back to
proposed
carried out
tended
farmers / workers

En los años sesenta el mundo entero vivió en un período de revolución, de *lucha* por la igualdad y de *orgullo* por las *raíces* étnicas. Durante esta década, este género de arte gráfico se extendió a los Estados Unidos y en muchas de las ciudades grandes de este país, como Los Ángeles, San Antonio, Denver, Albuquerque, Chicago; o sea, donde hay gente de origen mexicano, podemos encontrar murales pintados con colores llamativos. Los temas de estas obras de arte muchas veces ilustran el dilema del méxico-americano de vivir entre dos culturas, es decir, no ser mexicano ni tampoco norteamericano.

struggle / pride / roots

Comprensión

A. **Cognados** Encuentra el cognado inglés en la lista a la derecha que corresponde a la palabra en español en la lista a la izquierda.

1. grandiosas	a. series
2. serie	b. amphitheater
3. lámparas	c. grandiose
4. desastres	d. lamps
5. anfiteatro	e. disasters

B. **Usando el diccionario** Basándote en el contexto en que se usa la palabra en la lectura sobre el arte gráfico, escoge la definición que mejor corresponde a las siguientes palabras.

1. dibujos
2. policromas
3. renovada
4. igualdad
5. llamativos

a. *adj* 1. exciting thirst 2. showy, bright
b. *adj* 1. polychrome 2. multicolored.
c. *n* 1. design 2. drawing 3. sketch 4. description
d. *n* 1. equality 2. conformity 3. levelness
e. *adj* 1. renovated 2. reformed 3. polished

C. **El orden cronológico...** Organiza las siguientes oraciones en orden cronológico. Busca las fechas en el texto para justificar tus respuestas.

1. Los artistas méxico-americanos pintan murales en los EEUU.
2. El Dr. Atl animó a otros artistas mexicanos a que pintaran murales.
3. Los tlacuilos pintaron los códices.
4. El hombre prehistórico pintó dibujos en las cuevas de Altamira.

D. **Sobre el arte gráfico...** Contesta las siguientes preguntas en español.

1. ¿Dónde están las cuevas de Altamira?
2. ¿Qué animales aparecen entre las figuras pintadas en estas cuevas?
3. ¿De qué tamaño son estas figuras?

4. ¿Qué es un tlacuilo?
5. ¿Por qué son importantes los dibujos que pintaron los tlacuilos?
6. ¿Cuál es el nombre verdadero del Dr. Atl?
7. ¿Qué tipos de personas están representadas en los murales mexicanos?
8. ¿Cómo se caracteriza la década de los 60 en los EEUU?
9. ¿Por qué hay murales en ciudades como Los Ángeles, San Antonio, Denver, Albuquerque y Chicago?
10. ¿Qué tema tienen en común los murales pintados en este país?

E. **Historia del arte gráfico** Usa la información de la lectura para escribir un informe breve en español sobre la historia del arte gráfico en el mundo hispano. Usa un mapa del mundo para ilustrar cómo evolucionó esta forma de arte desde tiempos prehistóricos hasta el presente. Incluye también las fechas apropiadas en el mapa.

Mural en San Francisco

CAPÍTULO SIETE

La pintura

Primera etapa

El muralismo mexicano

El arte de Diego Rivera constituyó uno de los pilares sobre los que se basa el muralismo mexicano. Rivera nació en la ciudad de Guadalajara, en el estado de Jalisco, el 8 de diciembre de 1886. Después del *traslado* a la capital mexicana cuando tenía diez años, obtuvo una *beca* del gobierno para asistir a la Academia de Bellas Artes. Después pasó unos años en Europa donde investigó la técnica mural del pintor italiano prerrenacentista Giotto, cuya influencia le hizo *apartarse* del cubismo, un movimiento artístico que estaba en boga durante aquella época. En 1921 regresó a México y *fundó,* junto con David Alfaro Siqueiros y José Clemente Orozco, un movimiento pictórico conocido como la escuela mexicana de pintura. Durante estos años pintó varios murales en México y con la expansión de su fama *expuso* algunas obras en Nueva York. Después de esta exhibición recibió el *encargo* de pintar grandes murales en el Instituto de Arte en Detroit y otro en Rockefeller Center. El tema principal de Rivera era la

move
scholarship
distance himself
founded
exhibited
commission

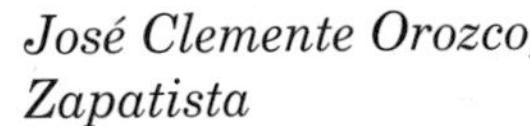

José Clemente Orozco, Zapatista

La página 178: Diego Velázquez, Las meninas, *1656*

lucha de las clases populares indígenas. Su última obra, un mural épico sobre la historia de México, quedó incompleta cuando murió en la ciudad de México el 25 de noviembre de 1957.

Otro pilar de este movimiento artístico fue David Alfaro Siqueiros, que nació en Chihuahua el 29 de diciembre de 1896. Después de iniciar sus estudios artísticos en la ciudad de México, pasó una temporada en Europa con el objeto de *ampliar* su formación. Los temas de las obras de Siqueiros son el *sufrimiento* de la clase obrera, el conflicto entre el socialismo y el capitalismo y la decadencia de la clase media. El arte para Siqueiros era un *arma* que se podía utilizar para el progreso del pueblo y como un *grito* que podía inspirar la rebelión entre la gente que sufría la injusticia y la miseria. Durante su vida sufrió varios *encarcelamientos* y *destierros* debido a sus actividades políticas, pero esto no impidió que sus murales decoraran importantes edificios públicos en la capital mexicana. Uno de sus últimos trabajos, "Del porfirismo a la revolución", ocupa una *superficie* de 4.500 metros cuadrados en el Museo de Historia Nacional. Otro, que mide 4.000 metros cuadrados y está en el Hotel de México, se llama "La marcha de la humanidad". Fue terminado en 1971 después de cuatro años de exhaustivo trabajo. Siqueiros murió en Cuernavaca el 6 de enero de 1974.

to expand, widen
suffering

weapon
cry, shout
imprisonments
exiles

El tercer pilar del muralismo mexicano fue José Clemente Orozco. Éste nació en Ciudad Guzmán, en el estado de Jalisco, el 23 de noviembre de 1883, y a los siete años se trasladó, con su familia, a la capital. Allí, como estudiante en la Academia de San Carlos, pronto mostró su *genio* para el arte pictórico. Aquí conoció al Dr. Atl, que *animaba* a sus compañeros *a que dejaran* las culturas extranjeras y cultivaran los temas de la tierra mexicana. Orozco pintó grupos de

surface / genius / inspired / that they leave

David Alfaro Siqueiros, Etnografía, *1931*

Mural por José Clemente Orozco, Guadalajara, México

campesinos e imágenes de destrucción, sacrificio y renacimiento después de la Revolución de 1910. Su fama se extendió fuera de México y en 1927 recibió el encargo de pintar un mural para Pomona College en California. En 1932 fue profesor de pintura mural en Dartmouth College, donde hoy día podemos ver varios murales que pintó allí. Orozco murió el 7 de septiembre de 1949 en la ciudad de México.

Diego Rivera, Vendedor de flores, *1935*

Comprensión

A. **Estudio de palabras** Trata de adivinar el significado de varias palabras en la lectura sobre el muralismo mexicano. Encuentra la(s) palabra(s) en inglés en la lista a la derecha que corresponde(n) a la(s) palabra(s) en español en la lista a la izquierda.

1. pilares	a. season, period of time
2. obtuvo	b. because of
3. prerrenacentista	c. rebirth
4. cuya	d. pre-Renaissance
5. en boga	e. whose
6. quedó	f. pillars
7. temporada	g. obtained
8. debido a	h. in vogue, in style
9. extranjera	i. remained
10. renacimiento	j. foreign

B. **Un bosquejo** Completa el siguiente bosquejo que se basa en la lectura sobre el muralismo mexicano.

El muralismo mexicano

A. Diego Rivera
   1. ______________ 1886
   2. con otros artistas fundó un movimiento pictórico en 1921
   3. ______________ 1957

B. ______________
   1. nació en Chihuahua el 29 de diciembre de 1896
   2. ______________ 1971
   3. ______________ 1974

C. ______________
   1. ______________ 1883
   2. ______________ 1927
   3. murió el 7 de septiembre de 1949

C. **¿Qué sabes sobre el muralismo?** Contesta las siguientes preguntas en español.

1. ¿Quiénes son los tres muralistas mexicanos más importantes?
2. ¿Quién fue el mayor? ¿Quién fue el menor?
3. ¿En qué orden murieron?
4. ¿Quién fue Giotto?
5. ¿Quién pintó algunos murales en Detroit?
6. ¿Quién pintó algunos murales en Dartmouth College?
7. ¿Qué influencia tuvo el Dr. Atl en los muralistas?
8. ¿Cuál de los muralistas empezó más controversias y aun fue encarcelado por sus ideas?

D. **El muralismo mexicano** Usa la información de la lectura para escribir un informe breve sobre uno de los muralistas mexicanos. Escoge una de las pinturas en la página 181 y descríbela brevemente para ilustrar tu informe.

The subjunctive mood

Mi papá quiere **que** yo **estudie** más.	My father wants me *to study* more.
Es necesario **que** tú **estudies** más.	It is necessary *that* you *study* more.

The subjunctive is used to express things we want to happen, things we try to get other people to do, and activities that we are reacting to emotionally. We will focus on the forms of the subjunctive and on the structure of a type of sentence in which it is used. In later chapters you will learn more about concepts associated with the Spanish subjunctive.

The subjunctive mood is used in sentences that have more than one clause and where the subjects in the two clauses are different. In the examples shown, the person in the first part of the sentence expresses necessity or a desire regarding the person in the second part. Notice that the two parts of the sentence are connected by the word **que**. The verb following **que** is in the present subjunctive.

For most verbs, the present subjunctive is formed by removing the **o** of the **yo** form of the present indicative tense and adding the following endings.

-ar verbs

habl**ar**	→	habl**o**	→	habl**e**	habl**emos**
				habl**es**	habl**éis**
				habl**e**	habl**en**

-er verbs

com**er**	→	com**o**	→	com**a**	com**amos**
				com**as**	com**áis**
				com**a**	com**an**

-ir verbs

escrib**ir**	→	escrib**o**	→	escrib**a**	escrib**amos**
				escrib**as**	escrib**áis**
				escrib**a**	escrib**an**

You can use this rule for forming the present subjunctive of the following verbs you have previously encountered in *¡Ya verás!* as well as for the new verbs provided.

-ar verbs

acampar	comprar	expresar	preguntar
ahorrar	contestar	ganar	presentar
alquilar	cuidar	gustar	prestar
andar	cultivar	hablar	regatear
anunciar	charlar	llamar	regresar
aprovechar	descansar	llevar	sudar
arreglar	desear	mandar	terminar
bailar	disfrutar de	mirar	tomar
bajar	doblar	nadar	trabajar
cambiar	escuchar	necesitar	trotar
caminar	esperar	odiar	viajar
cantar	estudiar	pasar	visitar
cenar	exagerar	planear	

-er verbs

aprender	correr	leer	ver
comer	creer	romper	
comprender	deber	vender	

-ir verbs

asistir a	discutir	recibir
compartir	escribir	subir
describir	insistir en	vivir

Aquí practicamos

E. Sustituye las palabras en cursiva con las palabras entre paréntesis y haz los cambios necesarios.

1. Quiero que *tú* estudies más. (ella / Uds. / Marisa / ellas / Ud.)
2. La profesora quiere que *nosotros* contestemos las preguntas. (tú / Marisol / Uds. / él / vosotros)
3. Mi papá quiere que *yo* aprenda español. (mi hermano / nosotros / Uds. / ellas / tú)
4. Es necesario que *él* lea las instrucciones. (yo / tú / nosotros / Uds. / ellas)

5. Es necesario que *ella* escriba la carta. (yo / nosotros / Uds. / Alberto y Sempronio / tú)
6. El médico quiere que *nosotros* descansemos después de correr. (ellas / Marirrosa / tú / yo / Uds.)

F. **Quiero que...** Tú quieres expresar lo que quieres que hagan otras personas. Crea frases según el modelo.

MODELO: Uds. comen más.
Quiero que Uds. coman más.

1. Tú ahorras dinero.
2. Pedro alquila un coche.
3. El mesero arregla la cuenta.
4. Juana baila el merengue.
5. Los profesores bajan al primer piso.

Ahora quieres expresar lo que quiere tu mamá que hagan otras personas.

MODELO: Yo como menos.
Mi mamá quiere que yo coma menos.

6. Yo camino a la escuela.
7. Mi amigo cena con nosotros.
8. Mi papá compra un coche nuevo.
9. Mi hermana mayor cuida a mi hermanito.
10. La vecina charla con ella.

Ahora quieres expresar lo que es necesario que hagan tú y los otros miembros de tu familia.

MODELO: Mi hermanito come mucho.
Es necesario que mi hermanito coma mucho.

11. Mis padres disfrutan de sus vacaciones.
12. Nosotros escuchamos las instrucciones de mi padre.
13. Mi hermanito no mira la televisión mucho.
14. Mi padre nada 30 minutos cada día.
15. Mi hermana y yo regresamos temprano a casa todos los días.
16. Tú terminas la tarea temprano esta noche.
17. Yo tomo seis vasos de agua cada día.
18. Mi papá viaja a Chicago cada mes.
19. Mi mamá camina cinco millas cada lunes, miércoles y viernes.
20. Nosotros visitamos a nuestros abuelos en diciembre.

G. **No quiere...** Varias personas que tú conoces no quieren hacer nada. Pero tú sabes que es necesario que ellos hagan las actividades indicadas. Sigue el modelo.

MODELO: Simón no quiere escuchar a la profesora.
Es necesario que Simón escuche a la profesora.

1. Julia no quiere nadar hoy.
2. Julián no quiere estudiar francés.
3. Mi hermanito no quiere comer vegetales.
4. Nosotros no queremos regresar temprano.
5. Beatriz y Rosa no quieren arreglar su cuarto.
6. Tú no quieres cenar conmigo.
7. Magda no quiere ahorrar dinero para la universidad.
8. Mi hermano no quiere cuidar al niño esta noche.
9. Nosotros no queremos ver el programa de televisión en PBS.
10. Marcos y Laura no quieren correr todos los días.

NOTA GRAMATICAL

The subjunctive with **ojalá que**

—¿Vas al cine el viernes?	Are you going to the movies on Friday?
—**¡Ojalá que** pueda ir!	*I hope* I can go!
—¿Puedes llamarme por teléfono esta noche?	Can you call me tonight?
—Tengo mucho que estudiar. **¡Ojalá que** tenga tiempo!	I have a lot to study. *I hope* I have time!

Ojalá que is an expression in Spanish that means *I hope*. It is normally used to make an exclamation and is always followed by a verb in the subjunctive.

H. **¿Con quién...?** Un(a) amigo(a) te pregunta lo que vas a hacer y tú le contestas con lo que esperas hacer empleando la expresión **ojalá que**.

MODELO: comer mañana
—¿Con quién vas a comer mañana?
—¡Ojalá que coma con Yara!

1. estudiar
2. bailar
3. caminar a la escuela
4. cenar el viernes por la noche
5. mirar la televisión esta noche
6. escuchar tu disco compacto nuevo
7. viajar a España el verano próximo
8. asistir al concierto el sábado próximo

Lectura: *Frida Kahlo*

Frida Kahlo nació el mismo año en que se inició la Revolución Mexicana: 1910. Más que ningún otro artista mexicano, ella combina el pasado precolombino, la imaginería católica del período colonial, las artes populares de México y la vanguardia europea. Con colores sumamente brillantes *deja constancia* de su dolor físico, su *muerte cercana* y su tempestuoso matrimonio con Diego Rivera.

she left evidence / rapidly approaching death

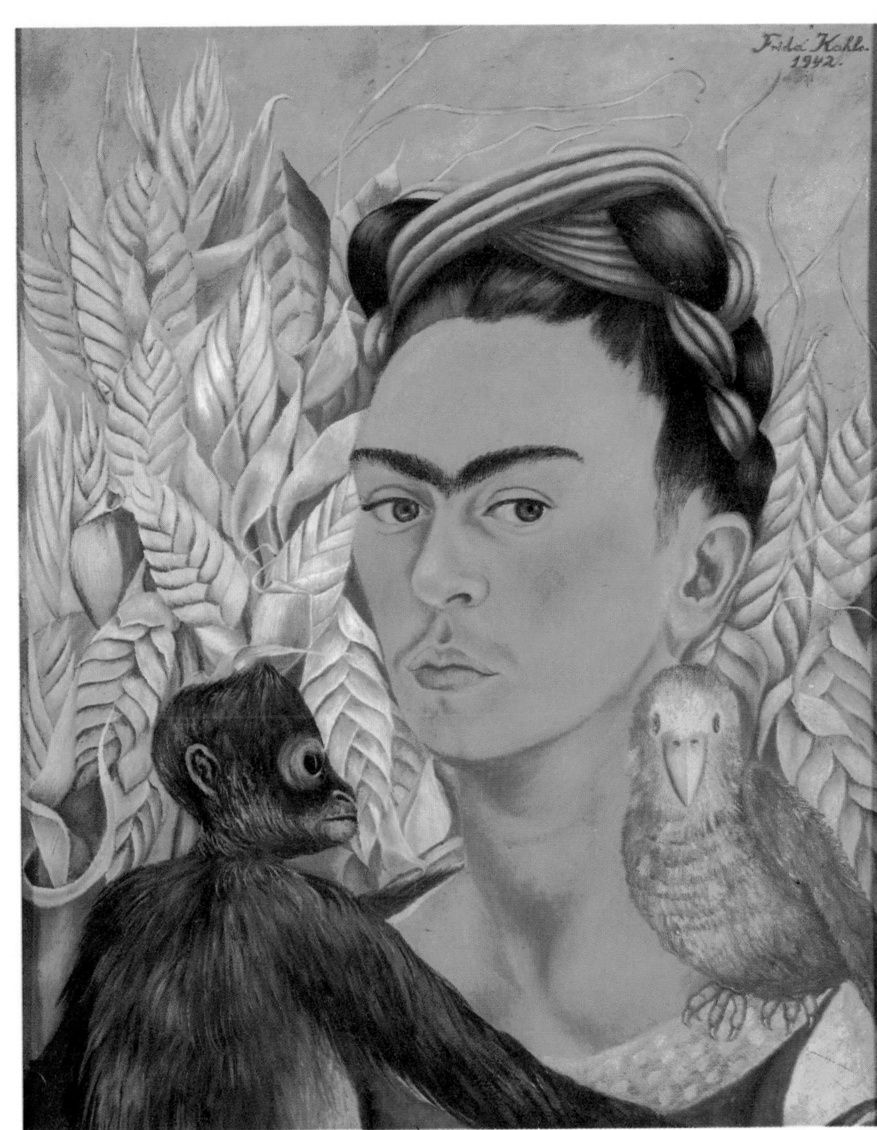

Frida Kahlo, Autorretrato con changuito y loro, *1942*

En 1951 Frida le dijo a una periodista, "He sufrido dos accidentes graves en mi vida. En uno, *un tranvía me atropelló* cuando yo tenía dieciséis años: fractura de columna, veinte años de inmovilidad... El otro accidente es Diego..." El primer accidente ocurrió el 17 de septiembre de 1925, cuando Frida era estudiante y se preparaba para *ingresar en* la escuela de medicina de la universidad. El autobús en que ella viajaba *chocó con* un tranvía. Se fracturó la columna en dos lugares, la pelvis en tres y además la pierna derecha.

a streetcar hit me

to enroll in

ran into

El segundo accidente fue su matrimonio con el famoso muralista mexicano Diego Rivera. A los trece años, Frida vio a Rivera, gordo y feo, por primera vez. Se enamoró de él y les confesó a sus amigas que se iba a casar con él. Frida y Diego se casaron el 23 de agosto de 1929. Ella tenía diecinueve años y él, establecido como el pintor más importante de México, tenía cuarenta y tres.

Muchas de las pinturas de Frida son autorretratos, y entre 1937 y 1945 se autorretrató varias veces con *monos*. Por ejemplo, en su "Autorretrato con changuito", 1945, incluye un tipo de perro precolombino casi extinto en la actualidad, llamado "ixcuincle". En tiempos precolombinos el "ixcuincle" *se sepultaba* con su *amo* para que el muerto disfrutara de su compañía juguetona y su cariño en la otra vida. En este autorretrato tal vez Kahlo esté usando el perrito para anunciar su muerte. En su "Autorretrato como tehuana", 1943, lleva el vestido tradicional de una india tehuana y en la frente tiene un retrato de Diego.

monkeys

was buried with / master

Para principios de la década de los años cincuenta la salud de Frida se había deteriorado mucho. El 13 de julio de 1954 murió en su casa en Coyoacán, en las afueras de la ciudad de México, donde nació, vivió con Diego Rivera y pintó muchas de sus obras. La casa, que ahora es el Museo Frida Kahlo, contiene muchos recuerdos suyos y su colección de arte.

Comprensión

I. **Cognado, contexto o diccionario** Al tratar de adivinar el significado de las siguientes palabras, indica con una palomita (√) si la palabra es un cognado, si la adivinaste por medio del contexto o si tuviste que buscar la palabra en el diccionario. Si tuviste que buscar la palabra en un diccionario, indica la forma de la palabra que aparece en el diccionario y el significado que encontraste allí.

	cognado	contexto	diccionario	forma en el diccionario	significado
combina					
imaginería					
enamorarse					
casarse					
autorretratos					
disfrutara					
cariño					
juguetona					
afueras					
recuerdos					

J. **El orden cronológico...** Organiza las siguientes oraciones en orden cronológico. Busca las fechas en el texto para justificar tus respuestas.

1. Se casó con Diego Rivera.
2. Fue atropellada por un tranvía.
3. Pintó "Autorretrato con changuito".
4. Nació.
5. Murió en la ciudad de México.

K. **Frida Kahlo** Contesta las siguientes preguntas en español.

1. ¿Cuándo nació Frida Kahlo?
2. ¿Qué elementos combina en su arte?
3. ¿Cuáles fueron sus dos accidentes?
4. ¿Qué sufrió en uno de sus accidentes?
5. ¿Qué diferencia había en cuanto a edad entre Frida y Diego?
6. ¿Qué pintó Frida entre 1937 y 1945?
7. ¿Qué es un ixcuincle?
8. ¿Qué significado tiene el perrito en el "Autorretrato con changuito" de Frida?
9. ¿Cuántos años tenía cuando murió?
10. ¿Dónde está el Museo Frida Kahlo?

L. **Una pintura de Frida Kahlo** Escoge una pintura de la página 187 o 190 y descríbela. Puedes trabajar con un(a) compañero(a).

¡Adelante!

Ejercicio oral

M. **Mi mamá quiere...** Pregúntale a un(a) amigo(a) lo que no le gusta hacer pero que su mamá quiere que haga. Sigue el modelo.

MODELO: *—¿Qué te gusta hacer por la noche?*
—Me gusta mirar la televisión, pero mi mamá quiere que yo estudie.

Frida Kahlo, Frida y Diego Rivera, *1931*

Ejercicio escrito

N. **Es necesario que mi amigo(a)...** Write a series of sentences that reflect at least six things your friend must do in a typical day. Use **es necesario** to begin your statements.

O. **La obra de Frida Kahlo** Escoge uno de los cuadros de Frida Kahlo y descríbelo. Uno está en la página 187 y el otro está al lado. Trabaja con un(a) compañero(a).

Segunda etapa

Tres pintores españoles del siglo XX: Picasso, Miró, Dalí

Picasso

Probablemente el artista español más universal es Pablo Picasso. Su obra dejó una profunda *huella* (mark, imprint) en la pintura moderna. Nació en Málaga el 15 de octubre de 1881. Su padre, pintor y profesional del dibujo, lo inició en el arte pictórico. Picasso demostró muy pronto una aptitud extraordinaria para la pintura y fue admitido, cuando sólo tenía 14 años, a la Escuela de Bellas Artes en Barcelona. Desde 1900 hizo varios viajes a Madrid y París, donde finalmente estableció su *taller* (studio, workshop).

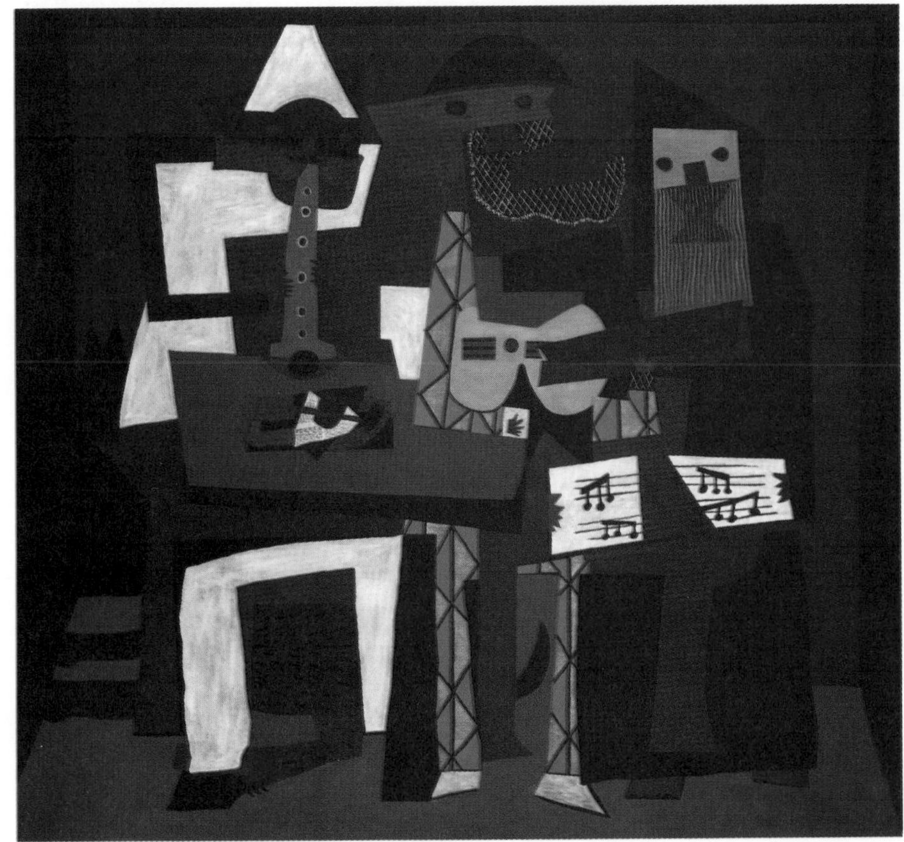

Pablo Picasso, Tres músicos, *1921*

Entre 1900 y 1906 Picasso pasó por sus períodos azul y rosa. Estas dos épocas se llaman así por las tonalidades predominantes en las obras que pintó durante esos años. Después de esto, junto con Georges Braque, creó el estilo que hoy se conoce como el "cubismo". Este movimiento artístico se caracteriza por el uso o predominio de formas geométricas. Picasso es una de las figuras más representativas de este movimiento artístico. También hizo unas excursiones esporádicas en el *ámbito* (medium) de la escultura. Dos de estas obras son: "La cabra" que está en el Museo de Arte Moderno en Nueva York y una escultura gigantesca de metal que se encuentra en la ciudad de Chicago. Picasso murió en la Riviera francesa el 8 de abril de 1973.

Pablo Picasso, Familia de saltimbanquis, *1905*

Joan Miró, Mujer y pájaro por la noche, *1945*

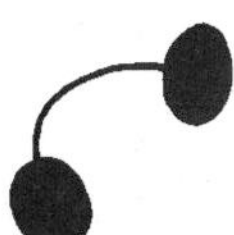

Miró

Joan Miró nació el 20 de abril de 1893 en Barcelona. Desde 1948 dividió su tiempo entre España y París. En esta época el pintor comenzó una serie de obras de intenso contenido poético cuyos símbolos estaban basados en el tema de la mujer, el pájaro y la *estrella.* En las obras de Miró podemos ver un juego de colores brillantes, contrastes fuertes y líneas que sólo sugieren imágenes. Su abundante obra representa la búsqueda de un lenguaje artístico abstracto, con el que *intentaba plasmar* la naturaleza tal como la *vería* un hombre primitivo o un niño. Su obra *desemboca* en un surrealismo mágico, rico en color. Miró murió el 25 de diciembre de 1983 en Mallorca.

star

he tried to mold

would see / meets, joins with

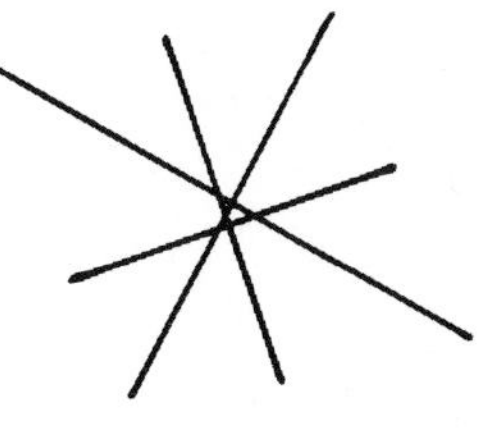

Salvador Dalí, La persistencia de la memoria, *1931*

Dalí

Salvador Dalí nació en Figueras el 11 de mayo de 1904. Pronto mostró habilidades para el dibujo, y su padre lo envió a Madrid a estudiar en la Escuela de Bellas Artes de San Fernando. En 1928, impulsado por el pintor Joan Miró, *se mudó* a París y se adhirió al movimiento surrealista. En estos años colaboró con Luis Buñuel en dos célebres películas — *Un chien andalou (Un perro andaluz)* y *L'age d'or (La edad de oro)* — y pintó algunas de sus mejores obras: "La persistencia de la memoria" y "El descubrimiento de América". Su exposición en 1933 lo *lanzó* a la fama internacional y comenzó a llevar una vida llena de excentricidades. Esta actitud, considerada por algunos como una forma de comercializar sus obras y su falta de postura política, causaron su expulsión del grupo surrealista. Murió en Barcelona el 23 de enero de 1989.

he moved

launched

Comprensión

A. **Estudio de palabras** Trata de adivinar el significado de varias palabras de la lectura sobre los tres artistas españoles del siglo XX. Encuentra la(s) palabra(s) en inglés en la lista a la derecha que corresponde(n) a la(s) palabra(s) en español en la lista a la izquierda.

1. tonalidades	a. suggest
2. predominio	b. tones
3. esporádicas	c. influenced
4. sugieren	d. predominance
5. búsqueda	e. attitude
6. impulsado	f. eccentricities
7. se adhirió a	g. intermittent, sporadic
8. excentricidades	h. he joined
9. actitud	i. political position
10. postura política	j. search

B. **¿Picasso, Miró o Dalí?** Indica si las siguientes oraciones se refieren a Picasso, Dalí o Miró.

1. Nació en Barcelona.
2. Nació en Málaga.
3. Murió en Barcelona.
4. Murió en Mallorca.
5. Fue surrealista.
6. Fue escultor.
7. Sus temas incluyen pájaros y estrellas.
8. Fue cubista.
9. Trabajó en 2 películas.
10. Tiene una escultura en Chicago.

C. **Sobre los artistas** Contesta las siguientes preguntas en español.

1. ¿Cuál de los tres artistas fue el mayor?
2. ¿Cuál de los tres artistas fue el menor?
3. ¿En qué orden murieron?
4. ¿Quién fue Georges Braque?
5. ¿Qué es el cubismo?
6. ¿Qué trataba de mostrar Miró en su arte?
7. ¿Por qué se mudó Dalí a París?
8. ¿Quién fue Luis Buñuel?
9. ¿Cómo era la vida de Dalí después de llegar a ser famoso internacionalmente?
10. ¿Por qué expulsaron los surrealistas a Dalí de su grupo?

D. **El arte español del siglo XX** Usa la información de la lectura para escribir un informe breve sobre uno de los artistas españoles del siglo XX. Escoge una de las pinturas en las páginas 191–194 y descríbela brevemente en tu informe.

Repaso

E. **Quiero que tú...** Tú le estás diciendo a un(a) amigo(a) lo que quieres que haga y no haga. Construye frases originales que empiecen con **Quiero que tú...** Emplea los verbos que siguen. Sigue el modelo.

MODELO: estudiar ...
Quiero que tú estudies tres horas. o:
Quiero que tú estudies en la biblioteca. o:
Quiero que tú no estudies con María.

1. estudiar...
2. cenar con...
3. mirar... en la televisión
4. escuchar...
5. asistir al concierto de...
6. compartir el libro con...

F. **Es necesario que...** Ahora, sigue diciéndole a un(a) amigo(a) lo que es necesario que haga. Construye frases originales que empiecen con **Es necesario que...** y emplea los verbos que siguen.

1. llamar a... por teléfono
2. comprar...
3. caminar a...
4. regresar a... a las...
5. leer...
6. discutir el problema con...

ESTRUCTURA

The subjunctive of verbs with spelling changes

Listed are some common verbs that you may have already learned in *¡Ya verás!* and that undergo certain spelling changes when conjugated in the present subjunctive. They are listed below with their **yo** form and the forms of the present subjunctive.

Verbs with *g* in the stem

decir	digo	diga, digas, diga, digamos, digáis, digan
hacer	hago	haga, hagas, haga, hagamos, hagáis, hagan
oír	oigo	oiga, oigas, oiga, oigamos, oigáis, oigan
poner	pongo	ponga, pongas, ponga, pongamos, pongáis, pongan
tener	tengo	tenga, tengas, tenga, tengamos, tengáis, tengan
traer	traigo	traiga, traigas, traiga, traigamos, traigáis, traigan
salir	salgo	salga, salgas, salga, salgamos, salgáis, salgan
venir	vengo	venga, vengas, venga, vengamos, vengáis, vengan

Verbs that change *e* to *ie*

entender	entiendo	entienda, entiendas, entienda, entendamos, entendáis, entiendan
pensar	pienso	piense, pienses, piense, pensemos, penséis, piensen
perder	pierdo	pierda, pierdas, pierda, perdamos, perdáis, pierdan
querer	quiero	quiera, quieras, quiera, queramos, queráis, quieran

The **e** changes to **ie** in all forms except **nosotros** and **vosotros**.

Verbs that change *o* to *ue*

encontrar	encuentro	encuentre, encuentres, encuentre, encontremos, encontréis, encuentren
poder	puedo	pueda, puedas, pueda, podamos, podáis, puedan
volver	vuelvo	vuelva, vuelvas, vuelva, volvamos, volváis, vuelvan

The **o** changes to **ue** in all forms except **nosotros** and **vosotros**.

dormir	duermo	duerma, duermas, duerma, durmamos, durmáis, duerman

The **o** of **dormir** changes to **ue** in all forms except in the **nosotros** and **vosotros** forms, where the **o** changes to **u**.

Verbs that change *e* to *i*

pedir	pido	pida, pidas, pida, pidamos, pidáis, pidan
repetir	repito	repita, repitas, repita, repitamos, repitáis, repitan
seguir	sigo	siga, sigas, siga, sigamos, sigáis, sigan

The **e** changes to **i** for these verbs in all forms, *even* **nosotros** and **vosotros**.

Aquí practicamos

G. Sustituye las palabras en cursiva con las palabras entre paréntesis y haz los cambios necesarios.

1. Es necesario que *tú* hagas la tarea. (yo / ella / nosotros / Uds. / él)
2. El profesor quiere que *yo* traiga el libro a la clase. (tú / Bárbara / Uds. / él / nosotros)
3. Es necesario que *yo* piense antes de hablar. (Julián / nosotros / Uds. / tú / el niño)
4. Ojalá que *nosotras* no tengamos tarea esta noche. (Uds. / tú / él / ellas / vosotras)

H. **El profesor quiere que...** Tú estás comentando sobre lo que quiere el profesor de español que hagan tú y tus compañeros de clase. Haz frases según el modelo.

MODELO: Yo repito la respuesta.
El profesor quiere que yo repita la respuesta.

1. Tú haces la tarea.
2. Ella trae su libro a clase.
3. Juan no duerme durante la clase.
4. Nosotros salimos después de la clase.
5. Sara encuentra su tarea.
6. Tú piensas antes de hablar.

I. **Es necesario que...** Tú les estás dando consejos a tus compañeros de clase. Empieza tus consejos con **Es necesario que**.

MODELO: Tú repites la respuesta.
Es necesario que tú repitas la respuesta.

1. Él dice la verdad.
2. Ellos vienen a clase temprano.
3. Tú no pierdes tus libros.
4. Ella entiende las instrucciones del profesor.
5. Nosotros dormimos ocho horas cada noche.
6. Yo vuelvo a casa temprano hoy.

Other verbs in the subjunctive

The following six verbs form the subjunctive in a way that is not based on the **yo** form of the present tense.

dar	dé	des	dé	demos	deis	den
estar	esté	estés	esté	estemos	estéis	estén
haber	haya	hayas	haya	hayamos	hayáis	hayan
ir	vaya	vayas	vaya	vayamos	vayáis	vayan
saber	sepa	sepas	sepa	sepamos	sepáis	sepan
ser	sea	seas	sea	seamos	seáis	sean

J. Sustituye las palabras en cursiva con las palabras entre paréntesis y haz los cambios necesarios.

1. El profesor quiere que *yo* sepa las respuestas a los ejercicios. (tú / nosotros / ellos / Juan / Ud.)
2. Mi mamá quiere que *yo* vaya con ella al cine. (mi papá / mis hermanos / tú / Uds. / vosotros)
3. Jaime quiere que *nosotros* demos un paseo por el parque con él. (yo / Uds. / ella / tú / Ud.)
4. Es necesario que *tú* estés aquí mañana. (nosotras / él / Marta / Uds. / vosotros)
5. Es necesario que *yo* sea más responsable. (tú / mi hermano / Javier / nosotros / Ud.)

K. **No quiere...** Alguien indica que otra(s) persona(s) no quiere(n) hacer algo, pero tú le(s) dices que es necesario que lo haga(n). Sigue el modelo.

MODELO: Miguel no quiere ser más responsable.
Es necesario que Miguel sea más responsable.

1. Javier no quiere estar aquí mañana.
2. Lilia no quiere dar un paseo ahora.
3. Nosotros no queremos saber si hay un examen mañana.
4. Tú no quieres ir a la biblioteca.
5. Francisco y Ramón no quieren ser más responsables.
6. Yo no quiero saber si vas o no vas.
7. Uds. no quieren estar en la clase mañana.
8. Paula y Raúl no quieren ir a la escuela.

Lectura: *Guernica*

Una de las pinturas más famosas del arte moderno es "Guernica" que fue pintada por Pablo Picasso para el pabellón español de la Exposición Internacional de París en 1937. El tema de esta pintura, que mide 7,82 por 3,50 metros, es la representación simbólica de las trágicas consecuencias del bombardeo de Guernica, una ciudad en el norte de España.

El bombardeo ocurrió durante la guerra civil española, que duró desde 1936 hasta 1939. Los dos grupos que *lucharon* (struggled, fought) en esta guerra fueron los republicanos y los nacionales. Cuando la violencia de la guerra aumentó, Alemania e Italia, que estaban en el poder de Hitler y Mussolini, les ayudaron a los nacionales, bajo el mando de Francisco Franco, con tropas y armas nuevas que querían probar. Una de las técnicas nuevas que probaron fue el uso del avión para el bombardeo. En estos bombardeos se usó el avión por primera vez para atacar a una población civil *indefensa* (defenseless). Como protesta contra la masacre y para honrar a las miles de víctimas inocentes, Picasso pintó esta famosa pintura. La pintura se encontró en el Museo de Arte Moderno en Nueva York por muchos años y en 1981 fue enviada a España donde fue instalada en el Casón del Buen Retiro, un anexo del Museo del Prado.

Pablo Picasso, Guernica, *1937*

Podemos interpretar la pintura de muchas maneras y lo más importante es que Picasso nos muestra la agonía y el terror que la guerra puede causar para los inocentes — niños, mujeres, animales. Por ejemplo, a la izquierda notamos la expresión en la cara de la mujer cuyo niño ha muerto a causa del bombardeo. A la derecha nos podemos *fijar en* la expresión de horror en la cara de la mujer cuya casa está *ardiendo*. Observen también el cuerpo mutilado del *soldado*. Y finalmente miren la expresión del *caballo* en el centro de la pintura que simboliza los animales inocentes que siempre han sufrido a causa de *los seres humanos*.

notice
burning
soldier
horse
human beings

Comprensión

L. **Cognados** Encuentra el cognado inglés en la lista a la derecha que corresponde a la palabra en español en la lista a la izquierda.

1. pabellón	a. *mutilated*
2. bombardeo	b. *arms*
3. tropas	c. *pavilion*
4. armas	d. *agony*
5. masacre	e. *troops*
6. agonía	f. *massacre*
7. mutilado	g. *bombing*

M. **Usando el diccionario** Basándote en el contexto en que se usa la palabra en la lectura sobre el "Guernica", escoge la definición que mejor corresponde a las siguientes palabras.

1. duró	a. *v* 1. to be able to 2. can (+ infinitive) *nm* 1. power 2. authority
2. aumentó	b. *v* 1. to prove 2. to establish 3. to try out 4. to try on
3. poder	c. *v* 1. to survive 2. to last 3. to endure 4. to wear well
4. mando	d. *v* 1. to add to 2. to increase 3. to magnify 4. to enlarge 5. to step up
5. probar	e. *nm* 1. command 2. control

N. **Cierto o falso** Indica si las siguientes oraciones son ciertas o falsas. Si la oración es falsa, explica por qué.

1. Picasso pintó "Guernica" en 1981.
2. Hitler y Mussolini les ayudaron a los republicanos.
3. Guernica es una ciudad en el sur de España.
4. La guerra civil española duró desde 1936 hasta 1939.
5. No hay animales en la pintura.

O. **Vamos a hablar de "Guernica".** Contesta las siguientes preguntas en español.

1. ¿Dónde se exhibió "Guernica" por primera vez?
2. ¿Es "Guernica" relativamente grande o pequeño?
3. ¿Quién fue Francisco Franco?
4. ¿Qué puedes comentar sobre la mujer en la parte izquierda de la pintura?
5. ¿Qué puedes comentar sobre la mujer en la parte derecha de la pintura?
6. ¿Por qué pintó Picasso "Guernica"?

¡Adelante!

Ejercicio oral

P. **¿Qué quiere el (la) profesor(a)?** Repasa los verbos en la página 184. Después haz comentarios sobre lo que quiere el (la) profesor(a) que hagan varios compañeros de clase.

Ejercicio escrito

Q. **¿Qué es necesario que haga un(a) buen(a) estudiante?** Repasa los verbos en la página 184 y escribe una lista de por lo menos diez recomendaciones sobre lo que es necesario que haga o no haga un(a) buen(a) estudiante.

R. **Vamos a describir la pintura.** Con un(a) compañero(a), describe la pintura que aparece en la página 191.

Mural por Diego Rivera, Palacio Nacional, México

 ## Vocabulario 

Para hablar del arte

Sustantivos

el (la) artista
el autorretrato
el color
el cubismo
el dibujo
la imagen
la imaginería
el mural
el muralismo
la obra
la pintura
el surrealismo
el taller
el tema
la tonalidad

Adjetivos

llamativo
policroma

Verbos

dibujar
exponer
sugerir

Otras palabras y expresiones

ojalá que

MEXICO
a través de su
ARTE

Video 1

Programa I: EL ENIGMA DE LOS MAYAS
Programa II: EL SOL AZTECA

Video 2

Programa I: GRANDEZA NOVO-HISPANA
Programa II: ARTE DE IDENTIDAD

Cuatro programas de una hora y un libro que los reseña, son un impresionante registro visual de la amplia gama de expresiones artísticas mexicanas y de las obras más formidables que México haya producido en treinta siglos.

De las impresionantes ciudades mayas en Yucatán a las vigorosas creaciones de los muralistas, el arte mexicano cubre un espectro: de lo arquitectónico a lo pictórico, de lo público a lo personal. México es tierra de continua y creativa tradición de belleza, poder y originalidad. Estos cuatro programas de una hora, son el complemento de la exposición itinerante MEXICO: ESPLENDOR DE TREINTA SIGLOS, que se admira desde 1990 en el Museo de Arte Metropolitano de Nueva York, en el Museo de Arte de San Antonio y en el Museo de Arte del Condado de Los Angeles.

¡Una obra verdaderamente digna de contribuir a enriquecer su patrimonio cultural!

MEXICO A TRAVES DE SU ARTE

DOS VIDEOS A COLOR DE 2 HORAS CADA UNO Y UN LIBRO QUE LOS RESEÑA.
Precio de Lista $49.95
Precio especial para miembros registrados de El Mundo del Libro $39.95
No. 0001VPK

CAPÍTULO OCHO

El arte popular

Primera etapa

Las molas de los indios cunas

Cerca de la costa *oriental* de Panamá hay más de 300 islas idílicas de las cuales sólo 50 están habitadas por los indios cunas. En las otras sólo se ven playas desiertas de arena fina y agua transparente, donde los peces nadan por entre los *arrecifes* coralinos. Desde que Cristóbal Colón navegó por la costa de Panamá en 1502, en su cuarto viaje, los indios cunas se relacionan con el mundo exterior. La cuestión es: ¿Cómo mantienen los cunas sus tradiciones, si *se tiene en cuenta* que prácticamente todas las tribus de indios americanos que tenían algo que los europeos deseaban (tierras, artesanías, etc.) sucumbieron ante las influencias extranjeras?

eastern
reefs
one realizes, takes into account

Los cunas *poseen* todos estos atractivos. No sólo son las islas donde viven bellísimas, *sino que* los propios indios son atractivos en su físico y en su manera de ser. Son gente amable y es raro que *levanten la voz*. Lo que más se oye en las *aldeas* de esta tribu es la *risa* de los niños. Las mujeres *deslumbran* a los occidentales al ser *muestrarios* de *rasgos* culturales considerados exóticos: *narigueras*, pectorales de oro, inmensos *pendientes* que se mueven, y *desde luego*, las blusas hechas con molas — un gran ejemplo de artesanía en el mundo hispánico.

possess
but also
they raise their voices
villages / laughter
dazzle / examples / characteristics / nose rings / earrings / of course

ambassadors — Si las mujeres son las *embajadoras* de los cunas ante el mundo, las molas son su estandarte. Las tiendas de regalos de grandes ciudades como Nueva York, Boston, San Francisco, Tel Aviv y Tokio tienen a la venta
fabrics — estos rectángulos de vivos colores, hechos de *telas* superpuestas con incrustaciones que forman diseños geométricos o de flora y fauna reales o de la mitología. Al andar por una aldea a cualquier hora del día se ve a
sewing — las mujeres *coser,* moviendo las manos con gran rapidez.

appeared — Las molas son una innovación relativamente reciente, pues *surgieron* en la segunda mitad del siglo XIX como sustituto de la pintura del cuerpo. Tradicionalmente las mujeres se pintaban el cuerpo con dibujos complicados y cuidadosos, pero el cristianismo y el comercio no eran compatibles con la desnudez del torso. Para adaptarse a la situación, las mujeres
transferred, transposed — *traspasaron* los colores y los dibujos del cuerpo a las telas con las que se hicieron blusas y entraron en la "civilización moderna" llevando molas. La
surprising — variedad de molas es *sorprendente* y revela una diversidad impresionante de formas y temas. Entre los numerosos motivos de la flora y la fauna figuran los pajaritos y las flores. Los dibujos abstractos son semejantes a las formas geométricas que solían verse en las primeras molas.

Comprensión

A. **Estudio de palabras** Trata de adivinar el significado de varias palabras en la lectura sobre las molas de los indios cunas. Encuentra la(s) palabra(s) en inglés en la lista a la derecha que corresponde(n) a la(s) palabra(s) en español en la lista a la izquierda.

1. habitadas	a. behavior, way of being
2. arena fina	b. breastplates
3. coralinos	c. banner; standard
4. tribu	d. placed on top of
5. artesanía	e. sell
6. sucumbieron	f. nudity
7. manera de ser	g. kind, amiable
8. amable	h. careful, meticulous
9. pectorales	i. similar
10. estandarte	j. coral
11. superpuestas	k. fine sand
12. tienen a la venta	l. inhabited
13. cuidadosos	m. gave into, succumbed
14. desnudez	n. crafts
15. semejantes	o. tribe

B. **¿Aparece o no aparece en la lectura?** Lee la lectura sobre los indios cunas e indica si los siguientes lugares, nombres, temas, etc. se mencionan. Si se menciona, indica en qué párrafo se encuentra.

1. pájaros y flores
2. Nueva York y Boston
3. rasgos exóticos
4. Francisco Pizarro
5. Nicaragua
6. el siglo XX
7. gente desagradable
8. islas

C. **Más sobre molas y los indios cunas** Contesta las siguientes preguntas en español.

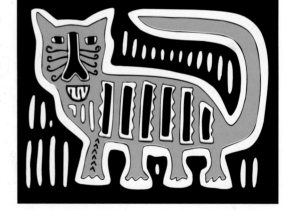

1. ¿Cuántas de las islas panameñas están habitadas por los indios cunas?
2. ¿Cuándo pasó Colón por la costa de Panamá?
3. Haz una lista de las características de los indios cunas.
4. ¿Cuáles son algunos de los adornos que llevan las mujeres cunas?
5. ¿Dónde podemos comprar molas?
6. ¿Qué diseños caracterizan las molas?
7. ¿Cuál es el origen de la mola?
8. ¿Qué plantas y animales se encuentran frecuentemente en las molas?

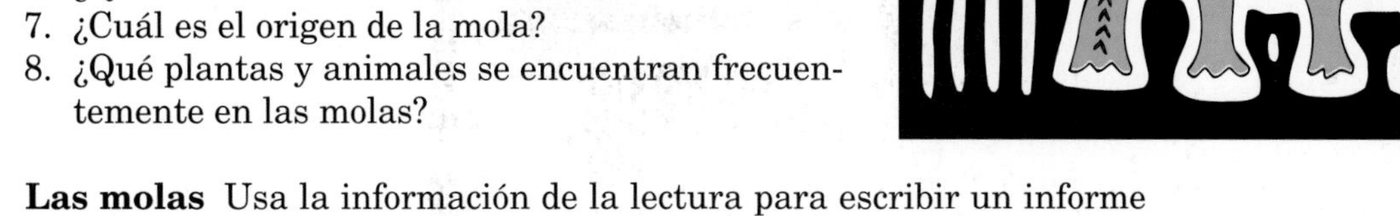

D. **Las molas** Usa la información de la lectura para escribir un informe breve sobre la evolución de las molas de los indios cunas.

Repaso

E. **Ojalá que...** Tú estás haciendo comentarios sobre el fin de semana. Haz frases originales que empiecen con **Ojalá que...** Emplea los verbos y expresiones que siguen.

1. hacer la tarea
2. tener tiempo para mirar la televisión el viernes por la noche
3. ir con mis amigos al centro el sábado
4. no perder nuestro equipo de...
5. poder ir a la fiesta el sábado por la noche
6. mi amigo(a) traer... a la fiesta

F. **Es necesario que los estudiantes...** Tú eres el (la) nuevo(a) profesor(a) de español y te toca hacer las reglas. Haz frases originales que empiecen con **Es necesario que los estudiantes...** Emplea los verbos que siguen.

1. decir
2. salir
3. venir
4. entender
5. dormir
6. pedir

ESTRUCTURA

The subjunctive of reflexive verbs

Es necesario que yo **me levante** temprano.	It is necessary (for) me *to get up* early.
Mi mamá quiere que yo **me acueste** temprano.	My mother wants (for) me *to go to bed* early.

Reflexive verbs form the subjunctive in the same way as nonreflexive verbs. The reflexive pronoun is in the same position in the subjunctive mood as in its other uses. Here are some of the most common reflexive verbs you have already learned:

acostarse (ue)
afeitarse
bañarse
desayunarse
dormirse (ue, u)
ducharse
encargarse
encontrarse con (ue)
lavarse
lavarse los dientes
levantarse
llamarse
maquillarse
moverse
peinarse
ponerse
quedarse
quitarse
sentarse (ie)
servirse (i)
vestirse (i)

Aquí practicamos

G. Sustituye las palabras en cursiva con las palabras entre paréntesis y haz los cambios necesarios.

1. Quiero que *tú* te levantes más temprano. (ella / Uds. / Ramón / ellas / Ud.)
2. La profesora quiere que *Juanito* se siente ahora mismo. (tú / Marisa / Uds. / nosotros / ellos)

3. Mi papá quiere que *yo* me acueste a las 10:00 cada noche. (mi hermano / nosotros / mis primas / ellas / mi hermana)
4. Es necesario que *él* se ponga el abrigo. (yo / tú / nosotras / Uds. / vosotras)
5. Es necesario que *ella* se vista con más elegancia. (yo / nosotros / Uds. / Alberto / tú)
6. Es necesario que *yo* me quede en casa el viernes por la noche. (ellas / Catarina / tú / nosotras / Uds.)

H. **Mi mamá quiere que...** Tú le estás contando a un(a) amigo(a) lo que quiere tu mamá que hagan los miembros de tu familia. Haz frases según el modelo.

MODELO: Nosotros nos desayunamos todos los días.
Mi mamá quiere que nosotros nos desayunemos todos los días.

1. Yo me acuesto a las 10:30 cada noche.
2. Mi hermano se levanta a las 6:30 todos los días.
3. Nosotros nos duchamos a las 7:00.
4. Mi hermana no se maquilla todos los días.
5. Mi hermano se afeita antes de ducharse.
6. Nosotros nos vestimos antes de bajar al comedor.
7. Mi hermanito se peina con más cuidado.
8. Nosotros nos desayunamos a las 7:30.
9. Nosotros nos lavamos los dientes después de comer.
10. Yo me pongo un suéter antes de salir de casa.

I. **Es necesario...** Ordena las siguientes actividades cronológicamente. Usa las expresiones **primero**, **entonces** y **finalmente** para establecer el orden. Sigue el modelo.

MODELO: desayunarse, lavarse los dientes, ducharse
Primero es necesario que te duches.
Entonces es necesario que te desayunes.
Finalmente es necesario que te laves los dientes.

1. acostarse, dormirse, bañarse
2. desayunarse, lavarse los dientes, levantarse
3. maquillarse, peinarse, vestirse
4. encontrarse con amigos, llamarse por teléfono, sentarse en el café
5. quitarse la ropa, acostarse, ducharse

The subjunctive of verbs with spelling changes

*Verbs that change **z** to **c***

cruzar	→	cruzo	→	cruce, cruces, cruce, crucemos, crucéis, crucen
comenzar	→	comienzo	→	comience, comiences, comience, comencemos, comencéis, comiencen
empezar	→	empiezo	→	empiece, empieces, empiece, empecemos, empecéis, empiecen

*Verbs that change **c** to **qu***

buscar	→	busco	→	busque, busques, busque, busquemos, busquéis, busquen
practicar	→	practico	→	practique, practiques, practique, practiquemos, practiquéis, practiquen
roncar	→	ronco	→	ronque, ronques, ronque, ronquemos, ronquéis, ronquen
sacar	→	saco	→	saque, saques, saque, saquemos, saquéis, saquen
tocar	→	toco	→	toque, toques, toque, toquemos, toquéis, toquen
tonificar	→	tonifico	→	tonifique, tonifiques, tonifique, tonifiquemos, tonifiquéis, tonifiquen

*Verbs that change **g** to **gu***

jugar	→	juego	→	juegue, juegues, juegue, juguemos, juguéis, jueguen
pagar	→	pago	→	pague, pagues, pague, paguemos, paguéis, paguen
llegar	→	llego	→	llegue, llegues, llegue, lleguemos, lleguéis, lleguen

J. Sustituye las palabras en cursiva con las palabras entre paréntesis y haz los cambios necesarios.

1. Quiero que *tú* practiques el piano más. (ella / Uds. / Ramón / ellas / vosotras)
2. La profesora quiere que *Antonio* comience la lección ahora mismo. (tú / Marisa / Uds. / nosotros / ellos)
3. Mi papá no quiere que *yo* juegue al fútbol. (mi hermano / nosotros / Uds. / ellas / vosotros)

4. Es necesario que *él* empiece a estudiar ahora. (yo / tú / nosotros / Uds. / ellas)
5. Es necesario que *ella* saque la basura cada tarde. (yo / nosotras / Uds. / Alberto / tú)
6. Es necesario que *yo* llegue a clase a tiempo. (ellas / Mariela / tú / nosotros / Uds.)

K. **Es necesario...** Tú quieres expresar lo que es necesario que hagan tú y tus compañeros. Haz frases según el modelo.

MODELO: Yo saco la basura todos los días.
Es necesario que yo saque la basura todos los días.

1. Yo tonifico el cuerpo con ejercicio aeróbico.
2. Tú llegas temprano a la escuela.
3. Yo cruzo la calle con mi hermanito.
4. Ellas tocan el piano en la fiesta.
5. Sara empieza a estudiar a las 7:30.
6. Tú practicas algún deporte.
7. Nosotros pagamos la cuenta.
8. Yo busco las llaves antes de salir de casa.

Lectura: *Las pintorescas carretas de Sarchí*

Las pintorescas carretas de Sarchí: the picturesque carts of Sarchí / butterflies

Las carretas de Costa Rica, policromas como las *mariposas*, van pasando a la historia como símbolo de la nación y parte integral de su folklore. Costa Rica es un país singular de playas tropicales y grandes montañas. Colón descubrió la costa oriental de Costa Rica en 1502 y el nombre que le dio fue muy apropiado, pues esa tierra resultó ser sumamente "rica", no de la manera que pensaban los conquistadores *codiciosos*, sino porque atrajo a muchos colonizadores. Los colonizadores trajeron *caballos* y *vacas*. Eran personas trabajadoras que construyeron viviendas y *labraron* la tierra. La carreta de *bueyes* pronto llegó a ser el medio más práctico de transporte en esa tierra, donde llueve torrencialmente de mayo a octubre y donde la variación del terreno va desde la arena de las playas de ambas costas hasta las *llanuras* extensas, los valles amplios y los precipicios de la escarpada Cordillera Central.

greedy
horses
cows / worked, cultivated
oxen
plains

Sarchí, que hoy día tiene casi 10.000 habitantes, está situado en un valle *hondo* y elevado entre montañas, por donde millares de *arroyuelos* bajan por *cauces pedregosos*. Allí prosperó la fabricación de carretas, porque había gran diversidad de *maderas duras* para hacerlas fuertes y hombres que combinan la habilidad para la pintura y un espíritu creador. A principios de este siglo empezaron a pintar carretas con motivos geométricos en tres colores fundamentales: anaranjado rojizo, azul celeste y blanco.

deep / little streams
rocky river beds
hardwoods

Cada año cuando termina la temporada de lluvias, sale el sol y se aclara el cielo. Florecen los *bosques* de orquídeas y *relucen* las carretas pintadas, verdaderas obras de arte popular. El 22 de septiembre de 1985 tuvo lugar la primera celebración nacional que honra a Sarchí como centro costarricense de artesanías, evento que se va a efectuar todos los años. Ese día *hubo* desfiles, fiestas y *se bendijeron* las carretas pintadas en los colores de siempre: anaranjado rojizo, azul celeste y blanco.

forests / shine

there were / they blessed

Comprensión

L. **Cognado, contexto o diccionario** Al tratar de adivinar el significado de las siguientes palabras, indica si la palabra es un cognado, si la adivinaste por medio del contexto, si tuviste que buscar la palabra en el diccionario. Si tuviste que buscar la palabra en un diccionario indica la forma de la palabra que aparece en el diccionario y el significado que encontraste allí.

cognado contexto diccionario (forma, significado)

apropiado	escarpada	se aclara
atrajo	millares	cielo
trabajadores	espíritu creador	florecen
viviendas	anaranjado rojizo	orquídeas
terreno	azul celeste	se va a efectuar

M. **Cierto o falso** Indica si las siguientes oraciones son ciertas o falsas.

1. En Costa Rica no hay montañas.
2. Los colonizadores trajeron caballos y vacas a Costa Rica.
3. Sarchí está situado en la costa oriental de Costa Rica.
4. Las carretas se pintan con dibujos que representan animales.
5. En los meses de invierno llueve mucho en Costa Rica.

N. **Las carretas de Sarchí** Contesta las siguientes preguntas en español.

1. ¿Cómo recibió su nombre Costa Rica? ¿Cuándo?
2. ¿Por qué llegó a ser la carreta el medio de transporte ideal en Costa Rica?
3. ¿Por qué floreció la construcción de carretas en Sarchí?
4. ¿Por qué son especiales las carretas de Sarchí?
5. ¿Qué colores y diseños usa la gente de Sarchí para pintar las carretas?
6. ¿Por qué es el año 1985 tan importante para la gente de Sarchí?

¡Adelante!

Ejercicio oral

O. **¿Qué quiere tu mamá o tu papá que hagas?** Repasa los verbos en las páginas 208 y 210 y haz por lo menos diez comentarios sobre lo que quiere tu mamá o papá que tú hagas.

Ejercicio escrito

P. **¿Qué es necesario que haga por la mañana?** Repasa los verbos en las páginas 208 y 210 y escribe una lista de recomendaciones sobre lo que es necesario que una persona haga antes de ir a la escuela cada mañana.

Q. **Las molas** Escoge una de las molas que están en las páginas 205–207 y descríbela. Trabaja con un(a) compañero(a).

Segunda etapa

México y sus máscaras

Miles de años antes de que vinieran los europeos, en muchas partes del Nuevo Mundo se hacían máscaras. Todavía se hacen y se usan en México. Las máscaras, fascinantes de ver, son más que esculturas; son símbolos de *dioses* y hombres, del bien y del mal y del *peligro* y del bienestar. Nos dan una *clave* para entender la vida interior de un pueblo.

gods / danger
clue, key

Antes de la conquista española, las máscaras eran una parte integral e íntima de la vida religiosa de la gente. Principalmente en las zonas rurales, esto sigue siendo verdad. Pero también se usan en los centros urbanos: en la época de carnaval, durante la celebración del Día de los Difuntos, en las *peregrinaciones* y celebraciones importantes. En las pinturas murales y las esculturas en los sitios arqueológicos se pueden ver los festivales religiosos de los indios precolombinos, y a veces los hombres llevaban máscaras. Las excavaciones arqueológicas también han revelado bellas máscaras de *piedra* que se usaban en las antiguas ceremonias.

pilgrimages
stone

Las fiestas modernas también reflejan el aspecto teatral de las fiestas antiguas. Antes de la conquista *se creaban* escenas suntuo-

they created

Máscara de tigre mexicana

sas y complejas como fondo para actores que *se disfrazaban* de pájaros y animales y llevaban máscaras apropiadas e imitaban los movimientos de estos en las danzas. Entre los mayas, los comediantes *recorrían* las aldeas divirtiéndose y *recogiendo* regalos. Los *sacerdotes* mayas se vestían de dioses, se ponían máscaras y andaban por la calles pidiendo regalos. Las fiestas *actuales* se componen de una variedad de elementos importantes: música, danza, comida, trajes especiales y ceremonias religiosas relacionadas con la iglesia católica de la aldea donde las máscaras tienen un *sentido* mágico.

disguised themselves
toured through
gathering / priests
contemporary
meaning

La mayoría de estos festivales son regionales, particularmente la danza del tigre y el baile de moros y cristianos. El baile de moros y cristianos tiene su origen en España y se introdujo en México a principios de la Conquista. Siempre refleja una batalla en la que los cristianos combaten con un número mayor de moros y les ganan gracias a la intervención de *seres* sobrenaturales. En el baile puede haber *embajadores*, ángeles, santos, reyes, princesas y *diablos,* todos con su propia máscara.

beings / ambassadors
devils

Hay muchas variaciones de la danza del tigre, pero todas tienen un tema común: la *cacería*, captura y muerte de un tigre que está causando *daños* a la gente, las cosechas o los animales domésticos. Junto con los *cazadores* y el tigre, los otros personajes que forman parte del grupo son *venados*, perros, coyotes, *halcones*, *buitres*, *conejos* y otros animales. Los bailarines que representan a los animales y a los cazadores siempre llevan máscaras.

hunt / damage, harm
hunters
deer / falcons / vultures / rabbits

Las máscaras mexicanas originales deben tener un lugar importante entre las máscaras famosas de las diferentes partes del mundo y, sin duda, las máscaras contemporáneas *sobresalen* por su variedad y cantidad. Dondequiera que hay danzas, *se halla* un aldeano que hace máscaras. Muchos de los bailarines *tallan* sus propias máscaras, un arte que a menudo se pasan de padres a hijos. Pero ya sean de metal, madera o papel, las máscaras mexicanas siempre son un producto original y espontáneo que *brota* de la ingeniosidad del artista popular mexicano.

stand out
one finds
carve
spring from

Comprensión

A. **Cognados** Encuentra el cognado inglés en la lista a la derecha que corresponde a la palabra en español en la lista a la izquierda.

1. máscara	a. complex
2. han revelado	b. reflect
3. reflejan	c. battle
4. suntuosa	d. mask
5. compleja	e. have revealed
6. batalla	f. sumptuous

B. **Estudio de palabras** A continuación vas a encontrar unas palabras de la lectura sobre las máscaras mexicanas. Trata de adivinar el significado por medio del contexto en que se usa la palabra. Si es absolutamente imposible, busca la palabra en un diccionario.

1. bienestar
2. sobrenatural
3. reyes
4. bailarines
5. dondequiera
6. aldeano
7. a menudo

C. **¿Aparece o no aparece en la lectura?** Lee la lectura sobre las máscaras mexicanas e indica si los siguientes temas se mencionan. Si se menciona el tema, indica en qué párrafo se encuentra.

1. lo que simbolizan las máscaras
2. el uso de máscaras en la ciudad
3. el uso de máscaras entre los indios precolombinos
4. alguna tribu específica de indios
5. descripciones de bailes específicos
6. los nombres de muchas plantas
7. el uso de máscaras en los EEUU
8. los materiales de que se hacen las máscaras
9. las mujeres que hacen las máscaras
10. algunas ocasiones específicas cuando se usan las máscaras

D. **Más sobre las máscaras mexicanas** Contesta las siguientes preguntas en español.

1. ¿Desde cuándo se usan las máscaras en México?
2. Haz una lista de lo que pueden simbolizar las máscaras.
3. ¿Cómo sabemos que los indios precolombinos usaban máscaras?
4. ¿Cuál es el origen del baile de moros y cristianos?
5. Haz una lista de los animales que participan en la danza del tigre.
6. ¿Qué materiales se usan para hacer las máscaras hoy en día?
7. ¿Qué usaban los indios precolombinos para hacer máscaras?

E. **Celebraciones mexicanas** Usa la información de la lectura para escribir un informe breve sobre el uso de máscaras en algunas celebraciones mexicanas.

Repaso

F. **Mis amigos quieren que yo...** Tus amigos te están dando consejos sobre lo que ellos quieren que tú hagas. Haz frases originales que empiecen con **Mis amigos quieren que yo...** y emplea los verbos que siguen.

1. levantarse
2. acostarse
3. despertarse
4. vestirse
5. quedarse
6. encontrarse con

G. **Yo quiero que tú...** Imagina que tú tienes tres hijos y les dices lo que quieres que hagan. Emplea los siguientes verbos y expresiones: **levantarse**, **ducharse**, **peinarse**, **desayunarse**, **lavarse los dientes**, **ponerse el abrigo**.

H. **Es necesario...** Haz frases originales que empiecen con **Es necesario.** Emplea los verbos que siguen.

1. cruzar
2. empezar
3. sacar
4. practicar
5. pagar
6. llegar

The subjunctive for the indirect transfer of will

You have already learned several expressions that take the subjunctive (**querer**, **es necesario**, **ojalá que**). You may have noticed that these expressions convey a feeling (a transferring of will) that influences the action of the verb in the **que** clause. (**Quiero que** tú **estudies.**) Because of the effect that these verbs and expressions have on the verb in the **que** clause, this verb must be in the subjunctive. Here are some other verbs and expressions that convey a similar effect and trigger the use of the subjunctive in the **que** clause that follows.

esperar	*to hope*
preferir (ie, i)	*to prefer*
mandar	*to order*
insistir en	*to insist that*
prohibir	*to forbid, to prohibit*
es importante	*it is important*
es aconsejable	*it is advisable*

Aquí practicamos

I. Sustituye las palabras en cursiva con las palabras entre paréntesis y haz los cambios necesarios.

1. *Yo* espero que María practique el piano un poco más. (ella / Uds. / Ramón / ellas / vosotros)
2. *La profesora* prefiere que Alberto comience la lección ahora mismo. (tú / Elena / Uds. / nosotras / yo)
3. *Mi papá* prohibe que mi tío fume en casa. (mi hermano / nosotros / Uds. / tú / vosotras)
4. *Ella* insiste en que Graciela estudie más. (mi papá / nosotros / ellas / tú / yo)
5. *El director de la escuela* manda que yo llegue a clase a tiempo. (mi mamá / tú / Uds. / los profesores / vosotros)

J. **Es importante...** Haz frases según el modelo.

MODELO: Yo estudio cinco horas todos los días.
Es importante que yo estudie cinco horas todos los días.

1. Yo no fumo.
2. Tú lees mucho.
3. Isabel se levanta temprano.
4. Nosotros no nos acostamos muy tarde.
5. Ellas hacen ejercicio para tonificar el cuerpo.
6. Uds. hablan español en la clase.

K. **Es aconsejable...** Haz frases según el modelo.

MODELO: Yo duermo ocho horas cada noche.
Es aconsejable que yo duerma ocho horas cada noche.

1. Yo me lavo los dientes después de comer.
2. Tú duermes ocho horas cada noche.
3. Ud. estudia cuatro horas cada noche.
4. Nosotros hacemos ejercicios todas las tardes después de la escuela.
5. Mis hermanos se levantan temprano los sábados.
6. Uds. se acuestan temprano antes de un examen.

L. **Prefiero, Espero, Es importante o Es aconsejable que...** Usa las expresiones en la página 217 y haz comentarios sobre lo que **prefieres** o **esperas** o **es importante** o **es aconsejable** que hagan tus amigos cuando están de vacaciones.

Lectura: *Los santeros de Nuevo México y cómo identificar los santos más populares*

Durante los siglos XVIII y XIX las *aldeas* en lo que hoy es el norte de Nuevo México y el sur de Colorado estaban bastante aisladas del resto del mundo hispano. Los habitantes hispanos en esta parte de la Nueva España, como en el resto del mundo hispano, eran sumamente religiosos. A causa del *aislamiento* y la falta de atención que recibían de la ciudad de México, que era la capital de la Nueva España, surgieron aquí varias tradiciones religiosas que son un poco diferentes de las del resto del mundo hispano. En las iglesias había una falta de objetos religiosos, así que la gente empezó a crear pinturas y esculturas de imágenes religiosas. A veces pintaban escenas religiosas en *trozos* de madera. También tallaban esculturas en madera de los santos más importantes. Las pinturas se conocen como "retablos" mientras que las esculturas se conocen como "bultos".

villages

isolation

pieces

La tradición de tallar santos no sólo ocurrió en esta región, sino también en otras partes del mundo que colonizaron los españoles. Por ejemplo en Puerto Rico y en las Islas Filipinas también esculpían santos por las mismas razones que en Nuevo México. Los bultos pueden ser de dos clases. Una clase se pinta con colores llamativos mientras que la otra clase no se pinta. Tenemos con estas imágenes religiosas una impresionante muestra de arte popular.

En Nuevo México a mediados de este siglo casi murió esta tradición, pero recientemente ha ocurrido una especie de renacimiento. Algunas personas se han interesado en la historia y en las tradiciones hispanas y han resucitado esta forma de arte popular. Un buen ejemplo de esto es Eulogio Ortega y su esposa Zoraida Gutiérrez de Ortega que viven en Velarde, una aldea en las montañas del norte de Nuevo México. Ambos fueron *maestros* de escuela primaria en el norte de Nuevo México por más de cuarenta años. *Al jubilarse*, el Sr. Ortega empezó a tallar santos en madera. Como él no ve los colores muy bien, después de tallar un santo la Sra. Gutiérrez de Ortega lo pinta. Juntos han contribuido al renacimiento de esta forma de arte popular en Nuevo México. Aparte del bulto de Santiago, las fotografías en las páginas 219–221 muestran algunos bultos que ha tallado el Sr. Ortega con una breve descripción para ayudarles a identificar algunos de los santos más populares en Nuevo México.

teachers / Upon retiring

San Isidro Labrador

San Antonio de Padua
San Antonio es, después de San Francisco, el santo más popular para los franciscanos. Lleva su hábito azul de *monje* y nunca lleva barba. Frecuentemente lleva un libro y un niño.

monk

San Francisco de Asís
El fundador de la Orden de los Franciscanos, lleva su hábito azul de monje y siempre lleva barba. Generalmente lleva una cruz en la mano derecha y una *calavera* en la otra.

skull

San Isidro Labrador
Lleva un saco azul y pantalones negros, *chaleco* rojo y un sombrero. Debe ser como se vestían los *labradores* en la época colonial en Nuevo México. Siempre aparece con uno o dos *bueyes* y un *arado* y a veces también aparece con un ángel. Es el santo patrón de Madrid y de los labradores de Nuevo México.

vest
workers
oxen
plow

Santiago
Según las leyendas, Santiago, el santo patrón de España, aparecía durante las batallas entre moros y cristianos y les *ayudaba* a los españoles a triunfar. En el Nuevo Mundo se dice que apareció varias veces en batallas entre españoles e indios. Una de estas apariciones ocurrió en Nuevo México en 1599 cuando Santiago le ayudó a Juan de Oñate y a sus soldados españoles mientras luchaban contra los indios en el pueblo de Acoma.

helped

Nuestra Señora de Guadalupe
Siempre se representa como aparece en el cuadro que está en la Basílica de Guadalupe en la ciudad de México. Lleva un vestido rojo y una *manta* azul. A sus pies siempre hay un ángel y una *luna creciente*.

shawl
crescent moon

Nuestra Señora de los Dolores
Es una figura que simboliza los dolores de la vida de la Virgen María y es una de las imágenes más populares en Nuevo México. Lleva una *bata* roja, manta azul y una o más *espadas clavadas* en el pecho.

robe
swords
stuck through, piercing

San Rafael
Es el ángel que se le apareció a Tobías. San Rafael le dijo a Tobías que *cogiera* un pescado, lo *quemara*, y que le pusiera las *cenizas* en los ojos a su padre que era *ciego*. Según la leyenda, el papá de Tobías recobró la *vista* a causa de esto. San Rafael siempre se representa con un pescado.

he should catch
burn / ashes
blind
sight

Comprensión

M. **Cognado, contexto o diccionario** Al tratar de adivinar el significado de las siguientes palabras indica si la palabra es un cognado, si la adivinaste por medio del contexto, si tuviste que buscar la palabra en el diccionario. Si tuviste que buscar la palabra en un diccionario indica la forma de la palabra que aparece en el diccionario y el significado que encontraste allí.

cognado   contexto   diccionario (forma, significado)

aisladas	santos	han resucitado
sumamente	razones	cruz
surgieron	muestra	cuadro
tallaban	especie	recobró

N. **Cierto o falso** Di si las siguientes oraciones son ciertas o falsas. Si la oración es falsa, explica por qué.

1. Los nuevo mexicanos no eran muy religiosos.
2. La tradición de tallar santos se desarrolló *(developed)* solamente en Nuevo México.
3. En los años 50 casi murió esta tradición en Nuevo México.
4. Eulogio Ortega y su esposa viven en una aldea en las montañas de las Filipinas.
5. San Antonio es el santo más popular entre los franciscanos.
6. San Isidro también es un santo importante en España.

O. **Nuevo México y sus santos** Contesta las siguientes preguntas en español.

1. ¿Por qué surgió la tradición de hacer retablos y bultos en Nuevo México?
2. ¿Cuál es la diferencia entre un bulto y un retablo?
3. ¿Cuáles son los dos tipos de bultos que encontramos en Nuevo México?
4. ¿Quién es Eulogio Ortega?
5. ¿Cómo le ayuda la Sra. Gutiérrez de Ortega a su esposo?
6. ¿Cómo es San Antonio diferente de San Francisco?
7. ¿Por qué es importante Santiago?
8. ¿Qué milagro se asocia con San Rafael?

¡Adelante!

Ejercicio oral

P. **El (La) profesor(a) prohibe...** Repasa las expresiones en la página 217 y haz por lo menos cinco comentarios sobre lo que el (la) profesor(a) prohibe en la clase.

Ejercicio escrito

Q. **Es aconsejable...** Un(a) amigo(a) de Costa Rica quiere venir a este país a estudiar el año próximo. Escríbele una carta y dale consejos sobre lo que es aconsejable o importante que él (ella) haga cuando esté aquí.

R. **Los santos de Nuevo México** Usa la información en la lectura sobre los santos de Nuevo México y prepara una breve presentación oral sobre este tema. Usa un mapa de los Estados Unidos y México para ilustrar tu presentación.

◆ Vocabulario ◆

Para hablar del arte popular

Adjetivos

abstracto
complicado
creador
cuidadoso
mitológico
real
superpuesto

Sustantivos

el dibujo
el diseño
la diversidad
el espíritu
la fabricación
la fauna
la flora
la forma
la incrustación
el motivo
el rectángulo
la tela
el tema

Verbos

coser
pintar
tallar

Vocabulario general

Verbos

empezar

Para charlar

Para expresar necesidad o preferencias

Él (Ella) manda que...
Es aconsejable que...
Es importante que...
Espero que...
Insisto en que...
Prefiero que...
Prohibo que...

CAPÍTULO NUEVE

La música en el mundo hispano

La págin[illegible]4. Sinfon[illegible] Moseu, Te[illegible]ro Co[illegible]nos Ai[illegible]

Primera etapa

La historia de "La bamba"

Se dice que esta canción, indudablemente una de las más populares de todos los tiempos, llegó al puerto de Veracruz con los *esclavos* que procedieron de un lugar en África llamado Mbamba. slaves

¿Es "La bamba" la canción más conocida del hemisferio occidental? Probablemente sí. Su *reconocimiento* es instantáneo, feliz y bilingüe. La canción *pertenecía* solamente a la América hispanohablante hasta finales de 1958, cuando Richard Valenzuela, cuyo nombre artístico fue Ritchie Valens, la amplificó e *injertó* en la melodía tradicional un alegre ritmo de rock and roll — como se ve en la película del mismo título que fue dirigida por Luis Valdez. Desde entonces se ha convertido en un elemento básico del repertorio de toda banda de barrio desde el este de Los Ángeles hasta el sur del Bronx. Treinta años después de que Valens introdujo la canción con su letra en español en la cultura americana, "La bamba" se ha convertido en un clásico en prácticamente todos los países desde Canadá hasta Argentina. recognition belonged inserted

La canción que ahora *resuena* en clubes nocturnos, fiestas y radios de todas partes tuvo sus orígenes en la costa sur de Veracruz, México, donde la música regional se caracteriza por el humor de sus letras y sus instrumentos de *cuerda*: guitarras de varios *tamaños*, un arpa pequeña, a menudo *un bajo de pie* y algunas veces un violín. resounds string sizes a bass

Ritchie Valens

Desde que Hernán Cortés llegó a la costa del golfo en 1519, Veracruz ha *presenciado* la llegada de misioneros católicos, piratas caribeños, esclavos africanos y tropas extranjeras. El resultado ha sido la fusión de la tradición española con la vida africana, caribeña y nativa. La witnessed mixed blood

long lasting

población de *sangres mezcladas* vino a ser llamada “mestiza”, y sus canciones, junto con sus bailes y ritmos únicos, fueron conocidas como canciones al estilo “jarocho”. De los centenares de melodías que evolucionaron de ese híbrido, la de “La bamba” es la más *duradera*.

century

“La bamba” vivirá para siempre, pero sus orígenes precisos son desconocidos. Entre las teorías existentes, una de las más interesantes es la de su posible origen africano. A principios del siglo XVII, los españoles llevaron esclavos a la costa del golfo de diferentes partes de África occidental incluyendo un lugar llamado Mbamba. Hacia el final de ese *siglo*, una canción llamada “La bamba” surgió en esa misma parte de Veracruz. “La bamba” era aparentemente una fusión del español y lenguas africanas.

Comprensión

A. **Cognado, contexto o diccionario** Al tratar de adivinar el significado de las siguientes palabras indica si la palabra es un cognado, si la adivinaste por medio del contexto, si tuviste que buscar la palabra en el diccionario. Si tuviste que buscar la palabra en un diccionario, indica la forma de la palabra que aparece en el diccionario y el significado que encontraste allí.

cognado contexto diccionario (forma, significado)

indudablemente	ritmo	centenares
procedieron	nocturnos	híbrido
occidental	arpa	desconocidos
hispanohablante	tropas extranjeras	teorías

B. **¿Aparece o no aparece en la lectura?** Lee la lectura sobre la bamba e indica si los siguientes se mencionan. Si se menciona, indica en qué párrafo se encuentra.

1. una ciudad en la costa sur de México
2. un autor
3. un explorador español
4. un lugar en África
5. un país europeo
6. un director de cine
7. un artista de cine
8. un país de la América del Sur

C. **Para bailar la bamba se necesita...** Contesta las siguientes preguntas en español.

1. ¿En qué parte de México se originó esta canción?
2. ¿Quién fue Ritchie Valens?
3. ¿Quién es Luis Valdez?
4. ¿Qué tipos de gente han venido a esa parte de México?
5. ¿Cuál es una teoría sobre los orígenes de la canción?
6. ¿Cuándo apareció la canción por primera vez?

D. **Evolución de "La bamba"...** Usa la información en la lectura y escribe un informe breve sobre la evolución de la canción. Usa un mapa del mundo para ayudarte a ilustrar tu presentación.

COMENTARIOS CULTURALES

La letra de "La bamba"

Para bailar la bamba,
para bailar la bamba
se necesita una poca de gracia
una poca de gracia
pa' mi y pa' ti
y arriba y arriba
¡y arriba y arriba
por ti seré, por ti seré, por ti seré!
Yo no soy marinero
yo no soy marinero, soy capitán,
yo no soy marinero, soy capitán,
Bamba, bamba

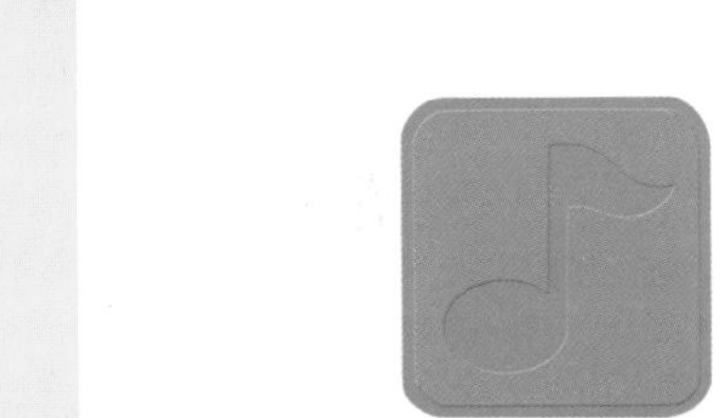

Repaso

E. **Los quehaceres** Tú y tus compañeros tienen que arreglar la casa para una cena especial. Contesta las preguntas de tu amigo(a) empleando los verbos **esperar** o **preferir**. Sigue el modelo.

MODELO: sacar la basura / Juan
—*¿Quién va a sacar la basura?*
—*Espero que Juan la saque.* o:
—*Prefiero que Juan la saque.*

1. limpiar la cocina
2. hacer la cama
3. poner la mesa
4. hacer la ensalada
5. preparar el postre
6. quitar la mesa

F. **Es necesario...** Un(a) compañero(a) de clase te va a hacer las siguientes preguntas. Contéstale empleando una de las expresiones que siguen: **es necesario**, **es importante**, **es aconsejable**.

MODELO: —¿Te levantas temprano cada día?
—*Sí, (No, no) es necesario que yo me levante temprano.*
o:
—*Sí, (No, no) es importante que yo me levante temprano.*
o:
—*Sí, (No, no) es aconsejable que yo me levante temprano.*

1. ¿Estudias mucho para la clase de español?
2. ¿Llegas a la clase a tiempo?
3. ¿Te levantas temprano los miércoles por la mañana?
4. ¿Sacas la basura cada día después de la escuela?
5. ¿Te desayunas antes de ir a la escuela?
6. ¿Te acuestas temprano los lunes por la noche?

The subjunctive for conveying emotions and reactions

Estoy contento de que **puedas** ir a la fiesta.	*I am happy* that *you can* go to the party.
Me alegro de que tú **estudies** conmigo.	*I am happy* that you *are studying* with me.
Siento que él no **vaya** mañana.	*I am sorry* that he *is* not *going* tomorrow.
Temo que no **podamos** asistir a la conferencia.	*I fear we can*'t attend the lecture.
Es bueno (Es malo, Es mejor) que **leas** el libro.	*It's good (It's bad, It's better)* that *you read* the book.

When a verb or expression in the main clause of the sentence expresses an emotion or some sort of reaction, the verb in the **que** clause must be in the subjunctive. Some of the more common verbs and expressions that convey an emotion or reaction are listed below.

alegrarse de	*to be happy*	**es mejor**	*it's better*
estar contento(a)	*to be happy*	**sentir (ie, i)**	*to regret*
es bueno	*it's good*	**temer**	*to fear*
es malo	*it's bad*		

Aquí practicamos

G. Sustituye las palabras en cursiva con las palabras entre paréntesis y haz los cambios necesarios.

1. *Yo* estoy contento de que Gloria vuelva temprano. (él / Uds. / nosotros / ellas / vosotros)
2. *La profesora* se alegra de que Alberto llegue a clase a tiempo. (tú / Adela / yo / nosotras / ellos)
3. *Mi papá* siente que Juan no pueda venir a cenar. (mi hermano / nosotros / tú / ellas / vosotras)
4. *Ella* teme que Marisa no estudie para el examen. (mi papá / nosotros / yo / tú / los profesores)

H. **¿Es bueno o es malo?** Di si es bueno o malo lo que hacen tú y tus compañeros de clase. Sigue el modelo.

MODELO: Jaime estudia cinco horas todos los días.
Es bueno que Jaime estudie cinco horas todos los días.
o:
Es malo que Jaime estudie cinco horas todos los días. Debe divertirse más.

1. Tú no fumas.
2. Julia lee mucho.
3. Isabel se acuesta temprano.
4. Nosotros nos levantamos a las 6:30.
5. Ellos hacen ejercicios para tonificar el cuerpo.
6. Nosotros hablamos español en la clase.

I. **Me alegro de...** Un(a) compañero(a) está contando lo que hacen algunos de tus compañeros de clase. Tú reaccionas con una frase que empieza con **Me alegro de...** Sigue el modelo.

MODELO: María / dormir ocho horas cada noche
María duerme ocho horas cada noche.
Me alegro de que María duerma ocho horas cada noche.

1. Sara / lavarse los dientes después de comer
2. Benito / dormir ocho horas cada noche
3. Sebastián / estudiar cuatro horas cada noche
4. Nora / hacer ejercicios cada tarde después de la escuela
5. Jaime / levantarse temprano los sábados
6. Susana / acostarse temprano antes de un examen

J. **Es mejor...** Tu amigo(a) te hace preguntas sobre lo que es mejor y lo que no es mejor que él (ella) haga para sacar una buena nota en el próximo examen.

MODELO: acostarse tarde
—¿Debo acostarme tarde?
—No, es mejor que te acuestes temprano.

1. estudiar solo
2. acostarse temprano
3. mirar la televisión
4. ver una película la noche antes del examen
5. prestar atención en la clase
6. hablar por teléfono con un(a) amigo(a)

The subjunctive of verbs that end in ***-cer*** *and* ***-cir***

Quiero que tú **conozcas** a Beno.	I want you *to meet* Beno.
—¿Puedes leer estas frases escritas en alemán?	Can you read these sentences written in German?
—No, es necesario que el profesor las **traduzca.**	No, it is necessary for the professor *to translate* them.

Verbs ending in -**cer** or -**cir** form the subjunctive from the **yo** form of the verb and use the standard endings for -**er** and -**ir** verbs.

conocer	*to know*	**conozco**	**conozca,**	**conozcas,** etc.
conducir	*to drive*	**conduzco**	**conduzca,**	**conduzcas,** etc.
traducir	*to translate*	**traduzco**	**traduzca,**	**traduzcas,** etc.

K. Sustituye las palabras en cursiva con las palabras entre paréntesis y haz los cambios necesarios.

1. Él está contento de que *Gloria* conozca a Mónica. (Uds. / nosotros / ellas / Ud. / vosotros)
2. La profesora se alegra de que *Alejandro* traduzca las frases. (tú / yo / Uds. / nosotros / ellos)
3. Mi papá no quiere que *Óscar* conduzca el coche. (mi hermano / nosotros / Uds. / ellas / vosotras)

Lectura: *El tango*

El tango surgió de los *ambientes* llamados "orilleros", barrios formados por inmigrantes en las afueras de Buenos Aires. Se le llama "tango" a diversas danzas del *ámbito* hispano con variedades en las Antillas, Brasil y Argentina. *No obstante*, es el tango argentino el que ha trascendido el ámbito local para dar lugar a un estilo de baile y a una forma musical de fama universal. Evolucionado desde la música de clase baja, el tango manifiesta en su ritmo y en su estructura las influencias de "la milonga" — otro baile hispano.

atmosphere, environments
boundary, field
Nevertheless

Los primeros tangos rioplatenses con sus propios *rasgos* datan de la década de 1880. Inicialmente *rechazados* por las clases de procedencia media-alta, se introdujeron en los círculos de sociedad hacia el año 1900, con lo que experimentaron rápidas modificaciones en su música y *contenido* hasta convertirse en símbolo nacional argentino. Durante la década de 1910 este baile penetró con notable éxito en los ambientes europeos. Los tangos generalmente expresan intensa melancolía y el tema del *desengaño* amoroso y los sufrimientos que causa es muy común. Los instrumentos que se usan para acompañar al tango pueden ser el piano, la guitarra, el violín, pero es *imprescindible* un *bandoneón.*

traits
rejected
content
deception
essential / large accordion

El cantante de tangos más famoso fue Carlos Gardel, que nació en Francia el 11 de diciembre de 1890 y que emigró a Argentina cuando sólo tenía tres años. Comenzó a cantar en los cafés de los suburbios de Buenos Aires cuando era muy joven. En 1917 una *actuación* en un teatro bonaerense lo *lanzó* a la fama por su impresionante forma de interpretar tangos. Murió en un accidente de aviación en Medellín, Colombia, el 24 de junio de 1935.

show
launched

Club de tango, Buenos Aires

Comprensión

L. **Estudio de palabras** A continuación vas a encontrar unas palabras de la lectura sobre el tango. Trata de adivinar el significado por medio del contexto en que se usa la palabra. Si es absolutamente imposible, busca la palabra en un diccionario.

1. orilleros
2. afueras
3. ha trascendido
4. dar lugar
5. manifiesta
6. rioplatenses
7. experimentaron
8. melancolía
9. bonaerense
10. accidente de aviación

M. **¿Aparece o no aparece en la lectura?** Lee la lectura sobre el tango e indica si los siguientes temas se mencionan. Si se menciona el tema, indica en qué párrafo se encuentra.

1. nombres de ciudades
2. los Estados Unidos
3. nombres de instrumentos musicales
4. nombres de países europeos
5. algunas fechas
6. nombre de una mujer que cantaba tangos

N. **La historia del tango** Contesta las siguientes preguntas en español.

1. ¿Dónde se originó el tango?
2. ¿Qué es la milonga?
3. ¿Cuándo aparecieron los primeros tangos?
4. ¿Quién fue Carlos Gardel?
5. ¿Qué fue la primera reacción al tango?

¡Adelante!

Ejercicio oral

O. **Temo... estoy contento(a)** Repasa las expresiones en la página 228. Después, exprésale a un(a) amigo(a) por lo menos cinco cosas que temes y cinco cosas con que estás contento(a).

Ejercicio escrito

P. **Es bueno... es malo...** Escribe una lista de por lo menos diez consejos sobre lo que es bueno y lo que es malo para llevar una vida sana.

Q. **El tango y la bamba** Repasa la información sobre el tango y La bamba en las páginas 225–226 y 231 y prepara una breve presentación en la que sigues la evolución geográfica de esta música.

Segunda etapa

La música mariachi

Para quienes están acostumbrados a considerar el mariachi como la máxima expresión musical del *charro* mexicano, es una sorpresa ver cuántas mujeres participan en los mariachis estudiantiles y cuántos de los músicos aprendices no son mexicanos, *ni siquiera* latinos. *A juzgar* por la participación juvenil de la Octava Conferencia Internacional del Mariachi en Tucson, Arizona, el futuro de este género musical está asegurado, pero los intérpretes cambiarán radicalmente. Lo que no cambia son las canciones sobre charros *corajudos* y mujeres que los *rechazan*.

cowboy

not even / to judge

hot-tempered / reject

José Luis Rodríguez

Tucson ha sido la *cuna* de prominentes figuras musicales mexicano-americanas como Luisa Ronstadt Espinel (tía de Linda Ronstadt), Manuel Montijo, Jr., Julia Rebeil y Lalo Guerrero. Es hoy uno de los centros más importantes del género mariachi. No hay mariachi juvenil que pueda competir en profesionalismo y talento con la agrupación de estudiantes de secundaria Los Changuitos Feos de Tucson. De Los Changuitos Feos salió el mariachi local de más *proyección*, Mariachi Cobre, hoy día en residencia permanente en Epcot Center de Disney World en Orlando, Florida, bajo la dirección de Randy Carrillo.

cradle

visibility

Son numerosas las agrupaciones de mariachi en ciudades con población méxico-americana. En Los Ángeles, por ejemplo, el mariachi Los Camperos, bajo la dirección de Nati Cano, atrae a un público tan internacional a sus presentaciones que hasta han incorporado canciones japonesas a su repertorio. Pero también en la muy caribeña ciudad de Miami, uno de los talentos musicales más *cotizados* por el público latino es el Mariachi Mara Arriaga. Hay mariachis en Nueva Jersey, y varios restaurantes mexicanos neoyorquinos anuncian la presentación de **Live Mariachi Music.**

sought after

Según la teoría, el mariachi desciende de los *conjuntos* del siglo pasado que tocaban en los bailes de *boda* durante la ocupación francesa de México bajo el Emperador Maximiliano. Hoy es la *onda* musical más identificada en todo el mundo con la cultura mexicana.

groups
wedding
wave

En Tucson, la conferencia del mariachi atrajo a un público de entusiastas que vinieron de otros estados y también de México. El público pudo disfrutar de la presentación del grupo mexicano que se considera el máximo *exponente* de esta música, el Mariachi Vargas de Tecatitlán.

example

Para ciertos números, Cobre, Los Camperos y Vargas se juntaron para formar un supermariachi que acompañó a los invitados especiales. Entre ellos fueron Beatriz Adriana, una de las primeras figuras femeninas de la canción "ranchera", y José Luis Rodríguez, "El Puma", quien hace poco se aventuró en el campo de la canción mexicana. Ambas *estrellas* fueron recibidas calurosamente, pero el aplauso máximo fue para Linda Ronstadt, no tanto por su enorme fama internacional, sino porque Linda es de Tucson — la talentosa niña local que ha conquistado el mundo.

stars

Comprensión

A. **Estudio de palabras** A continuación vas a encontrar unas palabras de la lectura sobre la música mariachi. Trata de adivinar el significado por medio del contexto en que se usa la palabra. Si es absolutamente imposible, busca la palabra en un diccionario.

1. aprendices
2. asegurado
3. género
4. agrupación
5. repertorio
6. restaurantes neoyorquinos
7. atrajo
8. entusiastas
9. calurosamente
10. talentosa

B. **Verbos y adjetivos** Como sabes, la base de muchos adjetivos es la forma infinitiva de un verbo. ¿Qué es la base verbal de cada uno de los siguientes adjetivos que aparecen en la lectura?

1. acostumbrados
2. asegurado
3. pasado
4. identificada
5. recibidas

C. **Cierto o falso** Di si las siguientes frases son ciertas o falsas. Si la oración es falsa, explica por qué.

1. No hay mujeres en los grupos de mariachis.
2. Solamente la gente latina forma parte de los grupos de mariachis.
3. La tía de Linda Ronstadt es una cantante famosa de México.
4. Hay un grupo de mariachis en residencia permanente en Disney World en Florida.
5. La música mariachi no es muy popular en la parte del este de los EEUU.
6. En la conferencia en Tucson había gente de México y de los EEUU.

D. **Sobre la música mariachi** Contesta las siguientes preguntas en español.

1. ¿Cuál es el tema de las canciones que cantan los mariachis?
2. ¿Dónde trabaja el famoso Mariachi Cobre?
3. ¿Qué grupo incluye canciones japonesas en su repertorio?
4. ¿Dónde y cuándo se originó la música mariachi?
5. ¿Por qué es especial el Mariachi Vargas de Tecatitlán?
6. ¿Por qué fue recibida Linda Ronstadt tan calurosamente en la conferencia?

E. **La evolución de la música mariachi** Usa la información en la lectura para escribir un informe breve sobre la evolución de la música mariachi.

COMENTARIOS CULTURALES

Los laureles
Una de las canciones más populares — y una de las que se pide con más frecuencia a un grupo de mariachis, se conoce como "Los laureles". Aquí tienen la letra de esta canción.

¡Ay qué laureles tan verdes,
qué flores tan encendidas!
si piensas abandonarme
mejor quítame la vida.
Alza los ojos a verme
si no estás comprometida.
Eres mata de algodón
que vives en el capullo.
¡Ay, qué tristeza me da
cuando te llenas de orgullo,
de ver a mi corazón
enredado con el tuyo!
Eres rosa de Castilla
que sólo en mayo se ve.
Quisiera hacerte un invite,
pero la verdad, no sé.
Si tienes quién te lo dicte
mejor me separaré.
Allí les va la despedida
chinita por tus quereres,
la perdición de los hombres
son las benditas mujeres.
Aquí se acaban cantando
los versos de los laureles.

encendidas: glowing, fiery
Alza: Raise
comprometida: promised, engaged / *mata de algodón:* cotton plant
el capullo: bud
te llenas de orgullo: you fill with pride
enredado: enmeshed, intertwined
chinita: sweet young thing
perdición: undoing
benditas: blessed

Repaso

F. **Estoy contento(a) de que...** Un(a) amigo(a) te hace comentarios y tú contestas con un comentario que empieza con **Estoy contento...** Sigue el modelo.

MODELO: Él va a México en junio.
Estoy contento(a) de que él vaya a México en junio.

G. **¿Qué temes?** Haz una frase en la que expreses algo que temes. Hazles esta pregunta a otros compañeros de clase y compara sus respuestas.

MODELO: ¿Qué temes?
Temo que mi papá no me deje llevar el coche a la fiesta.

Expressions to convey an emotion or a reaction

¡Qué bueno que llegues temprano!	*How great* that you're arriving early!
¡Qué raro que Juan no esté aquí hoy!	*How strange* that John is not here today!
¡Qué vergüenza que tú no estudies más!	*What a shame* that you don't study more!

Here are some of the more common expressions that are used in Spanish to express an emotion or a reaction. When used in the first clause of a sentence that has a **que** clause as its second part, these expressions trigger the use of the subjunctive in the **que** clause.

qué bueno	*how great*
qué lástima	*what a pity*
qué malo	*how terrible*
qué maravilla	*how wonderful*
qué pena	*what a shame*
qué raro	*how strange*
qué vergüenza	*what a shame*

Aquí practicamos

H. **¡Qué bueno!** Haz frases según el modelo.

MODELO: Tú visitas a tu abuela con frecuencia.
¡Qué bueno que tú visites a tu abuela con frecuencia!

1. Lucas estudia solo.
2. Él no come mucho.
3. Susana llega a casa temprano.
4. Uds. hacen su tarea antes de mirar la televisión.
5. Tú vas a la biblioteca ahora.
6. Ellos terminan la lección.

I. **¡Qué malo!** Haz frases según el modelo.

MODELO: Tú comes torta de fresas para el desayuno.
¡Qué malo que tú comas torta de fresas para el desayuno!

1. Enrique no estudia.
2. Él no come.
3. Ileana llega a casa tarde.
4. Uds. no hacen su tarea.
5. Tú no vas a la biblioteca para estudiar.
6. Ellos no terminan la lección.

J. **¡Qué raro!** Haz frases según el modelo.

MODELO: Juan no llega tarde.
¡Qué raro que Juan no llegue tarde!

1. Luis no está aquí.
2. Marisol no viene a clase.
3. Tú no vas con ellos.
4. Jaime y Esteban no conocen a Marilú.
5. Uds. no pueden asistir al concierto.
6. Ellas no tienen tarea esta noche.

En el
1993
LA GRANDE
1010
estará
"Cada Día Más Cerca de Usted"

K. **¡Qué maravilla!** Haz frases según el modelo.

MODELO: Tú comes en un restaurante elegante.
¡Qué maravilla que tú comas en un restaurante elegante!

1. Yo voy al cine con Uds.
2. No hay clase mañana.
3. Nosotros no tenemos tarea esta noche.
4. Nosotros podemos ir a España durante el verano.
5. Él toca el piano muy bien.
6. Sabemos hablar español.

L. **Que bueno que...** Repasa las expresiones en la página 237 y reacciona a las actividades de tus amigos.

Lectura: *El flamenco*

En España, los *gitanos*, notables por su talento de músicos y bailarines y asentados en la región de Andalucía desde la Edad Media, se llamaban "flamencos", palabra que con el tiempo ha pasado a designar gran parte del folklore andaluz. El flamenco es una manifestación musical que tiene sus orígenes entre los gitanos andaluces y que se ha extendido a otras regiones de la geografía española. Los orígenes remotos del flamenco *se remontan* a las danzas y cantos precristianos del sur de la Península Ibérica. La inmigración de pueblos gitanos en el siglo XV fue conformando las maneras definitivas de este arte, que es reconocido como tal desde la aparición de las primeras letras de canciones escritas en el siglo XVIII.

gypsies

date back to

Unos cien años después, los gitanos comenzaron a bailar y cantar profesionalmente en los cafés de España y, como consecuencia, surgió la figura del guitarrista que siempre acompaña al (a la) cantante. Es esencial en el flamenco la emoción que anima al (a la) intérprete. La emoción se

Bailarines de flamenco en San Antonio, Texas

aumenta mediante complejos *redobles de palmas*, *chasquidos de dedos*, gritos y *castañuelas* que, junto con la danza y el canto, constituyen un componente fundamental del espectáculo. Modernamente, sobre el desarrollo del flamenco actúan influencias diversas que han originado corrientes modernas que coexisten con las tradicionales. Un excelente ejemplo de esto son los Gipsy Kings, un grupo musical que a fines de los años ochenta fue muy popular en este país. Su música, un poco moderna, se basa en los ritmos, cantos y la tradición del flamenco de los gitanos del sur de España.

clapping / snapping of fingers / castanets

Comprensión

M. **Estudio de palabras** Trata de adivinar el significado de varias palabras en la lectura sobre el flamenco. Encuentra la(s) palabra(s) en inglés en la lista a la derecha que corresponde(n) a la palabra en español en la lista a la izquierda.

1. notables	a. inspires
2. Edad Media	b. artist
3. designar	c. noteworthy
4. reconocido	d. Middle Ages
5. aparición	e. trends
6. anima	f. to designate
7. intérprete	g. appearance
8. corrientes	h. recognized

N. **Cierto o falso** Indica si las siguientes frases son ciertas o falsas. Si la oración es falsa, explica por qué.

1. Los gitanos son conocidos por su talento de músicos y de bailarines.
2. El flamenco surgió en el siglo XX.
3. El flamenco solamente existe en Andalucía.
4. El flamenco surgió cuando los gitanos empezaron a cantar en las calles.
5. En el flamenco tradicional siempre hay alguien que canta y alguien que toca la guitarra.
6. El flamenco se ha mantenido puro através de los años.

O. **¿Qué sabes sobre el flamenco?** Contesta las siguientes preguntas en español.

1. ¿A qué se refiere la palabra *flamenco*?
2. ¿Cuánto tiempo hace que están los gitanos en Andalucía?
3. ¿Cuáles son los orígenes del baile y la música flamenca?
4. ¿Cuándo apareció la letra de las canciones flamencas?
5. ¿Cuándo comenzaron a cantar profesionalmente los gitanos? ¿Dónde?
6. ¿Quiénes son los Gipsy Kings?

¡Adelante!

Ejercicio oral

P. **Las reacciones** Repasa las expresiones en la página 237 y úsalas para reaccionar a algo que está ocurriendo en tu vida o en la de tus amigos o tu familia en estos días.

Ejercicio escrito

Q. **¡Qué pena!** Acabas de recibir una carta en la que un(a) amigo(a) te dice que no puede visitarte en mayo pero que va a visitarte en julio. Repasa las expresiones para expresar una reacción en la página 237 y después escríbele una carta a tu mejor amigo(a) en la que expreses varias reacciones a los nuevos planes.

R. **Más reacciones** Expresa tus reacciones a las varias lecturas sobre el arte y la música que aparecen en esta unidad: el muralismo mexicano, Frida Kahlo, Picasso, Miró, Dalí, Guernica, los indios cunas, Sarchí y sus carretas, las máscaras de México, los santeros de Nuevo México, "la bamba", el tango, la música mariachi y el flamenco.

 Vocabulario 

Vocabulario

Para hablar de la música

Adjetivos

alegre
conocido
corajudo
rechazado

Sustantivos

el arpa
el baile
el bajo
el bandoneón
la canción
la danza
el desengaño
el estilo
la guitarra
el instrumento de cuerda
el intérprete
la letra
la melancolía
la melodía
la onda
el piano
el rasgo
el ritmo
el repertorio

Verbos

interpretar
resonar (ue)

Para charlar

Para expresar emociones y reacciones

Es bueno que...
Es malo que...
Es mejor que...
Estoy contento(a) de que...
Me alegro de que...
Qué bueno que...
Qué lástima que...
Qué maravilla que...
Qué pena que...
Qué raro que...
Qué vergüenza que...
Siento que...
Temo que...

Vocabulario general

Verbos

conducir
conocer
traducir

Aquí repasamos

In this section you will review:

- how to form the subjunctive mood;
- the use of the subjunctive with **ojalá que**;
- the use of the subjunctive for the indirect transfer of will;
- the use of the subjunctive for conveying an emotion or a reaction.

The formation of the present subjunctive

habl**ar**	→	habl**o**	→	habl**e**	habl**emos**
				habl**es**	habl**éis**
				habl**e**	habl**en**
com**er**	→	com**o**	→	com**a**	com**amos**
				com**as**	com**áis**
				com**a**	com**an**
escrib**ir**	→	escrib**o**	→	escrib**a**	escrib**amos**
				escrib**as**	escrib**áis**
				escrib**a**	escrib**an**

Verbs with **g** in the stem

decir	digo
hacer	hago
oír	oigo
poner	pongo
tener	tengo
traer	traigo
salir	salgo
venir	vengo

Verbs that change **e** to **ie**

entender	entiendo
pensar	pienso
perder	pierdo
querer	quiero

The **e** changes to **ie** in all forms expect **nosotros** and **vosotros**.

Verbs that change **o** to **ue**

encontrar	encuentro
poder	puedo
volver	vuelvo

The **o** will change to **ue** in all forms except **nosotros** and **vosotros**.

dormir	duermo

The **o** of **dormir** will change to **ue** in all forms except in the **nosotros** and **vosotros** forms, where the **o** changes to **u**.

Verbs that change **e** to **i**

pedir	pido
repetir	repito
seguir	sigo

The **e** changes to **i** for these verbs in all forms, *even* **nosotros** and **vosotros**.

The following six verbs form the subjunctive in a way that is not based on the **yo** form of the present tense.

dar	dé	des	dé	demos	deis	den
estar	esté	estés	esté	estemos	estéis	estén
haber	haya	hayas	haya	hayamos	hayáis	hayan
ir	vaya	vayas	vaya	vayamos	vayáis	vayan
saber	sepa	sepas	sepa	sepamos	sepáis	sepan
ser	sea	seas	sea	seamos	seáis	sean

Verbs that change **z** to **c**

cruzar
comenzar
empezar

Verbs that change **c** to **qu**

buscar	sacar
practicar	tocar
roncar	tonificar

Verbs that change **g** to **gu**

jugar
pagar
llegar

Verbs ending in **-cer** or **-cir** form the subjunctive from the **yo** form of the verb and use the standard endings.

conocer	*to know*	**conozco**	**conozca, conzcas,** etc.
conducir	*to drive*	**conduzco**	**conduzca**, **conduzcas**, etc.
traducir	*to translate*	**traduzco**	**traduzca**, **traduzcas**, etc.

A. **¿Qué quiere tu mamá (papá) que hagas?** Circula entre tus compañeros de clase y pregúntales tres cosas que quiere su mamá o papá que ellos hagan. Entonces informa al resto de la clase de lo que descubriste.

MODELO: —*¿Qué quiere tu mamá que tú hagas?*
—*Mi mamá quiere que yo limpie mi cuarto.*

The subjunctive with *ojalá que*

Ojalá que is an expression in Spanish that means *I hope*. It is normally used to make an exclamation and is always followed by a verb in the subjunctive.

JUAN LUIS GUERRA Y 440
Ojalá Que Llueva Café
Karen | 91757 | Cass 7.99 | Cd 14.99

B. **¡Ojalá que...!** Piensa en tres cosas que esperas que ocurran en el futuro. Exprésalas con **Ojalá que...**

MODELO: *Ojalá que yo pueda asistir a Penn State.*

The subjunctive for the indirect transfer of will

Espero que Luis **estudie**.
Insisto en que Clara **vaya** con nosotros.

esperar
preferir (ie, i)
mandar
insistir en
prohibir
es necesario
es importante
es aconsejable

The subjunctive of reflexive verbs

Reflexive verbs form the subjunctive in the same way as nonreflexive verbs. The reflexive pronoun is also positioned exactly the same in the subjunctive mood as in its other uses. See page 208 for a list of the most common reflexive verbs you have already learned.

C. **¿Qué es necesario que tú hagas cada mañana?** Piensa en por lo menos cinco cosas que son necesarias, importantes o aconsejables que hagas cada mañana antes de salir a la escuela. Entonces cuando un(a) compañero(a) te pregunte lo que es necesario, importante o aconsejable que hagas, tú le contestas con las expresiones **es necesario que yo...**, **es importante que yo...** o **es aconsejable que yo...**

MODELO: *Es importante que yo me lave los dientes.*

The subjunctive for conveying emotions or reactions

Siento que no **puedas** ir a la fiesta.
Es mejor que no **pienses** en eso.
alegrarse de
es bueno
es malo
es mejor
estar contento(a)
qué bueno
qué lástima
qué malo
qué maravilla
qué pena
qué raro
qué vergüenza
sentir (ie, i)
temer

D. **Es malo que... es mejor que...** Tú le estas diciendo a un(a) compañero(a) de clase que es malo que él / ella haga algo y le das consejos sobre lo que es mejor que él / ella haga.

MODELO: *Es malo que comas helado, es mejor que comas yogur.*

E. **¡Qué vergüenza...!** Usa cada una de las expresiones en la página 237 para expresar una reacción a algo que está ocurriendo con uno(a) de tus compañeros(as).

MODELO: *¡Qué vergüenza que Juan no estudie más!*

Aquí llegamos

Actividades orales

A. **Los problemas** Think of a problem to describe to your friends (your grades are not good, your parents are too strict, you don't have any money, etc.). Your friends will react to your problem and tell you what to do. Use expressions for transferring will and expressing emotions and reactions as well as the subjunctive.

B. **Una gran fiesta** You are planning a big party and are making the arrangements with your friends. Discuss what is necessary, important, advisable, etc. for everyone to bring.

C. **Después de la escuela secundaria** Discuss with a classmate what you want to do after graduation and how that differs from what your parents want you to do. Use expressions like **Mis padres quieren que yo...**, **Mi papá dice que es mejor que yo...**, etc.

D. **Descripciones** Pick one of the paintings in this unit and describe it to a partner. Along with the basic description, be sure to talk about colors and designs.

EL FIESTON
EL GRAN CARNAVAL
DE
NUEVA YORK
41 WXTV LO NUESTRO
SEPTIEMBRE 1, 1991 DE 12:00 A 7:00 PM

Actividades escritas

E. **Una carta** You've just received a letter from a friend in which he or she describes a problem. He or she says that other students at school seem overly concerned with appearance and with the clothes he or she wears. Write a letter in which you give your friend advice. Use expressions such as **es importante**, **es aconsejable**, **es necesario**.

F. **Mis recomendaciones personales** You are making a list of recommendations to a fellow student who is having trouble in school. Make a list of five things you recommend that he or she do in order to make improvements.

G. **Quiero que las clases empiecen a las 10:00.** Think of at least ten changes you would like to make in some of the policies in your school. Write these out and present them to your classmates for discussion.

H. **El arte y la música** Choose one of the themes presented in the readings in this unit. Write a short report in which you use the information provided in the reading and expand on it by doing a little research in the library.

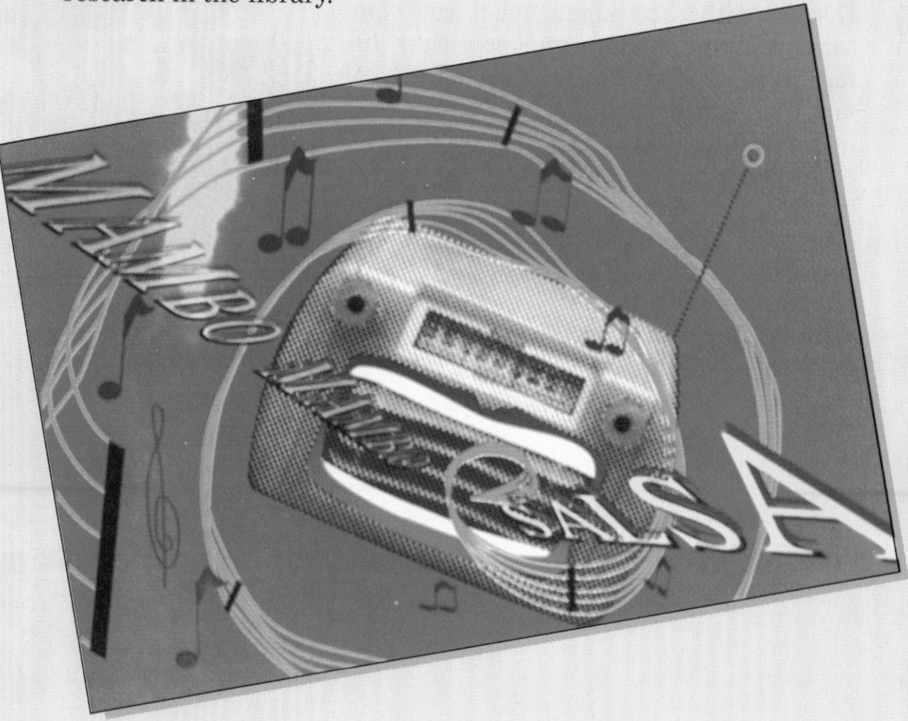

Expansión cultural

Andrés Segovia, inventor de la guitarra

Andrés Segovia fue a la guitarra lo que Paganini fue al violín: un genio de la interpretación. A los 94 años, no tenía intenciones de morirse. Acababa de llegar de Nueva York donde, desde marzo, había dado una serie de clases que coincidieron con su nombramiento como doctor *honoris causa* en Artes Musicales de la Manhattan School of Music. En abril tuvo que internarse en una clínica por una arritmia cardíaca. Pero se recuperó y volvió a su hogar en Madrid. Se sentía bien. Estaba mirando televisión con su esposa, Emilia Corral, y su hijo menor, Carlos Andrés, de 17 años. De pronto se sintió cansado y dejó de respirar.

honorary doctorate

Andrés Segovia

explode into flames
musical notation (sol-fa)

"Mi pasión por la música pareció *estallar en llamaradas* cuando aún niño tuve la ocasión de escuchar el preludio de Francisco Tárraga, interpretado por Gabriel Ruiz de Almodóvar en Granada". Desde entonces Segovia no abandonó más su vocación de guitarrista. Desde los tres a los ocho años, en la localidad de Jaén en el sur de España, ya siguió clases de *solfeo* y violín y se habia aficionado a la pintura, incentivado por unos tíos, pues sus padres eran muy modestos.

realized that
He had success
thick frames

Comenzó tocando flamenco y melodías populares, pero pronto *se dio cuenta de que* con la guitarra se podían interpretar las composiciones más complejas. *Tuvo éxito* en toda España. En Madrid se hizo famoso por su capa negra, su pelo largo y unos lentes redondos de *marco grueso* que usaba en los recitales.

tours
score
scholarship students

Segovia se transformó en un verdadero "inventor" de la guitarra como instrumento de concierto. En sus *giras* por todo el mundo demostró cómo se podía hacer maravillas con ella entre los brazos y con una *partitura* de Bach, Beethoven, Joaquín Rodrigo u otros grandes compositores que comenzaron a producir obras especialmente para él. Entusiasmó a miles cuando creó los cursos de Información e Interpretación de Música Española en Compostela, hasta donde comenzaron a llegar *becarios* de todos los continentes.

"La música es para mí el océano", decía, "y los instrumentos son las islas. La guitarra es un maravilloso instrumento, de una gran variedad de colores musicales y con una capacidad para la armonía superior al violín y al cello. La guitarra es como una orquesta pequeña".

El gran guitarrista recibió centenares de premios. Entre ellos están las grandes cruces de Isabel la Católica y Alfonso X el Sabio; el premio "Una vida por la música", considerado el Nobel de su género; el Premio Nacional (1981) y muchas medallas y discos de oro de diversos países. El Rey Juan Carlos le dio a Segovia el título nobiliario de Marqués de Salobrena en 1981 y dos años después fue recibido como miembro de honor de la Real Academia de Bellas Artes de Santa Isabel de Hungría en Sevilla, la Academia de Estocolmo (Suecia) y la de Santa Cecilia de Roma.

Comprensión

A. **Cognado, contexto o diccionario** Al tratar de adivinar el significado de las siguientes palabras indica si la palabra es un cognado, si la adivinaste por medio del contexto, si tuviste que buscar la palabra en el diccionario. Si tuviste que buscar la palabra en un diccionario indica la forma de la palabra que aparece en el diccionario y el significado que encontraste allí.

cognado contexto diccionario (forma, significado)

nombramiento	capa
internarse	lentes
arritmía cardíaca	redondos
incentivado	maravillas
modestos	entusiasmó

B. **¿Aparece o no aparece en la lectura?** Lee la lectura sobre Andrés Segovia e indica si los siguientes temas se mencionan. Si se menciona, indica en qué párrafo se encuentra.

1. la edad de Segovia cuando murió
2. nombres de algunos meses
3. nombres de instrumentos musicales además de la guitarra
4. nombres de ciudades españolas
5. algunas fechas
6. nombres de compositores famosos

C. **¿Qué sabes de Segovia?** Contesta las siguientes preguntas en español.

1. ¿Dónde y cómo murió Segovia?
2. ¿Qué es lo que inspiró a Segovia a tocar la guitarra?
3. ¿Cuáles eran sus tres características típicas?
4. ¿Por qué se dice que Segovia es el inventor de la guitarra?
5. ¿Cuáles son algunos de los premios que recibió en España?
6. ¿Ganó premios de otros países? ¿Cuáles?

LIBROS

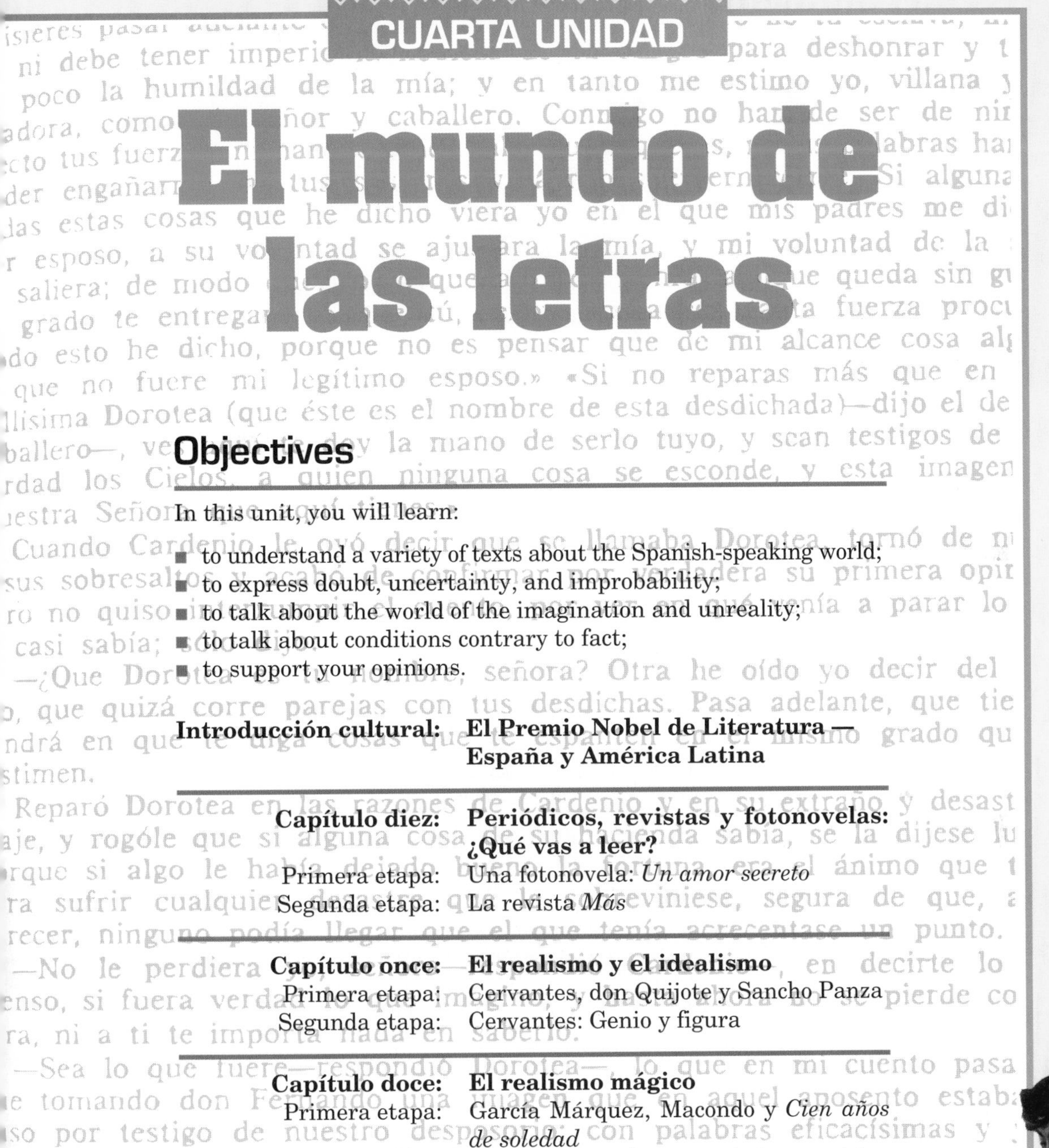

CUARTA UNIDAD

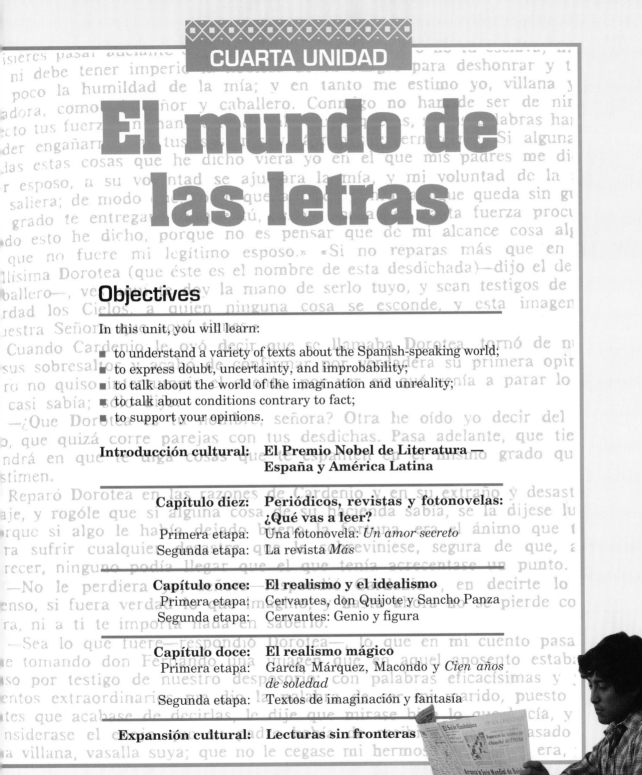

El mundo de las letras

Objectives

In this unit, you will learn:

- to understand a variety of texts about the Spanish-speaking world;
- to express doubt, uncertainty, and improbability;
- to talk about the world of the imagination and unreality;
- to talk about conditions contrary to fact;
- to support your opinions.

Introducción cultural

El Premio Nobel de Literatura — España y América Latina

Desde el establecimiento del Premio Nobel de Literatura a fines del siglo XIX, la Real Academia de Suecia les ha dado el prestigioso premio a diez escritores de habla española: cinco de España y cinco de América Latina. Los siguientes mini-retratos biográficos servirán para dar una idea de quiénes son estos autores distinguidos del mundo de las letras.

España

José Echegaray

José Echegaray (1832–1916). Ciudad natal: Madrid. Fue un brillante profesor de matemáticas y además, ingeniero, economista y Ministro de Finanzas para el gobierno mientras escribía piezas teatrales. Estas obras dramatizan satíricamente conflictos morales y sociales de la España de su época. Según este dramaturgo, era casi imposible vivir de una manera honesta porque el mundo en general consideraba loco a ese tipo de persona. De sus 64 obras, algunas de las más conocidas son *O locura o santidad, Lo sublime en lo vulgar, La duda* y *El loco dios.* Premio Nobel: 1904.

Jacinto Benavente

Juan Ramón Jiménez

Jacinto Benavente (1866–1954). Ciudad natal: Madrid. Viajó por Europa con un circo cuando era joven y después se hizo actor y director. Su punto de vista era muy pesimista. En más de 150 obras teatrales presentó sátiras sociales *(Gente conocida)*, dramas sicológicos *(Señora ama)*, teatro para niños *(El príncipe que todo lo aprendió en los libros)* y obras sobre la falta de moralidad en la conducta humana *(Los intereses creados)*. Viajó por los Estados Unidos y América del Sur con una compañía teatral que él había formado. Siguió trabajando hasta morir a los 87 años. Premio Nobel: 1922.

Juan Ramón Jiménez (1881–1958). Ciudad natal: Huelva. Expresó en su poesía lírica su amor por la naturaleza, la música, el arte y la soledad. Su influencia sobre otros poetas, como Darío y García Lorca, fue enorme. En sus *Baladas de primavera* incluyó rimas para niños y ecos de canciones folklóricas. Escribía lo que llamaba "poesía desnuda" para crear versos sencillos, libres de elementos formales. Una de sus obras más conocidas es un largo poema en prosa, *Platero y yo*, que trata de la vida alegre y triste de un burrito. Los poemas que incluyó en la colección *Estío* son considerados sus mejores poemas de amor. Premio Nobel: 1956.

Vicente Aleixandre (1900–1984). Ciudad natal: Sevilla. Tenía un gran interés en el surrealismo y en el mundo de los sueños, el misterio y lo extraño. En su poesía combinaba metáforas extraordinarias con elementos románticos. Sus temas eran los sueños, el amor desesperado, el dolor, la muerte y lo grotesco. Creía que para los seres humanos sólo queda un fragmento del paraíso y que todos tienen que luchar por él. Decía que el amor existe pero que era imposible recibir ninguna satisfacción del sentimiento. Entre sus mejores colecciones de poemas se encuentran *La destrucción o el amor* y *Sombra del paraíso*.

Camilo José Cela

Camilo José Cela (1916–). Ciudad natal: La Coruña. Ha sido soldado, torero, pintor, actor de cine y periodista, entre otras cosas. Más que nada, ha escrito novelas y ensayos que han tenido gran influencia en España después de la guerra civil de 1936–1939. Al deformar la realidad en su obra, Cela trata de mostrar que la vida es fea y cruel para mucha gente. El autor cree que la culpa es de la sociedad y que la causa del crimen y la tragedia es la falta de responsabilidad social. La violencia es un grito de protesta en novelas como *La familia de Pascual Duarte* y *La colmena*. Premio Nobel: 1989.

Vicente Aleixandre

Comprensión

A. **Significados** Adivina el significado de algunas de las palabras de los mini-retratos biográficos. Encuentra las palabras en inglés en la lista a la derecha que corresponden a las palabras en español en la lista a la izquierda.

1. piezas teatrales	a. naked
2. un(a) dramaturgo(a)	b. bullfighter
3. la sátira	c. playwright
4. desnudo(a)	d. satire
5. los sueños	e. plays
6. el paraíso	f. the blame
7. la culpa	g. heaven, paradise
8. un torero	h. dreams

B. **Temas españoles** Para cada tema literario que sigue, nombra al escritor español en los mini-retratos que tenga un interés especial en él.

1. "la vida alegre y triste de un burrito"
2. "la imposibilidad de vivir de una manera honesta"
3. "el mundo de los sueños, el misterio y lo extraño"
4. "la falta de moralidad en la conducta humana"
5. "la violencia como grito de protesta"

C. **¿Has comprendido?** Contesta en español las siguientes preguntas sobre la información en los mini-retratos de escritores españoles.

1. De los españoles que han ganado el Premio Nobel de Literatura, ¿cuáles dos eran poetas?
2. ¿Cuál de los dos dramaturgos escribió más obras teatrales?
3. ¿Qué escritor cree que la falta de responsabilidad social causa el crimen?
4. Según uno de los poetas, ¿qué es "la poesía desnuda"?
5. ¿Por qué deforma la realidad el novelista Cela?
6. ¿Cuál de los cinco españoles parece ser él que tiene menos interés en la política?

Gabriela Mistral

Miguel Ángel Asturias

América Latina

Gabriela Mistral (1889–1957). País natal: Chile. Fue profesora, diplomática, periodista y poeta por excelencia. El hombre con quien iba a casarse murió trágicamente y este evento tuvo gran influencia en su obra. En sus versos líricos expresó su visión de la vida como un "valle de lágrimas" donde todos sentimos el gozo y el dolor. Sus temas constantes eran el amor por los niños, la naturaleza, la religión y la compasión por la gente que sufre. Llenos de emoción, sueños y musicalidad, sus mejores poemas están en las colecciones *Desolación, Ternura, Tala* y *Lagar*. Premio Nobel: 1945.

Miguel Ángel Asturias (1899–1974). País natal: Guatemala. Le fascinaban los mitos y las leyendas de los indígenas. Aprendió de ellos que la realidad es una mezcla de lo real y lo imaginado. En sus novelas experimentó con el lenguaje, la escritura "automática" del surrealismo y la representación de los pensamientos y de los sueños. Protestó contra la injusticia de las compañías bananeras norteamericanas y contra la intervención de los Estados Unidos en su país en 1954. Su obra incluye *El señor presidente, Weekend en Guatemala, El papa verde* y *Mulata de tal*. Premio Nobel: 1967.

Pablo Neruda

Gabriel García Márquez

Pablo Neruda (1904–1973). País natal: Chile. Fue muy activo en la política. Su poesía es variada, compleja y abundante. Cuando tenía diecinueve años, escribió *20 poemas de amor y una canción desesperada* en los que trató el amor como un camino para salir de la soledad y de la tristeza. En su colección de poemas *Residencia en la tierra,* cultivó la poesía simbólica y subjetiva del surrealismo para mostrar los males del mundo. Criticó las condiciones sociales de América Latina en los poemas de *Canto general*. Luego volvió a usar la naturaleza en *Odas elementales* para tratar con humor cosas sencillas como el diccionario, los calcetines, el gato y la cebolla, entre otras. Premio Nobel: 1971.

Gabriel García Márquez (1927–). País natal: Colombia. Ha dicho que todo lo que ha escrito ya lo sabía o ya lo había oído de sus abuelos antes de los ocho años. Trabajó como periodista por muchos años. Muchos de sus fabulosos cuentos y novelas tienen lugar en Macondo — un pueblo ficticio, pero con todos los aspectos geográficos, históricos y sociopolíticos de su país y de América Latina. Sus personajes pueden ser considerados tragicómicos. La fantasía, el humor y la exageración son elementos típicos de sus novelas, como *Cien años de soledad* y *El otoño del patriarca*, así como de una de sus colecciones de cuentos *La increíble y triste historia de la cándida Eréndira y su abuela desalmada*. Premio Nobel: 1982.

Octavio Paz (1914–). País natal: México. Ha sido editor, diplomático, profesor universitario y poeta por excelencia. Luchó con las fuerzas republicanas durante la guerra civil española. Los temas esenciales de sus ensayos y poemas son la soledad, el tiempo, el amor, la comunicación y la naturaleza. Escribe sobre las actitudes y el carácter del mexicano pero con una preocupación por el destino de todos los seres humanos. Cree que se puede reestablecer el diálogo entre la gente por medio de la poesía y el amor. Su obra ensayística incluye *El laberinto de la soledad* y *El arco y la lira*. Sus mejores poemas se encuentran en *Libertad bajo palabra* y *Ladera este*. Premio Nobel: 1990.

Octavio Paz

Comprensión

D. **Otros significados** Adivina el significado de varias de las palabras de los mini-retratos biográficos. Encuentra las palabras en inglés en la lista a la derecha que corresponden a las palabras en español en la lista a la izquierda.

1. el gozo	a. solitude
2. las leyendas	b. joy
3. una mezcla	c. thoughts
4. los pensamientos	d. complex
5. complejo(a)	e. evils
6. la soledad	f. legends
7. la tristeza	g. mixture
8. los males	h. fictitious
9. ficticio(a)	i. essay
10. el ensayo	j. sadness

E. **Otras ocupaciones** Es interesante que muchos escritores tengan otras ocupaciones en la vida aparte de la de escribir. Con un(a) compañero(a) repasen los mini-retratos de los ganadores del Premio Nobel en España y América Latina y escriban una lista de las varias ocupaciones de cuatro de los escritores que han tenido el mayor número de "otras carreras".

F. **¿Has comprendido?** Contesta en español las preguntas sobre la información en los mini-retratos de escritores hispanoamericanos.

1. ¿Cuántos novelistas de América Latina han ganado el Premio Nobel?
2. ¿Cuál de los poetas les tiene un cariño especial a los niños?
3. ¿En qué escritor se ve más la influencia de los mitos y las leyendas de los indígenas de su país?
4. ¿Qué país tiene dos ganadores del Premio Nobel?
5. ¿Qué novelista usa mucho el humor y la exageración en sus obras?
6. ¿De dónde es el escritor que ganó el Premio Nobel más recientemente?

G. **Un diálogo imaginario** Usando la información que se encuentra en los mini-retratos, escribe un diálogo en español entre dos de los ganadores del Premio Nobel. Incluye en las preguntas y en los comentarios de la conversación, información sobre su vida, su obra y sus actitudes y preferencias.

EL MUNDO DEL LIBRO
Catálogo Otoño - Invierno '91
Lo mejor en Español al alcance de sus manos

CAPÍTULO DIEZ

Periódicos, revistas y fotonovelas: ¿Qué vas a leer?

Primera etapa

Una fotonovela: *Un amor secreto*

En los quioscos, los supermercados y las tiendas de las ciudades de habla española se encuentra un tipo de revista muy popular — la fotonovela. Existe una gran variedad en cuanto a la calidad de las fotografías y el contenido de estas revistas divertidas. Los temas tienen que ver con el misterio, las aventuras y, por supuesto, el amor. Algunas son a colores; otras sólo se publican en blanco y negro. Hay fotonovelas de todos los precios, pero generalmente no cuestan mucho.

Las fotonovelas que generalmente se venden más son las de tema romántico. Éstas llevan en sus títulos palabras como *pasión, amor, romance, drama, suspenso, ternura, lágrimas*, etc. Las fotonovelas más populares de este tipo contienen actores y actrices que aparecen en las fotonovelas con tanta frecuencia que el público reconoce a algunos como estrellas.

A veces una fotonovela presenta una historia en una serie de episodios que se publican en números semanales o mensuales. Para que el lector pueda recordar el argumento del número previo, siempre hay un resumen de los capítulos anteriores en la primera página. Este resumen que sigue sirve de ejemplo de fotonovela con tema romántico. Va acompañado de una página típica de una fotonovela:

Orlando le ha dicho varias veces a Natalia que se ha enamorado de ella. Natalia, sin embargo, nunca ha estado realmente enamorada de él. Ella le ha confesado a su amiga Elvira que no ha podido decirle a Orlando que ama a otro hombre. Ese hombre se llama Marco Antonio y es novio de Silvia, una prima de Natalia. Una noche, Marco Antonio, que conoce al padre de Natalia, la invita a cenar. Natalia está sorprendida pero acepta la invitación con mucho gusto. Silvia se enoja cuando descubre esto y va en busca de Natalia para hablar con ella. Mientras tanto, Orlando ha ido a casa de Natalia donde ella por fin le revela que tiene un amor secreto.

Orlando, te quiero decir que otro hombre me ha invitado a cenar esta noche. He aceptado porque estoy enamorada de él. Es mejor que entiendas de una vez: te quiero pero no te amo...

¿Cómo? ¿Otro hombre? ¡No es posible! ¡Te estás burlando de mí!
No quiero que sufras, pero así es. Espero que entiendas.

¿Qué dices? ¡Yo soy un hombre y no me puedes tratar así! Tú sabes que yo te amo, Natalia.
Ya sabía que reaccionarías así. ¡Trata de ser razonable, Orlando!

¿Razonable? ¡No faltaba más! ¿Quién es este otro hombre? ¡Dímelo!
Te he dicho lo que siento en el corazón. No tengo que explicarte más.

Sólo quiero que sepas que tengo que ser libre para lo que el destino mande. Tú no me lo puedes impedir. Ni tú ni nadie.
¿Qué dices? ¿No importa lo que hemos tenido?

¡Basta! ¿Cómo he podido ser tan ciego? ¡Este es el precio que he pagado por enamorarme de ti! ¡Pues, no quiero volver a verte jamás!

Comprensión

A. **Asociaciones** Las fotonovelas y las telenovelas *(soap operas)* tienen muchos temas en común, como "el amor", por ejemplo. Haz una lista de seis temas centrales que tú asocias con las telenovelas más populares.

B. **¿Qué pasó?** De las siguientes posibilidades escoge la respuesta más apropiada a base de la página de la fotonovela que acabas de leer.

1. Natalia le explica a Orlando que no podrá salir con él esta noche porque…
   a. es demasiado tarde y ya no tiene hambre.
   b. ella sabe que él está enamorado de otra mujer.
   c. ha aceptado otra invitación para cenar.
   d. ha trabajado todo el día y no se siente bien.
2. En esta situación, la actitud de Orlando es…
   a. inteligente y razonable.
   b. perezosa y pasiva.
   c. impaciente y apasionada.
   d. tranquila y amistosa.
3. Natalia está preocupada más que nada por…
   a. la reacción de su padre si descubre lo que pasa.
   b. no ser controlada por otra persona.
   c. las opiniones de su amiga Elvira.
   d. el trabajo que tiene que hacer para mañana.
4. En cuanto al temperamento de Orlando, se puede decir que él es un hombre que…
   a. tiene muy poco sentido de orgullo personal.
   b. trata de comprender el punto de vista de otras personas.
   c. se enoja fácilmente cuando no quiere aceptar algo.
   d. quiere tanto a Natalia que no quiere ofenderla.
5. Parece que Natalia quiere que Orlando…
   a. le explique la situación a Marco Antonio.
   b. acepte la idea de su independencia como mujer.
   c. la perdone y vuelva a salir con ella.
   d. conozca al hombre con quien está enamorada.

C. **¿Qué pasará?** Decide con un(a) compañero(a) qué pasará con Natalia y Orlando después de la escena que has leído. Usa cuatro o cinco verbos en el tiempo futuro al resumir el próximo episodio de *Un amor secreto*. Escribe un resumen breve para después leérselo a la clase.

The subjunctive to express unreality, uncertainty, and doubt

Dudo que Ramón **entienda** la situación política.	*I doubt* that Ramón *understands* the political situation.
¿Es posible que el tren **llegue** a tiempo?	*Is it possible* that the train *will arrive* on time?
No es probable que el tren **llegue** a tiempo.	*It's not likely* that the train *will arrive* on time.
Puede ser que el avión **salga** tarde.	*It could be* that the plane *will leave* late.
Es increíble que Marisol **tenga** esa actitud.	*It's incredible* that Marisol *has* that attitude.

As you learned earlier, the subjunctive mood is used to call attention to the impact that willpower or an emotional reaction has on an action or an event. Spanish speakers also use the subjunctive to express uncertainty or doubt about people, things, or events and to talk about what is unknown or non-existent.

1. Whenever a verb or expression in the first half of a sentence (a) expresses doubt about a person, thing, or event, (b) places it within the realm of either possibility or impossibility, or (c) views it as unreal or unknown, the verb in the second half of the sentence is used in the subjunctive. To put it another way, when someone, or something, or an event is projected into what could be called "the twilight zone" — where their reality is questioned or negated — the verbs that refer to them are used in the subjunctive mood.

2. Most of the following verbs and expressions that convey doubt, uncertainty, and unreality usually require the use of the subjunctive. So do expressions of possibility, impossibility, probability, and improbability, whether used with **no** or without it.

dudar	**Es increíble...**	**(No) Es posible...**
Es dudoso...	**No es verdad...**	**(No) Es imposible...**
Puede ser...	**No es cierto...**	**(No) Es probable...**
No estar seguro(a)...		**(No) Es improbable...**

Aquí practicamos

D. Sustituye las palabras en cursiva con las palabras entre paréntesis y haz los cambios necesarios.

1. Dudamos que *Carlos* llegue esta noche. (ustedes / ella / tú / el profesor / él)
2. ¿Es posible que *tus amigos* salgan a las 5:00 de la mañana? (Silvia / tú / ustedes / él / vosotros)
3. No es verdad que *la clase* tenga tarea este fin de semana. (mi hermano / ella / nosotros / yo / ustedes)
4. Es dudoso que *Rafael* hable japonés. (ellas / ustedes / sus padres / la profesora / el empleado)
5. Es improbable que *ellos* ganen tan poco dinero. (ustedes / el jefe / ellas / Federico / vosotras)
6. ¿Es posible que *el tren* salga temprano? (nosotros / Marta y Raúl / él / los autobuses / sus amigos)
7. Puede ser que *los estudiantes* vayan a España en abril. (mis padres / yo / la familia / ustedes / vosotros)
8. No es probable que *mi hermano* vea el problema. (ellos / el agente / ella / vosotros / los profesores)
9. No estoy seguro de que *Victoria* sea de Colombia. (ellas / ustedes / él / sus primos / el Sr. Valencia)
10. Es increíble que *tus amigos* no tengan música salsa. (Patricia / ustedes / nosotros / mis hermanos / tú)

E. **Lo dudo** Eres dudoso(a) de naturaleza. Usa las expresiones entre paréntesis y el subjuntivo para expresar tus dudas y tus incertidumbres sobre las actividades de tus amigos.

MODELO: Miguel es sincero. (dudo)
Dudo que Miguel sea sincero.

1. Pablo entiende bien la tarea. (no es posible)
2. Mario va a la biblioteca todas las noches. (dudo)
3. Isabelina puede acostarse a la 1:00 de la mañana si quiere. (es imposible)
4. Alejandro navega en tabla de vela. (es improbable)
5. Susana es más inteligente que su hermana. (es dudoso)
6. Manuel pasa sus exámenes sin estudiar. (es improbable)
7. Ramón tiene más paciencia que Alberto. (no puede ser)
8. Alfredo pinta muy bien. (no es verdad)

F. **¿Es posible? ¿Es imposible?** Escribe una serie de seis a ocho oraciones sobre el tema de tu vida: tus actividades, tus proyectos, tus gustos, etc. Algunos comentarios pueden ser ciertos; otros pueden ser exageraciones. Después, comparte tus oraciones con la clase. Tus compañeros de clase van a reaccionar a lo que dices, usando las expresiones **es posible que**, **es imposible que**, **dudo que**, **es probable que**, **es improbable que**, etc. Sigue los modelos.

MODELOS: —Tengo diez perros y ocho gatos.
—*No es posible que tengas diez perros y ocho gatos.*

—Voy a casarme a la edad de 18 años.
—*Es improbable que te cases a la edad de 18 años.* o:
—*Dudo que te cases a la edad de 18 años.*

Creer *and* ***no creer*** *with the subjunctive*

¿**Crees** que lo **compre** Carmen?	*Do you think* Carmen *will buy it?* (*I doubt it* is implied.)
No creemos que Carmen lo **compre**.	*We don't think* Carmen *will buy it.* (*We doubt it* is implied.)
¿**Crees** que Carlos **tenga/tendrá** tiempo?	*Do you think* Carlos *has / will have* time? (This is a neutral question, and no doubt is implied.)
No creo que **tenga/tendrá** tiempo.	*I don't think* he *has / will have* time. (I fully believe he won't.)
No creo que lo **tenga.**	*I don't think* he *has* it. (I doubt, but am not certain, that he has it.)
Creo que Carlos lo **tiene/tendrá.**	*I believe* Carlos *has / will have* it. (I fully believe he has it.)

1. **Creer** and **no creer** are used with either the subjunctive or the indicative mood.
2. In a question, **creer** and **no creer** may be used with the subjunctive to cast doubt on the action that follows. They can also be used with the indicative in a question that does not carry doubt.
3. In answer to any question, **creer** is used in the indicative because it expresses the idea of complete certainty. In other words, here it takes on the meaning of what the speaker *believes*, rather than just *thinks* or *wonders* about something.
4. An answer with **no creer** can be either in the subjunctive if there is a good deal of doubt, or in the indicative (usually in the present or future tense) when there is no such doubt.

G. **¿Están seguros que no?** Cambia las siguientes oraciones para decir que las personas indicadas ya no están seguras de la situación. Sigue el modelo.

MODELO: No creo que Roberto hará su trabajo. Estoy seguro(a) que no.
No creo que Roberto haga su trabajo. No estoy seguro(a).

1. No creo que el tren parará en ese pueblo. Estoy seguro(a) que no.
2. Mi padre no cree que yo podré ganar el dinero. Está seguro que no.
3. Verónica no cree que la película será buena. Está segura que no.

4. Mis hermanos no creen que yo viajaré por México en autobús. Están seguros que no.
5. No creo que los precios subirán este fin de semana. Estoy seguro(a) que no.
6. Los jugadores no creen que perderán el partido el sábado. Están seguros que no.
7. Silvia no cree que abrirán las puertas una hora antes del concierto. Está segura que no.
8. El jefe no cree que los empleados protestarán. Está seguro que no.

H. **¿Qué crees?** Contesta las preguntas con tu opinión. Si es negativa, indica la duda en algunos casos. Sigue el modelo.

MODELO: ¿Crees que lloverá mañana?
Sí, creo que lloverá. o:
No, no creo que lloverá. o:
No, no creo que llueva.

1. ¿Crees que el agente de viajes hablará con nosotros?
2. ¿Crees que tus padres compren un coche nuevo?
3. ¿Crees que tus primos te visitarán este año?
4. ¿Crees que el (la) profesor(a) saldrá temprano hoy?
5. ¿Crees que sirvan tacos en la cafetería hoy?
6. ¿Crees que tengas tiempo después de la clase para ir al centro?
7. ¿Crees que en la fiesta mañana la música será latina?
8. ¿Crees que el autobús llegará tarde?
9. ¿Crees que nevará mañana?
10. ¿Crees que cancelarán las clases esta tarde?

Lectura: *Cela gana el quinto Premio Nobel de Literatura para España al tercer intento*[1]

intento: attempt

El escritor Camilo José Cela Trulock ganó ayer el Premio Nobel de Literatura, llegando a ser de esta manera el quinto español que recibe el prestigioso honor, después de José Echegaray, Jacinto Benavente, Juan Ramón Jiménez y Vicente Aleixandre.

has awarded a prize

provocative

La Real Academia de Suecia *ha premiado* la obra de Cela en base a "su intensa y rica narrativa que provoca emoción y representa una visión *provocadora* de la vulnerabilidad humana".

Swedish ambassador

El autor de *La familia de Pascual Duarte* y *La colmena*, entre otras novelas, recibió la noticia en su casa en Guadalajara directamente del *embajador sueco* en España. "Estaba escribiendo esta mañana en mi casa

1. Adapted from article of same title in "Diario 16" newspaper, Año XIV, Número 4,475, 20 de octubre, 1989, Madrid, p. 1 and p. 39.

cuando me informaron, *mejor dicho*, me estaba vistiendo para ir a Madrid", fueron las palabras del nuevo ganador del Premio Nobel.

better said

Su nominación tuvo lugar una vez más, y después de dos *desengaños* anteriores cuando su nombre había aparecido con los del argentino Jorge Luis Borges y el inglés Graham Greene. Esta vez tuvo que competir con el escritor chino Bei Dao, el indocaribeño V. F. Naipul y los mexicanos Carlos Fuentes y Octavio Paz.

disappointments

"El Nobel me ha llegado a tiempo, no como el Premio Nacional de Literatura de mi propio país, que me llegó con cuarenta años *de retraso*", dijo Cela con una risa. A su manera, también declaró que, "No iré a recoger el premio a Estocolmo vestido de torero, sino *de frac*". Después Cela observó, "Siento un gran orgullo de ser español. En mi familia hay muchos que no son españoles y tengo por ellos una infinita compasión".

late, behind schedule

in coattails

Se despidió el escritor diciendo que no piensa retirarse. Quiere seguir escribiendo "porque el pueblo español es muy importante, mucho más importante que sus *políticos*". Pero todavía no ha dicho Cela si los textos que escribe serán novelas o papeles que *acaben* en la *basura*.

politicians

may end up / trash

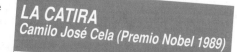

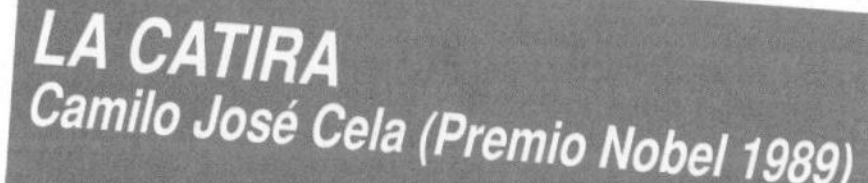

LA CATIRA
Camilo José Cela (Premio Nobel 1989)

Una de las novelas principales de Cela. Novela de la tierra, de su gran permanencia entre agitación y muerte, y su fuente de genuina fertilidad frente a la superpuesta y decadente civilización...y el eje del significado de la obra es que lo espontáneo de la vida es lo más valioso; si a veces resulta destructivo, es también fructífero, por ser elemental y tan rico como la misma tierra. Novela del llano y de la selva, subyugante incursión en el habla, la cotidianidad y el trasfondo mítico de las tierras venezolanas, *La catira* es un ejemplo acabado de la maestría de un gran escritor.

Camilo José Cela
La catira

Premio Nobel de literatura 1989

¡ÉXITO!

No. 0410BCT

$16.95

SEIX BARRAL

Comprensión

I. **Las cualidades de un autor** Escoge de la lista que sigue las frases que mejor describan las cualidades de un buen escritor.

1. Siempre está bien vestido.
2. Sabe mucho vocabulario.
3. Siempre mira la televisión cuando escribe.
4. Tiene una buena imaginación.
5. Observa a las personas.
6. Le gusta comer mucho.
7. Es inteligente.
8. Puede usar una computadora.
9. Le gustan los símbolos.
10. Sabe muchas lenguas extranjeras.

J. **¿Comprendiste?** Contesta las preguntas sobre la lectura.

1. Según la Real Academia de Suecia, ¿cómo es la obra de Cela?
2. ¿Qué estaba haciendo Cela cuando recibió las noticias de que había ganado el Nobel?
3. ¿Qué otros escritores fueron considerados esta vez para el premio?
4. ¿Por qué estaba especialmente contento Cela de recibir el Premio Nobel este año?
5. ¿Cómo dijo Cela que iba a vestirse para asistir a la ceremonia?
6. ¿Cuál es la actitud de Cela en cuanto a su nacionalidad?
7. ¿Qué planes tiene Cela para el futuro?
8. ¿Se puede decir que la última oración del artículo es un poco sarcástica en cuanto a Cela? ¿Cómo?

K. **Una entrevista con Cela** Trabajando con otro(a) estudiante, escriban ocho preguntas que les gustarían *(would like)* hacerle al ganador del Premio Nobel. Después, lean sus preguntas en voz alta, turnándose *(taking turns)* al hacer las contestaciones.

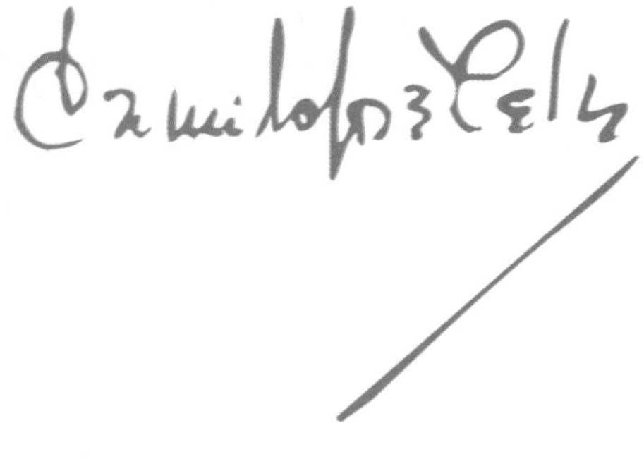

¡Adelante!

Ejercicio oral

L. **¿Cómo?** Hazle las siguientes preguntas a un(a) amigo(a). Él (Ella) te contestará usando sólo la expresión sugerida después de la pregunta. Tú no entiendes lo que dijo y él (ella) repite la respuesta, usando esta vez el subjuntivo e incluyendo un comentario adicional sobre la situación. Sigue el modelo.

MODELO: ¿Ana María está enferma hoy? (es posible)
ESTUDIANTE 1: *Es posible.*
ESTUDIANTE 2: *¿Cómo?*
ESTUDIANTE 1: *Es posible que ella esté enferma. Ayer me dijo que no se sentía muy bien.*

1. ¿Linda va a la fiesta con Leonardo? (no es probable)
2. ¿Juan Carlos sale con la prima de Raúl? (es imposible)
3. ¿Marcos va a invitar a sus padres a la fiesta? (puede ser)
4. ¿Felipe tiene un Mercedes-Benz? (es dudoso)
5. ¿Enrique va a llevar a su hermanito al cine? (es posible)
6. ¿Podemos volver a la casa de Irma después de la película? (no creo)

Ejercicio escrito

M. **¡Todo es posible!** Escribe un párrafo en el que describas por lo menos seis cosas que es posible que tú hagas o tengas dentro de cinco años. Usa las expresiones **es posible**, **es probable**, **puede ser** en tus comentarios.

Segunda etapa

La revista *Más*

El gran número de lectores de habla española en los Estados Unidos ha motivado la publicación de una revista como ésta. El editor ha dicho que el español "es el cemento linguístico de nuestra unidad". ¿Has visto un número de Más *o de alguna otra revista en español? Muchas personas creen que es una buena idea publicar revistas en español en los Estados Unidos.*

Los fundadores de la nueva revista ***Más*** han reconocido la importancia de una publicación en español para todos los Estados Unidos. La primera edición especial salió en el otoño de 1989 y el número de lectores de sus cuatro números anuales *ha aumentado* considerablemente desde esa fecha. Hay algo de interés para todos en las varias secciones de la revista: "Gente", "Moda", "Belleza", "Sabor", "En familia", "Salud", "Deportes", "Automóviles", "Viajes", "Éxito", "Música", "Libros", "Artes plásticas", "Danza y teatro", "Cine" y "Humor". Además, siempre hay tres o cuatro artículos que discuten a fondo un tema importante como, por ejemplo, el debate sobre si el inglés debe ser la lengua oficial en los Estados Unidos.

has increased

Enrique Fernández, el editor de ***Más,*** ha explicado la motivación detrás de su revista en una carta general a sus lectores:

> Venimos de tantos países, de tantas culturas... Somos mexicanos (o chicanos), o somos cubanos, puertorriqueños, colombianos, dominicanos, salvadoreños, ecuatorianos. Pero también somos otra cosa, algo que... el escritor puertorriqueño Luis Rafael Sánchez llama por el doble nombre de 'los latinos, los hispanos'. Algo que hace que el puertorriqueño se entienda con su vecino cubano, el colombiano con el ecuatoriano, el mexicano con el salvadoreño. Ese algo es, en gran parte, el idioma español, ese viejo dialecto de Castilla que *hemos suavizado, criollizado* y hasta 'spanglishizado' para hacerlo nuestro.
>
> ...Y el idioma no es lo único que nos junta. Un sentir, una *afinidad* de pasiones y *ternuras* nos identifican como 'los latinos, los hispanos'. Es difícil definir esa afinidad, que es casi un instinto... El *gesto* de un hombre en una cafetería de East Los Ángeles *me recuerda* de pronto a mi padre, quien nunca ha visitado Los Ángeles. La risa de una mujer en una calle de Chicago es la misma que la de mi hermana, quien nunca ha visitado Chicago. No es exageración decir que somos familia...
>
> ***Más*** espera ser un *vehículo* para que nos conozcamos unos a otros. ¿Y ya no era hora? Hay hispanos que entraron a este país hace un minuto; otros nacieron aquí; algunos descienden de familias que habitaban estas tierras cuando eran hispanas. Por otros corre la *sangre* de los que *poblaron* este territorio antes de Colón. Esperamos que esta revista sea tan divertida como informativa. Es de nosotros y para todos nosotros. Juntos somos la otra América que habla, escribe y lee español. Juntos somos ***Más***.

we have softened

a reference to having a cultural mixture of Spain and America / affinity

tenderness

gesture / reminds me

means

blood / populated

COMENTARIOS CULTURALES

La población hispana en los Estados Unidos
Muchas personas no saben que los Estados Unidos ocupa el quinto lugar en el mundo en términos del número de personas que hablan español. Sólo México, España, la Argentina y Colombia tienen una población de habla española más numerosa. Los estudios demográficos recientes indican que más de 22 millones de hispanohablantes viven en este país. Este número ha subido de nueve millones en 1970 y es muy probable que el crecimiento siga en el futuro.

Comprensión

A. **Algo para todos** Con dos compañeros(as) haz una lista de los títulos de las varias secciones de la revista ***Más***, escribiendo junto a cada título una breve explicación del contenido de esa sección. Por ejemplo: *Moda: "Artículos y fotografías sobre la ropa en general con observaciones sobre los estilos y las preferencias más recientes".*

B. **¿Comprendiste?** Contesta las siguientes preguntas sobre la revista ***Más***.

1. ¿Cuándo salió la revista ***Más*** por primera vez y cuántos números hay cada año?
2. ¿Cuáles son los títulos de algunas de las secciones de interés especial? Menciona tres secciones que quizás tengan interés para ti.
3. Según el editor, ¿cuáles son las dos cosas que ayudan a las personas de distintos países a entenderse?
4. ¿Cuál es uno de los ejemplos de **la afinidad** que da el editor?
5. Más que nada, ¿qué espera el editor que su revista sea?

C. **Y tú, ¿qué opinas?** Trabaja con un(a) compañero(a) de clase y escriban tres o cuatro oraciones indicando si creen que debe haber publicaciones en español en los Estados Unidos. También escriban tres o cuatro oraciones que den su opinión sobre la idea de que el inglés debe declararse oficialmente la lengua nacional del país. Después quizás quieran decirle a la clase lo que piensan.

Repaso

D. **¿Qué crees tú?** Da tu opinión sobre los siguientes comentarios, usando una expresión como **dudo que**, **es (im)posible que**, **es (im)probable que**, **(no) creo que**, **estoy seguro(a) que**, etc.

MODELO: España es más grande que el estado de Texas.
Dudo que España sea más grande que el estado de Texas.

1. El (La) profesor(a) tiene veinticinco años.
2. En el año 2000 una mujer será presidente de los Estados Unidos.
3. Podemos mandar astronautas al planeta Marte ahora.
4. En general, los muchachos son más atléticos y las muchachas son más intelectuales.
5. Algún día sabremos curar a todas las personas que tengan cáncer.
6. Los jóvenes norteamericanos tienen mucho dinero, por lo general.
7. Vemos demasiada violencia en la televisión norteamericana.
8. Más de 50 millones de personas hablan español en los Estados Unidos.

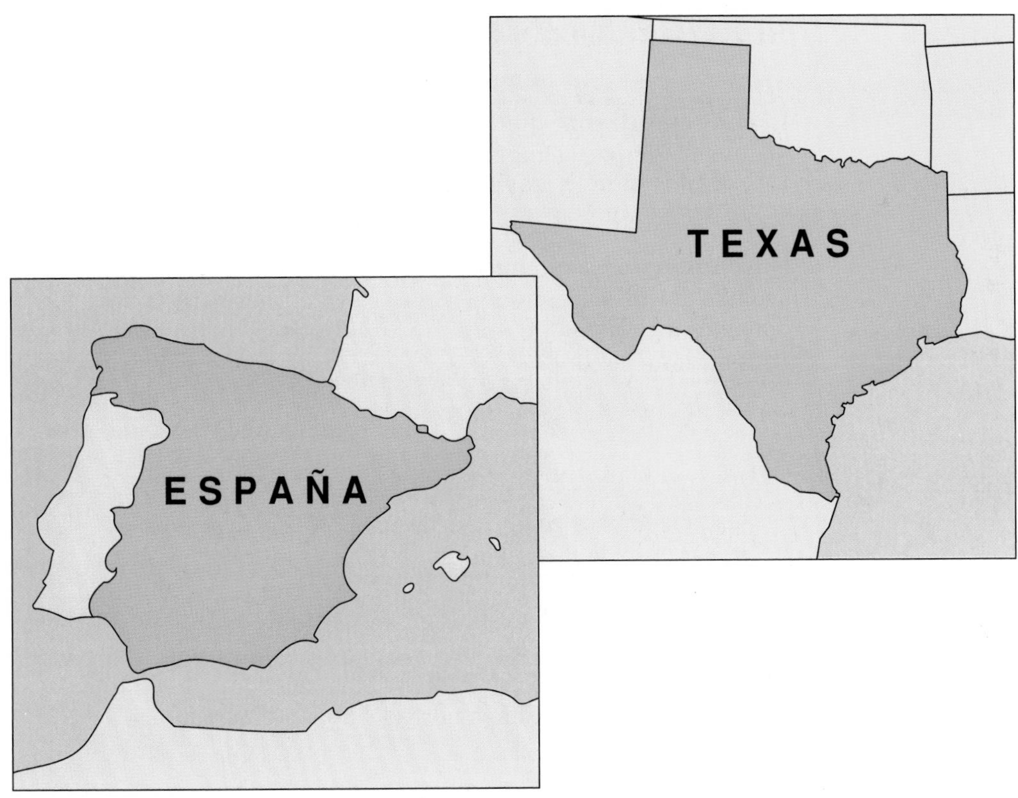

ESTRUCTURA

The subjunctive with indefinite, nonexistent, or imaginary antecedents

Necesitamos **un empleado** que **hable** sueco.	We need *an employee* who *speaks* Swedish. (Whoever it may be, we are trying to find a person.)
No conozco a nadie que **hable** sueco.	*I don't know anybody* who *speaks* Swedish. (I know of no such person.)
¿Hay alguien que **entienda** el problema?	*Is there anyone* who *understands* the problem? (There may be no such person available.)
¿Busca a alguien que **pueda** ayudarlo?	*Are you looking for someone* who *may be able* to help you? (It is unclear who that person may be.)
El (La) estudiante que **escriba** la mejor composición ganará el premio.	*The student* who *writes* the best composition will win the prize. (Whoever that student may be, he / she is not yet known.)
Buscamos una casa que **tenga** cuatro dormitorios, una piscina, muchos árboles — y que **no cueste** mucho dinero.	*We're looking for a house* that *has* four bedrooms, a pool, lots of trees—and that *doesn't cost* much money. (This is the ideal kind of house that we have in mind, and we would like to find out if such a place exists.)

1. As you have already learned, when the first part of a sentence questions, doubts, denies, or sees as purely imagined the existence of something or someone, any comment about that thing or person in the second half of the sentence will be in the subjunctive. When talking about an unknown outcome, the use of the subjunctive is often linked with the future—the dimension where things that have not yet happened take place.

2. Remember that the indefinite article is used to mark an unknown thing or person, while the definite article is used with something that is already known. (Also, note that the personal **a** is not used before the indefinite article or a direct object referring to a person who may or may not exist, except for **alguien** or **nadie**.) These are small clues that indicate whether a speaker is talking about something imagined or not and help determine whether to use the subjunctive or the indicative mood.
3. In order to understand the important difference in meaning between the subjunctive and the indicative in these kinds of situations, notice the differences between the following pairs of sentences:

Subjunctive:
Quiero **un** coche que **corra** rápido. (My ideal car is one that's fast.)

Indicative:
Quiero **el** coche que **corre** rápido. (I want the fast car that's right over there.)

Subjunctive:
Busco **un** hombre que **sea** piloto. (I don't know if he exists, but I'd like to find him.)

Indicative:
Busco **al** hombre que **es** piloto. (I know this man, but I don't know where he is.)

Aquí practicamos

E. **¿Existe o no existe?** Completa las siguientes oraciones con la forma apropiada de los verbos entre paréntesis. Decide si es necesario usar el subjuntivo o el indicativo.

1. Éste es el cuadro de Frida Kahlo que el museo no _______ (tener).
2. No hay ningún jugador aquí que _______ (jugar) al fútbol como Diego Maradona.
3. ¿Hay alguien aquí que ______ (querer) boletos para el concierto de Celia Cruz?
4. Buscamos una persona que ______ (cantar) bien en español y en inglés.
5. José Canseco es el beisbolista que yo ______ (preferir).

6. Ustedes quieren una persona que ______ (escribir) setenta palabras por minuto.
7. Raúl Julia es uno de los actores hispanos que ______ (trabajar) en Hollywood.
8. ¿Hay un cuarto en el Hotel Tropicana que ______ (costar) un poco menos?
9. Buscamos el famoso teatro que _____ (presentar) El Ballet Folklórico de México.
10. Todos los estudiantes que ______ (leer) la novela *Don Quijote* el verano próximo, recibirán el premio de un viaje gratis a España.

F. **¿Qué buscas?** Un(a) amigo(a) te menciona algo sobre su vida o su trabajo. Indica que entiendes la situación, haciendo una pregunta con la información entre paréntesis. Sigan el modelo.

MODELO: Esta compañía no paga bien. (una compañía / pagar mejor)
—Ah, entonces, ¿buscas una compañía que pague mejor?

1. La película que da en el cine Variedades es demasiado triste. (una película / ser cómica)
2. Mi amigo Francisco escribe a máquina muy mal. (una persona / escribir bien)
3. No me gusta ese cuadro porque tiene pocos colores. (un cuadro / tener muchos rojos y verdes)
4. Ese programa me parece demasiado político. (un programa / ser más objetivo)
5. Las cintas en esa tienda son muy caras. (unas cintas / costar menos)
6. Ese tren sale demasiado temprano el lunes. (un tren / salir el lunes por la tarde)
7. Mi jefe no entiende la situación. (una persona / entender lo que pasa)
8. Mi tía no sabe usar la nueva computadora. (una persona / saber cómo funciona)
9. El agente de viajes está muy ocupado. (un agente / ayudarte ahora)
10. Ese vuelo no llegará a tiempo para cenar. (un vuelo / llegar a las 5:00)

Ahora en Colombia
su dinero habla todos los idiomas
Busque este símbolo
cuando necesite:
Cambio de moneda extranjera
Asesoría financiera internacional
Giros nacionales e internacionales
universal
de cambios

G. **Idealmente...** Piensa en "un(a) amigo(a) ideal", "un libro ideal" o "un viaje ideal" y prepara seis oraciones para conversar con uno(a) de tus compañeros(as) de clase. Menciona cinco o seis características de esta persona o cosa, usando verbos en el subjuntivo después de la frase **"Un ____ ideal para mí es un _____ que...** ", etc. Sigue el modelo.

MODELO: *Un amigo ideal para mí es un amigo que sea inteligente,* etc.

The subjunctive with the conjunctions ***en caso de que, sin que, con tal de que, a menos que, para que, antes de que***

Vamos a correr, **en caso de que salga** temprano el tren. — Let's run, *in case* the train *leaves* early.

El perro no puede salir **sin que** lo **veamos.** — The dog can't get out *without our seeing* him.

Iré al cine **con tal de que** tú **pagues.** — I'll go to the movies *as long as* you *pay.*

No pueden llamar **a menos que** les **des** tu número. — They can't call *unless* you *give* them your number.

Elsa habla español en casa **para que** sus hijos lo **aprendan.** — Elsa speaks Spanish at home *so that* her children *will learn* it.

¿Piensas comer **antes de que lleguemos?** — Do you plan to eat *before we arrive*?

1. There are certain conjunctions in Spanish that are *always* used with the subjunctive. They are *never* used with the indicative because they usually relate one event to another by projecting them into the realm of the unknown or by linking them to an event that may or may not occur.

2. The following conjunctions are always used with the subjunctive: **en caso de que**, **sin que**, **con tal de que**, **antes de que**, **para que**, **a menos que**. (Note: the first letter of each of these conjunctions in this order spells the word **ESCAPA**, which may help you to remember them.)

H. **Circunstancias** Para indicar que todo depende de ciertas circunstancias, cambia los verbos entre paréntesis a su forma apropiada del subjuntivo.

1. Yo no pienso salir de viaje a menos que ustedes ______ (llegar, terminar, escribir, regresar, llamar).
2. Mi tía Alicia dice que está preparada en caso de que yo no ______ (volver, llamar, entender, ganar, correr).
3. El jefe siempre lleva el dinero al banco antes de que los empleados _______ (salir, ir, terminar, insistir, venir).
4. Mis padres hacen todo lo posible para que nosotros ______ (aprender, divertirse, estudiar, viajar, entender).
5. Ese empleado siempre se va temprano sin que el jefe lo ______ (permitir, ver, saber, llamar, parar).
6. Todos te ayudaremos con tal de que tú _______ (trabajar, pagar, venir, estar, volver).

I. **Todo depende...** Trabaja con un(a) compañero(a) de clase para completar las oraciones de una manera original, indicando que la situación depende de algo. Sigan el modelo.

MODELO: El editor publica la revista para que la gente...
El editor publica la revista para que la gente lea en español.

1. Dicen que la actriz siempre sale del teatro sin que el público...
2. ¿Quiénes pueden leer esa novela antes de que el profesor...?
3. No quiero comprar la fotonovela a menos que yo...
4. ¿Qué piensas hacer en caso de que tu papá no...?
5. Muchos actores de cine dicen que sólo trabajan para que el público...
6. El (La) novelista espera escribir otra obra con tal de que él (ella)...

NOTA GRAMATICAL

The subjunctive and indicative with **cuando** *and* **aunque**

Hablaremos con Mario **cuando llame.**	We'll talk with Mario *when he calls.* (This hasn't happened yet.)
Cuando llegue a México, comeré muchos tacos de pollo.	*When I get to* Mexico, I'll eat lots of chicken tacos. (The next time I go there, whenever that may be, I will do this.)

Comí muchos tacos **cuando llegué** a México.	I ate lots of tacos *when I got to* Mexico. (This is what happened that time.)
Siempre como muchos tacos **cuando voy** a México.	I always eat lots of tacos *whenever I go* to Mexico. (This happens on a regular basis.)

1. The conjunction **cuando** can be used with either the subjunctive or the indicative, according to the idea you want to express. It is a conjunction tied to time. The subjunctive is used in the **que** clause when the verb of the main clause is in the future tense. This is because *the next time* is implied and there is no certainty that the action will take place.
2. When the verb in the main clause is in the past, however, the indicative is used after **cuando** because the action has already taken place.
3. When the main-clause verb is in the present tense, **cuando** is also followed by a verb in the indicative because it refers to *whenever* something happens on a regular basis.

Aunque sea inteligente, Vicente no estudia.	*Even though he may be* intelligent, Vicente doesn't study.
Aunque es inteligente, Vicente no estudia.	*Even though he is* intelligent, Vicente doesn't study.
No podré ir, **aunque insistas**.	I won't be able to go, *even though you may insist*.
No podré ir, **aunque insistes**.	I won't be able to go, *even though you are insisting*.

4. **Aunque** is a conjunction that allows for two different meanings, depending on whether it is used with the subjunctive or the indicative. The subjuntive is used after **aunque** when an outcome is seen as indefinite.
5. Used with the indicative, **aunque** conveys the idea that something is an established fact, regardless of the tense that is used in the main clause.
6. Notice that these two conjunctions, like several of the others you have learned, can be used either at the beginning of a sentence, before the main clause, or after it.

J. **Premio para un escritor** Completa las siguientes oraciones (que todas juntas narran una anécdota) con la forma apropiada del presente del subjuntivo o del indicativo del verbo entre paréntesis. La explicación sugerida entre paréntesis puede ser una ayuda en algunos casos.

1. El escritor Fulano siempre acepta cuando alguien le ______ (mandar) una invitación. (La gente lo invita a menudo.)
2. Esta vez, Fulano sonríe cuando _____ (leer) una carta importante sobre un premio literario. (La carta le da la información.)
3. Irá a la ceremonia aunque él no _____ (recibir) el premio. (No sabe si va a recibirlo.)
4. Quiere hacer el viaje aunque nadie ______ (saber) quién va a ganar. (Es seguro que nadie tiene idea en este momento.)
5. Su bella amiga Lola lo acompañará aunque ella ______ (tener) mucho trabajo. (Sabemos que está muy ocupada con un proyecto.)
6. Empezarán las fiestas cuando Fulano y Lola ______ (llegar). (No han llegado todavía.)
7. Aunque todos sus amigos lo ______ (esperar), Fulano llegará un poco tarde. (Todos están esperando ahora.)
8. Fulano siempre hace esto cuando ______ (querer) llamar la atención. (Le gusta la atención.)
9. Estará bien preparado cuando el maestro de ceremonias _______ (decir) su nombre. (Fulano no sabe si lo va a oír.)
10. De pronto, el público dice "¡Bravo!" cuando _____ (oír) el nombre "Lanufo". (Ése es el nombre que el maestro de ceremonias anuncia.)
11. "Está bien", dice Fulano. "Aunque no _____ (ser) mi nombre, tiene todas las letras de mi nombre". (El maestro de ceremonias no dice su nombre.)
12. Aunque Fulano ______ (saber) que no ha ganado el premio esta vez, le dice "¡Felicitaciones!" a Lanufo. (Fulano tiene esta información ahora.)
13. "La próxima vez", Fulano le dice a Lola, "cuando nosotros _____ (ir) a la ceremonia, el premio será para mí. ¡Esta vez sólo perdí por el orden de las letras!" (No han ido todavía a esa ceremonia.)

Lectura: *Piececitos*

Estos versos son un ejemplo de la emoción que Gabriela Mistral (Chile, 1889–1957) sentía en la presencia de los niños. Algunos de sus poemas son como canciones de *cuna* que revelan la ternura de la mujer y son buenos ejemplos del uso del lenguaje sencillo. Fíjense en el uso del ***vosotros*** en este poema. cradle

Piececitos de niño,
azulosos de frío,
¡cómo os ven y no os *cubren,*
Dios mío!

¡Piececitos heridos
por los *guijarros* todos,
ultrajados de nieves
y lodos!

El hombre *ciego* ignora
que por donde pasáis,
una flor de luz viva
dejáis;

que allí donde ponéis
la *plantita sangrante*
el nardo nace más fragante.

Sed, puesto que marcháis
por los caminos *rectos,*
heroicos como sois
perfectos.

Piececitos de niño,
dos joyitas *sufrientes,*
¡cómo pasan sin veros
las gentes!

tiny little feet / bluish / they cover / pebbles / offended, damaged / blind / little sole / bleeding / wild rose / straight / suffering

Comprensión

K. **Rimas** Escribe las palabras en el poema que contienen sonidos similares. Después añade algunas palabras que sigan las mismas rimas. Por ejemplo: *frío, mío (río).*

L. **El sentido** *(sense)* **del poema** Contesta las preguntas sobre el poema.

1. ¿Qué palabras son ejemplos del uso del *vos*?
2. Según la poeta, ¿por qué le hacen sentirse triste los pies de los niños?
3. ¿Qué sugieren los versos en cuanto a la vida en general de estos niños?
4. ¿Qué emociones se expresan en el poema? ¿En qué versos?
5. ¿Qué ve la poeta que la gente insensible no ve?
6. ¿Qué hace que la flor sea más fragante?
7. ¿Qué les sugiere Mistral a todos los niños que siguen "los caminos rectos"?
8. ¿Qué no puede creer la poeta en el último verso del poema?

M. **Resumen** Lee el poema otra vez y escribe un breve resumen de cinco a seis oraciones de lo que describe Gabriela Mistral en su poema.

¡Adelante!

Ejercicio oral

N. **Una persona ideal** You and a classmate tell each other six things that would make for an ideal life partner for you in the future. Begin your remarks with **Una persona ideal para mí es un hombre / una mujer que....** Be sure to use verbs that follow in the subjunctive since this is all still a part of your imagination.

Ejercicio escrito

O. **Mi mini-retrato** You have been asked to turn in an autobiographical entry on yourself for a national publication of *Who's Who in U.S. High Schools.* Your space is strictly limited to no more than ten to twelve sentences. Refer to pp. 254–260 for model *mini-retratos* of Nobel prizewinners. In this condensed description of yourself include such information as (1) where you've lived and traveled, (2) a person who has influenced you and why, (3) something that you've accomplished, (4) a significant interest of yours, (5) an experience that has helped you understand more about life, (6) a point of view you feel strongly about and, finally, (7) what your hopes are for the future.

 Vocabulario 

Para charlar

Para hablar del mundo de las letras

el (la) autor(a)
el (la) cuentista
el cuento
el (la) dramaturgo(a)
el (la) ensayista
el ensayo
el (la) escritor(a)
la fotonovela
la literatura
la novela
el (la) novelista
la obra
el (la) periodista
el periódico
los personajes
la pieza teatral
el poema
el (la) poeta
la revista
el teatro
el tema

Para expresar duda, incertidumbre e improbabilidad

Dudo que
Es dudoso
Puede ser
No estoy seguro(a)
No creo que
Es increíble
No es verdad
No es cierto
(No) Es posible
(No) Es imposible
(No) Es probable
(No) Es improbable

Para expresar resultados imaginarios o dependientes en acciones previas

Antes de que…
Aunque…
En caso de que…
Cuando…
A menos que…
Para que…
Sin que…
Con tal de que…

Vocabulario general

Sustantivos

la duda
el (la) estrella (de cine, de televisión)
la imaginación
la incertidumbre
la irrealidad
el premio
la realidad
la soledad

Verbos

ganar
perder

Adjetivos

literario(a)

Otras expresiones

de golpe
¡Felicitaciones!
llamar la atención

CAPÍTULO ONCE

El realismo y el idealismo

Primera etapa

Cervantes, Don Quijote y Sancho Panza

La página 288: Don Quijote y Sancho Panza, Madrid

Miguel de Cervantes (1547–1616) tomó las *corrientes* del realismo y el idealismo, entre otras, para escribir una de las obras más universales de la literatura: *El ingenioso hidalgo don Quijote de la Mancha*. Cervantes vivió durante una época de grandes conflictos cuando España tenía el imperio más vasto que ha conocido hasta ahora la historia humana. Por un lado, se proclamaba lo ideal en la gloria de España. Por otro *se negaba* su *grandeza* porque en realidad resultó imposible controlar la administración y la economía de sus extensos territorios en Europa, África, Indonesia y América. Así el pueblo español sentía la tensión eterna entre el realismo y el idealismo. Cervantes reconoció esta tensión y se dedicó a representarla en su creación literaria.

currents

was denied / greatness

Los lectores de la famosa novela de Cervantes han hecho innumerables interpretaciones de ella a lo largo de los siglos. Algunos críticos la han visto sólo como una sátira de las novelas de *caballerías*, otros como un libro serio que nos hace pensar, otros como una representación del problema de la cultura española y otros más como un complicado caso psicoanalítico. Sin embargo, la mayoría está de acuerdo en que los dos protagonistas, don Quijote y Sancho Panza, representan *valores* espirituales que nos dan una *amplia* y rica visión de la naturaleza humana y del *destino* del ser humano en general. Don Quijote y Sancho son hijos de España pero, a la vez, son hombres universales y *eternos*.

chivalry
values
broad / destiny, fate
eternal

Don Quijote, el gran idealista, tiene una *fe ciega* en los valores del espíritu como la *bondad*, la *honra*, la *valentía*, la *lealtad* y el amor a la justicia. Está convencido de que es todo un caballero con la noble misión de reformar el mundo. Sale en busca de aventuras con la idea de hacer bien a todos para que triunfe la justicia. Sancho, el humilde realista, con su fuerte sentido práctico de las cosas, tiene mucho interés en el materialismo. Es un *labrador sencillo* y *grosero* que siempre tiene hambre y sed. Decide acompañar a don Quijote en sus aventuras porque espera ser un hombre rico y famoso cuando vuelva a su casa.

blind faith
kindness / honor / courage / loyalty
farmhand, peasant / simple / vulgar

COMENTARIOS CULTURALES

Valores simbólicos

En la Plaza de España en Madrid hay un monumento construido a la gloria de los dos protagonistas de la obra clásica de Miguel de Cervantes (1547–1616), *El ingenioso hidalgo don Quijote de la Mancha*. Don Quijote, el caballero, representa en carne y hueso el idealismo mientras que Sancho Panza, el escudero, personifica el realismo—dos aspectos importantes de la naturaleza humana. El drama de la novela tiene mucho que ver con la influencia que estos dos personajes tienen el uno sobre el otro, y las maneras en que van cambiando su temperamento, filosofía y punto de vista. La historia literaria de España refleja una tensión constante entre el realismo, que tiene la intención de ser fiel a la realidad, y el idealismo, que se caracteriza por una idea superior de ella, quitándole sus imperfecciones.

Comprensión

A. **Estudio de palabras** Con un(a) compañero(a) escriban una definición que ustedes creen que mejor explique el significado de las siguientes palabras. Después consulten un diccionario para escribir las definiciones "oficiales" de ellas, comparándolas con las que ustedes escribieron.

1. el realismo
2. el idealismo
3. la sátira
4. el espíritu
5. la justicia
6. el materialismo

B. **Cierto / Falso** Decide si las siguientes oraciones son ciertas o falsas. Corrige las falsas de acuerdo con la información que acabas de leer.

1. Cervantes escribió "la novela por excelencia" porque pudo combinar genialmente el realismo y el idealismo.
2. En su novela clásica Cervantes presenta una visión universal de cómo se sienten y cómo actúan los seres humanos en general.
3. En la época de Cervantes, España tenía un lugar de poca importancia en el mundo.
4. Los críticos han hecho sólo dos o tres interpretaciones de esta obra.
5. Esta novela no es interesante para la gente que no sabe nada de España.
6. Don Quijote cree que es posible mejorar las cosas.
7. Don Quijote tiene mucho interés en la comida y la bebida.
8. A Sancho le interesa la manera más directa y eficiente de hacer las cosas.
9. Sancho Panza casi siempre piensa en cómo puede ayudar a la gente.

C. **Los personajes y sus valores** Escribe un párrafo de cinco o seis oraciones sobre don Quijote y otro sobre Sancho Panza. Indica lo que es importante para cada uno y lo que representan los dos personajes en la famosa novela de Cervantes.

COMENTARIOS CULTURALES

La popularidad de *El Quijote*

El ingenioso hidalgo don Quijote de la Mancha es una de las creaciones literarias más populares en la historia de la literatura. Después de la *Biblia* es una de las obras más publicadas y más traducidas del mundo. Es interesante notar también que el vocabulario que usa Cervantes es uno de los más extensos de la historia literaria. Como ejemplo, en comparación con las 6.000 palabras que contiene la versión inglesa de la *Biblia* (King James), Cervantes usa unas 8.200 palabras distintas en *El Quijote*.

Repaso

D. **¿Qué pasará?** Completa las siguientes oraciones usando expresiones como **en caso de que**, **sin que**, **con tal de que**, **antes de que**, **para que**, **a menos que**, **aunque** y **cuando**. Usa la imaginación.

MODELO: Manuel dice que no irá a México…
Manuel dice que no irá a México a menos que yo vaya con él.

1. Mi tío Raúl siempre paga la cuenta…
2. Pensamos invitar a Tomás…
3. No quiero quedarme una semana más en el hotel…
4. Llamaré a mis padres esta noche…
5. El tren no llegará a tiempo…
6. No le darán el premio a ese escritor…
7. Reynaldo no quiere ir por avión…
8. Mis padres comprarán los boletos…
9. Terminaré la novela mañana…
10. Creo que aprenderás más sobre la literatura…

ESTRUCTURA

The conditional

Roberto **viajaría** contigo.	Roberto *would travel* with you.
Me gustaría viajar contigo.	*I would like* to travel with you.
¿No **irían** tus primos con ellos?	*Would*n't your cousins *go* with them?
¿Venderías tu bicicleta?	*Would you sell* your bicycle?
Pedro dijo que **llegaría** a las 6:00.	Pedro said *he would arrive* at 6:00.

1. The conditional tense in Spanish is equivalent to the English structure *would* + verb. It simply expresses what would happen if the conditions were right.
2. Another way to think about the conditional is that it is related to the past the way the future is to the present. That is, the conditional refers to the *future* of an action in the *past*:

Dicen que **volverán** temprano.	*They say they will return* early.
Dijeron que **volverían** temprano.	*They said they would return* early.

3. The conditional tense is very similar to the future tense. It is formed by adding the endings **-ía**, **-ías**, **-ía**, **-íamos**, **-íais**, and **-ían** to the infinitive, whether it be an **-ar**, **-er**, or **-ir** verb.

llegar			
yo	llegar**ía**	nosotros	llegar**íamos**
tú	llegar**ías**	vosotros	llegar**íais**
él / ella / Ud.	llegar**ía**	ellos / ellas / Uds.	llegar**ían**

ver			
yo	ver**ía**	nosotros	ver**íamos**
tú	ver**ías**	vosotros	ver**íais**
él / ella / Ud.	ver**ía**	ellos / ellas / Uds.	ver**ían**

pedir			
yo	pedir**ía**	nosotros	pedir**íamos**
tú	pedir**ías**	vosotros	pedir**íais**
él / ella / Ud.	pedir**ía**	ellos / ellas / Uds.	pedir**ían**

4. The conditional *cannot* be used in Spanish to refer to something that "used to be" the way *would* can be used in English: "When we were kids, we would always go to the movies on Saturdays." (As you have learned, the imperfect tense is used in Spanish to talk about habitual actions in the past.)

Aquí practicamos

E. Sustituye las palabras en cursiva con las palabras entre paréntesis y haz los cambios necesarios.

1. *Ella* organizaría una fiesta. (nosotros / yo / Marta y Carlos / tú / ellos)
2. *Tú* dormirías hasta las 8:00. (Uds. / ella / mi hermano / ellos / vosotros)
3. *Él* no comprendería las preguntas. (yo / ellas / tú / nosotros / Ud. / Mario)

F. **¿Qué dijeron que harían?** Cambia las siguientes oraciones cambiando el primer verbo al pretérito y el segundo al condicional para hacer una referencia al pasado.

MODELO: Dice que escribirá una novela.
Dijo que escribiría una novela.

1. Me dicen que les darán un premio a los tres mejores escritores.
2. Ramón dice que le gusta leer los poemas de Neruda.
3. ¿Dicen ustedes que no irán a la ceremonia?
4. Mi amigo dice que no leerá esa fotonovela.
5. ¿Dices que no escribirás la composición?
6. Los críticos dicen que la gente no entenderá la novela.
7. El editor dice que publicará otra revista en español.
8. ¿Ustedes dicen que no será difícil encontrar a esa autora?
9. Carlos y Marta dicen que verán a muchos escritores en la fiesta.
10. Yo digo que algún día Carlos Fuentes, de México, ganará el Premio Nobel.

The conditional of other verbs

As you have learned already, some verbs use a different stem to form the future tense. They use these same stems to form the conditional tense. The endings, however, are the same as for regular verbs (**-ía**, **-ías**, **-ía**, **-íamos**, **-íais**, **-ían**). The most common verbs that do not use the infinitive as the stem to form either the future or the conditional tense are:

decir	**dir-**	yo **diría**	tú **dirías**, etc.
haber	**habr-**	yo **habría**	
hacer	**har-**	yo **haría**	
poder	**podr-**	yo **podría**	
poner	**pondr-**	yo **pondría**	
querer	**querr-**	yo **querría**	
saber	**sabr-**	yo **sabría**	
salir	**saldr-**	yo **saldría**	
tener	**tendr-**	yo **tendría**	
venir	**vendr-**	yo **vendría**	

G. Sustituye las palabras en cursiva con las palabras entre paréntesis y haz los cambios necesarios.

1. *Los escritores* dirían que es difícil escribir una novela. (ella / tú / los críticos / mi profesora / el estudiante / vosotras)
2. *El lector* no tendría paciencia con una obra mal escrita. (yo / mis padres / el público / nosotros / tú / los editores)
3. *El poeta* podría escribir más versos sobre el tema del amor. (ella / mi hermana / ustedes / los estudiantes / Teresa)

H. **Hoy no, pero otro día sí** Indica lo que las personas harían otro día porque no pueden hacerlo hoy.

MODELO: ¿Puedes ir al banco hoy?
Hoy no, pero iría al banco otro día.

1. ¿Tu hermana puede llevar a los niños al parque?
2. ¿Piensan estudiar ustedes esta tarde?
3. ¿Vas al cine con nosotros?
4. ¿Carmen puede llamarnos por teléfono?
5. ¿Ud. quiere tomar el tren a Granada?
6. ¿Pueden salir ustedes temprano?
7. ¿Quieres comer en un restaurante elegante?
8. ¿Puedes comprar las bebidas en el supermercado?
9. ¿Espera aprender Marta ese poema?
10. ¿Tienes tiempo libre hoy?
11. ¿Carlos puede venir a la casa después?
12. ¿Hay tiempo para ir a la playa?

I. **¿Qué harías tú?** Usa la información a continuación para hacerle preguntas a un(a) compañero(a), que después te contestará. Usa el tiempo condicional.

MODELO: hacer / después de esa clase
—¿Qué harías tú después de esa clase?
—Yo iría (voy, voy a ir, pienso ir) al museo.

1. hacer / después de viajar por México
2. hacer / los fines de semana
3. hacer / en una situación difícil
4. hacer / en la fiesta la próxima vez
5. hacer / en la nueva tienda
6. hacer / en la casa de tus abuelos
7. hacer / el día del cumpleaños de tu papá
8. hacer / el verano que viene
9. hacer / en España
10. hacer / en un concierto de rock

DON FLORISEL DE NIQVEA.

LA PRIMERA PARTE DE LA QVARTA DE LA CHORONICA DEL excellentissimo Principe Don Florisel de NIQUEA que fue escripta en Griego por Galersis, fue sacada en latin por Philastes Campaneo, y traduzida en romance castellano por Feliciano de Silva.

Lectura: *Don Quijote—Nuestro héroe*

En un lugar de la Mancha, de cuyo nombre no quiero acordarme, no hace mucho tiempo que vivía un *hidalgo* pobre. Tenía en su casa un *ama de casa* que pasaba de cuarenta años, y una sobrina que no llegaba a los veinte. La edad de nuestro hidalgo era de cincuenta años; era fuerte, delgado, muy activo y amigo de la *caza*. Los momentos que no tenía nada que hacer (que eran la mayoría del año), se dedicaba a leer libros de caballerías con tanta afición y gusto que olvidó casi completamente el ejercicio de la caza, y aun la administración de su hacienda. Llegaron a tanto su curiosidad y locura en esto, que vendió muchas tierras para comprar libros de caballerías que leer, y así llevó a su casa muchos libros de esta clase.

nobleman / housekeeper

hunting

Tuvo muchas disputas con el *cura* de su lugar, y con maestro Nicolás, el barbero del mismo pueblo, sobre cuál había sido mejor caballero, Palmerín de Inglaterra o Amadís de Gaula, y sobre otras cuestiones semejantes que trataban de los personajes y episodios de los libros de

priest

magic spells

caballerías. Se aplicó tanto a su lectura que pasaba todo el tiempo, día y noche, leyendo. Se llenó la cabeza de todas aquellas locuras que leía en los libros, tanto de *encantamientos* como de disputas, batallas, duelos, heridas, amores, infortunios y absurdos imposibles. Tuvieron tal efecto sobre su imaginación que le parecían verdad todas aquellas invenciones que leía, y para él no había otra historia más cierta en el mundo.

sanity
knight-errant
weapons / great-grandparents
helmet
cardboard / sword

Como ya había perdido su *juicio,* le pareció necesario, para aumentar su gloria y para servir a su nación, hacerse *caballero andante*, e irse por todo el mundo con sus armas y caballo a buscar aventuras. Pensaba dedicarse a hacer todo lo que había leído que los caballeros andantes hacían, destruyendo todo tipo de deshonor y poniéndose en circunstancias y peligros, donde, terminándolos, obtendría eterna gloria y fama. Lo primero que hizo fue limpiar unas *armas* que habían sido de sus *bisabuelos.* Las limpió y las reparó lo mejor que pudo, pero vio que tenían una gran falta, y era que no tenían *celada*; más con su habilidad hizo una celada de *cartón*. Para probar si era fuerte, sacó su *espada* y le dio dos golpes con los que deshizo en un momento la que había hecho en una semana. Volvió a hacerla de nuevo y quedó tan satisfecho de ella, que sin probar su firmeza la consideró finísima celada.

Comprensión

J. **Así es.** ¿Cuáles de las siguientes palabras asocias con la descripción de don Quijote?

perezoso	gordo	curioso	cruel	bajo
joven	valiente	pobre	ambicioso	tonto
débil	delgado	antisocial	alegre	malo
aventurero	aburrido	fuerte	egoísta	
individualista	guapo	activo	paciente	

K. **¿Comprendiste?** Escoge la frase que mejor describa el propósito del narrador del texto que acabas de leer.

1. dar una serie de opiniones personales sobre los viejos locos
2. narrar una secuencia de eventos importantes en la historia española
3. describir el temperamento de un protagonista interesante
4. convencer a los lectores que vale la pena leer libros de caballerías

L. **Cuestionario** Contesta en español las siguientes preguntas sobre la lectura.

1. ¿Quiénes vivían con el hidalgo en su casa?
2. ¿Cuántos años tenía don Quijote?
3. ¿Cómo era físicamente?
4. ¿Cómo pasaba don Quijote la mayoría de su tiempo?
5. ¿Cómo lo afectó esta actividad?
6. ¿Cuál era el tema de las disputas entre don Quijote, el cura y el barbero?
7. ¿Qué decidió hacer don Quijote por fin? ¿Por qué tomó esta decisión?
8. Después de limpiar las armas, ¿qué descubrió don Quijote que necesitaba?
9. ¿Cómo resolvió el protagonista su problema?

M. **¿Qué pasará con don Quijote?** Ya que sabes algo de las actitudes y el carácter de don Quijote, escribe un párrafo de seis oraciones describiendo lo que tú crees que él hará al día siguiente. Usa el tiempo futuro en tu descripción.

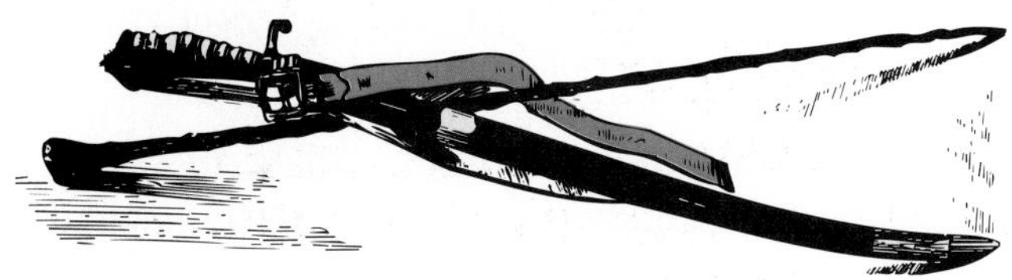

¡Adelante!

Ejercicio oral

N. **¿Qué consejo** *(advice)* **darías?** El ama de casa de don Quijote te habla de los problemas que tiene con don Quijote y Sancho Panza. Usa la información entre paréntesis para indicar lo que harías tú **en tal caso** *(in such a case).*

MODELO: Me canso de recoger los libros de caballerías que don Quijote lleva a la casa. (ponerlos en la biblioteca de la casa)
Yo los pondría en la biblioteca de la casa.

1. Nunca tenemos dinero porque don Quijote lo usa para comprar libros. (pedirle a don Quijote cierta cantidad de dinero cada semana)
2. Me molestan las disputas que don Quijote tiene en la casa con el cura y el barbero. (salir de la casa cuando las tienen)
3. Don Quijote pasa el día y la noche leyendo y no quiere comer cuando es hora. (dejar la comida a su lado en la biblioteca)
4. A Sancho le gusta demasiado el vino. (abrir sólo una botella cuando visita a don Quijote)
5. La sobrina de don Quijote dice que su tío está un poco loco. (decir lo mismo dadas las circunstancias)
6. Necesito unos días de descanso pero no quiero dejar solo a don Quijote. (pedir la ayuda de la sobrina)
7. Don Quijote va a limpiar todas las armas viejas en la sala. (ayudarle a llevar las armas al establo)
8. Sancho siempre pierde dinero en la taberna del pueblo. (no preocuparse y aceptar que es su dinero)
9. Don Quijote tiene la barba demasiado larga. (hacer una cita para él con el barbero)
10. Me pongo nerviosa cuando don Quijote dice que va a viajar con Sancho. (aceptar que don Quijote no va a cambiar)

Ejercicio escrito

O. **Dada la oportunidad...** *(Given the opportunity...)* Write a letter in Spanish (two or three paragraphs long) explaining to a Spanish pen pal how you imagine don Quijote would behave, given the opportunity, as a visitor to your hometown during part of the school year. Explain why he would or would not be a good person to have on an exchange program with your school. Preface your comments with phrases like **Dada la oportunidad, don Quijote...**, followed by verbs in the conditional tense, since it is understood that this is all imaginary.

Segunda etapa

Cervantes: Genio y figura

Miguel de Cervantes Saavedra (1547–1616)

Las experiencias y aventuras de Miguel de Cervantes tuvieron un impacto en su imaginación y expresión literaria. Incluyó en *El Quijote* muchos incidentes que él había vivido, así es que la relación entre vida y arte es bastante íntima en su caso. Nació en

1547 en Alcalá de Henares, un pueblo a unos 35 km al noreste de Madrid. Su padre había sido de familia noble, pero trabajaba como médico, una profesión de poca importancia en esa época. Miguel era el cuarto de siete hijos, pero no se sabe mucho de su niñez y temprana juventud, sólo que era inteligente y que le gustaba leer. Su familia vivió en muchas ciudades. Por eso, Cervantes llevó a su obra literaria un conocimiento directo de las diversas clases sociales de las varias ciudades en que vivió.

En 1569 vivió en Roma donde trabajó para un cardenal antes de entrar en el ejército español. Luchó heróicamente como soldado en la famosa batalla de Lepanto en que la Armada de 200 barcos destruyó la fuerza naval de los turcos en 1571. En esta batalla, Cervantes recibió una herida y perdió el uso de la mano izquierda, llamándose después "El *Manco* de Lepanto". En 1575 lo capturaron unos piratas del Norte de África y Cervantes pasó cinco años en una *cárcel* porque los piratas creían que podrían obtener dinero de *rescate* por él. Los otros prisioneros admiraban la valentía y la nobleza de espíritu de Cervantes. Por fin, en 1580 lo *rescataron* unos *frailes* y Cervantes volvió a Madrid después de doce años fuera de su país. En Madrid se dedicó a las letras, escribiendo obras teatrales, poesía y prosa que contenían excelentes cuadros de varios tipos humanos y que *se destacaban* por su diálogo natural y su humor.

One-Arm
jail
ransom
they rescued / friars
were noteworthy, stood out

Cervantes se casó en 1584 con una mujer que tenía dieciocho años menos que él. El matrimonio no fue feliz. No tuvieron hijos y vivieron una vida pobre, separados la mayoría del tiempo. Cervantes tuvo que viajar mucho en su trabajo humilde como *comisario de provisiones* para la fuerza naval española. Viajó por las regiones de España y conoció a gente de toda clase — del campo y de la ciudad. Trató de ir a América pero en la corte alguien lo acusó injustamente por la muerte de un hombre que había tenido una *riña* con otra persona a la puerta de la casa de Cervantes. Pudo demostrar que había sido víctima inocente y quedó libre, pero perdió la oportunidad de viajar al Nuevo Mundo.

supply officer
quarrel

En 1605 publicó la primera parte de *El ingenioso hidalgo don Quijote de la Mancha* y la reacción del público fue muy positiva. Desafortunadamente le ganó poco dinero y siguió viviendo en la pobreza. En 1615, un año antes de su muerte, Cervantes terminó la segunda parte del *Quijote*, que tuvo aun más éxito que la primera. Tomadas juntas, las dos partes de la obra *trazan* la evolución de sus dos personajes centrales de una manera tan profunda que don Quijote y Sancho llegan a una dimensión universal, *estableciendo* a su autor como el gran maestro de la novela moderna.

trace
establishing

Comprensión

A. **Estudio de palabras** Adivina el significado de las siguientes palabras que aparecen en la lectura. Consulta un diccionario cuando no estés seguro(a) de lo que significan.

1. la relación
2. la juventud
3. un conocimiento
4. una herida
5. la nobleza
6. el matrimonio
7. humilde
8. la pobreza

B. **Fechas biográficas** Busca las siguientes fechas en la lectura y explica en una oración por qúe son importantes en la vida de Cervantes.

a. 1547
b. 1569
c. 1571
d. 1575
e. 1580
f. 1584
g. 1605
h. 1615
i. 1616

C. **Sobre la vida de Cervantes** Contesta las preguntas sobre el autor de *El Quijote*.

1. ¿Qué relación tiene la vida de Cervantes con su obra?
2. ¿Dónde nació el autor?
3. ¿Qué sabemos de su niñez?
4. ¿Qué le pasó a Cervantes en una batalla naval contra los turcos?
5. ¿Por qué fue prisionero por cinco años?
6. ¿Cuáles son dos características importantes de toda su obra?
7. ¿Cómo podríamos describir el matrimonio de Cervantes?
8. ¿Qué tipo de trabajo hacía Cervantes cuando no estaba escribiendo?
9. ¿Qué pasó una vez a la puerta de su casa?
10. ¿Cómo reaccionó el público a la primera parte del *Quijote*?
11. Cuando se publicó la segunda parte del *Quijote*, ¿tuvo mucho éxito?

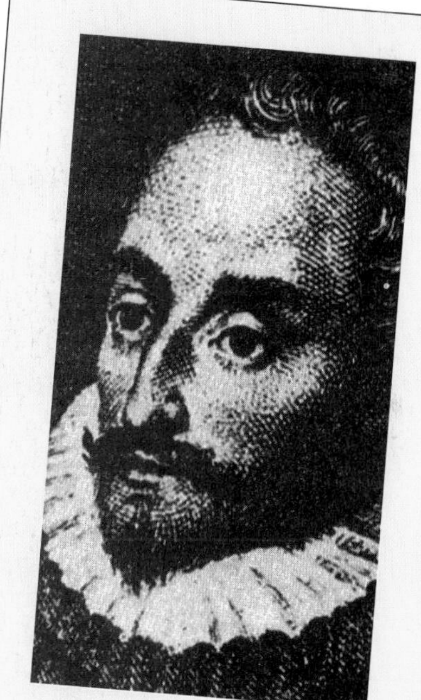

"Mientras se amenaza, descansa el amenazador."

Miguel de Cervantes Saavedra (1547-1616), escritor español.

Repaso

D. **Dije que sí, pero ahora no puedo.** Contesta las preguntas que siguen, indicando que las personas mencionadas dijeron que harían algo, pero que ahora no lo pueden hacer. Sigue el modelo.

MODELO: ¿Vas a ir al cine?
Dije que iría, pero ahora no puedo.

1. ¿Piensas salir el miércoles para España?
2. ¿Viajarán ustedes juntos en el avión?
3. ¿Tu novio(a) va a cantar esta noche?
4. ¿El (La) profesor(a) va a estar en la fiesta?
5. ¿Tus primos van a nadar con nosotros?
6. ¿El taxista vendrá a las 11:00 por nosotros?
7. ¿Vas a ayudar a tu amigo(a) esta tarde con sus muebles?
8. ¿Quieren correr ustedes diez kilómetros conmigo mañana?
9. ¿Podrás terminar el proyecto este fin de semana?
10. ¿Tus amigos quieren jugar al tenis hoy?

E. **En ese caso...** Indica lo que tú o las personas mencionadas harían en las circunstancias indicadas. Sigue el modelo.

MODELO: Ves un coche parado en la carretera con una llanta desinflada *(flat tire)*. ¿Qué harías?
Le ayudaría a la persona a cambiar la llanta.

1. Estás en un restaurante cuando alguien grita, "¡Fuego en la cocina!" ¿Qué harías?
2. Tu amigo y tú caminan por la calle cuando empieza a llover. Tú no tienes paraguas, pero él sí. ¿Qué haría tu amigo?
3. Tienes un dolor de cabeza y le pides aspirinas a tu hermana. ¿Qué haría ella?
4. Tu hermano quiere comprar una bicicleta pero le falta dinero. ¿Qué haría él?

5. Tú ves a una niña de tres años que no sabe nadar. Se cae en la piscina. ¿Qué harías?
6. Tus amigos quieren ir a una fiesta pero nadie tiene coche. ¿Qué harían?
7. Tus padres no están preparados para una visita. Reciben una llamada telefónica de unos parientes que dicen que van a pasar a visitarlos a las 6:00 de la tarde. ¿Qué harían tus padres?
8. Una escritora recibe las noticias de que ha ganado un premio literario. La invitan a ir a una ceremonia. ¿Qué haría ella?
9. En un autobús tú ves que un muchacho está enojado y que golpea a otro muchacho. ¿Qué harías?
10. Tus padres están cansados y tú estás tocando música rock muy alto. ¿Qué harían ellos?

ESTRUCTURA

Special uses of the conditional tense

¿Cuántos años **tendría** ese escritor?	*I wonder* how old that writer *was*? (How old could that writer have been?)
Tendría unos setenta años.	*He was probably* about seventy years old.
¿Quién **sería** esa persona?	*I wonder who* that person *was*? (Who could that person have been?)
¿**Te gustaría** ir conmigo?	*Would you like* to go with me?
¿**Tendría** Ud. tiempo para ayudarme?	*Would you have* time to help me?

1. Just as the future tense may be used in Spanish to wonder about an action or a situation related to the present, so the conditional tense is used to make a guess about something in the past. This special use of the conditional always takes the form of a question. A response in the conditional indicates speculation, rather than certainty, about something.

2. Another common use of the conditional tense is to express politeness in a statement or soften a request, much as the phrases *I would like to...* or *would you mind...* do in English.

Aquí practicamos

F. **Me pregunto...** Las siguientes oraciones en el presente expresan hechos seguros *(facts)*. Cámbialas a preguntas en el condicional para expresar la probabilidad o la duda de la acción en el pasado. Sigue el modelo.

MODELO: El tren sale a tiempo.
¿El tren saldría a tiempo?

1. El tren llega más tarde.
2. Juan come en el restaurante de la estación.
3. Pago con un cheque viajero.
4. Sirven el desayuno en el tren.
5. Hay muchos pasajeros ingleses.
6. Este tren es puntual.
7. Los trenes paran en ese pueblo.
8. Los ingleses van a Málaga.
9. Mi padre tiene problemas con las maletas.
10. Después del viaje a Sevilla estamos cansados.

G. **¿Quién sabe por qué?** Contesta las siguientes preguntas, expresando incertidumbre o conjetura *(conjecture)* sobre el pasado. Usa la información entre paréntesis en tu respuesta. Sigue el modelo.

MODELO: ¿Por qué no aceptó ese autor el premio literario? (estar / muy enojado)
Estaría muy enojado.

1. ¿Cuántos años tenía el escritor cuando murió? (tener / ochenta años)
2. ¿Quiénes vinieron para hablar de la novela? (venir / los que la leyeron)
3. ¿Sabes quién llamó por teléfono durante la ceremonia? (ser / el presidente)
4. ¿Qué dijo el maestro de ceremonias? (decir / lo que siempre dice)
5. ¿Por qué no caminaron todos por el parque después de la reunión? (hacer / mucho frío)
6. ¿Cómo regresaron los escritores al hotel a la medianoche? (tomar / un taxi)
7. ¿Cuánto costó ese libro tan viejo de Cervantes? (costar / unos 300 dólares)
8. ¿Cómo pagó el comité por el premio si no tenía fondos? (pagar / con contribuciones de los socios)
9. ¿Por qué puso la escritora el libro en su maleta? (poner / para no dejarlo en el cuarto del hotel)
10. ¿A qué hora llegaron los jueces anoche? (ser / las 3:00 de la mañana)

H. **La cortesía es importante.** Cambia las oraciones a una forma más cortés *(courteous)*. Sigue el modelo.

MODELO: ¿Puedes ayudarme con el coche?
¿Podrías ayudarme con el coche?

1. ¿Puedo usar tu raqueta esta tarde?
2. ¿Tiene usted tiempo para ir conmigo?
3. Ella no debe hablar de esa manera.
4. Prefiero ver otra película.
5. ¿Me puede decir usted qué hora es?
6. ¿Les gusta a tus padres viajar en tren?
7. No es posible hacer eso.
8. Tendré más interés en otra ocasión.
9. No es ninguna molestia.
10. ¿Me da usted la oportunidad de trabajar aquí este verano?
11. Es posible hablar con el jefe mañana.
12. Puedes hablarme de tu problema.

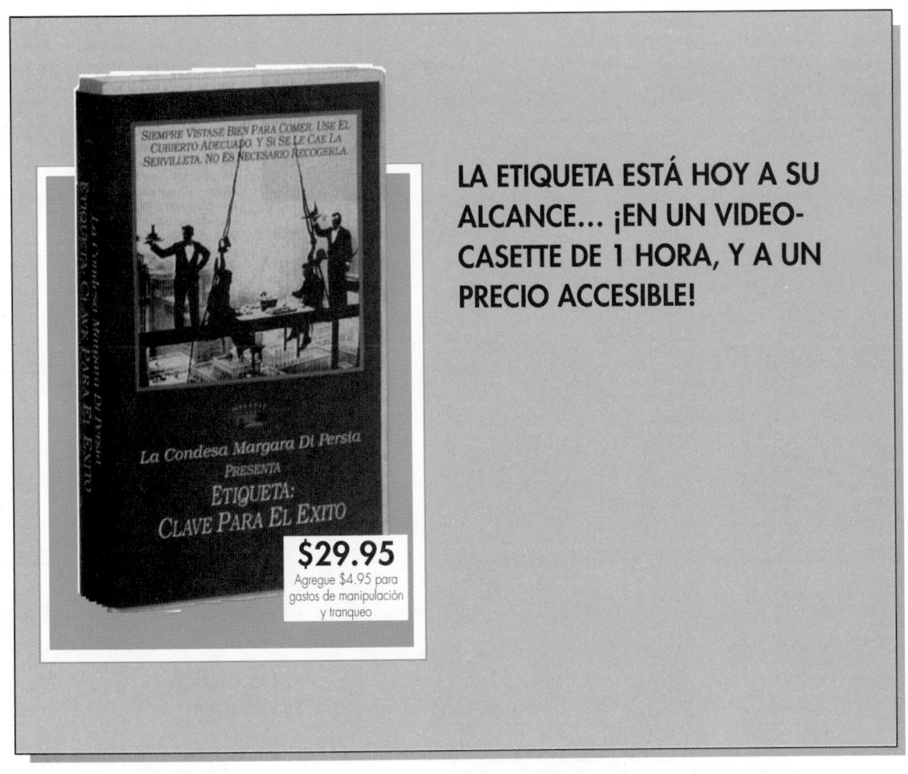

Lectura: *Don Quijote—Los molinos de viento*

Hay muchos molinos de viento en La Mancha, la región donde don Quijote tuvo muchas de sus aventuras. En un episodio de la famosa novela de Cervantes, el héroe ataca un molino con su lanza, creyendo que es en realidad un enorme gigante. La gente de muchos pueblos de La Mancha insiste hoy en día que su pueblo es el lugar donde nació don Quijote.

windmills
shieldbearer
is guiding
giants

Don Quijote y Sancho iban caminando por el Campo de Montiel cuando dentro de poco descubrieron treinta o cuarenta *molinos de viento* que había en aquel campo. Cuando don Quijote los vio, dijo a su *escudero:* —La fortuna *está guiando* nuestras cosas mejor de lo que podemos desear; porque ves allí, amigo Sancho Panza, treinta o pocos más enormes *gigantes*, con quienes pienso hacer batalla y quitarles a todos la vida.

Molinos de viento, La Mancha, España

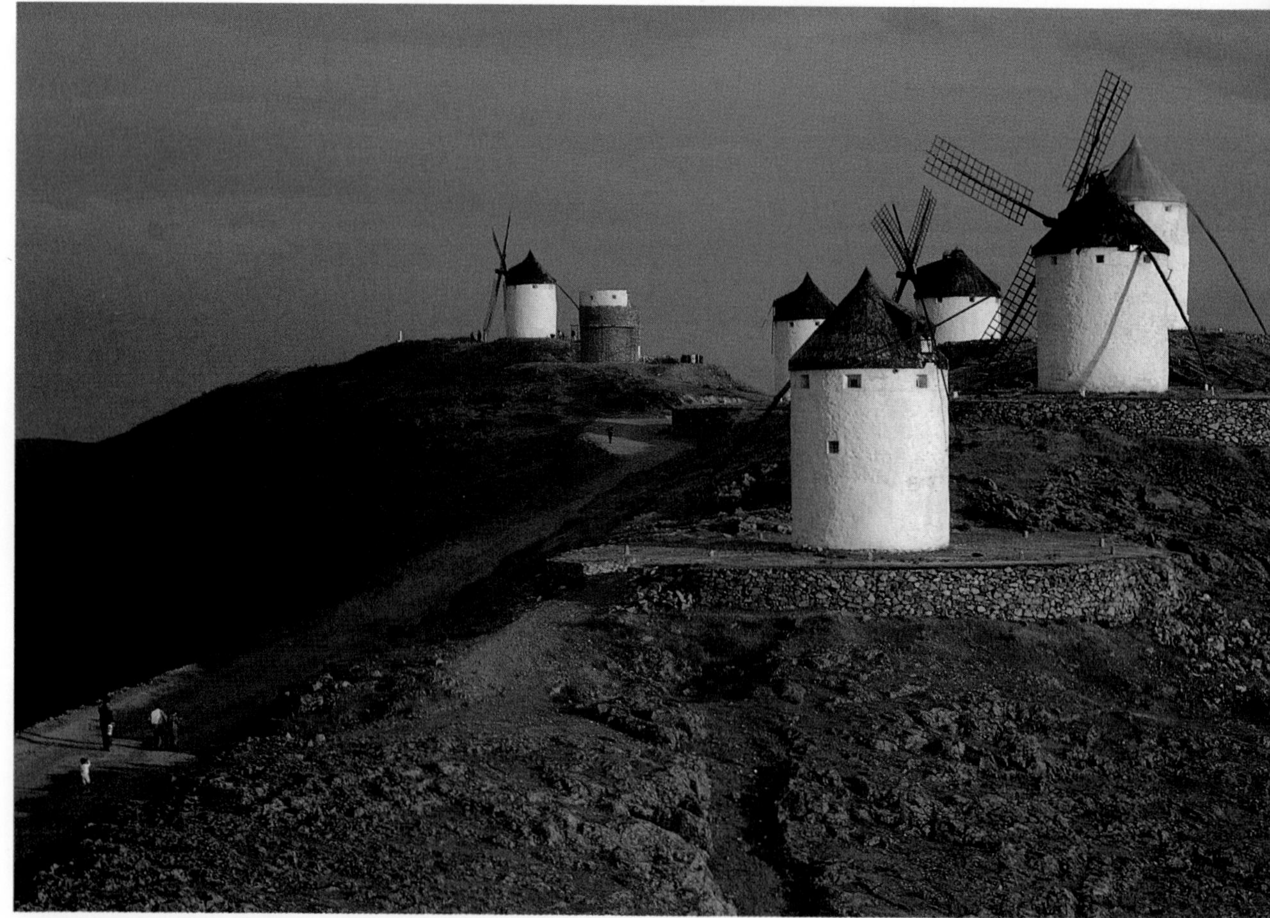

—¿Qué gigantes? — dijo Sancho Panza.

—Aquellos que allí ves, —respondió su *amo*, —de los brazos largos, que los tienen algunos de casi dos *leguas*. — master; leagues (a measured length)

—Mire *vuestra merced*, —respondió Sancho, —que aquellos que allí parecen ser gigantes son molinos de viento, y lo que en ellos parecen brazos son las *aspas*, que, cuando el viento las mueve, hacen andar la piedra del molino. — Your Grace; blades (of windmill)

—Bien parece, —respondió don Quijote, —que *no estás versado* en las aventuras: ellos son gigantes; y si tienes miedo, quítate de ahí porque voy a entrar con ellos en feroz batalla. — you're not well-informed

Y diciendo esto, *picó con la espuela* a su caballo Rocinante, sin prestar atención a los gritos que su escudero Sancho le daba, diciéndole que, sin duda alguna, eran molinos de viento, y no gigantes, aquéllos que iba a atacar. Pero él estaba tan convencido de que eran gigantes, que no oía los gritos de su escudero Sancho, ni se dio cuenta, aunque estaba muy cerca, de lo que eran; al contrario, iba diciendo en voz alta: —*¡No huyáis, cobardes* y viles criaturas, porque un solo caballero es el que os ataca! — he dug in his spurs; Don't flee; cowards

Se levantó en este momento un poco de viento, y las grandes aspas comenzaron a moverse. Cuando vio esto, don Quijote dijo: —Pues aunque mováis todos los brazos juntos, me lo pagaréis.

Y diciendo esto, después de dedicarse de todo corazón a su señora Dulcinea, pidiéndole su ayuda en tan peligroso momento, *se precipitó* a todo el galope de Rocinante, y atacó con la lanza al primer molino que estaba delante. El viento movió el molino con tanta furia, que hizo pedazos la lanza, llevándose detrás de sí al caballo y al caballero, que *fueron rodando* por el campo. Fue a ayudarle Sancho Panza a todo el correr de su *asno*, y cuando llegó, descubrió que no podía moverse. — he hurled himself; went rolling; donkey

—*¡Válgame Dios!* —dijo Sancho, —¿por qué no miró bien vuestra merced lo que hacía? ¿No le dije que eran molinos de viento y no gigantes? — Good heavens!

—*Calla,* amigo Sancho, —respondió don Quijote; —que las cosas de la guerra más que otras están sujetas a continua transformación. Por eso yo pienso que el *encantador* Fristón que me robó los libros, ha cambiado estos gigantes en molinos para quitarme la gloria de su derrota; tal es la *enemistad* que me tiene; pero al fin, al fin, poco podrán hacer sus *malas artes* contra la bondad de mi espada. — Be quiet; magician; ill-will; evil arts

—Amén, —respondió Sancho Panza; y ayudándole a levantarse, volvió a subir sobre Rocinante. Y hablando de la pasada aventura, siguieron el camino.

Comprensión

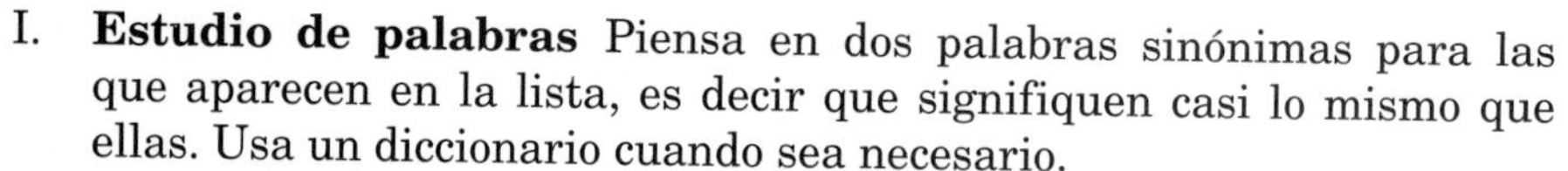

I. **Estudio de palabras** Piensa en dos palabras sinónimas para las que aparecen en la lista, es decir que signifiquen casi lo mismo que ellas. Usa un diccionario cuando sea necesario.

1. enorme
2. una batalla
3. precipitarse
4. la furia
5. el asno
6. un encantador
7. la derrota
8. la enemistad

J. **Y entonces...** Completa las siguientes frases de acuerdo con lo que se narra en la lectura.

1. Don Quijote y Sancho iban caminando por el campo cuando dentro de poco descubrieron allí...
2. Don Quijote pensaba hacer batalla, diciéndole a Sancho que lo que veían eran...
3. Al oír esto, Sancho respondió que...
4. Sin prestar atención a su escudero, don Quijote picó con la espuela a Rocinante y...
5. En ese momento un viento fuerte...
6. Sancho corrió para ayudarle a don Quijote pero cuando llegó...
7. La explicación de esta aventura que ofreció don Quijote fue que...

K. **Cuestionario** Contesta en español las preguntas sobre la lectura.

1. ¿Cuántos molinos de viento había en el campo?
2. ¿Qué creía don Quijote que eran los molinos?
3. ¿Qué dijo don Quijote que haría con los molinos?
4. ¿Cómo reaccionó Sancho cuando oyó lo que don Quijote pensaba?
5. A pesar de los gritos de Sancho, ¿qué hizo don Quijote?
6. ¿Qué pasó cuando el viento empezó a mover las aspas del molino?
7. ¿Cómo explicó don Quijote lo que había pasado?
8. ¿Crees tú que es mejor ser como don Quijote o como Sancho Panza? ¿Por qué?

L. **Entrevistas con don Quijote y Sancho Panza** Trabajando con un(a) compañero(a), preparen seis preguntas sobre el incidente de los molinos para don Quijote y seis para Sancho. Después un estudiante hará el papel de don Quijote para contestar las preguntas que le hace el (la) entrevistador(a), y el otro hará el papel de Sancho para contestar las preguntas que le tocan a este personaje.

M. **Otra aventura** Prepara una breve narración, oral o escrita, de una aventura imaginaria que resulta de la posible confusión de objetos del mundo de la realidad con el mundo de la fantasía. (Extensión: 3 ó 4 párrafos)

¡Adelante!

Ejercicio oral

N. **¡Promesas, promesas!** A tu amigo(a) le gustaría ser presidente de la clase. Trabajen juntos para ayudarle a pensar en seis cosas que le prometería a la clase para obtener los votos que necesita. Usen los verbos en el tiempo condicional.

Ejercicio escrito

O. **¿Qué le pasaría a Don Quijote hoy?** Using the conditional tense, write a description of an imaginary visit by don Quijote to your city or town today. What would it be like? What would he do? How would people react? What would happen? Refer back to the **Lecturas** on pp. 297–298 and p. 308–309 if you need to remember some details about him. Comment on how he would react to certain people, to a particular situation, to some object or device, etc. that would be unknown to a person from the 17th century who is visiting the 20th century.

Vocabulario

Temas y contextos

Para hablar más del arte y la literatura

Sustantivos

las corrientes (artísticas)
la creación
el / la crítico(a)
la escultura
el idealismo
la historia (literaria)
novelas de caballerías
la pintura
el realismo
la sátira

Verbos

desarrollar(se)
publicar
reflejar
representar
traducir
trazar

Para hablar del mundo imaginario

Busco una persona que sepa...
Deseo vivir en una casa que tenga...
¿Hay alguien que sea...?
No hay nadie que pueda...
Quiero un coche que sea...
Un(a) amigo(a) ideal es una persona que sea...

Vocabulario general

Sustantivos

el amor
los bisabuelos
el caballero
la dama
el destino
la dignidad
la fe
la honra
la justicia
el labrador
la lealtad
la nobleza
la patria
la valentía
los valores

Verbos

añadir
negar

Adjetivos

amplio(a)
eterno(a)
fiel
grosero(a)
idealista
profundo(a)
realista
sencillo(a)
trágico(a)
universal

Otras palabras y expresiones

en carne y hueso
la fe ciega
el punto de vista

EL INGENIOSO
HIDALGO DON QVI-
XOTE DE LA MANCHA,
Compueſto por Miguel de Ceruantes Saauedra.
DIRIGIDO AL DVQVE DE BEIAR,
Marques de Gibraleon, Conde de Benalcaçar, y Baña-
res, Vizconde de la Puebla de Alcozer, Señor de
las villas de Capilla, Curiel, y
Burguillos.

Año, 1605.

CON PRIVILEGIO,
EN MADRID Por Iuan de la Cueſta.
Vendeſe en caſa de Franciſco de Robles, librero del Rey nro ſeñor.

CAPÍTULO DOCE

El realismo mágico

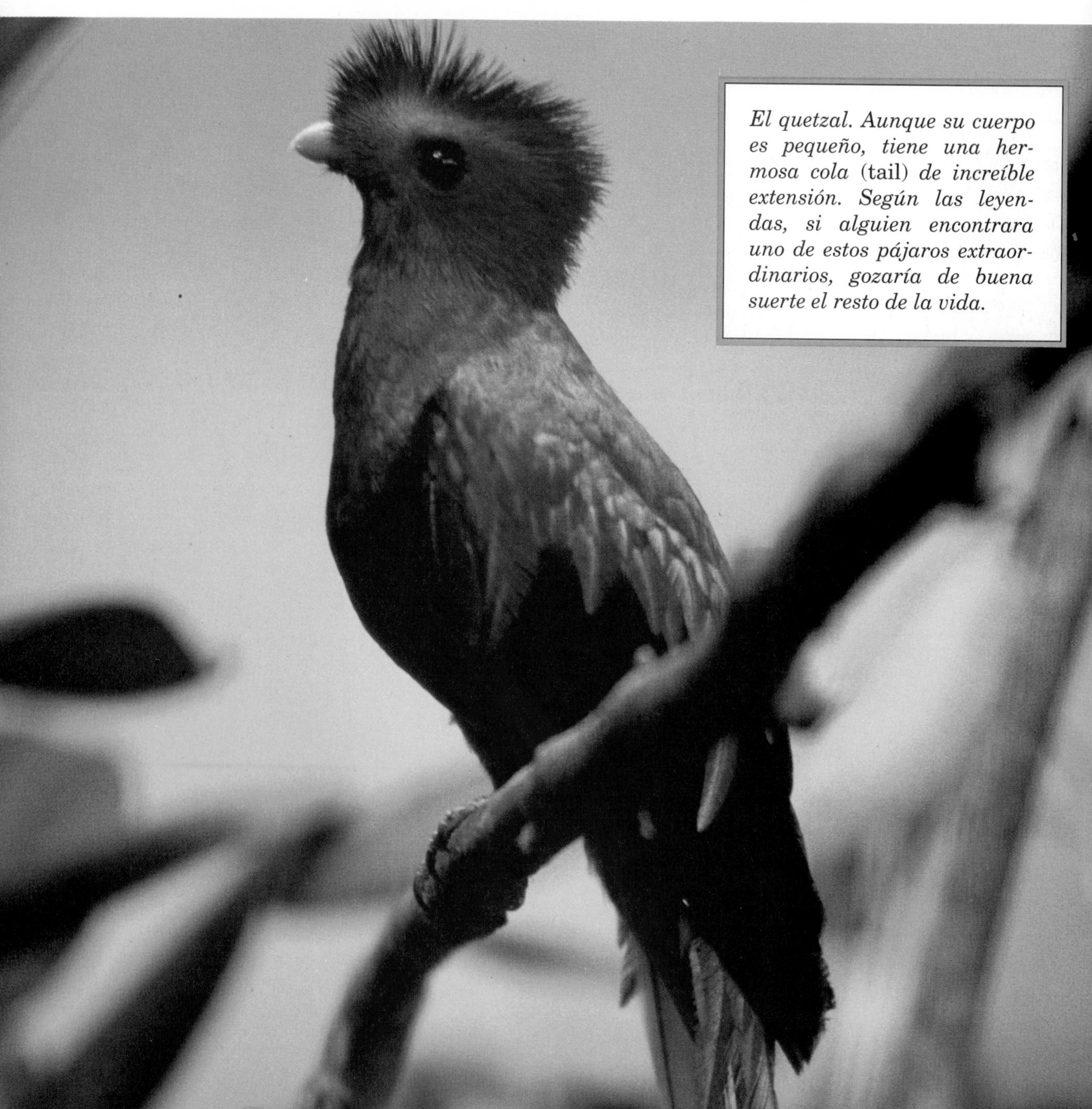

El quetzal. Aunque su cuerpo es pequeño, tiene una hermosa cola (tail) *de increíble extensión. Según las leyendas, si alguien encontrara uno de estos pájaros extraordinarios, gozaría de buena suerte el resto de la vida.*

Primera etapa

García Márquez, Macondo y *Cien años de soledad*

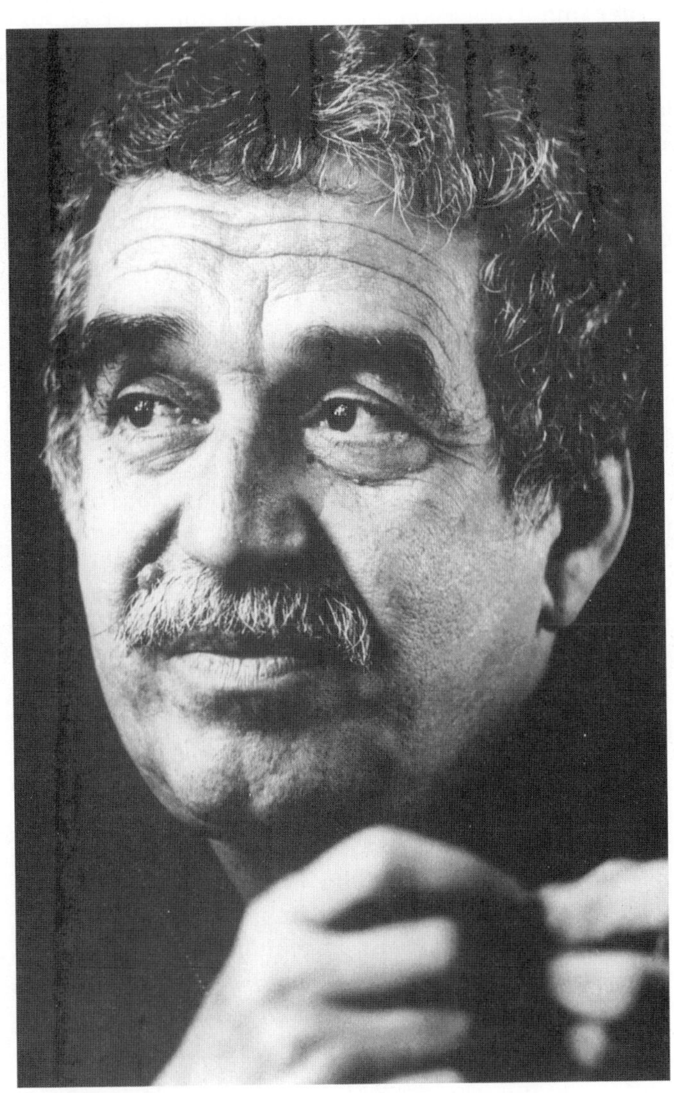

Gabriel García Márquez ha dicho en varias ocasiones que no le ha pasado nada interesante en la vida desde que murió su abuelo cuando era niño en Aracataca, Colombia. Insiste que desde ese entonces todo lo que ha escrito hasta ahora o ya lo sabía o ya lo había oído antes de cumplir los ocho años. Durante esos años vivió con sus abuelos, que le contaban cuentos todos los días, y según él, tuvo una niñez "fabulosa".

has a lot to do with
magical

La originalidad y el uso de la imaginación en la literatura hispanoamericana contemporánea le han dado fama en todas partes del mundo. La popularidad de esta literatura, en especial la de la novela, *tiene mucho que ver con* "el realismo *mágico*" que existe independientemente de la explicación racional. Para un escritor mágicorrealista sería una distorsión de la realidad si sólo la presentara desde un punto de vista completamente lógico o intelectual. Lo que intenta expresar es la emoción de la realidad sin eliminar su dimensión misteriosa o "mágica".

fact
mythical / beliefs
drowns / well
they tell a story / becomes
from another world / takes on

Uno de los objetivos del realismo mágico es hacer una combinación de lo real y de lo mágico para representar una nueva dimensión. Un *hecho* en sí es real y podría tener una explicación lógica, pero lo que interesa más es una explicación *mítica*. Esta explicación está basada en las *creencias* populares, en las leyendas, y en los sueños colectivos de la gente. Por ejemplo, en una descripción de una mujer que *se ahoga* en un *pozo,* la explicación sería que era el pozo que la necesitaba porque quería transformarla en una serpiente. Como dijo Miguel Ángel Asturias, los escritores que incluyen el realismo mágico en sus obras "viven con sus personajes en un mundo en que no hay fronteras entre lo real y lo fantástico, en que un hecho cualquiera — cuando lo *cuentan* — *se vuelve* parte de un algo *extraterreno*. Lo que es hijo de la fantasía *cobra* realidad en la mentalidad de las gentes".[1]

renew
storytelling
supernatural
silly incidents

Entre los escritores hispanoamericanos de nuestra época que incluyen en su obra muchos aspectos variables de la realidad está Gabriel García Márquez. Algunos críticos lo han comparado con Miguel de Cervantes. Aunque los separan casi cuatro siglos, los dos han sabido *renovar* el arte de *contar* — y lo han hecho con un gran sentido del humor. Además, los dos consideran lo real y lo *sobrenatural* como parte del mismo mundo de la realidad. *Cien años de soledad* y *El ingenioso hidalgo don Quijote de la Mancha* son excelentes ejemplos de cómo representar la realidad en sus varias dimensiones a lo largo de una narración llena de claridad, crítica social y *ridiculeces* cómicas.

fits
a lie

El pueblo en que tiene lugar lo que pasa en *Cien años de soledad* se llama "Macondo". Este pueblo ficticio está basado en la realidad que conoce García Márquez desde niño. Es una recreación de los aspectos geográficos, históricos, sociales y políticos de Colombia. Al trazar la vida y la fantasía de seis generaciones de la familia Buendía, el autor lleva Macondo a una dimensión universal. Este pueblo podría representar a América Latina, y en otro nivel, a todo el mundo. En la realidad que crea García Márquez, todo *cabe* dentro de lo posible. Allí todo es verdad y todo es *mentira* a la vez.

1. From *"Quince preguntas a M. A. Asturias", "Revolución". 17 de agosto, 1959, p. 23.*

EL AMOR EN LOS TIEMPOS DEL COLERA
Gabriel García Márquez — *DIANA*

El amor expresado de esta manera y con este estilo literario, no solamente nos hace sentir y vibrar, sino que nos sumerge en la adversidad que viven Florentino Ariza y Fermina Daza, quienes desde muy jóvenes conocieron el verdadero e intenso amor que sólo a esa edad se nos concede vivir. Pero precisamente debido a la edad, inusitadamente ocurre la separación, dejando el sabor de esa clase de amores que nunca se olvidarán y que muy a pesar del destino las distancias, la presencia de otros amores, el tiempo, la familia, la vejez y las arrugas, su sólo recuerdo nos hace conservar la esperanza de algún día volver. Así se materializa un sueño, un hermoso sueño que jamás pudiéramos considerar absurdo o imposible...

No. 0319BCT — *$18.95*

En *Cien años de soledad* García Márquez pasa fácilmente de lo cómico a lo trágico para ilustrar las maneras en que los seres humanos viven. Su técnica preferida es la exageración. Lo extraordinario se vuelve parte de la vida diaria como si fuera algo ordinario, como cuando un cura empieza a subir al cielo después de beber una taza de chocolate bien fuerte. Lo trivial se vuelve algo fabuloso, como el bloque de hielo que la gente insiste en llamar un *diamante* enorme. Por medio del humor, el autor humaniza a los muchos personajes que representan todas las facetas de la sociedad. Usa la sátira para divertir así como para llamar atención a las injusticias de un sistema político corrupto y violento, dejando que los lectores se imaginen cómo se podría mejorar la situación.

diamante: diamond

Comprensión

A. **Significados** Adivina el significado de las siguientes palabras que aparecen en la lectura. Encuentra las palabras en inglés en la lista a la derecha que corresponden a las palabras en español a la izquierda.

1. la explicación	a. the criticism
2. la distorsión	b. the level
3. incluir	c. the distortion
4. la frontera	d. to include
5. la crítica	e. the explanation
6. el nivel	f. the border

B. **Palabras claves** Decide cuál de las cuatro posibilidades explica *mejor* las frases o nombres en cursiva que aparecen en la lectura.

1. *el realismo mágico:* a. explicaciones racionales b. hechos históricos c. la dimensión misteriosa d. injusticias sociales
2. *Miguel Ángel Asturias*: a. romántico b. realista c. mágicorrealista d. existencialista
3. *la sátira:* a. mantiene una actitud objetiva b. critica la sociedad c. usa muchos adjetivos d. es respetuosa y reverente
4. *Macondo:* a. un pueblo cerca de Bogotá b. una compañía bananera c. el nombre de una familia colombiana importante d. un pueblo imaginario
5. *creencias populares:* a. personajes interesantes b. leyendas y mitos c. las facetas de la sociedad d. el chocolate y el hielo
6. *Cervantes y García Márquez:* a. vivieron en Colombia b. renovaron el arte de contar c. demuestran poco interés en lo fabuloso d. se limitan a los hechos en su obra

C. **¿Comprendiste?** Contesta en español las preguntas que siguen sobre el realismo mágico, García Márquez y el pueblo ficticio de Macondo.

1. ¿Cuál es la característica principal del realismo mágico?
2. ¿Qué importancia tienen los mitos para los escritores del realismo mágico?
3. ¿Quién es Gabriel García Márquez?
4. ¿Qué cosa dice García Márquez de su niñez en la información que acompaña la foto?
5. ¿Con qué otro gran escritor ha sido comparado García Márquez? ¿Qué tienen los dos en común?
6. ¿Qué representa Macondo en la obra de García Márquez?

7. ¿Cuál es una de las técnicas preferidas por él? ¿Cuál es un ejemplo de esta técnica?
8. ¿Para qué usa García Márquez el humor en su obra?
9. ¿Te gustaría visitar el pueblo de *Cien años de soledad*? ¿Por qué o por qué no?
10. ¿Conoces a algún escritor o alguna escritora que escriba en inglés que se pueda comparar con García Márquez? ¿Quién es?

Repaso

D. **¡Qué cortés eres!** Tus "padres" españoles te corrigen cuando usas expresiones que no son apropiadas para la situación. Ellos usan el condicional para darte un ejemplo de una manera de hablar más cortés con el uso del condicional. Un(a) amigo(a) va a tomar el papel de uno(a) de tus "padres" españoles y va a corregirte las frases dadas a continuación. Sigan el modelo.

MODELO: TÚ: Prefiero hablar con ustedes.
TU AMIGO(A): *Es mejor decir, "Preferiría hablar con ustedes". Es más cortés.*

1. Prefiero hablar con el señor Suárez.
2. ¿Pueden darme su dirección?
3. ¿Sabes dónde queda la estación de tren?
4. Deben pedirle un favor.
5. ¿Tiene usted tiempo para hablar con él?
6. Es un gusto llamarlo por teléfono.
7. ¿Pueden cenar con nosotros esta noche?
8. A mi hermana y a mí nos gusta ir con ustedes.
9. ¿Le interesa a usted ver una película de aventuras?
10. ¿Puede traerme la cuenta?

The imperfect subjunctive and **si** *clauses*

Compraríamos ese coche rojo **si tuviéramos** más dinero.	We would buy that red car *if we had* more money.
Estaría contento **si** me **escribieras**.	I would be happy *if you wrote* to me.
Si perdieras ese reloj, sería una lástima.	*If you were to lose* that watch, it would be a shame.
Pasaría por ti **si** me **esperaras.**	I would stop by for you *if you were to wait* for me.

1. The conjunction **si**, meaning *if* in Spanish, is used to set up a situation contrary to fact. The statement that immediately follows **si** indicates that you are talking about something hypothetical (that doesn't exist or is unlikely to happen). As you have seen, this statement can occur at either the beginning or end of a sentence.
2. The statement that follows **si** also indicates that you are imagining what might possibly happen under certain conditions. You can always tell that the projection is into "the twilight zone" from the use of the conditional tense in the main clause of this kind of sentence. The conditional tense sets up what would happen if the hypothetical situation were to occur.
3. Whenever the conditional tense appears in the main clause, any verb used after **si** in the dependent clause will always be in the imperfect (past) subjunctive form in Spanish, not in the indicative.
4. Notice that there are several ways in English to translate a contrary-to-fact clause like **Si aceptaras la invitación...** All of the following are used: *If you were to accept the invitation...*, *If you accepted the invitation...*, and *If you would accept the invitation...*
5. It is easy to form the past subjunctive of all verbs (**-ar**, **-er**, and **-ir**) when you already know the **ustedes** form of the preterite. Simply remove the **-ron** ending and add the past subjunctive endings **-ra**, **-ras**, **-ra**, **-ramos**, **-rais**, **-ran**. Notice that the **nosotros** form of the past subjunctive has a written accent on the third syllable from the end (**llamáramos, pudiéramos, pidiéramos**).

llamar

Pretérito: llamaron, llamar-

yo	llamar**a**	nosotros	llamár**amos**
tú	llamar**as**	vosotros	llamar**ais**
él / ella / Ud.	llamar**a**	ellos / ellas / Uds.	llamar**an**

poder

Pretérito: pudieron, pudier-

yo	pudier**a**	nosotros	pudiér**amos**
tú	pudier**as**	vosotros	pudier**ais**
él / ella / Ud.	pudier**a**	ellos / ellas / Uds.	pudier**an**

pedir

Pretérito: pidieron, pidier-

yo	pidier**a**	nosotros	pidiér**amos**
tú	pidier**as**	vosotros	pidier**ais**
él / ella / Ud.	pidier**a**	ellos / ellas / Uds.	pidier**an**

Aquí practicamos

E. Sustituye las palabras en cursiva con las palabras entre paréntesis y haz los cambios necesarios con los verbos en la cláusula con *si*.

1. Carlos iría si *ustedes* lo invitaran. (nosotros / yo / ella / sus tíos / el profesor)
2. ¿Podrías terminar el proyecto si *yo* te ayudara? (tus amigos / tu padre / ellas / Esteban y Miguel / vosotros)
3. Si *mis padres* le dieran más dinero, mi hermano compraría esa bicicleta. (yo / nosotros / sus abuelos / su jefe / tú)
4. Ellos llegarían a tiempo si *yo* pudiera llevarlos en coche. (el señor Moya / Gloria y Marilú / nosotros / su primo / vosotros)
5. Si *Roberto* tuviera tiempo, pasaríamos por Madrid. (ustedes / yo / tú / nosotros / él)
6. El servicio mejoraría si *yo* le dijera algo al jefe. (tú / ustedes / alguien / mis padres / vosotros)
7. El mesero traería más tacos si *tú* se los pidieras. (yo / nosotros / José / ellas / todos ustedes)
8. Estaría muy contento si *mi novia* me escribiera más. (ustedes / tú / mis amigos / mi abuela / ellas)

F. **No va a pasar... pero si pasara...** Indica lo que podría pasar bajo ciertas circunstancias, usando el imperfecto del subjuntivo en la cláusula con *si* y el tiempo condicional en la otra cláusula. Sigue el modelo.

MODELO: No tengo dinero, pero si lo _____ (tener), yo _____ (comprar) ese coche.
*No tengo dinero, pero si lo **tuviera**, yo **compraría** ese coche.*

1. No van a invitarlo, pero si ellos lo _______ (invitar), Ramón _______ (ir) a México.
2. No puedo salir a las 3:00, pero si yo _______ (poder), ustedes _____ (poder) ir conmigo.
3. No podemos terminar la composición, pero si la profesora nos ______ (dar) más tiempo, nosotros la _______ (terminar).
4. No tengo dinero, pero si mi papá me ______ (dar) más, yo no______ (tener) problemas.
5. Ese hotel es muy caro, pero si ustedes ______ (ir) a otro, ustedes _____ (pagar) menos.
6. No sabemos quién va a la fiesta, pero si Cristina y Raquel ______ (estar), todo el mundo ______ (estar) contento.
7. Mi tío Pepe dice que no le gusta el arte abstracto, pero si alguien le____ (vender) un cuadro famoso, él lo ______ (comprar) para su oficina.
8. Al médico no le gusta viajar por avión, pero si él ______ (saber) que estaba enferma su abuela, creo que eso lo ______ (convencer) que debe hacerlo.

G. **Imagínate...** Completa las oraciones según tus propias opiniones.

MODELO: Yo estaría muy triste si...
Yo estaría muy triste si tuviera que asistir a otra escuela.

1. Yo te llamaría por teléfono a la una de la mañana si...
2. Creo que el (la) profesor(a) te invitaría a la cena si...
3. El tren saldría a tiempo si...
4. Mis padres estarían muy contentos si...
5. Me gustaría leer la novela *Don Quijote* si...
6. ¿Trabajarías diez horas por día si...?
7. Yo me enojaría mucho si...
8. ¿Qué dirías si ...?
9. Yo no sé lo que haría si...
10. ¿Cómo reaccionarían tus amigos si...?

Lectura: *Cien años de soledad — El bloque de hielo*

firing squad
little village, hamlet
clay / edge
polished
to point

Muchos años después, frente al *pelotón de fusilamiento*, el coronel Aureliano Buendía recordaría aquella tarde remota en que su padre lo llevó a conocer el hielo. Macondo era entonces una *aldea* de veinte casas de *barro* y caña construidas a la *orilla* de un río de aguas cristalinas que corrían por unas piedras *pulidas*, blancas y enormes como huevos prehistóricos. El mundo era tan reciente que muchas cosas no tenían nombre, y para mencionarlas se tenía que *señalar* con el dedo.

fair / gypsies
extraordinary novelty / wise men, sages / tent
unit of money
hairy / shaved / ring
large trunk or chest
rush of air, breath
countless internal needles / was breaking up / twilight / murmured

El día que fueron a la *feria* de los *gitanos,* su padre los llevaba a él y a su hermano de cada mano para no perderlos en el tumulto. Habían insistido en ir a conocer la *portentosa novedad* de los *sabios* de Egipto, anunciada a la entrada de una *carpa* que, según decían, había sido del rey Salomón. Tanto insistieron los niños, que José Arcadio Buendía pagó los treinta *reales*, y los llevó hasta el centro de la carpa, donde había un gigante de torso *peludo* y cabeza *rapada,* con un *anillo* de cobre en la nariz, cuidando un *cofre* de pirata. Cuando el gigante lo abrió, el cofre dejó escapar un *aliento* glacial. Dentro sólo había un bloque transparente, con *infinitas agujas internas* en las cuales *se despedazaba* en estrellas de colores la claridad del *crepúsculo*. Preocupado, porque sabía que los niños esperaban una explicación inmediata, José Arcadio Buendía *murmuró*:

—Es el diamante más grande del mundo.

—No —corrigió el gitano. —Es hielo.

José Arcadio Buendía, sin entender, extendió la mano hacia el bloque, pero el gigante se la quitó: —Cinco reales más para tocarlo — dijo. José Arcadio Buendía los pagó, y entonces puso la mano sobre el hielo, y la dejó puesta por varios minutos, mientras el corazón *se* le *hinchaba* de temor y de alegría al contacto del misterioso objeto. Sin saber qué decir, pagó otros diez reales por los hijos; así ellos podrían vivir también la *prodigiosa* experiencia. El pequeño José Arcadio se negó a tocarlo. Aureliano, en cambio, dio un paso hacia adelante, puso la mano y la retiró inmediatamente. —¡Está *hirviendo!* — exclamó con miedo. Pero su padre no le prestó atención. *Asombrado* por la evidencia del *prodigio,* pagó otros cinco reales, y con la mano puesta en el bloque, como si estuviera expresando un testimonio sobre el texto *sagrado,* exclamó:
—Éste es el gran *invento* de nuestro tiempo.

was swelling up
marvelous
boiling
Amazed / wonderous object
sacred
invention

Comprensión

H. **Una técnica favorita** A García Márquez le gusta usar adjetivos descriptivos dramáticos para exagerar las cosas. ¿Cuáles de las siguientes frases de la lectura son ejemplos de la exageración? ¿Cómo dirías algo parecido en inglés?

1. piedras blancas y enormes como huevos prehistóricos
2. la feria de los gitanos
3. la portentosa novedad
4. un anillo de cobre en la nariz
5. infinitas agujas internas
6. una explicación inmediata
7. el diamante más grande del mundo
8. se le hinchaba el corazón de temor
9. la prodigiosa experiencia
10. el pequeño José Arcadio
11. el gran invento de nuestro tiempo

I. **¿Qué pasó?** Pon las siguientes acciones en orden cronológico según la lectura.

1. El padre dijo que era un diamante.
2. Un gigante de torso peludo abrió un cofre de pirata.
3. Uno de los niños también puso la mano sobre el hielo.
4. El gigante dijo que era hielo.
5. Dentro del cofre había un bloque transparente.
6. Un día un hombre llevó a sus hijos a la feria de los gitanos.
7. El padre curioso puso la mano sobre el bloque.
8. Los tres entraron en una carpa.

J. **Cuestionario** Contesta en español las siguientes preguntas sobre la lectura.

1. ¿Cómo era Macondo cuando el coronel Aureliano Buendía y su hermano eran niños?
2. ¿Adónde querían el pequeño Aureliano y su hermano que los llevara su padre cuando estaban en la feria?
3. Cuando los tres entraron en la carpa, ¿qué vieron primero? Describe lo que vieron.
4. ¿Qué había dentro del cofre?
5. ¿Qué explicación dio el padre de lo que vio en el cofre?
6. ¿Cómo reaccionó el padre cuando tocó el objeto que estaba en el cofre?
7. ¿Qué dijo Aureliano después de tocar el objeto?
8. ¿Te gustó esta lectura? ¿Por qué o por qué no?

¡Adelante!

Ejercicio oral

K. **¡Lotería!** Habla con un(a) compañero(a) de clase de las cosas que cada uno(a) haría si ganara la lotería. Empieza cada oración con **Si yo ganara un millón de dólares...**

Ejercicio escrito

L. **Consejos y sugerencias** Imagine that you are the advice columnist for your school newspaper column and that someone has asked for your advice and suggestions about living the healthiest life possible. Write a response using such expressions as **Aconsejo que...**, **Sugiero que...**, **Es mejor que...**, as well as **Si pudiera...**, **Si tuviera...**, **Si fuera...**, etc.

Segunda etapa

Textos de imaginación y fantasía

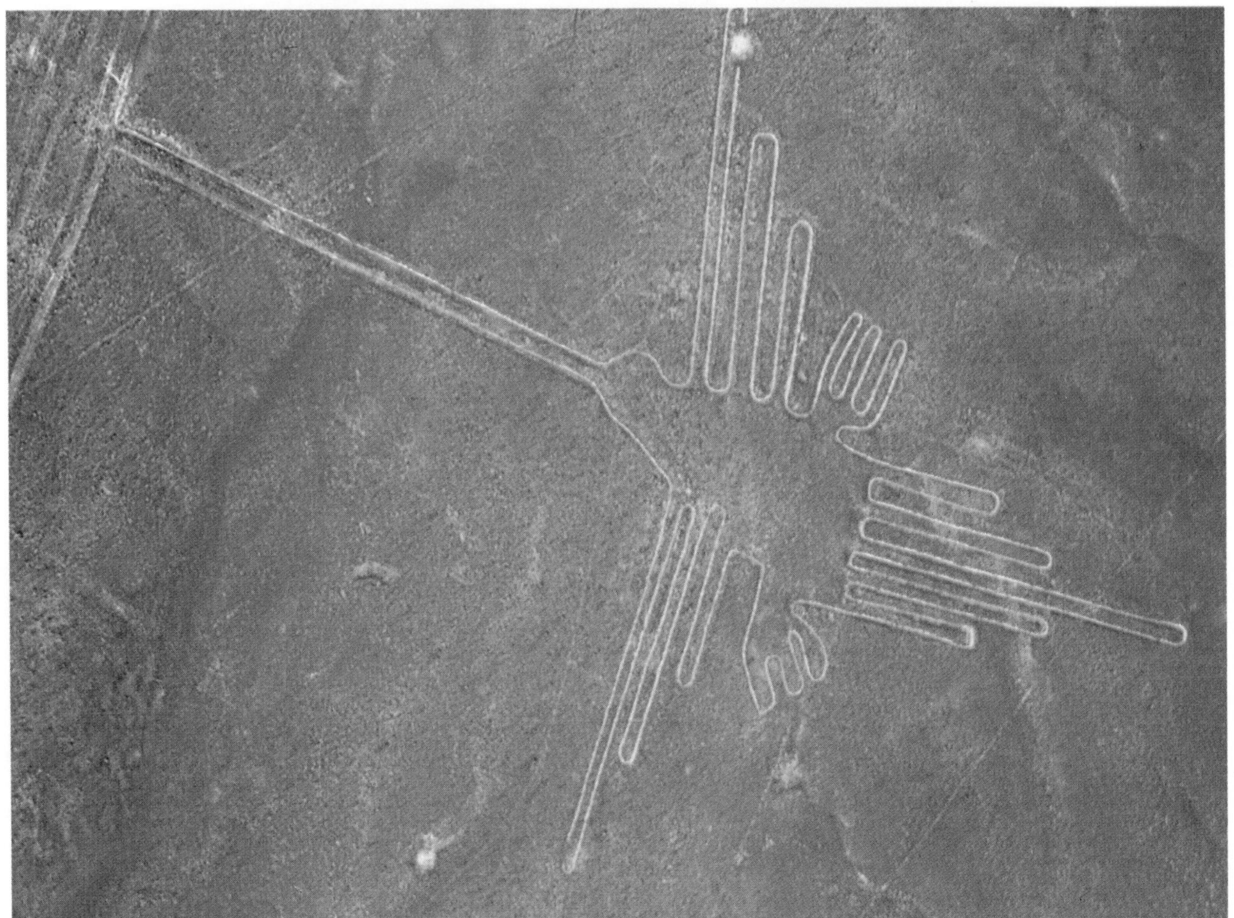

En los altiplanos del Perú se ven estas rayas (lines) *o diseños* (designs) *antiguos con una extensión de muchos kilómetros. Nadie sabe cuándo ni cómo aparecieron* (appeared). *Las leyendas dicen que los dioses pusieron las marcas allí para ayudarles a volver a la tierra más fácilmente. Algunas personas creen que son pistas de aterrizaje* (landing strips) *para los objetos voladores no identificados* (UFOs) *de seres extraterrestres de otros planetas. ¿Quién sabe?*

Enrique Anderson Imbert *(Argentina, 1910–) ha escrito cuentos fantásticos y lo que él llama casos, una especie de micro-texto que contiene la esencia mínima de un relato. Un caso se podría definir como una cápsula narrativa que contiene principio, mitad y fin y que cuenta algo imaginativo e irónico.*

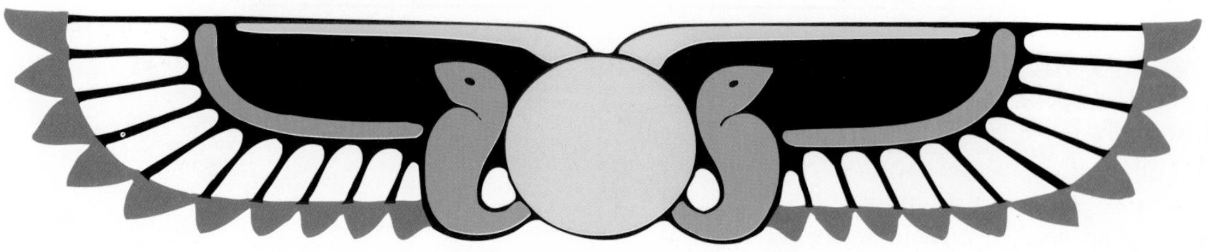

Alas

Yo practicaba entonces la medicina, en Humahuaca. Una tarde me trajeron un niño con la cabeza herida: se había caído por el precipicio de un cerro. Cuando, para examinarlo, le quité el poncho, vi dos *alas*. Las miré: estaban sanas. Cuando el niño pudo hablar le pregunté:
—¿Por qué no *volaste*, mi hijo, cuando empezaste a caer?
—¿Volar?— me dijo. —¿Volar, para que la gente se ría de mí?

wings
you fly

Las dulces memorias

El viejo Manuel le pidió al Ángel que lo hiciera niño. ¡Eran tan dulces sus memorias de la niñez!
El Ángel lo hizo niño.
Ahora Manuelito no tiene memorias.

El hombre-mosca

Muchas veces Leonidas había visto *moscas* caminando por el *techo*. Pero la cosa ocurrió el miércoles 17, a las cinco de la tarde. Vio esa mosca y descubrió su vocación. Leonidas lo abandonó todo. *Trepó* por las paredes y ya no habló más. *Recorría* toda la casa, por el techo. Para comer, bajaba y andaba sobre las rodillas y manos.

houseflies / ceiling
He climbed
He would run through

Cortesía de Dios

Hoy yo estaba descansando, en mi *rincón* oscuro, cuando oí pasos que se acercaban. ¡Otro que descubría dónde estaba *escondido* y venía a adorarme! ¿En qué tendría que *metamorfosearme* esta vez? Miré hacia el *pasillo* y vi a la pobre criatura. Era peludo, caminaba en dos pies, en sus ojos *hundidos* había miedo, esperanza, amor y su *hocico* parecía sonreír. Entonces, por cortesía, me levanté, adopté la forma de un gran chimpancé y fui a conocerlo.

corner
hidden
change my shape
hallway
sunken
snout

El príncipe

Cuando nació el príncipe hicieron una gran fiesta nacional. Bailes, fuegos artificiales, *revuelos de campanas, disparos de cañón*...

tolling of bells / cannon shots

Con tanto *ruido* el recién nacido murió.

noise

La pierna dormida

Esa mañana, cuando se despertó, Félix se miró las piernas, abiertas sobre la cama, y, ya listo para levantarse, se dijo —¿Y si dejara la pierna izquierda aquí?— Meditó un instante. —No, imposible; si pongo la derecha en el suelo, estoy seguro que va a *arrastrar* la izquierda, *que lleva pegada*. ¡Ea! Hagamos la prueba.— Y todo salió bien. Se fue al baño, saltando en un solo pie, mientras la pierna izquierda siguió dormida sobre las *sábanas*.

to drag / which is attached to it
sheets

Comprensión

A. **Categorías** Trabajando con un(a) compañero(a) de clase, escribe en una hoja de papel una lista de las palabras que se usan en los *casos* de acuerdo con las categorías a continuación: **las personas**, **partes del cuerpo**, **los objetos**, **los nombres.**

B. **¿Comprendiste?** Contesta en español las siguientes preguntas sobre los *casos* que leíste en las páginas 328 y 329.

1. ¿Cuáles son dos o tres características que todos los casos tienen en común?
2. ¿En qué caso hay una metamorfosis, o un cambio de forma?
3. ¿En qué casos aparecen seres que no son humanos?
4. ¿Cuál de los casos te parece más realista? ¿Por qué?
5. ¿En qué caso es más evidente el uso del realismo mágico? ¿Por qué?
6. ¿Cuál de los casos te parece más cómico? ¿Por qué?
7. ¿Cuál es el caso más extraño? ¿Por qué?
8. Hay tres casos en que se usa el subjuntivo. ¿Cuáles son? ¿Por qué se usa el subjuntivo en estos casos?

C. **Títulos creativos** Lee otra vez los casos y con un(a) compañero(a) escriban un nuevo título, igual de breve o más largo, para cada caso. Piensen en su contenido y usen la imaginación.

Repaso

D. **Si pudieras escoger...** Indica lo que harías en las situaciones que siguen. Sigue el modelo.

MODELO: Si pudieras escoger, ¿viajarías solo(a) o con un grupo grande?
Estoy seguro(a) que viajaría solo(a).

1. Si fueras de vacaciones a España, ¿quién organizaría el viaje? ¿Tú o un agente de viajes?
2. Si pudieras escoger, ¿viajarías por el país en tren o por avión?
3. Si tu pagaras los billetes, ¿comprarías plazas de primera o segunda clase?
4. ¿Y si tus padres pagaran los billetes?
5. Si tuvieras que decidir, ¿llegarías a la estación temprano o a la hora exacta?
6. Si fuera tu responsabilidad, ¿llevarías una maleta o dos?
7. Si te sirvieran comida durante el viaje, ¿comerías pescado o pollo?
8. Si uno de los pasajeros fumara cerca de ti, ¿cambiarías de asiento o no?
9. Si el tren o el avión llegara tarde, ¿hablarías con el conductor/el piloto o no dirías nada?
10. Si pudieras escoger, ¿irías de la estación o del aeropuerto en taxi o en metro?

ESTRUCTURA

*The indicative and **si** clauses*

Compraremos ese coche rojo **si tenemos** el dinero.	We will buy that red car *if we have* the money.
Estaré contento **si** me **escribes.**	I will be happy *if you write* to me.
Si pierdes ese reloj, será una lástima.	*If you lose* that watch, it will be a shame.
Pasaré por ti **si** me **esperas.**	I will stop by for you *if you wait* for me.

1. Earlier in the chapter you learned to use **si** with the past subjunctive and the conditional tense. **Si** can also be used with the indicative mood to express the idea of an assumption.

2. When the verb in the main clause is in the indicative (usually in the present or future tense), the verb in the **si** clause will always be in the present tense. The indicative is used after **si** because the speaker is not saying anything contrary to fact or impossible, but rather is assuming that something will take place. Notice the difference in meaning between the following sentences:

Si él **trabajara** mucho, **aprendería** mucho.	*If* he *were to work* hard (which he doesn't and isn't very likely to), *he would learn* a lot.
Si él **trabaja** mucho, **aprenderá** mucho.	*If* he *works* hard (the assumption is that he can and is likely to), he *will learn* a lot.

Su misión, si usted decide aceptarla, será ver la nueva producción de

MISION: IMPOSIBLE

Si falla, usted no vivirá la emoción, el suspenso, la acción y la intriga que Peter Graves y su equipo logran con la más avanzada tecnología.

Con:
Peter Graves
Tony Hamilton
Jane Badler
Phil Morris
Thaad Penghlis

Domingos 4:30 p.m. Cadena Uno

Aquí practicamos

E. **Vamos a suponer** *(to assume)*... Las siguientes oraciones presentan condiciones poco posibles o contrarias a la realidad. Cámbialas a oraciones que expresen una suposición *(assumption)*. Sigue el modelo.

MODELO: Haría el viaje si tuviera el dinero.
Haré el viaje si tengo el dinero.

1. Esa escritora escribiría otra novela si tuviera tiempo.
2. ¿Si yo leyera esa obra, entendería mejor el temperamento español?
3. Si pudiéramos, iríamos a la galería mañana.
4. Si nos invitaran, aceptaríamos con gusto.
5. Carlos llegaría a la ceremonia a tiempo si saliera a las 5:00.
6. Dicen que le darían el premio si la nombraran a ella otra vez.
7. El pintor podría terminar el cuadro si tuviera más luz.
8. Iríamos a la librería ahora si no estuviera cerrada.
9. ¿Cuánto pagarían ustedes por el libro si fuera del siglo XVII?
10. Escribirías la carta si te lo pidiera la profesora.
11. La casa editorial no vendería tantos libros si subieran los precios.
12. Entenderíamos la lectura si aprendiéramos más vocabulario.

F. **Consecuencias** Trabaja con un(a) compañero(a) de clase para completar las oraciones, indicando lo que suponen que serán las consecuencias de la acción previa. Sigue el modelo.

MODELO: Si esperas media hora...
Si esperas media hora, iremos juntos al museo.

1. Si sales a tiempo...
2. Si el avión sale tarde...
3. Si no llega la profesora pronto...
4. Si te gusta la novela...
5. Si cuesta demasiado dinero...
6. Si el cuadro es bonito...
7. Si el pasaporte no está en la maleta...
8. Si escribes dos páginas más...
9. Si ella gana el premio...
10. Si sus padres me invitan...
11. Si hay problemas en la aduana *(customs)*...
12. Si tus amigos no quieren viajar en tren...
13. Si ustedes leen el libro...
14. Si terminamos el trabajo temprano...

G. **Suposiciones** Trabaja con un(a) compañero(a) de clase. Completa las oraciones con la suposición que tú quieras hacer y explica cuál es la suposición que se asocia con lo que has dicho. Tu amigo(a) te contestará, usando el mismo verbo en el tiempo futuro para indicarte que lo que tú supones sí pasará.

MODELO: Te podré ayudar si...
ESTUDIANTE A: *Te podré ayudar si me llamas. Supongo que me vas a llamar.*
ESTUDIANTE B: *Claro que sí. Te llamaré.*

1. Sabré el número del vuelo si...
2. Iré al cine con tus primos si...
3. Mi padre dice que podré usar el coche si...
4. Compraré los boletos para el concierto si...
5. Terminaré toda la novela si...
6. El tren llegará temprano si...
7. Iremos a México el verano próximo si...
8. Estaré muy contento(a) si...
9. Tendrás tiempo para estudiar si...
10. Yo pagaré la cuenta si...
11. Podremos explicar el problema si...
12. No tendremos dificultades con la tarea si...

The imperfect subjunctive and the sequence of tenses

Pablo **quiere** que yo lo **ayude**.	Pablo *wants* me *to help* him.
Pablo **quería** que yo lo **ayudara**.	Pablo *wanted* me *to help* him.
El médico **recomienda** que **comamos** pescado.	The doctor *recommends* that *we eat* fish.
El médico **recomendó** que **comiéramos** pescado.	The doctor *recommended* that *we eat* fish.
Mi abuela siempre **pide** que mi mamá le **sirva** sopa de pollo.	My grandmother always *asks* that my mother *serve* chicken soup to her.
Mi abuela siempre **pedía** que mi mamá le **sirviera** sopa de pollo.	My grandmother always *used to ask* that my mother *serve* chicken soup to her.

1. You have already learned that the subjunctive mood is always used in situations involving (a) transfer of will, (b) emotional reactions, and (c) the uncertain or unreal ("the twilight zone"). Another matter related to the use of the subjunctive involves the sequence of tenses in two-part sentences with a verb in each part.
2. If the present-tense verb in a sentence's main clause calls for the use of the subjunctive in the **que** clause, the verb in the **que** clause will be in the present subjunctive.
3. If the preterite or imperfect-tense verb in the main clause calls for the use of the subjunctive in the **que** clause, the verb in the **que** clause will be in the imperfect (past) subjunctive.
4. This is an automatic sequencing that does not always translate word-for-word into English.

Aquí practicamos

H. Sustituye las palabras en cursiva con las palabras entre paréntesis y haz los cambios necesarios.

1. La semana pasada pedí que *ustedes* compraran los boletos. (tú / ellas / usted / Mario y Reynaldo / el profesor / vosotros)

2. Era posible que *el tren* llegara a la hora anunciada. (el avión / los estudiantes / el autobús / los taxis / mi abuelo / ella)
3. Siempre nos daba lástima que *nuestro equipo* perdiera el partido. (tú / Carlos y Esteban / tío Pepe / los niños / ustedes / vosotras)
4. El médico recomendó que *el paciente* tomara dos pastillas por día. (yo / mi papá / nosotros / Elvira / vosotros)
5. Me molestó mucho que *ustedes* no entendieran la explicación ayer. (ellos / Alicia y Carla / mis padres / nosotros / la profesora / tu hermana)
6. Cada semana la entrenadora ordenaba que *las jugadoras* corrieran 20 kilómetros. (nosotros / yo / ustedes / el capitán / ella / tú)
7. La profesora quería que *nosotros* estudiáramos dos horas por día. (él / Joaquín y Paco / mi hermano / los muchachos / ellas / vosotros)

I. **Casi todo era posible en Macondo.** Para cada espacio en blanco, da la forma apropiada del imperfecto del subjuntivo del verbo entre paréntesis.

   1. Era posible que un bloque de hielo ______ (ser) un enorme diamante.
   2. Era posible que una persona _______ (vivir) más de cien años.
   3. No era imposible que un ángel ______ (visitar) a una pareja pobre del pueblo.
   4. Era posible que los muertos _______ (hablar) con los vivos.
   5. Era posible que una niña _______ (volverse) una araña por desobedecer a sus padres.
   6. No era imposible que una bella mujer _______ (elevarse) al cielo.
   7. Era posible que ______ (llover) más de cuatro años sin parar.
   8. Era posible que un hombre no _______ (dormir) por el ruido de las estrellas.

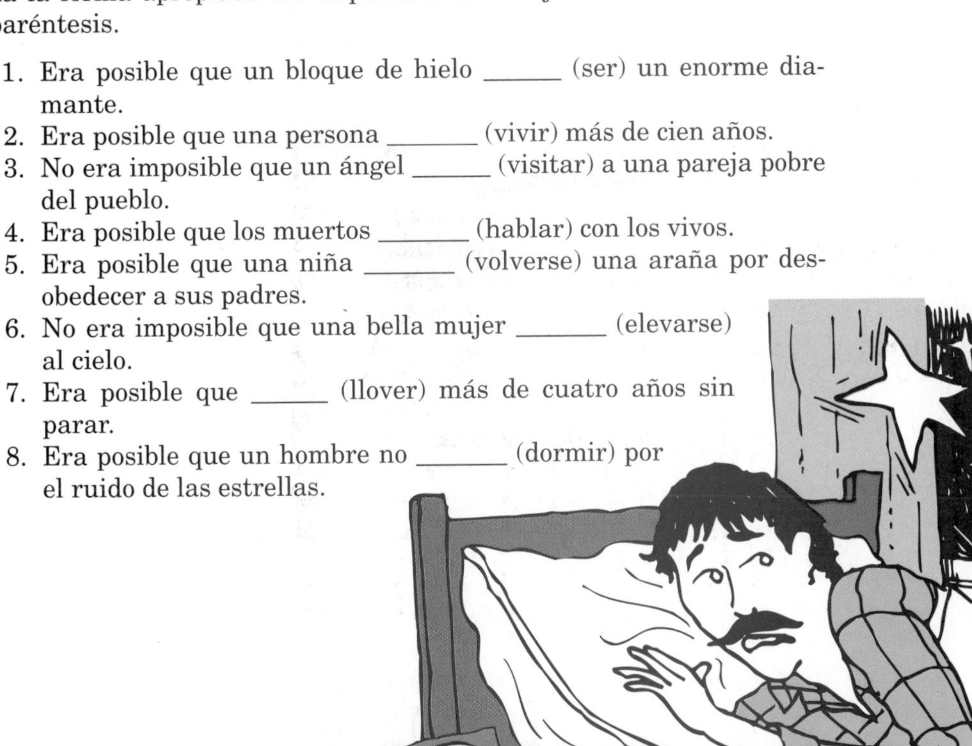

9. No era imposible que un coronel ______ (perder) treinta y dos batallas.
10. Era posible que unos niños ________ (encontrar) un gigante ahogado *(drowned)* en la playa.
11. Era posible que un hombre ______ (viajar) en una alfombra que vuela.
12. No era imposible que las mariposas siempre _______ (acompañar) a un muchacho.

J. **Las cosas de la niñez** *(childhood)* Trabaja con un(a) compañero(a) de clase para hablar de su niñez, completando las siguientes oraciones. Presten atención al imperfecto del subjuntivo. Sigan el modelo.

MODELO: mis padres siempre pedían que yo...
Cuando era pequeño(a), mis padres siempre pedían que yo me acostara temprano.

1. mis padres no permitían que yo...
2. no era posible que...
3. me molestaba mucho que mi hermano(a)...
4. era probable que yo...
5. un día me pareció muy extraño que...
6. yo siempre dudaba que...
7. mi hermano(a) nunca quería que yo...
8. sentía yo mucho que no...
9. mi papá me pidió una vez que yo...
10. me parecía increíble que mis padres...

K. **Le recomendé que...** Trabaja con un(a) compañero(a) y escriban de seis a ocho recomendaciones que le han hecho recientemente a un(a) estudiante de intercambio de Colombia que les pidió consejos en preparación para su visita de seis meses a los Estados Unidos. Usen **Le recomendé que...** con cada sugerencia. Traten de incluir en su lista de seis a ocho verbos en el imperfecto del subjuntivo. Es posible que después le lean la lista a la clase.

Lectura: *La casa de los espíritus: La niña Clara y su perro Barrabás*

Isabel Allende

Isabel Allende (Chile, 1938–) es una de las novelistas que siempre aparece en la lista de los mejores escritores contemporáneos de habla española. Ha publicado tres novelas, La casa de los espíritus *(1982),* De amor y de sombra *(1984),* Eva Luna *(1987) y una colección de cuentos,* Los cuentos de Eva Luna *(1990). Su primera obra, de donde viene la selección que sigue, se considera la mejor que ha escrito hasta ahora. En esta novela presenta la vida de varias generaciones de una familia chilena por medio del prisma del realismo mágico. Sus fuertes personajes femeninos son inolvidables como mujeres de carne y hueso, como espíritus y como símbolos de la reforma general que la sociedad necesita si la vida va a mejorar para todos.*

took charge of the
muzzle
swollen / dried out / became
noticed
to breathe

La niña Clara *se hizo cargo del* perrito enfermo. Lo sacó de la canasta, lo abrazó a su pecho y con el cuidado de misionera le dio agua en el *hocico hinchado* y *reseco.* Clara *se convirtió en* una madre para el animal, dudoso privilegio que nadie quería disputarle. Un par de días más tarde, su padre Severo *se fijó en* la criatura que su hija llevaba en los brazos.

—¿Qué es eso? —preguntó.

—Barrabás —dijo Clara.

—Déselo al jardinero, para que lo lleve de esta casa. Puede contagiarnos con alguna enfermedad —ordenó Severo.

—Es mío papá. Si me lo quita, le prometo que dejaré de *respirar* y me moriré.

devouring
to grow
length
swept

Se quedó en la casa. Al poco tiempo corría por todas partes *devorándose* las cortinas, las alfombras y las patas de los muebles. Se recuperó de su enfermedad con gran rapidez y empezó a *crecer.* Cuando lo bañaron por primera vez, se descubrió que era negro, de cabeza cuadrada, patas muy largas y pelo corto. La Nana quería cortarle la cola, diciendo que así parecería perro fino, pero Clara se enojó tanto que tuvo un ataque de asma y nadie volvió a mencionar la idea. Barrabás se quedó con la cola entera. Con el tiempo ésta llegó a tener el *largo* de un palo de golf y sus movimientos descontrolables *barrían* las porcelanas de las mesas y rompían las lámparas.

breed
sheep
colt

Era de *raza* desconocida. No tenía nada en común con los perros que andaban por la calle y mucho menos con los de pura raza de algunas familias aristocráticas. El veterinario no supo decir cuál era su origen, y Clara supuso que era de la China, porque había llegado en el equipaje de su tío que había visitado ese lejano país. Tenía una ilimitada capacidad de crecimiento. A los seis meses era del tamaño de una *oveja* y al año tenía las proporciones de un *potrillo.* La familia estaba desesperada y se preguntaba hasta qué tamaño crecería.

—Dudo que sea realmente un perro —decía Nívea. Cuando observaba sus *pezuñas* de *cocodrilo* y sus dientes *afilados*, sentía en su corazón de madre que la bestia podía quitarle la cabeza a un adulto de una *mordida* y con mayor razón a cualquiera de sus niños.

hooves / crocodile / sharp
bite

Pero Barrabás no daba muestras de ninguna ferocidad; por el contrario. Jugaba como un gatito. Dormía en los brazos de Clara, dentro de su cama, con la cabeza en la almohada de plumas y *tapado* hasta el cuello porque le daba frío, pero después cuando ya no cabía en la cama, se acostaba en el suelo a su lado, con su hocico de caballo *apoyado en* la mano de la niña. Nunca lo oyeron ladrar ni *gruñir*. Era negro y silencioso como una *pantera*, le gustaban el jamón y los dulces de fruta y cada vez que alguien visitaba la casa y olvidaban *encerrarlo*, entraba tranquilamente al comedor y daba una vuelta a la mesa, tomando *con delicadeza* sus *bocadillos* preferidos de los platos. Nadie hacía nada para impedírselo.

covered up
leaned against
growl
panther
lock him up
delicately
snacks

Comprensión

L. **¿Cómo es Barrabás?** Prepara una lista de las características de este perro extraordinario, tomando en cuenta las siguientes categorías: **su apariencia física**, **su temperamento**, **sus hábitos** y **gustos**.

M. **Cuestionario** Contesta en español las siguientes preguntas sobre la lectura.

1. Cuando llegó el perrito a la casa, ¿cómo lo trató la niña Clara?
2. ¿Qué pensaba su padre Severo del animal?
3. ¿Qué dijo Clara que haría si Barrabás no pudiera quedarse con ella?
4. ¿Qué descubrieron cuando bañaron al perro?
5. ¿Qué quería la Nana hacer con la cola?
6. ¿Cómo reaccionó Clara a esta idea?
7. ¿Cómo era su cola?
8. Describe cómo creció Barrabás.
9. ¿Por qué estaba preocupada Nívea, la madre de Clara?
10. ¿Cómo era el temperamento del perro?
11. ¿Dónde dormía Barrabás?
12. ¿Qué hacía el perro a la hora de la comida cuando no lo encerraban?
13. ¿Te gustaría tener un perro como Barrabás? ¿Por qué o por qué no?

N. **Un diálogo entre Clara y su padre** Trabajando con un(a) compañero(a) de clase, imaginen una conversación entre Clara y su padre. ¿Cómo sería un intercambio entre ellos con Barrabás como el centro del conflicto? Escriban juntos un diálogo de unas 10–12 líneas, preparándose para después leérselo a la clase.

¡Adelante!

Ejercicio oral

O. **Si tuviera la oportunidad...** Indica algunas cosas interesantes que te gustaría hacer o tener, usando los verbos en el condicional. Si quieres, usa la imaginación para inventar algo extraordinario.

Ejercicio escrito

P. **Mi novela** Write a brief description of the novel you would write if you had the time and talent. Use the conditional tense in your comments, which should include some information about the theme, the main characters, and the general plot line you would have in the book. Begin your description with **Si tuviera el tiempo y el talento, escribiría una novela sobre...**

Vocabulario

Para charlar

Para hablar de condiciones irreales y hacer hipótesis

Si tuviera tiempo, iría…

Para expresar supocisiones

Si tengo tiempo, iré…

Vocabulario general

Sustantivos

una araña
el barro
las campanas
las creencias
el crepúsculo
los diseños
el esbozo
la fantasía
la feria
la fusión
un hecho
la imaginación
las leyes
la mezcla
los mitos
una mordida
una mosca
una oveja
una pantera
los poderes
un potrillo
un rincón
el ruido

Verbos

aparecer
caber
crecer
desaparecer
encerrar
incluir
ladrar
murmurar
recorrer
renovar
respirar
señalar
soñar
volver(se)

Otras palabras y expresiones

contar un cuento (una historia, un sueño, etc.)
convertirse en
hacerse cargo de
tener que ver

Adjetivos

extraterreno(a)
hinchado(a)
mágico(a)
misterioso(a)
mítico(a)
reseco(a)
sobrenatural

Aquí leemos

Esbozo de un sueño

Julio Cortázar (Argentina, 1914–1984) escribió cuentos y novelas en los que expresó la idea de que la realidad se conoce por medio de las excepciones a las leyes *— no por el estudio de las leyes. Hay muchas cosas irracionales y absurdas que de repente* interrumpen *el orden y el sistema de nuestra vida. Para acercarnos a la realidad, creía Cortázar, debemos prestar atención a los elementos inesperados porque forman una parte importante de ella. En el pasaje breve que sigue, Cortázar presenta el* esbozo *de un sueño para llamar atención a las imágenes que produce este tipo de conocimiento.*

laws
interrupt
outline

De repente siente el hombre el gran deseo de ver a su tío y se da prisa al caminar por las calles *retorcidas* y *empinadas,* que parecen querer alejarlo de la vieja casa ancestral. Después de andar por mucho tiempo (pero es como si tuviera los zapatos pegados al suelo), ve la puerta y oye vagamente ladrar a un perro. En el momento de subir los cuatro viejos *peldaños,* y cuando extiende la mano hacia el *llamador,* que es otra mano que *aprieta* una esfera de bronce, los dedos del llamador se mueven, primero el más pequeño y poco a poco los otros dedos, que van *soltando* interminablemente la bola de bronce. La bola cae como si fuera de plumas, *rebota* sin ruido y le salta hasta el pecho, pero ahora es una gorda *araña* negra. Se la quita desesperadamente con la mano, y en ese instante se abre la puerta: el tío está de pie, sonriendo sin expresión, como si esperara sonriendo desde hace mucho tiempo antes detrás de la puerta cerrada. Dice algunas frases como si fueran preparadas. "Ahora tengo yo que contestar...", "Ahora él va a decir...". Y todo ocurre exactamente así. Ahora están en una habitación brillantemente iluminada, el tío saca cigarros envueltos en papel de plata y le ofrece uno. Largo rato busca los fósforos, pero en toda la casa no hay fósforos ni fuego de ninguna especie. No pueden *encender* los cigarros, el tío parece estar ansioso de que la visita termine, y por fin hay una confusa despedida en un pasillo lleno de largos cajones medio abiertos, y donde *apenas* hay lugar para moverse dentro de ellos.

winding / steep

stone steps

doorknocker

it squeezes

letting go of

it bounces

spider

light up

hardly

Al salir de la casa, el hombre sabe que no debe mirar hacia atrás, porque... No sabe más que eso, pero lo sabe, y se retira rápidamente con los ojos fijos en el fondo de la calle. Poco a poco empieza a sentirse más *aliviado.* Cuando llega a su casa está tan cansado que se acuesta en seguida, casi sin desvestirse. Entonces sueña que está en un bonito parque y que pasa todo el día *remando* en el lago con su novia y comiendo chorizo en el restaurante "Nuevo Toro".

relieved

rowing

Comprensión

A. **Imágenes** El autor presta mucha atención en este pasaje a la visualización de las cosas, casi como si estuviera usando una cámara cinematográfica. Haz una lista de por lo menos diez de las cosas que el hombre ve.

B. **Impresiones** Identifica las oraciones de la lectura que contienen las siguientes cláusulas con **si**. Después de decidir lo que estas cláusulas quieren decir, menciona como ayudan a Cortázar a crear el ambiente de los sueños.

1. "...pero es como si tuviera los zapatos pegados al suelo... "
2. "...La bola cae como si fuera de plumas... "
3. "...como si esperara sonriendo desde hace mucho tiempo antes... "
4. "...Dicen algunas frases como si fueran preparadas... "

C. **Estructura e interpretación** Contesta las preguntas generales sobre la lectura.

1. ¿La lectura cambiaría si se dividiera en tres o cuatro párrafos en lugar de dos? ¿Por qué o por qué no?
2. ¿Cómo describirías el ambiente que el autor crea en el primer párrafo?
3. ¿Cuál es el ambiente que Cortázar describe en el segundo párrafo?
4. ¿Es posible saber cuántos sueños se describen en este breve pasaje? ¿Por qué o por qué no?
5. ¿Qué interpretación podrías hacer de lo que pasó en la casa del tío? ¿Qué podrían significar algunas de las imágenes asociadas con la casa?

D. **Cuestionario** Contesta en español las siguientes preguntas sobre la lectura.

1. ¿Cuál es el gran deseo que siente el hombre?
2. Cuando el hombre llega a la puerta y extiende la mano hacia el llamador, ¿qué pasa con el llamador?
3. ¿Qué ocurre cuando la bola del llamador cae?
4. ¿Quién abre la puerta por fin?
5. ¿Qué es lo extraño de la conversación que tienen el hombre y su tío?
6. ¿Qué pasa cuando el tío trata de encender los cigarros?
7. Al despedirse de su tío, ¿qué nota el hombre que hay en el pasillo?
8. ¿Cómo se siente el hombre después de salir de la casa de su tío?
9. ¿Qué hace el hombre al llegar a su casa?

10. ¿Qué sueña el hombre al final?
11. Después de leer esta lectura, ¿qué crees tú que Cortázar quiere decir sobre la realidad?

Repaso

E. **Si fueras rico(a)...** Usa la información que sigue para hacerle preguntas a un(a) compañero(a) sobre lo que él (ella) haría si fuera rico(a). Usa los verbos en el condicional. Sigan el modelo.

MODELO: dónde / vivir
—¿Dónde vivirías si fueras rico(a)?
—Viviría en California (en Nueva York, en España, etc.*)*

1. dónde / vivir
2. qué / (ropa) llevar
3. qué / comer
4. con quién / salir
5. adónde / viajar
6. qué coche / comprar
7. cuánto dinero / tener
8. qué / hacer con tu tiempo

F. **Cuando seas rico(a)...** Tu compañero(a) es más optimista que tú. Por eso, él (ella) supone que va a ser rico(a) algún día. Usa la información que sigue para hacerle preguntas sobre lo que él (ella) hará cuando sea rico(a). Usa los verbos en el futuro.

MODELO: dónde / vivir
—¿Dónde vivirás cuando seas rico(a)?
—Viviré en California (en Nueva York, en España, etc.)

1. dónde / vivir
2. qué / (ropa) llevar
3. qué / comer
4. con quién / salir
5. adónde / viajar
6. qué coche / comprar
7. cuánto dinero / tener
8. qué / hacer con tu tiempo

Aquí repasamos

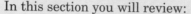

In this section you will review:

- the use of the subjunctive to express doubt, uncertainty and unreality;
- the subjunctive with indefinite, nonexistent, or imaginary antecedents;
- conjunctions requiring the use of the subjunctive, the conjunctions **cuando** and **aunque** used with and without the subjunctive;
- the conditional tense;
- **si** clauses with the subjunctive;
- **si** clauses with the indicative;
- the imperfect subjunctive and the sequence of tenses.

The subjunctive to express unreality, uncertainty, and doubt

1. Whenever a verb or an expression in the first half of a sentence (a) expresses doubt about a person, thing or event, (b) places it within either the realm of possibility or impossibility, or (c) views it as unreal or unknown, the verb in the second half of the sentence is used in the subjunctive.

2. Most of the following verbs and expressions convey the idea of doubt, uncertainty, and unreality. They all require the use of the subjunctive. So are expressions of possibility, impossibility, probability and improbability, whether used with **no**, or without it, because in either instance they project into *"the twilight zone."*

dudar	**Es increíble**	**(No) Es posible**
Es dudoso	**No es verdad**	**(No) Es imposible**
Puede ser	**No es cierto**	**(No) Es probable**
no estar seguro(a)		**(No) Es improbable**

A. **¿Es posible o es cierto?** A uno de tus amigos le gusta hablar de los otros, pero a veces él no está seguro de lo que dice. Usa las expresiones entre paréntesis para indicar tu reacción a los comentarios de tu amigo. Decide si se debe usar el subjuntivo o el indicativo. Sigue los modelos.

MODELOS: Juan va a quedarse en casa durante las vacaciones. (es probable)
Es probable que Juan se quede en casa.

Su hermana va a la casa de sus abuelos. (es cierto)
Es cierto que su hermana va a la casa de sus abuelos.

1. Héctor va a Acapulco en febrero. (es posible)
2. Sus padres quieren acompañarlo. (dudo)
3. Le gusta mucho navegar en barco de vela. (no es cierto)
4. No pasa mucho tiempo en la playa. (es increíble)
5. Felipe va a ir de vacaciones este año. (es probable)
6. Va a pasar ocho días en Aruba. (es posible)
7. Va a pedirle el coche a su hermano. (estoy seguro[a])
8. Su hermano se lo va a prestar. (es imposible)

The subjunctive with indefinite, nonexistent or imaginary antecedents

When the first part of a sentence questions, doubts, or sees as uncertain the existence of something or someone, any comment about that "unreal" thing or person in the second half of the sentence will be in the subjunctive.

B. **Busco algo...** Completa las siguientes oraciones para indicarle a un(a) amigo(a) lo que tú u otros buscan con incertidumbre. Sigue el modelo.

MODELO: Busco un coche...
Busco un coche que corra rápido.

1. Quiero leer un libro...
2. Mis abuelos buscan una casa...
3. ¿Prefieres comer en un restaurante donde...?
4. Mi padre necesita un empleado...
5. Quiero hablar con alguien...
6. Podrá salir temprano la persona...
7. No hay nadie aquí...
8. Necesitamos una máquina...

The subjunctive with the conjunctions *en caso de que, sin que, con tal de que, a menos que, para que, antes de que,* and the conjunctions *cuando* and *aunque* with and without the subjunctive

1. The following conjunctions are always used with the subjunctive: **en caso de que**, **sin que**, **con tal de que**, **antes de que**, **para que**, **a menos que**.
2. **Cuando** can be used with either the subjunctive or the indicative. The subjunctive is used in the **que** clause when the verb of the main clause is in the future tense. When the main-clause verb is in the present tense, **cuando** is followed by a verb in the indicative.
3. The subjunctive is used after **aunque** when an outcome is seen as indefinite. Used with the indicative, **aunque** conveys the idea that something is an established fact, regardless of the tense that is used in the main clause.

C. **Planes inseguros** Completa las siguientes oraciones con el subjuntivo o el indicativo, usando la información entre paréntesis. Sigue el modelo.

MODELO: Nosotros pensamos ir a la reunión a menos que... (ustedes / no ir)
Nosotros pensamos ir a la reunión a menos que ustedes no vayan.

1. El novelista va a la ceremonia para que... (ellos / darle el premio)
2. Carolina siempre va al cine sin que... (su hermano / saberlo)
3. Siempre visito a Carlos cuando... (yo / ir a México)
4. Compraremos otro abrigo en caso de que... (hacer frío)
5. Mi padre piensa ir en tren a menos que... (el tren / salir tarde)
6. Yo te ayudaré aunque estoy seguro(a) que... (ser una mala idea)
7. Tocaremos más música con tal de que... (ustedes / querer quedarse)
8. Es una buena idea estudiar antes de que... (la profesora / llegar)

The conditional

1. The conditional tense is equivalent to the English structure *would* + verb. It is related to the past the way the future is to the present.
2. The conditional tense is also used to make a guess about something in the past. This special use always takes the form of a question.
3. The conditional tense is also used to express politeness or to soften a request.

llegar
llegar-

yo	llegar**ía**	nosotros	llegar**íamos**
tú	llegar**ías**	vosotros	llegar**íais**
él / ella / Ud.	llegar**ía**	ellos / ellas / Uds.	llegar**ían**

ver
ver-

yo	ver**ía**	nosotros	ver**íamos**
tú	ver**ías**	vosotros	ver**íais**
él / ella / Ud.	ver**ía**	ellos / ellas / Uds.	ver**ían**

pedir
pedir-

yo	pedir**ía**	nosotros	pedir**íamos**
tú	pedir**ías**	vosotros	pedir**íais**
él / ella / Ud.	pedir**ía**	ellos / ellas / Uds.	pedir**ían**

decir	**dir-**	yo **diría**, etc.
haber	**habr-**	yo **habría**, etc.
hacer	**har-**	yo **haría**, etc.
poder	**podr-**	yo **podría**, etc.
poner	**pondr-**	yo **pondría**, etc.
querer	**querr-**	yo **querría**, etc.
saber	**sabr-**	yo **sabría**, etc.
salir	**saldr-**	yo **saldría**, etc.
tener	**tendr-**	yo **tendría**, etc.
venir	**vendr-**	yo **vendría**, etc.

D. **En una isla desierta** Pregúntale a un(a) compañero(a) lo que haría si estuviera unos meses en una isla desierta. Usa los verbos en el condicional. Sigan el modelo.

MODELO: ¿Cuánto tiempo podrías pasar en la isla?
Podría pasar dos meses (cuatro meses, un año, etc.)

1. ¿Cómo harías el viaje? ¿En barco o por avión?
2. ¿A quién invitarías para acompañarte?
3. ¿En qué parte del mundo escogerías una isla?
4. ¿Qué es lo primero que harías en la isla?
5. ¿Qué animal te gustaría tener contigo?
6. ¿Qué pondrías en tu maleta?
7. ¿Qué llevarías de comer?
8. ¿Qué tipo de música llevarías contigo?
9. ¿Qué aprenderías a hacer en la isla?
10. ¿Estarías contento(a) de volver a tu casa?

The imperfect subjunctive and *si* clauses

The conjunction **si** is used to set up a situation contrary to fact. When the conditional tense is used in the main clause of a sentence, the verb after **si** in the dependent clause will always be in the past subjunctive form in Spanish, not in the indicative.

llamar llamaron, llamar-

yo	llamar**a**	nosotros	llamár**amos**
tú	llamar**as**	vosotros	llamar**ais**
él / ella / Ud.	llamar**a**	ellos / ellas / Uds.	llamar**an**

poder pudieron, pudier-

yo	pudier**a**	nosotros	pudiér**amos**
tú	pudier**as**	vosotros	pudier**ais**
él / ella / Ud.	pudier**a**	ellos / ellas / Uds.	pudier**an**

pedir pidieron, pidier-

yo	pidier**a**	nosotros	pidiér**amos**
tú	pidier**as**	vosotros	pidier**ais**
él / ella / Ud.	pidier**a**	ellos / ellas / Uds.	pidier**an**

E. **Si... Pero...** Tú y tu amigo(a) son diferentes. A él (ella) le gusta usar la imaginación y soñar, pero tú prefieres la realidad. Él (Ella) habla con el imperfecto del subjuntivo y el condicional; tú hablas con el presente y el futuro. Usen las expresiones dadas para tener una discusión entre Uds. Sigan el modelo.

MODELO: hace buen tiempo / (nosotros) poder ir a la playa / no ir
TU AMIGO(A): *Si hiciera buen tiempo, podríamos ir a la playa.*
TÚ: *Pero no hace buen tiempo. Por eso no iremos a la playa.*

1. (yo) ganar la lotería / (nosotros) poder viajar este verano / no ir de viaje
2. (yo) hacer mi tarea / (yo) sacar buenas notas / no salir bien en los exámenes
3. (ellos) tener un coche / (nosotros) cenar en el centro / cenar en la casa
4. (mis padres) estar libres / (ellos) querer acompañarnos / tener que ir solos
5. (yo) acostarme temprano / no estar tan cansado / no poder salir esta noche
6. (mi hermana) saber hablar chino / (ella) ir a China / quedarse en los Estados Unidos

---

Si clauses and the indicative

Si can also be used with the indicative to express the idea of an *assumption.* The indicative is used because the speaker is not saying anything contrary to fact. When the verb in the main clause is in the indicative (usually in the present or future tense), the verb in the **si** clause will always be in the present tense.

F. **Así es...** Completa las siguientes oraciones con la información entre paréntesis para indicar lo que va a pasar. Usa el indicativo y el futuro. Sigue el modelo.

MODELO: Si prestas atención… (tú / aprender mucho)
Si prestas atención, aprenderás mucho.

1. Si llegas a tiempo… (nosotros / salir juntos)
2. Si esa novela es buena… (yo / leerla)
3. Si no llueve… (ustedes / cenar en el parque)
4. Si tus amigos no quieren ir… (nosotros / ir sin ellos)

5. Si ella sabe tocar el piano… (ustedes / poder cantar en la fiesta)
6. Si la profesora no viene hoy… (los estudiantes / ir a la biblioteca)

The imperfect subjunctive and the sequence of tenses

1. If the present-tense verb in a sentence's main clause calls for the subjunctive in the dependent clause, the verb in this second clause will be in the present subjunctive.

   Quiero que ustedes **lean** ese libro

2. If the preterite- or imperfect-tense verb in the main clause calls for the subjunctive in the dependent clause, the verb in this second clause will be in the past subjunctive.

   Quería que ustedes **leyeran** ese libro.

G. **Sólo un sueño** Cambia el verbo entre paréntesis a la forma apropiada del imperfecto del subjuntivo para completar la historia que sigue.

Un niño salió de la casa silenciosamente para que nadie lo _____ (oír). Se había llevado el dinero de un cajón de la cocina y no quería que sus padres lo _______ (descubrir). Tenía miedo, por supuesto, porque sabía que era posible que sus padres ________ (despertarse) y lo _______ (buscar). Fuera de la casa, empezó a correr. Esperaba que el tren todavía _______ (estar) en la estación y que no lo ______ (dejar). Si esto ________ (pasar), tendría que esconderse en algún lugar hasta la llegada de otro tren. A pesar del pánico que sentía, decidió no volver a casa. En ese momento, el niño se despertó y se dio cuenta de que todo sólo había sido un sueño. Se alegró mucho de que _______ (estar) todavía en su cama en su propio cuarto. Decidió ir a despertar a sus padres para contarles su sueño.

Aquí llegamos

Actividades orales

A. **Una novela interesante** You and a classmate tell each other about an interesting novel that you have each read. Each of you should tell what it is about, who the main characters are, why you like it, and why you recommend it.

B. **Mis planes** Tell a classmate what you might possibly do after you finish high school. Use such phrases as **Es posible...**, **Es probable...**, **Puede ser que...**, etc.

C. **Bajo otras circunstancias** Discuss with a group of classmates what you would do if circumstances were different. Use the following phrases as possible points of departure: **Si tuviera tiempo...**, **Si tuviera dinero...**, **Si fuera más viejo(a) (más joven)...**, **Si fuera hombre (mujer)...**, **Si viviera...**, **Si pudiera hacerlo...**, etc.

D. **Un sueño** Pair up with a classmate and tell each other about a dream that you had once, or have had on several occasions. Give as many details as possible.

E. **¡Viva yo!** Politicians make lots of promises when they run for office and often find it is hard to keep them after being elected. Talk to a classmate about what you would say and do if you were president of your country. Use the conditional tense in each of your comments. Begin your statements with **Si yo fuera presidente del país....**

Actividades escritas

F. **Un resumen del argumento** Write a brief plot summary of a novel that you have read recently. In addition, tell why you did or did not enjoy it.

G. **Mi caso** Using the **casos** on pp. 328–329 as models, write a brief, ironic little passage that tells a tale and has a beginning, a middle, and an end.

H. **Un sueño inolvidable** Recall or make up a dream sequence. When you write it down, try to include some imaginative images and twists. Use your Spanish dictionary when you need special words.

I. **Un invitado especial** Imagine that you could invite a Spanish or Latin American Nobel prize-winner (living or dead) to dinner at your house next weekend. Write a brief essay about the person you would invite, why you would invite that particular author, what you would talk about, and what might happen during the visit.

Expansión cultural

Lecturas sin fronteras

Frank Janney, director de Ediciones del Norte, la prestigiosa casa editorial en Hanover, New Hampshire, que publica las obras de algunos de los más ilustres escritores contemporáneos, explica la razón para una casa editorial en español en los Estados Unidos.

death-defying leap
strengthen / ties, bonds

Cuando me preguntan por qué decidí publicar las obras de autores latinoamericanos en los Estados Unidos, aún ahora, después de diez años, siento la sorpresa de alguien que llega de un *salto mortal* a la otra orilla. No hay duda ahora de que la existencia de Ediciones del Norte es una realidad. Esto lo confirman los miles de lectores hispanos y norteamericanos que leen nuestras ediciones y *fortalecen* los *vínculos* entre Norte y Sur.

insanity
refugee

Al principio, la gente decía que mi idea de publicar las mejores novelas en lindas ediciones en los Estados Unidos era una *locura*. Pero en realidad, tener un proyecto editorial en Nueva Inglaterra para un mundo que no tenía ningún centro, en donde el uruguayo vivía en Caracas, el chileno en Guadalajara, el argentino en Manhattan, etc., no era tan absurdo. Barcelona ya no era el centro editorial para los escritores latinoamericanos como lo había sido durante el famoso "boom" de los años sesenta, y México no podía con tantos escritores en exilio. Además, ¿dónde iba a publicar en español un cubano *refugiado*?

frustrating
within reach

En los ochenta los problemas económicos causaron devaluaciones masivas en América Latina. Por eso decidimos concentrarnos en el mercado en los Estados Unidos, los 20 millones de hispanos y el mundo académico. Hasta ahora hemos vendido la mayor parte de nuestras publicaciones a las universidades y escuelas, una circunstancia muy *frustrante*, porque nuestros libros están *al alcance* de todos y no son sólo para las bibliotecas. Esperamos el momento en que en los Estados Unidos haya una cultura plural en donde no existan las fronteras y los límites artificiales, y lo que hoy es "extranjero" sea tan familiar como un bistec tejano o un taco mexicano.

it may increase
roots
different

Es posible que *aumente* aun más el número de lectores anglo-norteamericanos que tienen un interés genuino en la cultura hispana y con quienes puede haber diálogo. A muchos norteamericanos les gusta la oportunidad de discutir con una persona de *raíces* latinoamericanas las novelas de García Márquez o Isabel Allende, por ejemplo. Así pueden apreciar la relación entre obra y lector en un contexto totalmente *distinto* al suyo.

Comprensión

Sobre la lectura Contesta en español las siguientes preguntas sobre la lectura.

1. ¿Cuál es el tema central de esta lectura?
2. ¿Ha tenido éxito la casa editorial Ediciones del Norte?
3. ¿Qué decía la gente al principio cuando Janney fundó su compañía?
4. ¿Importa que la compañía esté en New Hampshire? ¿Por qué o por qué no?
5. ¿Cuál es el mercado que le interesa más a Janney para sus ventas?
6. ¿Qué esperanza tiene el autor en cuanto a los Estados Unidos en el futuro?
7. ¿Qué quiere decir el autor cuando usa el término *lectores anglo-norteamericanos*? ¿Qué dice de estos lectores?
8. ¿Qué opinas del director de Ediciones del Norte y su compañía?
9. ¿Te interesaría leer una novela hispanoamericana? ¿En su versión original o en traducción? ¿Por qué o por qué no?

APPENDIX A Regular Verbs

Simple Tenses

Infinitive	Present Indicative	Imperfect	Preterite	Future	Conditional	Present Subjunctive	Past Subjunctive	Commands
hablar *to speak*	hablo hablas habla hablamos habláis hablan	hablaba hablabas hablaba hablábamos hablabais hablaban	hablé hablaste habló hablamos hablasteis hablaron	hablaré hablarás hablará hablaremos hablaréis hablarán	hablaría hablarías hablaría hablaríamos hablaríais hablarían	hable hables hable hablemos habléis hablen	hablara hablaras hablara habláramos hablarais hablaran	habla (no hables) hable hablad (no habléis) hablen
aprender *to learn*	aprendo aprendes aprende aprendemos aprendéis aprenden	aprendía aprendías aprendía aprendíamos aprendíais aprendían	aprendí aprendiste aprendió aprendimos aprendisteis aprendieron	aprenderé aprenderás aprenderá aprenderemos aprenderéis aprenderán	aprendería aprenderías aprendería aprenderíamos aprenderíais aprenderían	aprenda aprendas aprenda aprendamos aprendáis aprendan	aprendiera aprendieras aprendiera aprendiéramos aprendierais aprendieran	aprende (no aprendas) aprenda aprended (no aprendáis) aprendan
vivir *to live*	vivo vives vive vivimos vivís viven	vivía vivías vivía vivíamos vivíais vivían	viví viviste vivió vivimos vivisteis vivieron	viviré vivirás vivira viviremos viviréis vivirán	viviría vivirías viviría viviríamos viviríais vivirían	viva vivas viva vivamos viváis vivan	viviera vivieras viviera viviéramos vivierais vivieran	vive (no vivas) viva vivid (no viváis) vivan

Compound tenses

Present progressive	estoy estás está	estamos estáis están }	hablando	aprendiendo	viviendo
Present perfect indicative	he has ha	hemos habéis han }	hablado	aprendido	vivido
Past perfect indicative	había habías había	habíamos habíais habían }	hablado	aprendido	vivido

APPENDIX B Stem-changing Verbs

Infinitive Present Participle Past Participle	**Present Indicative**	**Imperfect**	**Preterite**	**Future**	**Conditional**	**Present Subjunctive**	**Past Subjunctive**	**Commands**
pensar *to think* **e → ie** pensando pensado	**pienso** **piensas** **piensa** pensamos pensáis **piensan**	pensaba pensabas pensaba pensábamos pensabais pensaban	pensé pensaste pensó pensamos pensasteis pensaron	pensaré pensarás pensará pensaremos pensaréis pensarán	pensaría pensarías pensaría pensaríamos pensaríais pensarían	**piense** **pienses** **piense** pensemos penséis **piensen**	pensara pensaras pensara pensáramos pensarais pensaran	**piensa** **no pienses** **piense** pensad **no penséis** **piensen**
acostarse *to go to bed* **o → ue** acostándose acostado	me **acuesto** te **acuestas** se **acuesta** nos acostamos os acostáis se **acuestan**	me acostaba te acostabas se acostaba nos acostábamos os acostabais se acostaban	me acosté te acostaste se acostó nos acostamos os acostasteis se acostaron	me acostará te acostarás se acostará nos acostaremos os acostaréis se acostarán	me acostaría te acostarías se acostaría nos acostaríamos os acostaríais se acostarían	me **acueste** te **acuestes** se **acueste** nos acostamos os acostéis se **acuesten**	me acostara te acostaras se acostara nos acostáramos os acostarais se acostaran	**acuéstate** **no te acuestes** **acuéstese** acostad **no acostéis** **acuéstense**
sentir *to feel* **e → ie, i** **sintiendo** sentido	**siento** **sientes** **siente** sentimos sentís **sienten**	sentía sentías sentía sentíamos sentíais sentían	sentí sentiste **sintió** sentimos sentisteis **sintieron**	sentiré sentirás sentirá sentiremos sentiréis sentirán	sentiría sentirías sentiría sentiríamos sentiríais sentirían	**sienta** **sientas** **sienta** **sintamos** **sintáis** **sientan**	**sintiera** **sintieras** **sintiera** **sintiéramos** **sintierais** **sintieran**	**siente** **no sientas** **sienta** sentid **no sintáis** **sientan**
pedir *to ask* **e → i, i** **pidiendo** pedido	**pido** **pides** **pide** pedimos pedís **piden**	pedía pedías pedía pedíamos pedíais pedían	pedí pediste **pidió** pedimos pedisteis **pidieron**	pediré pedirás pedirá pediremos pediréis pedirán	pediría pedirías pediría pediríamos pediríais pedirían	**pida** **pidas** **pida** **pidamos** **pidáis** **pidan**	**pidiera** **pidieras** **pidiera** **pidiéramos** **pidierais** **pidieran**	**pide** **no pidas** **pida** pedid **no pidáis** **pidan**
dormir *to sleep* **o → ue, u** **durmiendo** dormido	**duermo** **duermes** **duerme** dormimos dormis **duermen**	dormía dormías dormía dormíamos dormíais dormían	dormí dormiste **durmió** dormimos dormisteis **durmieron**	dormiré dormirás dormirá dormiremos dormiréis dormirián	dormiría dormirías dormiría dormiríamos dormiríais dormirían	**duerma** **duermas** **duerma** **durmamos** **durmáis** **duerman**	**durmiera** **durmieras** **durmiera** **durmiéramos** **durmierais** **durmieran**	**duerme** **no duermas** **duerma** dormid **no durmáis** **duerman**

APPENDIX C Change of Spelling Verbs

Infinitive Present Participle Past Participle	Present Indicative	Imperfect	Preterite	Future	Conditional	Present Subjunctive	Past Subjunctive	Commands
comenzar (e → ie) *to begin* **z → c** **before e** comenzando comenzado	comienzo comienzas comienza comenzamos comenzáis comienzan	comenzaba comenzabas comenzaba comenzábamos comenzabais comenzaban	**comencé** comenzaste comenzó comenzamos comenzasteis comenzaron	comenzaré comenzarás comenzará comenzaremos comenzaréis comenzarán	comenzaría comenzarías comenzaría comenzaríamos comenzaríais comenzarían	**comience** **comiences** **comience** **comencemos** **comencéis** **comiencen**	comenzara comenzaras comenzara comenzáramos comenzarais comenzaran	comienza (**no** **comiences)** **comience** comenzad (**no** **comencéis)** **comiencen**
conocer *to know* **c → zc** **before a, o** conociendo conocido	**conozco** conoces conoce conocemos conocéis conocen	conocía conocías conocía conocíamos conocíais conocían	conocí conociste conoció conocimos conocisteis conocieron	conoceré conocerás conocerá conoceremos conoceréis conocerán	conocería conocerías conocería conoceríamos conoceríais conocerían	**conozca** **conozcas** **conozca** **conozcamos** **conozcáis** **conozcan**	conociera conocieras conociera conociéramos conocierais conocieran	se conoce (**no** **conozcas)** **conozca** conoced (**no** **conozcáis)** **conozcan**
pagar *to pay* **g → gu** **before e** pagando pagado	pago pagas paga pagamos pagáis pagan	pagaba pagabas pagaba pagábamos pagabais pagaban	**pagué** pagaste pagó pagamos pagasteis pagaron	pagaré pagarás pagará pagaremos pagaréis pagarán	pagaría pagarías pagaría pagaríamos pagaríais pagarían	**pague** **pagues** **pague** **paguemos** **paguéis** **paguen**	pagara pagaras pagara pagáramos pagarais pagaran	paga (**no** **pagues)** **pague** pagad (**no** **paguéis)** **paguen**
seguir . (e → i, i) *to follow* **g → gu** **before a, o** siguiendo seguido	**sigo** sigues sigue seguimos seguís siguen	seguía seguías seguía seguíamos seguíais seguían	seguí seguiste siguió seguimos seguisteis siguieron	seguiré seguirás seguirá seguiremos seguiréis seguirán	seguiría seguirías seguiría seguiríamos seguiríais seguirían	**siga** **sigas** **siga** **sigamos** **sigáis** **sigan**	siguiera siguieras siguiera siguiéramos siguierais siguieran	sigue (**no** **sigas)** **siga** seguid (**no** **sigáis)** **sigan**
tocar *to play* **c → qu** **before e** tocando tocado	toco tocas toca tocamos tocáis tocan	tocaba tocabas tocaba tocábamos tocabais tocaban	**toqué** tocaste tocó tocamos tocasteis tocaron	tocaré tocarás tocará tocaremos tocaréis tocarán	tocaría tocarías tocaría tocaríamos tocaríais tocarían	**toque** **toques** **toque** **toquemos** **toquéis** **toquen**	tocara tocaras tocara tocáramos tocarais tocaran	toca (**no** **toques)** **toque** tocad (**no** **toquéis)** **toquen**

APPENDIX D Irregular Verbs

*Verbs with irregular *yo*-forms in the present indicative

Infinitive Present Participle Past Participle	Present Indicative	Imperfect	Preterite	Future	Conditional	Present Subjunctive	Past Subjunctive	Commands
andar *to walk* andando andado	ando andas anda andamos andáis andan	andaba andabas andaba andábamos andabais andaban	**anduve** **anduviste** **anduvo** **anduvimos** **anduvisteis** **anduvieron**	andaré andarás andará andaremos andaréis andarán	andaría andarías andaría andaríamos andaríais andarían	ande andes ande andemos andéis anden	**anduviera** **anduvieras** **anduviera** **anduviéramos** **anduvierais** **anduvieran**	anda (no andes) ande andad (no andéis) anden
*dar *to give* dando dado	**doy** das da damos dais dan	daba dabas daba dábamos dabais daban	**di** **diste** **dio** **dimos** **disteis** **dieron**	daré darás dará daremos daréis darán	daría darías daría daríamos daríais darían	**dé** **des** **dé** **demos** **deis** **den**	**diera** **dieras** **diera** **diéramos** **dierais** **dieran**	da **(no des)** **dé** dad **(no deis)** den
*decir *to say, tell* **diciendo** **dicho**	**digo** **dices** **dice** decimos decís **dicen**	decía decías decía decíamos decíais decían	**dije** **dijiste** **dijo** **dijimos** **dijisteis** **dijeron**	**diré** **dirás** **dirá** **diremos** **diréis** **dirán**	**diría** **dirías** **diría** **diríamos** **diríais** **dirían**	**diga** **digas** **diga** **digamos** **digáis** **digan**	**dijera** **dijeras** **dijera** **dijéramos** **dijerais** **dijeran**	**di (no digas)** **diga** decid **(no digáis)** **digan**
*estar *to be* estando estado	**estoy** **estás** **está** estamos estáis **están**	estaba estabas estaba estábamos estabais estaban	**estuve** **estuviste** **estuvo** **estuvimos** **estuvisteis** **estuvieron**	estaré estarás estará estaremos estaréis estarán	estaría estarías estaría estaríamos estaríais estarían	**esté** **estés** **esté** **estemos** **estéis** **estén**	**estuviera** **estuvieras** **estuviera** **estuviéramos** **estuvierais** **estuvieran**	**está (no estés)** **esté** estad **(no estéis)** **estén**
haber *to have* habiendo habido	**he** **has** **ha [hay]** **hemos** **habéis** **han**	había habías había habíamos habíais habían	**hube** **hubiste** **hubo** **hubimos** **hubisteis** **hubieron**	**habré** **habrás** **habrá** **habremos** **habréis** **habrán**	**habría** **habrías** **habría** **habríamos** **habríais** **habrían**	**haya** **hayas** **haya** **hayamos** **hayáis** **hayan**	**hubiera** **hubieras** **hubiera** **hubiéramos** **hubierais** **hubieran**	
*hacer *to make, do* haciendo **hecho**	**hago** haces hace hacemos hacéis hacen	hacía hacías hacía hacíamos hacíais hacían	**hice** **hiciste** **hizo** **hicimos** **hicisteis** **hicieron**	**haré** **harás** **hará** **haremos** **haréis** **harán**	**haría** **harías** **haría** **haríamos** **haríais** **harían**	**haga** **hagas** **haga** **hagamos** **hagáis** **hagan**	**hiciera** **hicieras** **hiciera** **hiciéramos** **hicierais** **hicieran**	**haz (no hagas)** **haga** haced **(no hagáis)** **hagan**

APPENDIX D Irregular Verbs *(continued)*

Infinitive Present Participle Past Participle	Present Indicative	Imperfect	Preterite	Future	Conditional	Present Subjunctive	Past Subjunctive	Commands
ir *to go* **yendo** ido	**voy** **vas** **va** **vamos** **vais** **van**	**iba** **ibas** **iba** **íbamos** **ibais** **iban**	**fui** **fuiste** **fue** **fuimos** **fuisteis** **fueron**	iré irás irá iremos iréis irán	iría irías iría iríamos iríais irían	**vaya** **vayas** **vaya** **vayamos** **vayáis** **vayan**	**fuera** **fueras** **fuera** **fuéramos** **fuerais** **fueran**	**ve (no vayas)** **vaya** id **(no vayáis)** **vayan**
*oír *to hear* **oyendo** **oído**	**oigo** **oyes** **oye** **oímos** **oís** **oyen**	oía oías oía oíamos oíais oían	oí **oíste** **oyó** **oímos** **oísteis** **oyeron**	oiré oirás oirá oiremos oiréis oirán	oiría oirías oiría oiríamos oiríais oirían	**oiga** **oigas** **oiga** **oigamos** **oigáis** **oigan**	**oyera** **oyeras** **oyera** **oyéramos** **oyerais** **oyeran**	**oye (no oigas)** **oiga** oíd **no oigáis** **oigan**
poder *can, to be able* **pudiendo** podido	**puedo** **puedes** **puede** podemos podéis **pueden**	podía podías podía podíamos podíais podían	**pude** **pudiste** **pudo** **pudimos** **pudisteis** **pudieron**	**podré** **podrás** **podrá** **podremos** **pedréis** **podrán**	**podría** **podrías** **podría** **podríamos** **podríais** **podrían**	**pueda** **puedas** **pueda** podamos podáis **puedan**	**pudiera** **pudieras** **pudiera** **pudiéramos** **pudierais** **pudieran**	
*poner *to place, put* poniendo **puesto**	**pongo** pones pone ponemos ponéis ponen	ponía ponías ponía poníamos poníais ponían	**puse** **pusiste** **puso** **pusimos** **pusisteis** **pusieron**	**pondré** **pondrás** **pondrá** **pondremos** **pondréis** **pondrán**	**pondría** **pondrías** **pondría** **pondríamos** **pondríais** **pondrían**	**ponga** **pongas** **ponga** **pongamos** **pongáis** **pongan**	**pusiera** **pusieras** **pusiera** **pusiéramos** **pusierais** **pusieran**	**pon (no pongas)** **ponga** poned **(no pongáis)** **pongan**
querer *to like* queriendo querido	**quiero** **quieres** **quiere** queremos queréis **quieren**	quería querías quería queríamos queríais querían	**quise** **quisiste** **quiso** **quisimos** **quisisteis** **quisieron**	**querré** **querrás** **querrá** **querremos** **querréis** **querrán**	**querría** **querrías** **querría** **querríamos** **querríais** **querrían**	**quiera** **quieras** **quiera** queramos queráis **quieran**	**quisiera** **quisieras** **quisiera** **quisiéramos** **quisierais** **quisieran**	**quiere (no quieras)** **quiera** quered (no queráis) **quieran**
*saber *to know* sabiendo sabido	**sé** sabes sabe sabemos sabéis saben	sabía sabías sabía sabíamos sabíais sabían	**supe** **supiste** **supo** **supimos** **supisteis** **supieron**	**sabré** **sabrás** **sabrá** **sabremos** **sabréis** **sabrán**	**sabría** **sabrías** **sabría** **sabríamos** **sabríais** **sabrían**	**sepa** **sepas** **sepa** **sepamos** **sepáis** **sepan**	**supiera** **supieras** **supiera** **supiéramos** **supierais** **supieran**	sabe **(no sepas)** **sepa** sabed **(no sepáis)** **sepan**

APPENDIX E Irregular Verbs

*Verbs with irregular *yo*-forms in the present indicative

Infinitive Present Participle Past Participle	Present Indicative	Imperfect	Preterite	Future	Conditional	Present Subjunctive	Past Subjunctive	Commands
*salir *to go out* saliendo salido	**salgo** sales sale salimos salís salen	salía salías salía salíamos salíais salían	salí saliste salió salimos salisteis salieron	**saldré** **saldrás** **saldrá** **saldremos** **saldréis** **saldrán**	**saldría** **saldrías** **saldría** **saldríamos** **saldríais** **saldrían**	**salga** **salgas** **salga** **salgamos** **salgáis** **salgan**	saliera salieras saliera saliéramos salierais salieran	**sal (no salgas)** **salga** salid **(no salgáis)** **salgan**
ser *to be* siendo sido	**soy** **eres** **es** **somos** **sois** **son**	**era** **eras** **era** **éramos** **erais** **eran**	**fui** **fuiste** **fue** **fuimos** **fuisteis** **fueron**	seré serás será seremos seréis serán	sería serías sería seríamos seríais serían	**sea** **seas** **sea** **seamos** **seáis** **sean**	**fuera** **fueras** **fuera** **fuéramos** **fuerais** **fueran**	**sé (no seas)** **sea** sed **(no seáis)** **sean**
*tener *to have* teniendo tenido	**tengo** **tienes** **tiene** tenemos tenéis tienen	tenía tenías tenía teníamos teníais tenían	**tuve** **tuviste** **tuvo** **tuvimos** **tuvisteis** **tuvieron**	**tendré** **tendrás** **tendrá** **tendremos** **tendréis** **tendrán**	**tendría** **tendrías** **tendría** **tendríamos** **tendríais** **tendrían**	**tenga** **tengas** **tenga** **tengamos** **tengáis** **tengan**	**tuviera** **tuvieras** **tuviera** **tuviéramos** **tuvierais** **tuvieran**	**ten (no tengas)** **tenga** tened **(no tengáis)** **tengan**
traer *to bring* **trayendo** **traído**	**traigo** traes trae traemos traéis traen	traía traías traía traíamos traíais traían	**traje** **trajiste** **trajo** **trajimos** **trajisteis** **trajeron**	traeré traerás traerá traeremos traeréis traerán	traería traerías traería traeríamos traeríais traerían	**traiga** **traigas** **traiga** **traigamos** **traigáis** **traigan**	**trajera** **trajeras** **trajera** **trajéramos** **trajerais** **trajeran**	trae **(no traigas)** **traiga** traed **(no traigáis)** **traigan**
*venir *to come* **viniendo** venido	**vengo** **vienes** **viene** venimos venís **vienen**	venía venías venía veníamos veníais venían	**vine** **viniste** **vino** **vinimos** **vinisteis** **vinieron**	**vendré** **vendrás** **vendrá** **vendremos** **vendréis** **vendrán**	**vendría** **vendrías** **vendría** **vendríamos** **vendríais** **vendrían**	**venga** **vengas** **venga** **vengamos** **vengáis** **vengan**	**viniera** **vinieras** **viniera** **viniéramos** **vinierais** **vinieran**	**ven (no vengas)** **venga** venid **(no vengáis)** **vengan**
ver *to see* viendo **visto**	**veo** ves ve vemos veis ven	**veía** **veías** **veía** **veíamos** **veíais** **veían**	**vi** **viste** **vio** **vimos** **visteis** **vieron**	veré verás verá veremos veréis verán	vería verías vería veríamos veríais verían	**vea** **veas** **vea** **veamos** **veáis** **vean**	viera vieras viera viéramos vierais vieran	ve **(no veas)** **vea** ved **(no veáis)** vean

Glossary of functions

The numbers in parentheses refer to the chapter in which the word or phrase may be found.

Talking about clothing

Hace juego con... (1)
Luce bien. (1)
mal. (1)
Te queda chico. (1)
grande. (1)
mal. (1)
muy bien. (1)
¿Puede mostrarme...? (1)
Voy a probármelo. (1)

Talking about materials and designs of clothing

de algodón (1)
de cuero (1)
de lana (1)
de lunares (1)
de mezclilla (1)
de poliéster (1)
de rayas (1)
de seda (1)

Asking for a table in a restaurant

Quisiera / Quisiéramos } una mesa para... personas, por favor. (2)

Ordering food

¿Qué quisiera pedir como aperitivo? (2)
sopa? (2)
¿Qué quisieran pedir como entrada? (2)
postre? (2)
Como { aperitivo / sopa / entrada / postre } quisiera... (2)

Expressing hunger

¡Estoy que me muero de hambre! (2)
Tengo tanta hambre que me podría comer un toro. (2)

Indicating preferences

Tengo ganas de comer... (2)
Yo quisiera comer... (2)
Me encanta la comida china (griega, italiana, francesa, etc.). (2)
Se come bien en este restaurante. (2)

Asking for the check

La cuenta, por favor. (2)
¿Podría traernos la cuenta, por favor? (2)
Quisiera / Quisiéramos } la cuenta, por favor. (2)

Commenting on the taste of food

¿Qué tal está(n)...? (3)
Está muy rico(a). (3)
Están muy ricos(as). (3)
¡Está riquísimo(a)! (3)
¡Están riquísimos(as)! (3)
¡Qué rico(a) está...! (3)
¡Qué ricos(as) están...! (3)
Está (un poco, muy, algo, bien) picante. (3)
dulce. (3)
salado(a). (3)
sabroso(a). (3)
No tiene(n) sabor. (3)

Talking about states and conditions

Está abierto(a) (3)
aburrido(a) (3)
alegre (3)
caliente (3)
cansado(a) (3)
cerrado(a) (3)
contento(a) (3)

enfermo(a) (3)
frío(a) (3)
furioso(a) (3)
limpio(a) (3)
lleno(a) (3)
mojado(a) (3)
nervioso(a) (3)
ocupado(a) (3)
preocupado(a) (3)
seco(a) (3)
sucio(a) (3)
triste (3)
vacío(a) (3)

Inviting or making a suggestion

¿Estás libre? (4)
¿Podría + (infinitivo) con nosotros? (4)
¿Por qué no + (verbo)? (4)
¿Qué tal si...? (4)
¿Quieres + (infinitivo)? (4)
Quiero invitarte a + (infinitivo). (4)
Te invito a + (infinitivo). (4)
Tengo una idea. Vamos a + (infinitivo). (4)

Accepting an invitation

Acepto con gusto. (4)
¡Buena idea! (4)
¡Claro que sí! Sería un placer. (4)
¡Cómo no! ¡Estupendo! (4)
De acuerdo. (4)
Me encantaría. (4)
Me parece bien. (4)

Refusing an invitation

Lo siento, pero no puedo. (4)
Es una lástima, pero no será posible. (4)
Me gustaría, pero no estoy libre. (4)
Me da pena, pero no estoy libre. (4)
Muchas gracias, pero ya tengo planes. (4)

Making a phone call

¿Aló? (4)
¿Bueno? (4)
¿Diga? (4)
Hola. (4)
¿De parte de quién? (4)
Dígale que llamó (nombre), por favor. (4)
¿Quién habla, por favor? (4)
Habla (nombre). (4)
Soy (nombre). (4)
¿Está (nombre)? (4)
Quisiera hablar con (nombre). (4)
Un momento, por favor. (4)
Te lo (la) paso. (4)
Lo siento, no está. (4)
¿Puedo dejarle un recado? (4)
¿Podría decirle que...? (4)
Por favor, dígale (dile) que lo (la) llamó (nombre). (4)
Tiene un número equivocado. (4)

Making a reservation/buying a train ticket

¿Me da una plaza de segunda clase, por favor? (5)
Necesito una plaza de primera clase, por favor. (5)
Quisiera reservar una plaza. (5)
Quisiera una plaza en la sección de no fumar. (5)
¿Sería posible reservar una plaza en el tren de (hora)? (5)
Una plaza de ida y vuelta, por favor. (5)
¿A qué hora llega el tren de...? (5)
¿A qué hora sale el próximo tren para...? (5)
¿Cómo se llega al andén...? ¿Queda de este lado? ¿Queda del otro lado? (5)
¿De qué andén sale el tren para...? (5)
¿Dónde está el vagón número...? (5)
¿El tren llegará retrasado / adelantado / a tiempo? (5)
¿El tren llegará tarde / temprano / a tiempo? (5)

Making an itinerary

¿Cuánto tarda el viaje de... a...? (6)
¿Cuánto tiempo se necesita para ir a...? (6)
¿En cuánto tiempo se hace el viaje de... a...? (6)
Se necesita(n)... (6)
Son... horas de viaje de... a... (en coche). (6)
Se hace el viaje de... a... en... horas. (6)

Claiming lost baggage

¿Ha perdido su maleta (bolsa, valija, maletín)? (6)
Sí, la (lo) he dejado en el avión. (6)
Sí, la (lo) facturé pero no he podido encontrarla(lo). (6)
¿En qué avión? ¿En qué vuelo? (6)
(Línea aérea), vuelo (número). (6)
¿De qué color es la maleta? (6)
¿De qué material es? (6)
Es (color). Es de tela (cuero, plástico). (6)
¿De qué tamaño es? (6)
Es grande (pequeño). (6)
¿Lleva la maleta alguna identificación? (6)
Lleva una etiqueta con mi nombre y dirección. (6)
¿Qué contiene la maleta? (6)
¿Qué lleva en la maleta? (6)
Contiene... (6)

Expressing needs or preferences

Él (Ella) manda que... (8)
Es aconsejable que... (8)
Es importante que... (8)
Espero que... (8)
Insisto en que... (8)
Prefiero que... (8)
Prohibo que... (8)

Expressing emotions and reactions

Es bueno que... (9)
Es malo que... (9)
Es mejor que... (9)
Estoy contento(a) de que... (9)
Me alegro de que... (9)
¡Qué bueno que...! (9)
¡Qué lástima que...! (9)
¡Qué maravilla que...! (9)
¡Qué pena que...! (9)
¡Qué raro que...! (9)
¡Qué vergüenza que...! (9)
Siento que... (9)
Temo que... (9)

Expressing doubt, uncertainty and improbability

Dudo... (10)
Es dudoso... (10)
Puede ser... (10)
No estar seguro(a)... (10)
No creo que... (10)
¿Crees que...? (10)
Es increíble... (10)
No es verdad... (10)
No es cierto... (10)
(No) Es posible... (10)
(No) Es imposible... (10)
(No) Es probable... (10)
(No) Es improbable... (10)

Referring to outcomes that are imagined or that depend upon previous action

En caso de que... (10)
Sin que... (10)
Con tal de que... (10)
Antes de que... (10)
Para que... (10)
A menos que... (10)
Cuando... (10)
Aunque... (10)

Talking about the world of the imagination and unreality

Busco una persona que sepa... (11)
Quiero un coche que sea... (11)
Deseo vivir en una casa que tenga... (11)
No hay nadie que pueda... (11)
¿Hay alguien que sea...? (11)
Un(a) amigo(a) ideal es una persona que sea... (11)

Talking about conditions contrary to fact and making hypotheses

Si tuviera tiempo, iría... (12)

Expressing assumptions

Si tengo tiempo, iré... (12)

Glossary

Spanish-English

The numbers in parentheses refer to the chapter in which the word or phrase may be found. Entries without chapter numbers were presented in Books 1 or 2.

A

a to, at
abierto(a) open (3)
abogado(a) *m.(f.)* lawyer
abrazo *m.* hug
abrigo *m.* coat
abril April
¡No, en absoluto! Absolutely not!
abstracto(a) abstract (8)
abuela *f.* grandmother
abuelo *m.* grandfather
aburrido(a) bored, boring
acabar de... to have just ...
acampar to camp
accidente *m.* accident
acción *f.* action
aceite *m.* oil
aceituna *f.* olive
aceptar to accept (4)
acercarse to approach
acompañante *m.* or *f.* traveling companion (5)
aconsejable advisable (8)
acostarse (ue) to go to bed
activo(a) active
de acuerdo okay
está adelantado(a) is early (5)
además besides
adicional additional
adiós good-bye
admitir to admit
¿adónde? where?
adorar to adore
aeropuerto *m.* airport
afeitarse to shave
afortunadamente fortunately
agosto August
agradable pleasant
Les agradezco. I thank you.
el agua *f.* water
  agua mineral (sin gas) mineral water (without carbonation)
ahora now
  ahora mismo right now
ahorrar to save
aire acondicionado air-conditioned
ajo *m.* garlic (2)
al to the
alcanzar to reach, achieve
alegrar to make happy (9)
alegre happy
alemán(ana) German
Alemania Germany
alergia *f.* allergy
alfombra *f.* rug, carpet
algo something
algodón *m.* cotton
alguien someone, somebody (3)
algún / alguno(a) a, an (3)
  algún día someday
alimento *m.* food
almidón *m.* starch
¿Aló? hello (4)
alquilar to rent
alquiler *m.* rent
alto(a) tall
alumno(a) *m.(f.)* student
allá over there
allí there
ama *f.* housekeeper (11)
amable friendly
amarillo(a) yellow
ambicioso(a) ambitious
americano(a) American
amigo(a) *m.(f.)* friend
amor *m.* love (11)
amplio(a) broad, wide (11)
(completamente) amueblado (fully) furnished
anaranjado(a) orange (color)
andar to go along, walk
andén *m.* platform (5)
animal *m.* animal
  animal doméstico *m.* household pet (5)
anoche last night
ansiedad *f.* anxiety
anterior previous
antes de before (5)
antibiótico *m.* antibiotic
antihistamínico *m.* antihistamine
antipático(a) disagreeable
anual annual
anunciar to announce
añadir to add (11)
año *m.* year
aparecer to appear (12)
aparentemente apparently
apartamento *m.* apartment
apellido *m.* last name
aperitivo *m.* appetizer (2)
apetecer to appeal (2)
aprender to learn
aprovechar to take advantage of
aquel(la) that
aquél(la) *m.(f.)* that one
aquí here
  Aquí tiene... Here you have ...
araña *f.* spider
área de acampar *f.* campground
Argentina Argentina
argentino(a) Argentine
arpa *f.* harp (9)
arquitecto(a) *m.(f.)* architect
arreglar to arrange, fix
arroz *m.* rice
arte *m.* or *f.* art
artículo *m.* article
artista *m.* or *f.* artist (7)
asado(a) roasted (2)
ascensor *m.* elevator
asegurar to assure
¿Así es? Is that it?
asistir a to attend
aspirina *f.* aspirin
un atado de a bunch of
aterrizar to land (6)
atlético(a) athletic
atún *m.* tuna
auricular *m.* (telephone) receiver (4)
ausencia *f.* absence
autobús *m.* bus
  estación de autobuses *f.* bus terminal

autor(a) *m.(f.)* autor (10)
autorretrato *m.* self-portrait (7)
¡Ave María! Good heavens!
avenida *f.* avenue
avión *m.* airplane
ayer yesterday
azafata *f.* stewardess (5)
azúcar *m.* sugar
azul blue

B

bailar to dance
baile *m.* dance
  baile folklórico folk dance
  baile popular popular dance
bajar to go down, lower
  bajar de peso to lose weight
bajo *m.* bass (9)
bajo(a) short (height)
balanceado(a) balanced
banana *f.* banana
banco *m.* bank
bandoneón *m.* large accordion (9)
bañarse to bathe oneself
baño *m.* bath
bar de tapas *m.* tapas restaurant
barato(a) cheap
barba *f.* beard
barrio *m.* neighborhood
barro *m.* mud (12)
básquetbol *m.* basketball
bastante rather, enough
bebé *m.* or *f.* baby
bebida *f.* drink
béisbol *m.* baseball
Belice Belize
beneficiarse to benefit
beso *m.* kiss
biblioteca *f.* library
bicicleta *f.* bicycle
bidé *m.* bidet
bien well, fine, very
bigote *m.* mustache
billete *m.* ticket
  billete de diez viajes ten-trip ticket
  billete de ida y vuelta roundtrip ticket
  billete sencillo one-way ticket
biología *f.* biology
bisabuela *f.* great-grandmother (11)
bisabuelo *m.* great-grandfather (11)
bistec *m.* steak (2)
blanco(a) white
blusa *f.* blouse
boca *f.* mouth
bocadillo *m.* sandwich (French bread)
boda *f.* wedding
bolígrafo *m.* ball-point pen
Bolivia Bolivia
boliviano(a) Bolivian
bolsa *f.* purse
bonito(a) pretty
borrador *m.* eraser
bosque *m.* forest
bota *f.* boot
una botella de a bottle of
boutique *f.* boutique
Brasil Brazil
¡Bravo! Well done! (10)
brazo *m.* arm
brindis *m.* toast (salutation)
bronceado(a) tan
bueno(a) good
  ¡Bueno! Hello! (telephone)
  Buenos días. Good morning.
  Buenas noches. Good evening, Good night.
  Buenas tardes. Good afternoon.
bufanda *f.* (winter) scarf (1)
buscar to look for

C

caballerías *f.* chivalry (11)
caballero *m.* gentleman (11)
caber to fit (12)
cabeza *f.* head
cabina de teléfono *f.* telephone booth
cacahuete *m.* peanut
cada every, each
caerse to fall
café *m.* café, coffee
  café *adj.* dark brown
  café (con leche) coffee (with milk)
cajón *m.* drawer
calamares *m.* squid
calcetín *m.* sock
calcio *m.* calcium
calculadora *f.* calculator
calidad *f.* quality
caliente warm, hot
¡Cálmate! Calm down!
calor *m.* heat
caloría *f.* calorie
calle *f.* street
cama *f.* bed
  cama (matrimonial / sencilla) (double / single) bed
cámara *f.* camera
camarero(a) *m.(f.)* waiter (waitress)
camarón *m.* shrimp (3)
cambiar to change
cambio *m.* change, alteration
caminar to walk
camioneta *f.* van (6)
camisa *f.* shirt
camiseta *f.* T-shirt
campana *f.* bell (12)
Canadá Canada
canadiense Canadian
canción *f.* song (9)
cansado(a) tired
cantar to sing
cantidad *f.* quantity
cañón *m.* canyon
capacidad *f.* capacity
capital *f.* capital city
cara *f.* face
carne *f.* meat, beef
carnicería *f.* butcher shop
caro(a) expensive
carrito *m.* shopping cart
cartera *f.* wallet
casa *f.* house
casado(a) married
casi almost
castaño(a) hazel (eyes), medium-brown (hair)
catarro *m.* a cold
catedral *f.* cathedral
categoría *f.* category
causa *f.* cause
cebolla *f.* onion
celebrar to celebrate
cenar to have supper
ceniza *f.* ash
centro *m.* downtown, the center
  centro comercial shopping center
cepillarse (el pelo / los dientes) to brush (one's hair / teeth)
cerca de near
cereal *m.* cereal
cerrado(a) closed (3)
ciego(a) blind (11)

cien(to) one hundred
ciencia *f.* science
cifra *f.* digit (4)
cincuenta fifty
cine *m.* movie theater
cinta *f.* tape (recording)
cinturón *m.* belt
cita *f.* date, appointment
ciudad *f.* city
¡Claro! Of course!
  ¡Claro que no! Of course not!
  ¡Claro que sí! Of course! (reaffirmed)
clásico(a) classic(al)
clasificar to classify
clavadista *m.* or *f.* diver
clavarse to dive (Mexico)
clóset *m.* closet
club *m.* club
cocina *f.* kitchen
cocinar to cook
coche *m.* car
coche-caravana *m.* camper
código territorial *m.* country code (4)
codo *m.* elbow
colegio *m.* school
colgar to hang up (4)
Colombia Colombia
colombiano(a) Colombian
color *m.* color
  ¿De qué color es...? What color is ...?
comedor *m.* dining room
comentar to comment
comenzar (ie) to begin
comer to eat
cómico(a) comical, funny
comida *f.* meal, food
  comida mexicana Mexican food
como how, as, like
  como a around, about
  como de costumbre as usual
¿cómo? how?, what?
  ¿Cómo se dice...? How do you say ...?
  ¿Cómo es / son? How is it / are they?
  ¿Cómo está(s)? How are you?
  ¡Cómo no! Sure! (4)
  ¿Cómo te llamas? What's your name?
  ¿Cómo te sientes? How do you feel?
cómoda *f.* dresser
cómodo(a) comfortable
compañía *f.* company
comparación *f.* comparison
compartir to share
completo(a) complete
complicado(a) complicated (8)
comprar to buy
comprender to understand
computadora *f.* computer
con with
  con frecuencia frequently
  con regularidad regularly
  con todo el corazón with all my heart
concierto *m.* concert
concurso de poesía *m.* poetry contest
conducir to drive
confort *m.* comfort
confortable comfortable
congelado(a) frozen
conmigo with me
conocer to know (person, place), met
conocido(a) known (9)
consecutivo(a) consecutive
conserva *f.* preserve
constantemente constantly
contador(a) *m.(f.)* accountant
contar to tell (a story) (12)
contener to contain (6)
contento(a) content
contestar to answer, respond
  Contéstame cuanto antes. Answer me as soon as possible.
contigo with you (5)
continuar to continue
continuo(a) continuous
contra la pared against the wall
conveniente convenient
conversación telefónica *f.* telephone conversation
convertirse en to become
corajudo(a) hot-tempered (9)
corazón *m.* heart
corbata *f.* tie (1)
cordero *m.* lamb (2)
cordillera *f.* mountain range
corredor *m.* corridor, hallway
correo *m.* post office
correr to run
corriente *f.* current (11)
cortar(se) to cut (oneself)
cortina *f.* curtain
corto(a) short (length)
cosa *f.* thing
cosechar to harvest
coser to sew (8)
costa *f.* coast
Costa Rica Costa Rica
costar (ue) to cost
costarricense Costa Rican
costoso(a) costly
de costumbre customarily
coyuntura *f.* joint
creación *f.* creation (11)
creador(a) creative (8)
crecer to grow (12)
creencia *f.* belief (12)
creer to believe
crema *f.* cream
crepúsculo *m.* twilight (12)
crítico(a) *m.(f.)* critic (11)
croissant *m.* croissant
cruzar to cross
cuaderno *m.* notebook
cuadro *m.* painting
¿cuál? which?
  ¿Cuál es la fecha de hoy? What is the date today?
cualquier any, whichever
cuando when
¿cuánto(a)? how much / many?
  ¿Cuánto cuesta? How much does it cost?
  ¿Cuánto tiempo hace? How long ago?
  ¿Cuánto tiempo hace que te sientes así? How long have you felt this way?
  ¿Cuántos años tienes? How old are you?
  ¿A cuántos estamos? What is the date?
  ¿Cuántos hay? How many are there?
cuarenta forty
cuarto *m.* room, quarter
  ... cuarto(s) de hora ... quarter(s) of an hour
cuarto(a) fourth
cuatrocientos(as) four hundred
Cuba Cuba
cubano(a) Cuban
cubismo *m.* cubism (7)
cuchara *f.* spoon
cuchillo *m.* knife
cuello *m.* neck
cuenta *f.* bill

cuentista *m.* or *f.* storyteller (10)
cuento *m.* story (10)
Cuento contigo. I'm counting on you.
cuero *m.* leather
cuesta it costs
¡Cuidado! Careful! Watch out!
cuidadoso(a) careful (8)
cuidar to care for
  Cuídese. (Cuídate.) Take care of yourself.
culpa *f.* fault
cultivar to cultivate
cumpleaños *m.* birthday

CH

chaleco *m.* vest (1)
Chao. Good-bye.
chaqueta *f.* jacket
charlar to chat
cheque de viajero *m.* traveler's check
chilaquiles *m.* dish made with corn tortillas and chiles (3)
chile *m.* hot pepper
Chile Chile
chileno(a) Chilean
China China
chino(a) Chinese
chocolate *m.* chocolate
chorizo *m.* Spanish sausage
chuletas *f.* (meat) chops (2)

D

danza *f.* dance (9)
dar to give
  dar una caminata to take a hike
  dar un paseo to take a walk
  dar una película to show a movie
  dar una vuelta to turn over
  darles la despedida to say good-bye, give a going-away party
  darse prisa to hurry
  darse por satisfecho to have reason to feel satisfied with oneself
  Nos daría mucho gusto... It would give us great pleasure ...
de of
  de la / del of the
  de nada you're welcome
  ¿De qué color es...? What color is ...?
  ¿De veras? Really?
deber to owe, must, should
débil weak
décimo(a) tenth
decir to say, tell
  decir que sí (no) to say yes (no)
  es decir that is to say
  para decir la verdad to tell the truth
  querer decir to mean
  ¿Cómo se dice...? How do you say ...?
  lo que dice... what ... says
  dedicarse to devote oneself to
  dedo (de la mano) *m.* finger
  dedo del pie toe
dejar to leave, forget (4)
delante de in front of
delgado(a) thin
delicioso(a) delicious
demandar to demand
demasiado too (much)
¡Dense prisa! Hurry up!
dentista *m.* or *f.* dentist
dentro de within
departamento de literas *m.* berth compartment (5)
departamento de plazas sentadas *m.* seating compartment (5)
depender de to depend on
deporte *m.* sport
derecha right
  a la derecha to the right
desaparecer to disappear (12)
desarrollar to develop
desayunarse to eat breakfast
desayuno *m.* breakfast
descansar to rest
descolgar to pick up (4)
describir to describe
  le describe describes to him, her, you
  Descríbeme... Describe ... for me.
desde (que) since
  ¿Desde cuándo? Since when?
desear to want, wish for
  desearles to wish them
desengaño *m.* deception (9)
desfile *m.* parade
deshonesto(a) dishonest
despacio slowly, slow
despedirse (i, i) de to say good-bye to
despegar to take off (airplane) (6)
despejado clear
despertarse (ie) to wake up
después after
destino *m.* destination (5); destiny (11)
destreza *f.* skill (6)
detrás de behind, in back of
día *m.* day
  cada día every day (3)
  el Día de la Independencia Independence Day
  el Día de las Madres Mother's Day
  el Día de los Padres Father's Day
  hoy día these days (3)
  todos los días every day (3)
dibujar to draw (7)
dibujo *m.* drawing (7)
diciembre December
diente *m.* tooth
dificultad *f.* difficulty
¡Diga / Dígame! Hello! (answering the phone)
¡No me digas! You don't say!
digestión *f.* digestion
dignidad *f.* dignity (11)
Dime. Tell me.
dinero *m.* money
¿en qué dirección? in which direction?
directamente directly
disco *m.* record
  disco compacto compact disk
discoteca *f.* discotheque
discreto(a) discreet
disculparse to apologize
discutir to argue
diseño *m.* design (8)
disfrutar de to enjoy
diversidad *f.* diversity (8)
divertido(a) enjoyable
divertirse (ie,i) to have a good time
dividir to divide
divorciado(a) divorced
doblar to turn
una docena de a dozen
doctor(a) *m.(f.)* doctor
doler (ue) to hurt
dolor de (cabeza / espalda / estómago) *m.* (head / back / stomach)ache

domingo *m.* Sunday
dominicano(a) Dominican
¿dónde? where?
¿De dónde es / eres? Where are you from?
¿Dónde está...? Where is ...?
¿Dónde hay...? Where is / are there ...?
dormilón(ona) *m.(f.)* sleepyhead
dormir (ue,u) (la siesta) to sleep (take a nap)
dormirse to fall asleep
dormitorio *m.* bedroom
dos two
los(las) dos the two, both
doscientos(as) two hundred
dosis *f.* dose
dramaturgo(a) *m.(f.)* playwright (10)
ducha *f.* shower
ducharse to take a shower
duda *f.* doubt
Me duele(n)... My ... hurt(s).
dulce *m.* sweet, candy
durante during
durar to last

E

económico(a) economical
Ecuador Ecuador
ecuatoriano(a) Ecuadorian
echar una siesta to take a nap
edad *f.* age
edificio *m.* building
en efectivo in cash
eficiente efficient
ejemplo *m.* example
el *m.* the
él he
El Salvador El Salvador
elegante elegant
ella she
ellos(as) *m.(f.)* they
empacar to pack
empezar to begin (8)
empleado(a) *m.(f.)* employee
en in, on
En (el mes de)... In (the month of) ...
en... minutos in ... minutes
Encantado(a). Delighted.
encantar to like very much (2)
encargarse de to take charge of
encerrarse (ie) to lock oneself in
encontrar (ue) to find
encuesta *f.* survey
enchilada *f.* enchilada
energía *f.* energy
enero January
enfermero(a) *m.(f.)* nurse
enfermo(a) sick
enojado(a) angry, mad
ensalada *f.* salad
ensalada de frutas fruit salad
ensalada de guacamole guacamole
ensalada mixta mixed salad (2)
ensalada de vegetales (verduras) vegetable salad
ensayista *m.* or *f.* essayist (10)
ensayo *m.* essay (10)
entero(a) whole
entonces then
entrada *f.* entrance ticket; entrée (2)
entre... y... between ... and ...
entrenamiento *m.* training (6)
epidemia *f.* epidemic
equitación *f.* horseback riding
equivocado(a) wrong, mistaken (4)
es is
Es de... Is from ..., It belongs to ...
Es la una. It's one o'clock.
esbozo *m.* sketch, outline (12)
escalofríos *m.* chills
escaparate *m.* shop window
escribir to write
escribir a máquina to type
escritor(a) *m.(f.)* writer (10)
escritorio *m.* desk
escuchar to listen (to)
escuela *f.* school
escuela secundaria high school
escultura *f.* sculpture
ese(a) that
ése(a) *m.(f.)* that one
a eso de at about, around
espacio *m.* space
espalda *f.* back
España Spain
español(a) Spanish
espárrago *m.* asparagus (2)
especial special
espectáculo *m.* spectacle, show
espejo *m.* mirror
esperar to wait, hope
los espera waits for them
Espero que Uds. puedan visitar. I hope that you can visit.
Espero que no sea... I hope it's not ...
espíritu *m.* spirit (8)
esposa *f.* wife
esposo *m.* husband
esquí *m.* ski
esquí acuático *m.* water-skiing
esquiar to ski
esquiar en agua to water-ski
en la esquina de... y... on the corner of ... and ...
establecer to establish
estación *f.* station
estación de autobuses bus terminal
estación de metro subway station
estación de trenes railroad station
estacionamiento *m.* parking
estadio *m.* stadium
estado *m.* state
los Estados Unidos United States
estadounidense American, from the United States
estante *m.* bookshelf
estar to be
estar de mal humor to be in a bad mood
estar de visita to be visiting
Está bien. Okay.
Está (despejado / nublado / resbaloso). It's a (clear / cloudy / slippery) day.
¿Estás en forma? Are you in shape?
¿Cómo está(s)? How are you?
este *m.* east
este(a) (mes / tarde) this (month / afternoon)
éste(a) *m.(f.)* this one
estéreo *m.* stereo
estilo *m.* style
estómago *m.* stomach
estornudar to sneeze
estrella *f.* star
estudiante *m.* or *f.* student
estudiar to study
estufa *f.* stove

estupendo great (4)
eterno(a) eternal (11)
etiqueta *f.* tag, label (6)
evento social *m.* social event
exactamente exactly
Exacto. Exactly.
exagerar to exaggerate
¡No te excites! Don't get excited!
experto(a) expert
exponer to expose (7)
expresar to express
expresión *f.* expression
extrañar to miss
  Te (Los) extraño. I miss you (plural).
extraño(a) strange
extraterreno(a) from another world (12)

F

fabricación *f.* manufacture, fabrication (8)
facilitar to facilitate
facturar to check (baggage) (6)
falda *f.* skirt
falta *f.* lack
faltar to lack, need (2)
familia *f.* family
famoso(a) famous
fantasía *f.* fantasy (12)
farmacia *f.* pharmacy, drugstore
fauna *f.* fauna (8)
favorito(a) favorite
fe *f.* faith (11)
febrero February
fecha *f.* date
  ¿Cuál es la fecha de hoy? What is the date today?
feo(a) ugly
feria *f.* fair
feroz ferocious
ferroviario(a) railway (4)
fibra *f.* fiber
fiebre *f.* fever
  fiebre del heno hay fever
fiel faithful (11)
fiesta *f.* party
  fiesta del pueblo religious festival honoring a town's patron saint
fijarse en to notice (6)
fin de semana *m.* weekend
al final de at the end of
finalmente finally
flan *m.* caramel custard
flauta *f.* flute
flora *f.* flora (8)
florería *f.* flower shop
flotar to float
al fondo de at the end of
forma *f.* form, shape (8)
formal formal
formar to form
formidable wonderful
fotonovela *f.* photonovel (10)
francés(esa) French
Francia France
con frecuencia frequently
frecuentemente frequently
frente *f.* forehead
frente a across from, facing
  en frente de across from, facing
fresa *f.* strawberry
fresco(a) cool
frijoles *m.* beans
frío(a) cold
frito(a) fried (2)
frontera *f.* border
fruta *f.* fruit
fuegos artificiales *m.* fireworks
fuerte strong
funcionar to function, work
furioso(a) furious
fusilar to shoot
fusión *f.* fusion (12)
fútbol *m.* soccer
  fútbol americano football
futuro *m.* future

G

galleta *f.* biscuit, cookie
gamba *f.* shrimp (2)
  gambas al ajillo shrimp in garlic (2)
ganar to earn
garaje (para dos coches) *m.* (two-car) garage
garganta *f.* throat
gato *m.* cat
gazpacho *m.* cold soup with tomatoes, garlic, onion (2)
por lo general in general
generoso(a) generous
geografía *f.* geography
gimnasio *m.* gym(nasium)
globo *m.* globe, sphere, balloon
gobierno *m.* government
de golpe suddenly (10)
gordo(a) fat
gorra *f.* winter hat (1)
gotas para los ojos *f.* eyedrops
grabadora *f.* tape recorder
gracias thank you
  mil gracias por... thanks a million for…
  muchas gracias por... thank you very much (many thanks) for…
grado *m.* degree
(50) gramos de (50) grams of
Gran Bretaña Great Britain
granadina *f.* grenadine
grande big, large
grano *m.* bean
grasa *f.* fat
gratis free of charge (5)
grave grievous, grave
gripe *f.* flu
gris gray
grosero(a) vulgar (11)
grupo *m.* group
guante *m.* glove (1)
guapo(a) handsome
guardar la línea to watch one's weight
guardería *f.* nursery (5)
Guatemala Guatemala
guatemalteco(a) Guatemalan
guisante *m.* pea
guitarra *f.* guitar
gustar to like
  (No) (Me) gusta(n) (mucho)... (I) (don't) like … (very much).
gusto *m.* taste
  con mucho gusto with pleasure
  Mucho gusto. Nice to meet you.

H

haber to have (4)
habitación *f.* room
hablar to talk
hacer to do, make
  hace... … ago, it has been…
  Hace (buen tiempo / calor / sol / viento). It's (nice / hot / sunny / windy) out.
  hacer alpinismo to go mountain climbing
  hacer la cama to make the bed
  hacerse cargo de to take charge of (12)
  hacer ejercicios aeróbicos to

do aerobics
hacer la equitación to go horseback riding (9)
hacer gimnasia to do exercises, gymnastics
hacer juego con... to go with (1)
hacer las maletas to pack suitcases
hacer un mandado to do an errand
hacer un viaje to take a trip
¿Cuánto tiempo hace? How long ago?
¿Cuánto tiempo hace que te sientes así? How long have you felt this way?
hacia toward (5)
hamburguesa (con queso) *f.* hamburger (cheeseburger)
harina *f.* flour
hasta until
Hasta luego. See you later.
hay there is / are
Hay (hielo / niebla / tormenta). It's (icy / foggy / stormy).
hay que pasar por... one must go through...
Hay que ser razonables. Let's be reasonable.
hecho *m.* fact (12)
helado *m.* ice cream
hermana *f.* sister
hermano *m.* brother
hermoso(a) beautiful
hielo *m.* ice
hierro *m.* iron
hija *f.* daughter
hijo *m.* son
hijo(a) único(a) *m.(f.)* only child
hinchado(a) swollen (12)
hispano(a) Hispanic
historia *f.* history
histórico(a) historical
hoja (de papel) *f.* sheet (of paper)
Hola. Hello.
hombre *m.* man
hombro *m.* shoulder
Honduras Honduras
hondureño(a) Honduran
honesto(a) honest
honra *f.* honor (11)
hora *f.* hour
horario *m.* schedule
horno (de microondas) *m.* (microwave) oven
horóscopo *m.* horoscope
horrible horrible
hospital *m.* hospital
hospitalidad *f.* hospitality
hotel *m.* hotel
hoy today
Hoy es el (día) de (mes). Today is the (day) of (month).
hueso *m.* bone

I

de ida y vuelta round-trip (5)
idealismo *m.* idealism (11)
idealista idealist(ic)
identificación *f.* identification (6)
iglesia *f.* church
igualdad *f.* equality
Igualmente. Same here.
imagen *f.* image (7)
imaginación *f.* imagination (10)
imaginería *f.* imagery (7)
impaciente impatient
impermeable *m.* raincoat
importante important (8)
incertidumbre *f.* uncertainty (10)
incluido(a) included
incluir to include (12)
increíble incredible
incrustación *f.* incrustation (8)
independiente independent
indicación *f.* indication
indiscreto(a) indiscreet
infantil infantile, childish
infección *f.* infection
ingeniero(a) *m.(f.)* engineer
Inglaterra England
inglés(esa) English
insistir to insist (8)
instrumento *m.* instrument (9)
instrumento de cuerda *m.* stringed instrument (9)
intelectual intellectual
inteligente intelligent
interesante interesting
interpretar to interpret, sing (9)
intérprete *m.* singer (9)
invierno *m.* winter
invitación *f.* invitation
ir to go
ir a... to be going to...
ir de compras to go shopping
irse to leave, go away
irrealidad *f.* unreality (10)
Italia Italy
italiano(a) Italian
izquierda left
a la izquierda to the left

J

jabón *m.* soap
jamón *m.* ham
jamón serrano *m.* Spanish ham, similar to prosciutto (2)
Japón Japan
japonés(esa) Japanese
jarabe *m.* cough syrup
jardín *m.* garden
jazz *m.* jazz
joven young
jueves *m.* Thursday
jugar (ue) to play
jugar al (tenis / vólibol) to play (tennis / volleyball)
jugo *m.* juice
julio July
junio June
junto(a) together
justicia *f.* justice (11)

K

un kilo de a kilo(gram) of
medio kilo de half a kilo(gram) of
kilómetro *m.* kilometer

L

la *f.* the
labrador *m.* farmhand (11)
lácteo dairy
producto lácteo *m.* dairy product
lado *m.* side
al lado on the side (3)
al lado de beside
del lado de mi padre (madre) on my father's (mother's) side
ladrar to bark (12)
lámpara *f.* lamp
lana *f.* wool (1)
lápiz *m.* pencil

largo(a) long
las *f. pl.* the
Es una lástima. It's a shame. (4)
lastimarse to hurt oneself
¿Te lastimaste? Did you hurt yourself?
una lata de a can of
latín *m.* Latin
lavabo *m.* sink
lavadora *f.* washing machine
lavar to wash
lavar los platos to wash dishes
lavar la ropa to wash clothes
lavarse (las manos, el pelo, los dientes) to wash (one's hands, hair, brush one's teeth)
lealtad *f.* loyalty (11)
leche *f.* milk
lechuga *f.* lettuce
leer to read
lejos de far from
lengua *f.* language, tongue
letra *f.* letter (9)
levantarse to get up
levantar pesas to lift weights
ley *f.* law (12)
una libra de a pound of
libre free (4)
librería *f.* bookstore
libro *m.* book
licuado (de mango) *m.* (mango) milkshake
ligero(a) light
limón *m.* lemon
limonada *f.* lemonade
limpio(a) clean (3)
línea *f.* line
lípidos *m.* lipids
listo(a) ready
literario(a) literary (10)
literatura *f.* literature
un litro de a liter of
los *m. pl.* the
lucir to shine (1)
lucir bien / mal to look good / bad (1)
luego later, afterwards
lugar *m.* place, location
en primer lugar in the first place
lujo *m.* luxury
de lunares polka-dotted (1)
lunes *m.* Monday

LL

llamar(se) to be named
llamar la atención to call attention (10)
(Yo) me llamo... My name is...
llamativo flashy, showy (7)
llave *f.* key
llegar (a / de) to arrive (at / from)
lleno(a) full
llevar to carry, take
llevar a cabo to carry out
lo lleva takes him
llover (ue) a cántaros to rain cats and dogs
Llovizna. It's drizzling.
Llueve. It's raining.

M

m² (metros cuadrados) square meters
madrastra *f.* stepmother
madre *f.* mother
mágico(a) magic (12)
¡Magnífico! Magnificent!
maíz *m.* corn
mal poorly
maleta *f.* suitcase (6)
maletín *m.* briefcase (6)
malo(a) bad
mandado *m.* errand
mandar to give an order
manera *f.* way, manner
de esa manera in that way
mano *f.* hand
mantenerse en condiciones óptimas to stay in top condition
mantequilla *f.* butter
manzana *f.* apple
mañana tomorrow
mañana (por la mañana / noche) tomorrow (morning / night)
mañana *f.* morning
de la mañana in the morning
por la mañana in the morning
maquillarse to put on makeup
máquina *f.* machine
máquina de escribir typewriter
mar *m.* sea
maravilla *f.* marvel (9)
marcar to dial (a telephone) (4)
marisco *m.* shellfish
martes *m.* Tuesday
marzo March
más more
más o menos so-so
más... que more ... than
matemáticas *f.* mathematics
material *m.* material (6)
máximo(a) maximum
mayo May
mayonesa *f.* mayonnaise
mayor older
mayoría *f.* majority
mecánico(a) *m.(f.)* mechanic
media *f.* stocking
medianoche *f.* midnight
médico *m.* or *f.* doctor
medio *m.* middle, means
medio de transporte means of transportation
medio(a) half
media hora half hour
medio kilo de half a kilo of
mediodía *m.* noon
medir (i, i) to measure
mejor better
mejorar to improve
melancolía *f.* melancholy (9)
melocotón *m.* peach
melodía *f.* melody (9)
melón *m.* melon
menor younger
menos less
al menos at least
menos... que... less ... than
por lo menos at least
a menudo often
mercado *m.* market
mercado al aire libre open-air market
merienda *f.* snack
mermelada *f.* jam, jelly
mes *m.* month
meseta *f.* high plain
mesita de noche *f.* night table
metro *m.* subway
mexicano(a) Mexican
México Mexico
mezcla *f.* mixture (12)
de mezclilla denim (1)
mi my
mí me
microbio *m.* microbe
Mido... I am ... tall.
miedo *m.* fear
miércoles *m.* Wednesday

mil thousand
milla *f.* mile
millón million
mineral *m.* mineral
minuto *m.* minute
mirar to look at, watch
mirar la televisión to watch television
mirarse to look at oneself
¡Mira! Look!
misa de Acción de Gracias *f.* Thanksgiving mass
mismo(a) same
lo mismo the same
misterioso(a) mysterious (12)
mitad *f.* half (5)
mítico(a) *m.* mythical (12)
mito *m.* myth (12)
mitológico(a) mythological (8)
mochila *f.* backpack
moda *f.* style
moderno(a) modern
de todos modos at any rate
mojado(a) wet (3)
momento *m.* moment (4)
en este momento at this moment
moneda *f.* coin (4)
montaña *f.* mountain
montar a caballo to ride a horse
morado(a) purple
mordida *f.* bite (12)
moreno(a) dark-haired, brunet(te)
mosca *f.* fly (12)
mostrar to show (1)
motivo *m.* motive (8)
motocicleta *f.* motorcycle, moped
moverse (ue) to move
movimiento *m.* movement
movimiento muscular muscle movement
muchísimo very much
mucho(a) a lot
muchas veces a lot of / many times
muerto(a) dead
lo muestra shows it
mujer *f.* woman
muñeca *f.* wrist
mural *m.* mural (7)
muralismo *m.* muralism (7)
murmurar to murmur (12)
músculo *m.* muscle
museo *m.* museum
música *f.* music
música clásica classical music
muslo *m.* thigh
muy very
Muy bien, gracias. Very well, thank you.

N

nacer to be born (3)
(Él / Ella) nació... (He / She) was born...
nacimiento *m.* birth (5)
nacionalidad *f.* nationality
nada nothing
nadar to swim
nadie no one, nobody (3)
naranja *f.* orange
nariz *f.* nose
naturaleza *f.* nature
navegación a vela *f.* sailing
navegar en velero (una tabla vela) to sail (to sailboard)
neblina *f.* fog
necesitar to need
negar to deny (11)
negocio *m.* business
hombre (mujer) de negocios *m.(f.)* businessman(woman)
negro(a) black
nervio *m.* nerve
nervioso(a) nervous
ni... ni neither... nor (3)
Nicaragua Nicaragua
nicaragüense Nicaraguan
niebla *f.* fog
nieto(a) *m.(f.)* grandson (daughter)
Nieva. It's snowing.
nieve *f.* snow
ningún / ninguno(a) none (3)
nivel *m.* level (6)
no no
nobleza *f.* nobility (11)
noche *f.* night
de la noche at night
por la noche at night
nombre *m.* name
normalmente normally
norte *m.* north
norteamericano(a) North American
nosotros(as) *m.(f.)* we
novecientos(as) nine hundred
novela *f.* novel (10)
novelista *m.* or *f.* novelist (10)
noveno(a) ninth
noventa ninety
noviembre November
novio(a) *m.(f.)* boy(girl)friend, fiance(é)
nube *f.* cloud
nublado cloudy
nuestro(a) our
nuevo(a) new
de nuevo again
número *m.* number
nunca never

O

o or
o... o either... or (3)
obra *f.* work (7)
octavo(a) eighth
octubre October
ocupado(a) busy (3)
ocuparse de to take care of
ochenta eighty
ochocientos(as) eight hundred
odiar to hate
oeste *m.* west
oferta *f.* sale
¿No está en oferta? It's not on sale?
ofrecer to offer
oír to hear
ojalá que I hope that (7)
ojo *m.* eye
onda *f.* wave (9)
optimista optimist(ic)
orden *m.* order
a sus órdenes at your service
oreja *f.* ear
orilla del mar *f.* seashore
oscilar to fluctuate (5)
otoño *m.* autumn, fall
otro(a) other
otra cosa another thing
en otra oportunidad at some other time
oveja *f.* sheep (12)
oxígeno *m.* oxygen

P

paciente patient
padrastro *m.* stepfather
padre *m.* father
padres *m. pl.* parents
paella *f.* Spanish dish with rice, shellfish, and chicken (2)

pagar to pay
país *m.* country
paisaje *m.* countryside, landscape
pájaro *m.* bird
pálido(a) pale
pan *m.* bread
  pan dulce any sweet roll
  pan tostado toast
panadería *f.* bakery
Panamá Panama
panameño(a) Panamanian
pantalones *m.* pants, slacks
  pantalones cortos *m.* shorts (1)
pantera *f.* panther (12)
pañuelo *m.* (decorative) scarf (1)
papa *f.* potato
papel *m.* paper
  papel de avión air mail stationery
  papel para escribir a máquina typing paper
papelería *f.* stationery store
un paquete de a package of
para for, in order to
Paraguay Paraguay
paraguayo(a) Paraguayan
sin parar without stopping
pardo(a) brown
parece it appears
  ¿Te parece bien? Is that okay with you?
parque *m.* park
parrillada *f.* variety of meats cooked on a grill (3)
parte *f.* part
  ¿De parte de quién? Who's calling? (4)
  en parte al menos at least in part
  parte del cuerpo body part
(el lunes / la semana) pasado(a) last (Monday / week)
pasar to pass
  pasar tiempo to spend time
  Lo pasamos bien. We have a good time.
paseo *m.* walk
  dar un paseo to take a walk
Te lo (la) paso. I'll get him (her). (4)
pasta *f.* pasta
pastel *m.* pastry, pie
pastilla *f.* pill
patata *f.* potato (Spain)
  patatas bravas potatoes in a spicy sauce
patria *f.* patriotism (11)
pecho *m.* chest
pechuga *f.* breast (3)
un pedazo de a piece of
pedir (i) to ask for, request
peinarse to comb
película *f.* movie
  película de aventura adventure movie
  película de ciencia ficción science fiction movie
  película cómica comedy movie
  película de horror horror movie
pelirrojo(a) redheaded
pelo *m.* hair
pelota *f.* ball
  pelota de tenis tennis ball
Me da pena. It's a pity. (4)
qué pena... what a shame... (9)
pensar (ie) to think
peor worse, worst
pepino *m.* cucumber
pepito *m.* sandwich made with tender filet of beef in a Mexican hard roll (3)
pequeño(a) small
pera *f.* pear
perder (ie) to lose
Perdón. Excuse me.
perezoso(a) lazy
perfeccionar to perfect
perfecto(a) perfect
periódico *m.* newspaper
periodista *m.* or *f.* journalist
período *m.* period (of time)
no permiten do not permit, do not allow
pero but
perrera *f.* kennel (5)
perro *m.* dog
persona *f.* person
personaje *m.* character (10)
Perú Peru
peruano(a) Peruvian
pesadilla *f.* nightmare
pesado(a) heavy
pesar to weigh
  Peso... kilos. I weigh ... kilos.
pescado *m.* fish
pesimista pessimist(ic)
piano *m.* piano
picante spicy
pie *m.* foot
  a pie on foot
pierna *f.* leg
pimienta *f.* pepper (spice)
pintar to paint (8)
pintor(a) *m.(f.)* painter
pintura *f.* painting
piscina *f.* swimming pool
piso *m.* floor
  (en el primer) piso (on the first) floor
pizza *f.* pizza
placer *m.* pleasure (4)
plan *m.* floor plan
planear to plan
plano del metro *m.* subway map
planta *f.* floor, plant
  planta baja ground floor
plástico(a) plastic (6)
plátano *m.* banana
platillo *m.* saucer (2)
plato *m.* dish, plate
plato hondo bowl (2)
playa *f.* beach
  playa de estacionamiento *f.* parking lot
plaza *f.* square; seat in a train
pluma *f.* fountain pen
poco(a) few, a little
poder *m.* power (12)
poder to be able (to), made an attempt
poema *m.* poem (10)
poesía *f.* poetry (10)
poeta *m.* or *f.* poet (10)
policía *f.* police, *m.* police officer
  estación de policía *f.* police station
polícroma polychromatic (7)
poliéster *m.* polyester (1)
política *f.* politics
pollo *m.* chicken
  pollo al chilindrón Spanish dish with chicken in a spicy tomato sauce (2)
poner to put
  poner la mesa to set the table
  ponerse to put on
  ponerse en forma to get in shape
por for, during
  por eso that is why
  por eso mismo for that very reason

por favor please
por fin finally
por... horas for ... hours
por lo general in general
por lo menos at least
por supuesto of course
¿por qué? why?
¿por qué no? why not?
porque because
portafolio *m.* briefcase
posesión *f.* possession
posible possible (4)
póster *m.* poster
postre *m.* dessert (2)
potrillo *m.* young colt (12)
practicar to practice
práctico(a) practical
precio *m.* price
preferencia *f.* preference
preferir (ie, i) to prefer
preguntar to ask (a question)
premio *m.* prize
prenda de vestir *f.* article of clothing (1)
preocupado(a) worried, preoccupied
No se preocupen. Don't worry.
preparar to prepare
les voy a preparar... I'm going to prepare / make ... for you.
prepararse to get ready, prepare oneself
presentación *f.* presentation, introduction
presentar to present, introduce
Le (Te) presento a... This is... (introduction)
presión *f.* pressure
prestar atención to pay attention
primavera *f.* spring
primer(o/a) first
primo(a) *m.(f.)* cousin
al principio in / at the beginning
probarse to try on (1)
producto lácteo *m.* dairy product
profesión *f.* profession
profesor(a) *m.(f.)* professor, teacher
profundo(a) deep (11)
programa de intercambio *m.* exchange program
prohibir to prohibit (8)
pronóstico *m.* forecast
propina *f.* tip
proteína *f.* protein
(el año / la semana) próximo(a) next (year / week)
publicar to publish (11)
pudo he / she / it could
pueblo *m.* town
¿Puede Ud. arreglar la cuenta? Can you make up the bill?
No puedo dormir. I can't sleep.
puerco *m.* pork
Puerto Rico Puerto Rico
puertorriqueño(a) Puerto Rican
pues then, well then
pulmón *m.* lung
punto *m.* point

Q

que that
¡Qué...! How...!
¡Qué bueno(a)! Great!
¡Qué comida más rica! What delicious food!
¡Qué cosa! Good grief!
¡Qué envidia! I'm envious!
¡Qué horrible! How awful!
¡Qué pena! What a pity!
¡Qué va! No way!
¿qué? what?
¿Qué día es hoy? What day is today?
¿Qué dijiste? What did you say?
¿Qué fecha es hoy? What is the date today?
¿Qué hora es? What time is it?
¿A qué hora...? What time...?
¿Qué tal? How are you?
¿Qué te pasa? What's the matter with you?
¿Qué te pasó? What happened to you?
¿Qué tiempo hace? What's the weather like?
quedar remain, stay
quedarse chico / grande / mal / muy bien to look small / large / bad / good on (1)
quedarse en cama to stay in bed
querer (ie) to want, tried
no querer refused
querer decir to mean
querido(a) dear
quesadilla *f.* quesadilla, Mexican cheese turnover
queso *m.* cheese
queso manchego cheese from La Mancha region in Spain (2)
¿quién? who?
¿De quién es? Whose is it?
Quiero presentarle(te) a... I want to introduce you to...
química *f.* chemistry
quinceañera *f.* fifteenth birthday party
quinientos(as) five hundred
quinto(a) fifth
quiosco de periódicos *m.* newspaper kiosk
... quisiera... ... would like...
Quisiera algo (alguna cosa) para... I would like something for...
Quisiera presentarle(te) a... I would like to introduce you to...
(Nosotros) quisiéramos... We would like...
quitar la mesa to clear the table

R

radio despertador *m.* clock radio
raqueta *f.* racquet
rara vez rarely
raro(a) strange (9)
rasgo *m.* trait (9)
un buen rato a good while
de rayas striped (1)
reacción *f.* reaction
real real (8)
realidad *f.* reality (10)
realismo *m.* realism (11)
realista realist(ic)
rebanada de pan *f.* slice of bread
recado *m.* message (4)
recepción *f.* reception desk
receta *f.* recipe (3)
recibir to receive
lo recoge pick him / it up
recorrer to run through (12)
rectángulo *m.* rectangle (8)
recuperar to recuperate
rechazado(a) rejected (9)
red *f.* network (4)
reflejar to reflect (11)
refresco *m.* soft drink
refrigerador *m.* refrigerator
regalar to give (5)
regatear to bargain

regresar to return
regular okay, regular, average; to regulate
con regularidad regularly
reírse (i,i) to laugh
remedio *m.* remedy
renovar (ue) to renew
de repente suddenly
repertorio *m.* repertoire (9)
repetir (i,i) to repeat
representar to represent (11)
la República Dominicana the Dominican Republic
res *m.* beef
  costilla de res beef ribs (3)
resbaloso(a) slippery
reseco(a) dried out (12)
reservación *f.* reservation
reservar to reserve (5)
resonar (ue) to resound (9)
respirar to breathe (12)
respuesta *f.* answer, response
restaurante *m.* restaurant
resultado *m.* result
está retrasado(a) is late (5)
reunirse to meet, get together
revisar to review, check, look over
revista *f.* magazine (10)
rincón *m.* corner (12)
río *m.* river
riquísimo very delicious
ritmo *m.* rhythm (9)
  ritmo cardíaco *m.* heart rate
rock *m.* rock music
rodeado(a) surrounded (6)
rodilla *f.* knee
rojo(a) red
romántico(a) romantic
romper(se) to break (a body part)
roncar to snore
ropa *f.* clothing
rosado(a) pink
rubio(a) blond(e)
ruido *m.* noise (12)
Rusia Russia
ruso(a) Russian

S

sábado *m.* Saturday
saber to know (a fact), found out
sabor *m.* flavor, taste
sabroso(a) tasty (3)
sacapuntas *m.* pencil sharpener
sacar to get out something, obtain
saco *m.* sports coat (1)
sal *f.* salt
sala *f.* room
  sala de baño bathroom
  sala de estar living room
salado(a) salty (3)
salida *f.* exit
salir (con / de / para) to leave (with / from / for)
salsa *f.* type of music
  salsa picante hot, spicy sauce
salud *f.* health
saludar to greet
saludo *m.* greeting
salvadoreño(a) Salvadorian
sandalia *f.* sandal
sandía *f.* watermelon
sándwich (de jamón con queso) *m.* (ham and cheese) sandwich
sátira *f.* satire (11)
o sea that is (3)
sección *f.* section (5)
seco(a) dry
secretario(a) *m.(f.)* secretary
seda *f.* silk (1)
en seguida right away, at once
seguir (i, i) to continue, follow
segundo(a) second
seguro(a) sure
seiscientos(as) six hundred
semana *f.* week
sencillo(a) simple
sensacional sensational
sentarse (ie) to sit down
sentirse (ie,i) bien (mal) to feel good (bad)
señal *f.* signal, sign
  señal de marcar dial tone (4)
señalar to point (12)
señor *m.* Mr., sir
señora *f.* Mrs., ma'am
señorita *f.* Miss
septiembre September
séptimo(a) seventh
ser to be
  Será una sorpresa; no les digas nada. It will be a surprise; don't say anything to them.
serie *f.* series, sequence
serio(a) serious
servicios sanitarios *m.* rest rooms
servilleta *f.* napkin
servirse (i,i) to prepare for oneself, to serve oneself
  ¿En qué puedo servirle(s)? How can I help you?
sesenta sixty
setecientos(as) seven hundred
setenta seventy
sexto(a) sixth
si if
sí yes
siempre always
  ¡Siempre lo hacemos! We always do it!
¿Cómo te sientes? How do you feel?
¿Te sientes bien (mal)? Do you feel well (bad)?
Lo siento. I'm sorry.
lo siguiente the following
silla *f.* chair
sillón *m.* armchair
simpático(a) nice
simple simple
sin without
  sin límite unlimited
  sin parar without stopping
sistema *m.* system
  sistema cardiovascular cardiovascular system
  sistema de clasificación classification system
situado(a) situated, located
sobre *m.* envelope
sobrenatural supernatural (12)
soda *f.* soda
sofá *m.* sofa, couch
sol *m.* sun
soledad *f.* solitude (10)
sólo only
soltero(a) single
solución *f.* solution
sombrero *m.* hat (1)
Son de... They are from..., They belong to...
Son las... It's ... o'clock.
sonreírse (i,i) to smile
soñar to dream (12)
sopa *f.* soup (2)
(Yo) (no) soy de... I am (not) from...
(Yo) soy de origen... I am of ... origin.
su his, her, its, your, their
subir to go up, climb, rise
  subir de peso to gain weight
sucio(a) dirty
sudaderas *f.* sweatpants (1)

sudar to sweat
suéter *m.* sweater
suficiente sufficient, enough
sufrir to suffer
sugerir (ie,i) to suggest
¡Super! Super!
superficie *f.* area
superpuesto(a) superimposed (8)
sur *m.* south
surrealismo *m.* surrealism (7)
surtidos(as) assorted (2)

T

taco (de carne) *m.* (beef) taco
tal vez perhaps
tallar to carve (8)
taller *m.* studio, workshop (7)
tamaño *m.* size (6)
también also, too
tampoco neither
tan so
  tan(to)... como... as much … as…
tapa *f.* Spanish snack
taquería *f.* taco stand
taquilla *f.* booth
tardarse to take a long time
  tarda... minutos it takes … minutes
tarde late
tarde *f.* afternoon
  por la tarde in the afternoon
tarea *f.* homework
tarjeta *f.* card
  tarjeta de abono transportes commuter pass
  tarjeta de crédito credit card
  tarjeta de cumpleaños birthday card
  tarjeta del Día de las Madres Mothers' Day card
taxi *m.* taxi
taza *f.* cup
té (helado) *m.* (iced) tea
teatral theatrical
  pieza teatral *f.* play (10)
teatro *m.* theater
tela *f.* cloth, fabric (6)
teléfono *m.* telephone
televisor *m.* television set
  televisor a colores color television set
tema *m.* theme (7)
temer to be afraid, fear (9)
temperatura *f.* temperature
  La temperatura está en... grados (bajo cero). It's … degrees (below zero).
temprano early
tenedor *m.* fork
tener to have
  tener... años to be … years old
  tener dolor de... to have a …ache
  tener ganas de... to feel like…
  tener hambre to be hungry
  tener miedo to be afraid
  tener que to be obligated, be compelled to
  tener que ver con to have to do with (12)
  tener razón to be right
  tener sed to be thirsty
  tener suerte to be lucky
  Tenga la bondad de responder tan pronto como sea posible. Please be kind enough to respond as soon as possible.
tenis *m.* tennis
tercer(o/a) third
ternera *f.* veal (2)
terraza *f.* terrace, porch
territorio *m.* territory
tía *f.* aunt
tiempo *m.* time, weather
  a tiempo on time
  buen (mal) tiempo good (bad) weather
  ¿Cuánto tiempo hace? How long ago?
  ¿Cuánto tiempo hace que te sientes así? How long have you felt this way?
tienda *f.* store
  tienda de campaña tent
  tienda de deportes sporting goods store
  tienda de discos record shop
  tienda de ropa clothing store
tiene he / she / it has
  ¿Tiene Ud...? Do you have…?
  ¿Tiene Ud. cambio de... pesetas? Do you have change for … pesetas?
  ¿Tiene Ud. la cuenta para...? Do you have the bill for…?
  ¿Cuántos años tienes? How old are you?
tierra *f.* land
tímido(a) timid
tío *m.* uncle
tirarse to dive, throw oneself
toalla *f.* towel
tobillo *m.* ankle
tocar to touch, play (instrument); to be one's turn
todo(a) all
  en todo caso in any event
  Es todo. That's all.
  todos los días every day (3)
  de todos modos at any rate
tomar to take
  tomar el sol to sunbathe
  tomar la temperatura to take a temperature
tomate *m.* tomato
tonalidad *f.* tonality (7)
tonificar to tone up
tono muscular *m.* muscle tone
tonto(a) silly, stupid, foolish
torcerse to twist (a body part)
tormenta *f.* storm
torpe clumsy
tortilla *f.* cornmeal pancake (Mexico)
  tortilla de patatas Spanish omelette
tos *f.* cough
toser to cough
tostador *m.* toaster
trabajador(a) *m.(f.)* worker, hard-working
trabajar to work
tradicional traditional
traducir to translate (9)
traer to bring
trágico(a) tragic (11)
traígame... bring me…
traje *m.* suit (1)
traje de baño *m.* bathing suit (1)
tratar de to try to
trazar to trace (11)
tren *m.* train
tres three
trescientos(as) three hundred
triste sad
trompeta *f.* trumpet
trotar to jog
Truena. There's thunder.
tu your
tú you (familiar)
turista *m.* or *f.* tourist

¿Tuviste algún accidente? Did you have an accident?

U

un(a) *m.(f.)* a, an
Un(a)..., por favor. One ..., please.
La Unión Soviética the Soviet Union
universal universal (11)
universidad *f.* university
uno one
unos(as) some
Uruguay Uruguay
uruguayo(a) Uruguayan
usted/Ud. you (formal)
usualmente usually
útil useful
uva *f.* grape

V

va a haber there is going to be
vacaciones *f.* vacation
vacío(a) vacant, empty
vagón *m.* (train) car (5)
valentía *f.* courage (11)
valiente brave
valija *f.* valise (6)
valor *m.* value (11)
¡Vamos! Let's go!
Vamos a... Let's go ...
Vamos a ver. Let's see.
nos vamos we're leaving
vaqueros *m.* jeans (1)
variado(a) varied
varios(as) various, several
vaso *m.* glass
a veces sometimes
vecino(a) *m.(f.)* neighbor
vegetal *m.* vegetable
veinte twenty
nos vemos we'll see each other
vendedor(a) *m.(f.)* salesman (woman)
vender to sell
venezolano(a) Venezuelan
Venezuela Venezuela
venir to come
ventaja *f.* advantage
ventana *f.* window
ver to see
A ver. Let's see.
verano *m.* summer
¿De veras? Really?
¿verdad? right?
verdaderamente truly
verde green
verdura *f.* vegetable (3)
qué vergüenza... what a shame... (9)
No te ves muy bien. You don't look very well.
vestido *m.* dress
vestirse (i,i) to get dressed
vez *f.* time, instance
una vez once
una vez al año once a year
de vez en cuando from time to time
viajar to travel
viaje *m.* trip
agencia de viajes *f.* travel agency
vida *f.* life
vídeo *m.* videocassette, VCR
viejo(a) old
viento *m.* wind
viernes *m.* Friday
violeta violet
violín *m.* violin
virus *m.* virus
visitar to visit
vista nocturna *f.* night vision
vitamina *f.* vitamin
vivir to live
(Yo) vivo en... I live in...
volcán *m.* volcano
vólibol *m.* volleyball
volver (ue) to return
vosotros(as) *m.(f.)* you (familiar plural)
voy I go
yo voy a hacerlo I'm going to do it
vuelo *m.* flight (6)

W

WC *m.* toilet

Y

y and
ya already
ya en casa once home
¡Ya es hora! It's about time!
yo I
yogur *m.* yogurt

Z

zanahoria *f.* carrot
zapatería *f.* shoe store
zapato *m.* shoe
zapato de tacón high-heeled shoe
zapato de tenis tennis shoe

Glossary

English-Spanish

The numbers in parentheses refer to the chapter in which the word or phrase may be found. Entries without chapter numbers were presented in Books 1 or 2.

A

a / an **un(a)** *m.(f.)*
 a, an **algún / alguno(a)** (3)
(to) be able to **poder**
about **como a**
 at about **a eso de**
absence **ausencia** *f.*
Absolutely not! **¡No, en absoluto!**
abstract **abstracto(a)** (8)
(to) accept **aceptar** (4)
accident **accidente** *m.*
 Did you have an accident? **¿Tuviste algún accidente?**
accordion **bandoneón** *m.* (9)
accountant **contador(a)** *m.(f.)*
(head / back / stomach)ache **dolor de (cabeza / espalda / estómago)** *m.*
(to) achieve **alcanzar**
across from **frente a, en frente de**
action **acción** *f.*
active **activo(a)**
(to) add **añadir** (11)
additional **adicional**
(to) admit **admitir**
(to) adore **adorar**
advantage **ventaja** *f.*
(to) take advantage of **aprovechar**
adventure movie **película de aventura** *f.*
advisable **aconsejable** (8)
(to) do aerobics **hacer ejercicios aeróbicos**
(to) be afraid **tener miedo, temer**
after **después**
afternoon **tarde** *f.*
 in the afternoon **por la tarde** (C)
afterwards **luego**
again **de nuevo** (7)
against the wall **contra la pared** (6)
age **edad** *f.* (5)
... ago **hace...** (C)
air-conditioned **aire acondicionado** (6)
airplane **avión** *m.*
airport **aeropuerto** *m.*
all **todo(a)**
allergy **alergia** *f.* (11)
do not allow **no permiten**
almost **casi**
already **ya**
also **también**
alteration **cambio** *m.*
always **siempre**
ambitious **ambicioso(a)**
American **americano(a)**
 American, from the United States **estadounidense**
and **y**
angry **enojado(a)**
animal **animal** *m.*
ankle **tobillo** *m.*
(to) announce **anunciar**
annual **anual**
another thing **otra cosa**
(to) answer **contestar**
answer **respuesta** *f.*
Answer me as soon as possible.
 Contéstame cuanto antes.
antibiotic **antibiótico** *m.*
antihistamine **antihistamínico** *m.* (11)
anxiety **ansiedad** *f.*
any **cualquier**
apartment **apartamento** *m.*
(to) apologize **disculparse**
apparently **aparentemente**
(to) appeal **apetecer** (2)
(to) appear **aparecer** (12)
it appears **parece**
appetizer **aperitivo** *m.* (2)
apple **manzana** *f.*
appointment **cita** *f.*
(to) approach **acercarse**
April **abril**
architect **arquitecto(a)** *m.(f.)*
area **superficie** *f.*
Argentina **Argentina**
Argentine **argentino(a)**
(to) argue **discutir**
arm **brazo** *m.*
armchair **sillón** *m.*
around **como a, a eso de**
(to) arrange **arreglar**
(to) arrive (at / from) **llegar (a / de)**
art **arte** *m.* or *f.*
article **artículo** *m.*
artist **artista** *m.* or *f.* (7)
as **como**
ash **ceniza** *f.*
(to) ask (a question) **preguntar**
(to) ask for **pedir (i)**
(to) fall asleep **dormirse (ue)**
asparagus **espárrago** *m.* (2)
aspirin **aspirina** *f.* (11)
assorted **surtidos(as)** (2)
(to) assure **asegurar**
at **a**
athletic **atlético(a)**
(to) attend **asistir a**
August **agosto**
aunt **tía** *f.*
author **autor(a)** *m.(f.)* (10)
autumn **otoño** *m.*
avenue **avenida** *f.*
average **regular**

B

baby **bebé** *m.* or *f.*
back **espalda** *f.*
 in back of **detrás de**
backpack **mochila** *f.*
bad **malo(a)**
bakery **panadería** *f.*
balanced **balanceado(a)**
ball **pelota** *f.*
balloon **globo** *m.*
ball-point pen **bolígrafo** *m.*
banana **banana** *f.*, **plátano** *m.*
bank **banco** *m.*

(to) bargain **regatear**
(to) bark **ladrar** (12)
baseball **béisbol** *m.*
basketball **básquetbol** *m.*
bass **bajo** *m.* (9)
bath **baño** *m.*
(to) bathe oneself **bañarse**
bathing suit **traje de baño** *m.* (1)
bathroom **sala de baño** *f.*
(to) be **estar, ser**
(to) be in a bad mood **estar de mal humor**
(to) be ... years old **tener... años**
beach **playa** *f.*
bean **grano** *m.*
beans **frijoles** *m.*
beard **barba** *f.*
beautiful **hermoso(a)**
because **porque**
(to) become **convertirse en**
bed **cama** *f.*
(double / single) bed **cama (matrimonial / sencilla)**
bedroom **dormitorio** *m.*
beef **carne de res, carne** *f.*
beef ribs **costilla de res** (3)
before **antes de** (5)
(to) begin **comenzar (ie) empezar(ie)** (8)
in / at the beginning **al principio**
behind **detrás de**
belief **creencia** *f.* (12)
(to) believe **creer**
Belize **Belice**
bell **campana** *f.* (12)
It belongs to ... **Es de...**
They belong to ... **Son de...**
belt **cinturón** *m.*
(to) benefit **beneficiarse**
berth compartment **departamento de literas** *m.* (5)
beside **al lado de**
besides **además**
better **mejor**
between ... and ... **entre... y...**
bicycle **bicicleta** *f.*
bidet **bidé** *m.*
big **grande**
bill **cuenta** *f.*
Can you make up the bill? **¿Puede Ud. arreglar la cuenta?**
Do you have the bill for...? **¿Tiene Ud. la cuenta para...?**
biology **biología** *f.*
bird **pájaro** *m.*
birth **nacimiento** *m.* (5)
birthday **cumpleaños** *m.*
birthday card **tarjeta de cumpleaños** *f.*
biscuit **galleta** *f.*
bite **mordida** *f.* (12)
black **negro(a)**
blind **ciego(a)** (11)
blond(e) **rubio(a)**
blouse **blusa** *f.*
blue **azul**
body part **parte del cuerpo** *f.*
Bolivia **Bolivia**
Bolivian **boliviano(a)**
bone **hueso** *m.*
book **libro** *m.*
bookshelf **estante** *m.*
bookstore **librería** *f.*
boot **bota** *f.*
booth **taquilla** *f.*
border **frontera** *f.*
bored, boring **aburrido(a)**
(to) be born **nacer** (3)
(He / She) was born ... **(Él / Ella) nació...**
both **los(las) dos**
a bottle of **una botella de**
boutique **boutique** *f.*
bowl **plato hondo** *m.* (2)
boyfriend **novio** *m.*
brave **valiente**
Brazil **Brasil**
bread **pan** *m.*
(to) break (a body part) **romper(se)**
breakfast **desayuno** *m.*
breast **pechuga** *f.* (3)
(to) breathe **respirar** (12)
briefcase **portafolio** *m.*
briefcase **maletín** *m.* (6)
(to) bring **traer**
bring me... **tráigame...**
brother **hermano** *m.*
brown **pardo(a)**
brown, dark **café**
medium-brown hair **castaño(a)**
brunet(te) **moreno(a)**
(to) brush (one's hair / teeth) **cepillarse (el pelo / los dientes)**
building **edificio** *m.*
a bunch of **un atado de**
bus **autobús** *m.*
bus terminal **estación de autobuses** *f.*
business **negocio** *m.*
businessman(woman) **hombre (mujer) de negocios** *m.(f.)*
busy **ocupado(a)** (3)
but **pero**
butcher shop **carnicería** *f.*
butter **mantequilla** *f.*
(to) buy **comprar**

C

café **café** *m.*
calcium **calcio** *m.*
calculator **calculadora** *f.*
(to) call attention **llamar la atención** (10)
Calm down! **¡Cálmate!**
calorie **caloría** *f.*
camera **cámara** *f.*
(to) camp **acampar**
camper **coche-caravana** *m.*
campground **área de acampar** *f.*
a can of **una lata de**
Canada **Canadá**
Canadian **canadiense**
candy **dulce** *m.*
canyon **cañón** *m.*
capacity **capacidad** *f.*
capital city **capital** *f.*
car **coche** *m.*
car (train) **vagón** *m.* (5)
card **tarjeta** *f.*
cardiovascular system **sistema cardiovascular**
(to) care for **cuidar**
(to) take care of **ocuparse de**
Take care of yourself. **Cuídese. (Cuídate.)**
careful **cuidadoso(a)** (8)
Careful! **¡Cuidado!**
carpet **alfombra** *f.*
carrot **zanahoria** *f.*
(to) carry **llevar**
(to) carry out **llevar a cabo**
(to) carve **tallar** (8)
in cash **en efectivo**
cat **gato** *m.*
category **categoría** *f.*
cathedral **catedral** *f.*
cause **causa** *f.*
(to) celebrate **celebrar**
center **centro** *m.*
cereal **cereal** *m.*
chair **silla** *f.*
armchair **sillón** *m.*
(to) change **cambiar**

change **cambio** *m.*
Do you have change for ... pesetas? **¿Tiene Ud. cambio de... pesetas?**
character **personaje** *m.* (10)
(to) take charge of **encargarse de**
(to) take charge of **hacerse cargo de** (12)
(to) chat **charlar**
cheap **barato(a)**
(to) check **revisar**
(to) check (baggage) **facturar** (6)
cheese **queso** *m.*
cheese from La Mancha region in Spain **queso manchego** *m.* (2)
cheeseburger **hamburguesa con queso** *f.*
chemistry **química** *f.*
chest **pecho** *m.*
chicken **pollo** *m.*
childish **infantil**
Chile **Chile**
Chilean **chileno(a)**
chills **escalofríos** *m.*
China **China**
Chinese **chino(a)**
chivalry **caballería(s)** *f.* (11)
chocolate **chocolate** *m.*
chops (meat) **chuletas** *f.* (2)
church **iglesia** *f.*
city **ciudad** *f.*
classic(al) **clásico(a)**
classification system **sistema de clasificación**
clean **limpio(a)** (3)
(to) classify **clasificar**
(to) clear the table **quitar la mesa**
It's a clear day. **Está despejado.**
(to) climb **subir**
clock radio **radio despertador** *m.*
closed **cerrado(a)** (3)
closet **clóset** *m.*
cloth (fabric) **tela** *f.* (6)
clothing **ropa** *f.*
article of clothing **prenda de vestir** *f.* (1)
clothing store **tienda de ropa** *f.*
cloud **nube** *f.*
cloudy **nublado**
It's a cloudy day. **Está nublado.**
club **club** *m.*
clumsy **torpe**
coast **costa** *f.*
coat **abrigo** *m.*
coffee (with milk) **café (con leche)** *m.*
coin **moneda** *f.* (4)
a cold **catarro** *m.*
cold **frío(a)**
Colombia **Colombia**
Colombian **colombiano(a)**
color **color** *m.*
What color is ...? **¿De qué color es...?**
colt **potrillo** *m.* (12)
(to) comb **peinarse**
(to) come **venir**
comedy movie **película cómica** *f.*
comfort **confort** *m.*
comfortable **cómodo(a), confortable**
comical **cómico(a)**
(to) comment **comentar**
commuter pass **tarjeta de abono transportes** *f.*
compact disk **disco compacto** *m.*
company **compañía** *f.*
comparison **comparación** *f.*
complete **completo(a)**
complicated **complicado(a)** (8)
computer **computadora** *f.*
concert **concierto** *m.*
consecutive **consecutivo(a)**
constantly **constantemente**
(to) contain **contener** (6)
content **contento(a)**
contest **concurso** *m.*
(to) continue **continuar, seguir (i, i)**
continuous **continuo(a)**
convenient **conveniente**
(to) cook **cocinar**
cookie **galleta** *f.*
cool **fresco(a)**
corn **maíz** *m.*
corner **rincón** *m.* (12)
on the corner of ... and ... **en la esquina de... y...**
cornmeal pancake (Mexico) **tortilla** *f.*
corridor **corredor** *m.*
(to) cost **costar (ue)**
Costa Rica **Costa Rica**
Costa Rican **costarricense**
costly **costoso(a)**
(it) costs **cuesta**
cotton **algodón** *m.*
couch **sofá** *m.*
cough **tos** *f.*
cough syrup **jarabe** *m.*
(to) cough **toser**
(he / she / it) could **pudo**
I'm counting on you. **Cuento contigo.**
country **país** *m.*
country code **código territorial** *m.* (4)
countryside **paisaje** *m.*
courage **valentía** *f.* (11)
cousin **primo(a)** *m.(f.)*
cream **crema** *f.*
creation **creación** *f.* (11)
creative **creador(a)** (8)
credit card **tarjeta de crédito** *f.*
critic **crítico(a)** *m.(f.)* (11)
croissant **croissant** *m.*
(to) cross **cruzar**
Cuba **Cuba**
Cuban **cubano(a)**
cubism **cubismo** *m.* (7)
cucumber **pepino** *m.*
(to) cultivate **cultivar**
cup **taza** *f.*
current **corriente** *f.* (11)
curtain **cortina** *f.*
caramel custard **flan** *m.*
customarily **de costumbre**
(to) cut (oneself) **cortar(se)**

D

dairy **lácteo**
dairy product **producto lácteo** *m.*
dance **baile** *m.*; **danza** *f.* (9)
popular dance **baile popular**
(to) dance **bailar**
dark-haired **moreno(a)**
date **fecha** *f.*; (appointment) **cita** *f.*
What is the date? **¿A cuántos estamos?**
What is the date today? **¿Qué fecha es hoy?, ¿Cuál es la fecha de hoy?**
daughter **hija** *f.*
day **día** *m.*
these days **hoy día** (3)
What day is today? **¿Qué día es hoy?**

dead **muerto(a)**
dear **querido(a)**
December **diciembre**
deception **desengaño** *m.* (9)
deep **profundo(a)** (11)
degree **grado** *m.*
It's ... degrees (below zero). **La temperatura está en... grados (bajo cero).**
delicious **delicioso(a)**
very delicious **riquísimo**
What delicious food! **¡Qué comida más rica!**
Delighted. **Encantado(a).**
(to) demand **demandar**
denim **de mezclilla** (1)
dentist **dentista** *m.* or *f.*
(to) deny **negar** (11)
(to) depend on **depender de** (1)
(to) describe **describir**
Describe ... for me. **Descríbeme...**
describes to him, her, you **le describe**
design **diseño** *m.* (8)
desk **escritorio** *m.* (A)
dessert **postre** *m.* (2)
destination **destino** *m.* (5)
destiny **destino** *m.* (11)
(to) develop **desarrollar**
(to) devote oneself **dedicarse**
(to) dial (a telephone) **marcar** (4)
dial tone **señal de marcar** *f.* (4)
difficulty **dificultad** *f.*
digestion **digestión** *f.*
digit **cifra** *f.* (4)
dignity **dignidad** *f.* (11)
dining room **comedor** *m.*
in which direction? **¿en qué dirección?**
directly **directamente**
dirty **sucio(a)**
disagreeable **antipático(a)**
(to) disappear **desaparecer** (12)
discotheque **discoteca** *f.* (B)
discreet **discreto(a)** (3)
dish **plato** *m.* (6)
dish made with corn tortillas and chiles **chilaquiles** *m.* (3)
Spanish dish with chicken in a spicy tomato sauce **pollo al chilindrón** (2)
Spanish dish with rice, shellfish, and chicken **paella** *f.* (2)
dishonest **deshonesto(a)**
(to) dive **tirarse**, **clavarse** (Mexico)
diver **clavadista** *m.* or *f.*
diversity **diversidad** *f.* (8)
(to) divide **dividir**
divorced **divorciado(a)**
(to) do **hacer**
I'm going to do it. **Yo voy a hacerlo.**
We always do it! **¡Siempre lo hacemos!**
doctor **doctor(a)** *m.(f.)*, **médico(a)** *m.(f.)*
dog **perro** *m.*
Dominican **dominicano(a)**
the Dominican Republic **la República Dominicana**
dose **dosis** *f.*
doubt **duda** *f.*
(to) go down **bajar**
downtown **centro** *m.*
a dozen **una docena de**
(to) draw **dibujar** (7)
drawer **cajón** *m.*
drawing **dibujo** *m.* (7)
(to) dream **soñar** (12)
dress **vestido** *m.*
(to) get dressed **vestirse (i,i)**
dresser **cómoda** *f.*
dried out **reseco(a)** (12)
drink **bebida** *f.*
(to) drive **conducir**
It's drizzling. **Llovizna.**
drugstore **farmacia** *f.*
dry **seco(a)**
during **durante**, **por**

E

each **cada**
ear **oreja** *f.*
early **temprano**
is early **está adelantado(a)** (5)
(to) earn **ganar**
east **este** *m.*
(to) eat **comer**
(to) eat breakfast **desayunarse**
(to) eat supper **cenar**
economical **económico(a)**
Ecuador **Ecuador**
Ecuadorian **ecuatoriano(a)**
efficient **eficiente**
eight hundred **ochocientos(as)**
eighth **octavo(a)**
eighty **ochenta**
either ... or **o...o** (3)
El Salvador **El Salvador**
elbow **codo** *m.*
elegant **elegante**
elevator **ascensor** *m.*
employee **empleado(a)** *m.(f.)*
empty **vacío(a)**
enchilada **enchilada** *f.*
at the end of **al final de**, **al fondo de**
energy **energía** *f.*
engineer **ingeniero(a)** *m.(f.)*
England **Inglaterra**
English **inglés(esa)**
(to) enjoy **disfrutar de**
enjoyable **divertido(a)**
enough **bastante, suficiente**
entrance ticket **entrada** *f.*
entrée **entrada** *f.* (2)
envelope **sobre** *m.*
I'm envious! **¡Qué envidia!**
epidemic **epidemia** *f.*
equality **igualdad** *f.*
eraser **borrador** *m.*
errand **mandado** *m.*
(to) do an errand **hacer un mandado**
essay **ensayo** *m.* (10)
essayist **ensayista** *m.* or *f.* (10)
(to) establish **establecer**
eternal **eterno(a)** (11)
in any event **en todo caso**
every **cada** (10)
every day **todos los días; cada día** (3)
exactly **exactamente**, **exacto**
(to) exaggerate **exagerar**
example **ejemplo** *m.*
exchange program **programa de intercambio** *m.*
Don't get excited! **¡No te excites!**
Excuse me. **Perdón.**
(to) do exercises **hacer gimnasia**
exit **salida** *f.*
expensive **caro(a)**
expert **experto(a)**
(to) expose **exponer** (7)
(to) express **expresar**
expression **expresión** *f.*
eye **ojo** *m.*
eyedrops **gotas para los ojos** *f.*

F

fabrication **fabricación** *f.* (8)

face **cara** *f.*
(to) facilitate **facilitar**
facing **frente a, en frente de**
fact **hecho** *m.* (12)
fair **feria** *f.*
faith **fe** *f.* (11)
faithful **fiel** (11)
fall **otoño** *m.*
(to) fall **caerse**
family **familia** *f.*
famous **famoso(a)**
fantasy **fantasía** *f.* (12)
far from **lejos de**
farmhand **labrador** *m.* (11)
fat **gordo(a)** *adj.*
fat **grasa** *f.*
father **padre** *m.*
Father's Day **el Día de los Padres**
fault **culpa** *f.*
fauna **fauna** *f.* (8)
favorite **favorito(a)**
fear **miedo** *m.*
February **febrero**
(to) feel good (bad) **sentirse (ie,i) bien (mal)**
Do you feel well (bad)? **¿Te sientes bien (mal)?**
(to) feel like … **tener ganas de...**
ferocious **feroz**
festival (religious) honoring a town's patron saint **fiesta del pueblo**
fever **fiebre** *f.*
few **poco(a)**
fiance(é) **novio(a)** *m.(f.)*
fiber **fibra** *f.*
fifteenth birthday party **quinceañera** *f.*
fifth **quinto(a)**
fifty **cincuenta**
finally **finalmente, por fin**
(to) find **encontrar (ue)**
fine **bien**
finger **dedo (de la mano)** *m.*
fireworks **fuegos artificiales** *m.*
first **primer(o/a)**
in the first place **en primer lugar**
fish **pescado** *m.*
(to) fit **caber** (12)
five hundred **quinientos(as)**
(to) fix **arreglar**
flashy **llamativo(a)** (7)
flavor **sabor** *m.*
flight **vuelo** *m.* (6)
(to) float **flotar**
floor **planta** *f.*, **piso** *m.*
(on the first) floor **(en el primer) piso**
floor plan **plan** *m.*
ground floor **planta baja**
flora **flora** *f.* (8)
flour **harina** *f.*
flower shop **florería** *f.*
flu **gripe** *f.*
(to) fluctuate **oscilar** (5)
flute **flauta** *f.*
fly **mosca** *f.* (12)
fog **neblina** *f.*, **niebla** *f.*
It's foggy. **Hay niebla.**
folk dance **baile folklórico** *m.*
(to) follow **seguir (i, i)**
the following **lo siguiente**
food **alimento** *m.*, **comida** *f.*
foolish **tonto(a)**
foot **pie** *m.*
on foot **a pie**
football **fútbol americano** *m.*
for **por, para**
for … hours **por... horas**
forecast **pronóstico** *m.*
forehead **frente** *f.*
forest **bosque** *m.*
fork **tenedor** *m.*
form **forma** *f.* (8)
(to) form **formar**
formal **formal**
fortunately **afortunadamente**
forty **cuarenta**
found out **saber** (in preterite)
fountain pen **pluma** *f.*
four hundred **cuatrocientos(as)**
fourth **cuarto(a)**
France **Francia**
free **libre** (4)
free of charge **gratis** (5)
French **francés(esa)**
frequently **con frecuencia, frecuentemente**
Friday **viernes** *m.*
fried **frito(a)** (2)
friend **amigo(a)** *m.(f.)*
friendly **amable**
Is from … **Es de...**
in front of **delante de**
frozen **congelado(a)**
fruit **fruta** *f.*
fruit salad **ensalada de frutas** *f.*
full **lleno(a)**
(to) function **funcionar**
funny **cómico(a)**
furious **furioso(a)**
(fully) furnished **(completamente) amueblado**
fusion **fusión** *f.* (12)
future **futuro** *m.*

G

(to) gain weight **subir de peso**
(two-car) garage **garaje (para dos coches)** *m.*
garden **jardín** *m.*
garlic **ajo** *m.* (2)
in general **por lo general**
generous **generoso(a)**
gentleman **caballero** *m.* (11)
geography **geografía** *f.*
German **alemán(ana)**
Germany **Alemania**
I'll get him (her). **Te lo (la) paso.** (4)
(to) get out something **sacar**
(to) get together **reunirse**
(to) get up **levantarse**
girlfriend **novia** *f.*
(to) give **dar**
(to) give (a gift) **regalar** (5)
(drinking) glass **vaso** *m.*
globe **globo** *m.*
glove **guante** *m.* (1)
(to) go **ir**
I go **voy**
(to) go along **andar**
(to) go away **irse**
(to) go to bed **acostarse (ue)**
(to) go down **bajar**
(to) go up **subir**
(to) go with **hacer juego con...** (1)
(to) give a going-away party **darles la despedida**
(to) be going to … **ir a...**
golf **golf** *m.*
good **bueno(a)**
Good afternoon. **Buenas tardes.**
Good evening. **Buenas noches.**
Good grief! **¡Qué cosa!**
Good heavens! **¡Ave María!**
Good morning. **Buenos días.**
Good night. **Buenas noches.**
good-bye **adiós, chao**
(to) say good-bye **darles la despedida**
(to) say good-bye to **despedirse (i, i) de**

government **gobierno** *m.*
(50) grams of **(50) gramos de**
granddaughter **nieta** *f.*
grandfather **abuelo** *m.*
grandmother **abuela** *f.*
grandson **nieto** *m.*
grape **uva** *f.*
grave **grave** *adj.*
gray **gris**
great **estupendo(a)** (4)
Great! **¡Qué bueno(a)!**
Great Britain **Gran Bretaña**
great-grandfather **bisabuelo** *m.* (11)
great-grandmother **bisabuela** *f.* (11)
green **verde**
(to) greet **saludar**
greeting **saludo** *m.*
grenadine **granadina** *f.*
grievous **grave**
ground floor **planta baja**
group **grupo** *m.*
(to) grow **crecer** (12)
guacamole **ensalada de guacamole** *f.*
Guatemala **Guatemala**
Guatemalan **guatemalteco(a)**
guitar **guitarra** *f.*
gym(nasium) **gimnasio** *m.*

H

hair **pelo** *m.*
half **medio(a)**
half **mitad** *f.* (5)
hallway **corredor** *m.*
ham **jamón** *m.*
 Spanish ham, similar to prosciutto **jamón serrano** *m.* (2)
hamburger **hamburguesa** *f.*
hand **mano** *f.*
handsome **guapo(a)**
(to) hang up **colgar** (4)
What happened to you? **¿Qué te pasó?**
happy **alegre**
(to) make happy **alegrar** (9)
hard-working **trabajador(a)**
harp **arpa** *f.* (9)
(to) harvest **cosechar**
(he / she / it) has **tiene**
 it has been… **hace…**
hat **sombrero** *m.* (1)
 winter hat **gorra** *f.* (1)
(to) hate **odiar**
(to) have **haber** (4)
(to) have **tener**
 (to) have a …ache **tener dolor de…**
 (to) have a good time **divertirse (ie,i)**
 (to) have just … **acabar de…**
 (to) have to do with **tener que ver con** (12)
 Do you have …? **¿Tiene Ud…?**
 We have a good time. **Lo pasamos bien.**
hay fever **fiebre del heno**
hazel (eyes) **castaño(a)**
he **él**
head **cabeza** *f.*
health **salud** *f.*
(to) hear **oír**
heart **corazón** *m.*
 heart rate **ritmo cardíaco** *m.*
 with all my heart **con todo el corazón**
heat **calor** *m.*
heavy **pesado(a)**
Hello. **Hola.**
 Hello! (answering the phone) **¡Bueno!, ¡Diga / Dígame!; ¿Aló?** (4)
her **su**
here **aquí**
 Here you have… **Aquí tiene…**
high school **escuela secundaria**
high-heeled shoe **zapato de tacón**
(to) take a hike **dar una caminata**
his **su**
Hispanic **hispano(a)**
historical **histórico(a)**
history **historia** *f.*
homework **tarea** *f.*
Honduran **hondureño(a)**
Honduras **Honduras**
honest **honesto(a)**
honor **honra** *f.* (11)
(to) hope **esperar**
 I hope it's not… **Espero que no sea…**
 I hope that you can visit. **Espero que Uds. puedan visitar.**
I hope that **ojalá que** (7)
horoscope **horóscopo** *m.*
horrible **horrible**
horror movie **película de horror** *f.*
horseback riding **equitación** *f.*
 (to) go horseback riding **hacer la equitación**
hospital **hospital** *m.*
hospitality **hospitalidad** *f.*
hot **caliente**
 It's hot out. **Hace calor.**
 hot, spicy sauce **salsa picante** *f.*
hotel **hotel** *m.*
hot-tempered **corajudo(a)** (9)
hour **hora** *f.* (B)
 half hour **media hora** (5)
house **casa** *f.* (A)
housekeeper **ama** *f.* (11)
how **como**
 how? **¿cómo?**
 How…! **¡Qué…!**
 How are you? **¿Cómo está(s)?, ¿Qué tal?**
 How awful! **¡Qué horrible!**
 How can I help you? **¿En qué puedo servirle(s)?**
 How do you feel? **¿Cómo te sientes?**
 How do you say …? **¿Cómo se dice…?**
 How is it / are they? **¿Cómo es / son?**
 How long ago? **¿Cuánto tiempo hace?**
 How long have you felt this way? **¿Cuánto tiempo hace que te sientes así?**
 how much / many? **¿cuánto(a)?**
 How many are there? **¿Cuántos hay?**
 How much does it cost? **¿Cuánto cuesta?**
 How old are you? **¿Cuántos años tienes?**
hug **abrazo** *m.*
(to) be hungry **tener hambre**
(to) hurry **darse prisa**
 Hurry up! **¡Dense prisa!**
(to) hurt **doler (ue)**
 (to) hurt oneself **lastimarse**
 Did you hurt yourself? **¿Te lastimaste?**
 My … hurt(s). **Me duele(n)…**
husband **esposo** *m.*

I

I **yo**
I am (not) from… **(Yo) (no) soy de…**
 I am of … origin. **(Yo) soy de origen…**

I am ... tall. **Mido...**
ice **hielo** *m.*
ice cream **helado** *m.*
It's icy. **Hay hielo.**
idealism **idealismo** *m.* (11)
idealist(ic) **idealista**
identification **identificación** *f.* (6)
if **si**
image **imagen** *f.* (7)
imagery **imaginería** *f.* (7)
imagination **imaginación** *f.* (10)
impatient **impaciente**
important **importante** (8)
impossible **imposible**
(to) improve **mejorar**
in **en**
In (the month of)... **En (el mes de)...**
(to) include **incluir** (12)
included **incluido(a)**
incredible **increíble**
incrustation **incrustación** *f.* (8)
Independence Day **el Día de la Independencia**
independent **independiente**
indication **indicación** *f.*
indiscreet **indiscreto(a)**
infantile **infantil**
infection **infección** *f.*
(to) insist **insistir** (8)
instance **vez** *f.*
instrument **instrumento** *m.* (9)
stringed instrument **instrumento de cuerda** *m.* (9)
intellectual **intelectual**
intelligent **inteligente**
interesting **interesante**
(to) interpret **interpretar** (9)
(to) introduce **presentar**
I want to introduce you to... **Quiero presentarle(te) a...**
I would like to introduce you to... **Quisiera presentarle(te) a...**
introduction **presentación** *f.*
invitation **invitación** *f.*
iron **hierro** *m.*
is **es**
Italian **italiano(a)**
Italy **Italia**

J

jacket **chaqueta** *f.*
jam **mermelada** *f.*
January **enero**
Japan **Japón**
Japanese **japonés(esa)**
jazz **jazz** *m.*
jeans **vaqueros** *m.* (1)
jelly **mermelada** *f.*
(to) jog **trotar**
joint **coyuntura** *f.*
journalist **periodista** *m.* or *f.*
juice **jugo** *m.*
July **julio**
June **junio**
(to) have just ... **acabar de...**
justice **justicia** *f.* (11)

K

kennel **perrera** *f.* (5)
key **llave** *f.*
a kilo(gram) of **un kilo de**
half a kilo(gram) of **medio kilo de**
kilometer **kilómetro** *m.*
kiss **beso** *m.*
kitchen **cocina** *f.*
knee **rodilla** *f.*
knife **cuchillo** *m.*
(to) know (a fact) **saber**, (a person, place) **conocer**
known **conocido(a)** (9)

L

lack **falta** *f.*
(to) lack **faltar** (2)
lamb **cordero** *m.* (2)
lamp **lámpara** *f.*
land **tierra** *f.*
(to) land **aterrizar** (6)
landscape **paisaje** *m.*
language **lengua** *f.*
large **grande**
(to) last **durar**
last (Monday / week) **(el lunes / la semana) pasado(a)**
last night **anoche**
late **tarde**
is late **está retrasado(a)** (5)
later **luego**
Latin **latín** *m.*
(to) laugh **reírse (i,i)**
law **ley** *f.* (12)
lawyer **abogado(a)** *m.(f.)*
lazy **perezoso(a)**
(to) learn **aprender**
at least **al menos, por lo menos**
at least in part **en parte al menos**
leather **cuero** *m.*
(to) leave **irse**
(to) leave (with / from / for) **salir (con / de / para)**
we're leaving **nos vamos**
(to) leave (forget) **dejar** (4)
left **izquierda**
to the left **a la izquierda** (B)
leg **pierna** *f.*
lemon **limón** *m.*
lemonade **limonada** *f.*
less **menos**
less ... than **menos... que...**
Let's be reasonable. **Hay que ser razonables.**
Let's go! **¡Vamos!**
Let's go ... **Vamos a...**
Let's see. **Vamos a ver., A ver.**
letter **letra** *f.* (9)
lettuce **lechuga** *f.*
level **nivel** *m.* (6)
library **biblioteca** *f.*
life **vida** *f.*
(to) lift weights **levantar pesas**
light **ligero(a)**
like **como**
(to) like **gustar**
(I) (don't) like ... (very much). **(No) (Me) gusta(n) (mucho)...**
(to) like very much **encantar** (2)
line **línea** *f.*
lipids **lípidos** *m.*
(to) listen (to) **escuchar**
a liter of **un litro de**
literary **literario(a)** (10)
literature **literatura** *f.*
a little **poco(a)**
(to) live **vivir**
I live in ... **(Yo) vivo en...**
living room **sala de estar** *f.*
located **situado(a)**
location **lugar** *m.*
(to) lock oneself in **encerrarse (ie)**
long **largo(a)**
(to) look at **mirar**
(to) look at oneself **mirarse**
Look! **¡Mira!**
You don't look very well. **No te ves muy bien.**
(to) look good / bad **lucir bien / mal** (1)
(to) look for **buscar**
(to) look over **revisar**
(to) look small / large / bad / good on **quedarse chico / grande / mal / muy bien** (1)

(to) lose **perder (ie)**
(to) lose weight **bajar de peso**
a lot **mucho(a)**
 a lot of times **muchas veces**
love **amor** *m.* (11)
(to) lower **bajar**
loyalty **lealtad** *f.* (11)
(to) be lucky **tener suerte**
lung **pulmón** *m.*
luxury **lujo** *m.*

M

ma'am **señora** *f.*
machine **máquina** *f.*
mad **enojado(a)**
magazine **revista** *f.* (10)
magic **mágico(a)** (12)
Magnificent! **¡Magnífico!**
majority **mayoría** *f.*
(to) make **hacer**
 I'm going to make… for you. **Les voy a preparar…**
 (to) make the bed **hacer la cama**
man **hombre** *m.*
manner **manera** *f.*
subway map **plano del metro** *m.*
March **marzo**
market **mercado** *m.*
married **casado(a)**
marvel **maravilla** *f.* (9)
material **material** *m.* (6)
mathematics **matemáticas** *f.*
What's the matter with you? **¿Qué te pasa?**
maximum **máximo(a)**
May **mayo**
mayonnaise **mayonesa** *f.*
me **mí**
meal **comida** *f.*
(to) mean **querer decir**
means **medio** *m.*
 means of transportation **medio de transporte**
(to) measure **medir (i, i)**
meat **carne** *f.*
(variety of) meats cooked on a grill **parrillada** *f.* (3)
mechanic **mecánico(a)** *m.(f.)*
(to) meet **reunirse**
melancholy **melancolía** *f.* (9)
melody **melodía** *f.* (9)
melon **melón** *m.* (C)
message **recado** *m.* (4)
square meters **m^2 (metros cuadrados)**
Mexican **mexicano(a)**
 Mexican food **comida mexicana** *f.*
Mexico **México**
microbe **microbio** *m.*
microwave oven **horno de microondas** *m.*
middle **medio** *m.*
midnight **medianoche** *f.*
mile **milla** *f.*
milk **leche** *f.*
(mango) milkshake **licuado (de mango)** *m.*
million **millón**
mineral **mineral** *m.*
 mineral water (without carbonation) **agua mineral (sin gas)** *f.*
minute **minuto** *m.*
 in … minutes **en… minutos**
mirror **espejo** *m.*
Miss **señorita** *f.*
(to) miss **extrañar**
 I miss you (plural). **Te (los) extraño.**
mistaken **equivocado(a)** (4)
mixture **mezcla** *f.* (12)
modern **moderno(a)**
moment **momento** *m.* (4)
 at this moment **en este momento**
Monday **lunes** *m.*
money **dinero** *m.*
month **mes** *m.*
moped **motocicleta** *f.*
more **más**
 more … than **más… que**
morning **mañana** *f.*
 in the morning **de la mañana**
 in the morning **por la mañana**
mother **madre** *f.*
 Mother's Day **el Día de las Madres** *m.*
 Mothers' Day card **tarjeta del Día de las Madres** *f.*
motive **motivo** *m.* (8)
motorcycle **motocicleta** *f.*
mountain **montaña** *f.*
 mountain range **cordillera** *f.*
 (to) go mountain climbing **hacer alpinismo**
mouth **boca** *f.*
(to) move **moverse (ue)**
movement **movimiento** *m.*
movie **película** *f.*
 movie theater **cine** *m.*
Mr. **señor** *m.*
Mrs. **señora** *f.*
much **mucho(a)**
 as much … as … **tan(to)… como…**
 very much **muchísimo**
mud **barro** *m.* (12)
mural **mural** *m.* (7)
muralism **muralismo** *m.* (7)
(to) murmur **murmurar** (12)
muscle **músculo** *m.*
 muscle movement **movimiento muscular** *m.*
 muscle tone **tono muscular** *m.*
museum **museo** *m.*
music **música** *f.*
 classical music **música clásica**
must **deber**
mustache **bigote** *m.* (3)
my **mi**
mysterious **misterioso(a)** (12)
myth **mito** *m.* (12)
mythical **mítico(a)** (12)
mythological **mitológico(a)** (8)

N

name **nombre** *m.*
 last name **apellido** *m.*
 My name is… **(Yo) me llamo…**
 What's your name? **¿Cómo te llamas?**

(to) be named **llamarse**
(to) take a nap **dormir la siesta**
napkin **servilleta** *f.*
nationality **nacionalidad** *f.*
nature **naturaleza** *f.*
near **cerca de**
neck **cuello** *m.*
(to) need **necesitar**
neighbor **vecino(a)** *m.(f.)*
neighborhood **barrio** *m.*
neither **tampoco**
 neither… nor **ni… ni** (3)
nerve **nervio** *m.*
nervous **nervioso(a)**
network **red** *f.* (4)
never **nunca**
new **nuevo(a)**
newspaper **periódico** *m.*

newspaper kiosk... **quiosco de periódicos** *m.*
next (year / week) **(el año / la semana) próximo(a)**
Nicaragua **Nicaragua**
Nicaraguan **nicaragüense**
nice **simpático(a)**
Nice to meet you. **Mucho gusto.**
It's nice out. **Hace buen tiempo.**
night **noche** *f.*
at night **de la noche, por la noche**
last night **anoche**
night table **mesita de noche** *f.*
night vision **vista nocturna** *f.*
nightmare **pesadilla** *f.*
nine hundred **novecientos(as)**
ninety **noventa**
ninth **noveno(a)**
no **no**
No way! **¡Qué va!**
nobility **nobleza** *f.* (11)
noise **ruido** *m.* (12)
noon **mediodía** *m.*
no one **nadie** (3)
none **ningún / ninguno(a)** (3)
normally **normalmente**
north **norte** *m.*
North American **norteamericano(a)**
nose **nariz** *f.*
notebook **cuaderno** *m.*
nothing **nada**
(to) notice **fijarse en** (6)
novel **novela** *f.* (10)
novelist **novelista** *m.* or *f.* (10)
November **noviembre**
now **ahora**
right now **ahora mismo**
number **número** *m.*
nurse **enfermero(a)** *m.(f.)*
nursery **guardería** *f.* (5)

O

(to) be obligated **tener que**
(to) obtain **sacar**
It's ... o'clock. **Son las...**
It's one o'clock. **Es la una.**
October **octubre**
of **de**
of course **por supuesto**
Of course! **¡Claro!**
Of course! (reaffirmed) **¡Claro que sí!**
Of course not! **¡Claro que no!**
of the **de la / del / de los**
(to) offer **ofrecer**
often **a menudo**
oil **aceite** *m.*
okay **de acuerdo, regular**
Okay. **Está bien.**
Is that okay with you? **¿Te parece bien?**
old **viejo(a)**
older **mayor**
olive **aceituna** *f.*
Spanish omelette **tortilla de patatas**
on **en**
on foot **a pie**
on time **a tiempo**
once **una vez**
at once **en seguida**
once home **ya en casa**
once a year **una vez al año**
one **uno**
One ..., please. **Un(a)..., por favor.**
one hundred **cien(to)**
one-way ticket **billete sencillo** *m.*
onion **cebolla** *f.*
only **sólo**
only child **hijo(a) único(a)** *m.(f.)*
open **abierto(a)** (3)
open-air market **mercado al aire libre** *m.*
optimist(ic) **optimista**
or **o**
orange (color) **anaranjado(a)**
orange (fruit) **naranja** *f.*
order **orden** *m.*
(to) give an order **mandar**
in order to **para**
other **otro(a)**
our **nuestro(a)**
outline **esbozo** *m.* (12)
(microwave) oven **horno (de microondas)** *m.*
(to) owe **deber**
oxygen **oxígeno** *m.*

P

(to) pack **empacar**
(to) pack suitcases **hacer las maletas**
a package of **un paquete de** *m.*
(to) paint **pintar** (8)
painter **pintor(a)** *m.(f.)*
painting **cuadro** *m.*, **pintura** *f.*
pale **pálido(a)**
Panama **Panamá**
Panamanian **panameño(a)**
panther **pantera** *f.* (12)
pants **pantalones** *m.*
paper **papel** *m.*
air mail stationery paper **papel de avión**
typing paper **papel para escribir a máquina** *m.*
parade **desfile** *m.*
Paraguay **Paraguay**
Paraguayan **paraguayo(a)**
parents **padres** *m. (pl.)*
park **parque** *m.*
parking **estacionamiento** *m.*
parking lot **playa de estacionamiento** *f.*
part **parte** *f.*
party **fiesta** *f.*
(to) pass **pasar**
pasta **pasta** *f.*
pastry **pastel** *m.*
patient **paciente** *m.* or *f.* or *adj.*
patriotism **patria** *f.* (11)
(to) pay **pagar**
(to) pay attention **prestar atención**
pea **guisante** *m.*
peach **melocotón** *m.*
peanut **cacahuete** *m.*
pear **pera** *f.*
pen, ball-point **bolígrafo** *m.*, fountain **pluma** *f.*
pencil **lápiz** *m.*
pencil sharpener **sacapuntas** *m.*
pepper (spice) **pimienta** *f.*
hot pepper **chile** *m.*
perfect **perfecto(a)**
(to) perfect **perfeccionar**
perhaps **tal vez**
period (of time) **período** *m.*
do not permit **no permiten**
person **persona** *f.*
Peru **Perú**
Peruvian **peruano(a)**
pessimist(ic) **pesimista**
(household) pet **animal doméstico** *m.* (5)

pharmacy **farmacia** *f.* (B)
photonovel **fotonovela** *f.* (10)
piano **piano** *m.*
pick him / it up **lo recoge**
(to) pick up **descolgar** (4)
pie **pastel** *m.*
a piece of **un pedazo de** *m.*
pill **pastilla** *f.*
pink **rosado(a)**
It's a pity. **Me da pena.** (4)
pizza **pizza** *f.*
place **lugar** *m.*
high plain **meseta** *f.*
(to) plan **planear**
plant **planta** *f.*
plastic **plástico(a)** (6)
plate **plato** *m.*
platform **andén** *m.* (5)
play **pieza teatral** *f.* (10)
(to) play **jugar (ue)**
(to) play (golf / tennis / volleyball) **jugar al (golf / tenis / vólibol)**
(to) play (instrument) **tocar**
playwright **dramaturgo(a)** *m. (f.)* (10)
pleasant **agradable**
please **por favor**
Please be kind enough to respond as soon as possible. **Tenga la bondad de responder tan pronto como sea posible.**
pleasure **placer** *m.* (4)
with pleasure **con mucho gusto**
It would give us great pleasure... **Nos daría mucho gusto...**
poem **poema** *m.* (10)
poet **poeta** *m.* or *f.* (10)
poetry **poesía** *f.* (10)
poetry contest **concurso de poesía** *m.*
point **punto** *m.*
(to) point **señalar** (12)
police **policía** *f.*
police officer **policía** *m.*
police station **estación de policía** *f.*
politics **política** *f.*
polka-dotted **de lunares** (1)
polychromatic **polícroma** (7)
polyester **poliéster** *m.* (1)
poorly **mal**
porch **terraza** *f.*
pork **(carne de) puerco**
possession **posesión** *f.*
possible **posible** (4)
post office **correo** *m.*
poster **póster** *m.*
potato **papa** *f.*, **patata** (Spain) *f.*
potatoes in a spicy sauce **patatas bravas**
a pound of **una libra de**
power **poder** *m.* (12)
practical **práctico(a)**
(to) practice **practicar**
(to) prefer **preferir (ie, i)**
preference **preferencia** *f.*
preoccupied **preocupado(a)**
(to) prepare **preparar**
(to) prepare oneself **prepararse**
(to) prepare for oneself **servirse (i,i)**
I'm going to prepare... **Les voy a preparar...**
(to) present **presentar**
presentation **presentación** *f.*
preserve **conserva** *f.*
pressure **presión** *f.*
pretty **bonito(a)**
previous **anterior**
price **precio** *m.*
prize **premio** *m.*
profession **profesión** *f.*
professor **profesor(a)** *m.(f.)*
(to) prohibit **prohibir** (8)
protein **proteína** *f.* (12)
(to) publish **publicar** (11)
Puerto Rican **puertorriqueño(a)**
Puerto Rico **Puerto Rico**
purple **morado(a)**
purse **bolsa** *f.*
(to) put **poner**
(to) put on **ponerse**
(to) put on makeup **maquillarse**

Q

quality **calidad** *f.*
quantity **cantidad** *f.*
quarter **cuarto** *m.*
... quarter(s) of an hour **... cuarto(s) de hora**
quesadilla **quesadilla** *f.*

R

racquet **raqueta** *f.*
railroad station **estación de trenes**
railway **ferroviario(a)** (4)
(to) rain cats and dogs **llover (ue) a cántaros**
raincoat **impermeable** *m.*
It's raining. **Llueve.**
rarely **rara vez**
at any rate **de todos modos**
rather **bastante**
(to) reach **alcanzar**
reaction **reacción** *f.*
(to) read **leer**
ready **listo(a)**
(to) get ready **prepararse**
real **real** (8)
realism **realismo** *m.* (11)
realist(ic) **realista** (3)
reality **realidad** *f.* (10)
Really? **¿De veras?**
for that very reason **por eso mismo**
Let's be reasonable. **Hay que ser razonables.**
(to) receive **recibir**
reception desk **recepción** *f.*
(telephone) receiver **auricular** *m.* (4)
recipe **receta** *f.* (1)
record **disco** *m.*
record shop **tienda de discos** *f.*
rectangle **rectángulo** *m.* (8)
(to) recuperate **recuperar**
red **rojo(a)**
redheaded **pelirrojo(a)**
(to) reflect **reflejar** (11)
refrigerator **refrigerador** *m.*
(to) refuse **no querer** (in preterite)
regular **regular**
regularly **con regularidad**
(to) regulate **regular**
rejected **rechazado(a)** (9)
remedy **remedio** *m.*
(to) renew **renovar (ue)**
rent **alquiler** *m.*
(to) rent **alquilar**
(to) repeat **repetir (i,i)**
repertoire **repertorio** *m.* (9)
(to) represent **representar** (11)
(to) request **pedir (i)**
reservation **reservación** *f.*
(to) reserve **reservar** (5)
(to) resound **resonar (ue)** (9)
(to) respond **contestar**
response **respuesta** *f.*
(to) rest **descansar**
rest rooms **servicios sanitarios** *m.*

restaurant **restaurante** *m.*
result **resultado** *m.*
(to) return **regresar, volver (ue)**
(to) review **revisar**
rhythm **ritmo** *m.* (9)
rice **arroz** *m.*
(to) ride a horse **montar a caballo**
right **derecha**
  right? **¿verdad?**
  (to) be right **tener razón**
  to the right **a la derecha**
  right away **en seguida**
  right now **ahora mismo**
(to) rise **subir**
river **río** *m.*
roasted **asado(a)** (2)
rock music **rock** *m.*
romantic **romántico(a)**
room **cuarto** *m.*, **habitación** *f.*, **sala** *f.*
roundtrip ticket **billete de ida y vuelta**
rug **alfombra** *f.*
(to) run **correr**
(to) run through **recorrer** (12)
Russia **Rusia**
Russian **ruso(a)**

S

sad **triste**
(to) sail (to sailboard) **navegar en velero (una tabla vela)**
sailing **navegación a vela** *f.*
salad **ensalada** *f.*
  mixed salad **ensalada mixta** (2)
  vegetable salad **ensalada de vegetales (verduras)** *f.*
sale **oferta** *f.*
  It's not on sale? **¿No está en oferta?**
salesman(woman) **vendedor(a)** *m.(f.)*
salsa (type of music) **salsa** *f.*
salt **sal** *f.*
salty **salado(a)** (3)
Salvadorian **salvadoreño(a)**
same **mismo(a)**
  Same here. **Igualmente.**
  the same **lo mismo**
sandal **sandalia** *f.*
sandwich (French bread) **bocadillo** *m.*
  (ham and cheese) sandwich **sándwich (de jamón con queso)** *m.*
  sandwich made with tender filet of beef in a Mexican hard roll **pepito** *m.* (3)
satire **sátira** *f.* (11)
(to) have reason to feel satisfied with oneself **darse por satisfecho**
Saturday **sábado** *m.*
sauce **salsa** *f.*
saucer **platillo** *m.* (2)
Spanish sausage **chorizo** *m.*
(to) save **ahorrar**
(to) say **decir**
  (to) say yes (no) **decir que sí (no)**
  what ... says **lo que dice...**
  What did you say? **¿Qué dijiste?**
  You don't say! **¡No me digas!**
(decorative) scarf **pañuelo** *m.* (1)
(winter) scarf **bufanda** *f.* (1)
schedule **horario** *m.*
school **colegio** *m.*, **escuela** *f.*
science **ciencia** *f.*
  science fiction movie **película de ciencia-ficción** *f.*
sculpture **escultura** *f.*
sea **mar** *m.*
seashore **orilla del mar** *f.*
seating compartment **departamento de plazas sentadas** *m.* (5)
second **segundo(a)**
secretary **secretario(a)** *m.(f.)*
section **sección** *f.* (5)
(to) see **ver**
  See you later. **Hasta luego.**
  we'll see each other **nos vemos**
self-portrait **autorretrato** *m.* (7)
(to) sell **vender**
sensational **sensacional**
September **septiembre**
sequence, series **serie** *f.*
serious **serio(a)**
(to) serve oneself **servirse (i,i)**
at your service **a sus órdenes**
(to) set the table **poner la mesa**
seven hundred **setecientos(as)**
seventh **séptimo(a)**
seventy **setenta**
several **varios(as)**
(to) sew **coser** (8)
It's a shame. **Es una lástima.** (4)
(to) get in shape **ponerse en forma**
  Are you in shape? **¿Estás en forma?**
(to) share **compartir**
(to) shave **afeitarse**
she **ella**
sheep **oveja** *f.* (12)
sheet (of paper) **hoja (de papel)** *f.*
shellfish **marisco** *m.*
(to) shine **lucer** (1)
shirt **camisa** *f.*
shoe **zapato** *m.*
  shoe store **zapatería** *f.*
(to) shoot **fusilar**
(to) go shopping **ir de compras**
  shopping cart **carrito** *m.*
  shopping center **centro comercial** *m.*
short (height) **bajo(a)**
short (length) **corto(a)**
shorts **pantalones cortos** *m.* (1)
should **deber**
shoulder **hombro** *m.*
show **espectáculo** *m.*
(to) show **mostrar** (1)
  (to) show a movie **dar una película**
shower **ducha** *f.*
  (to) take a shower **ducharse**
shows it **lo muestra**
shrimp **gamba** *f.* (2); **camarón** *m.* (3)
  shrimp in garlic **gambas al ajillo** (2)
sick **enfermo(a)**
side **lado** *m.*
  on my father's (mother's) side **del lado de mi padre (madre)**
  on the side **al lado** (3)
sign, signal **señal** *f.*
silk **seda** *f.* (1)
silly **tonto(a)**
simple **sencillo(a), simple**
since **desde (que)**
  Since when? **¿Desde cuándo?**
(to) sing **cantar**
singer **intérprete** *m.* (9)
single **soltero(a)**
sink **lavabo** *m.*
sir **señor** *m.*
sister **hermana** *f.*
(to) sit down **sentarse (ie)**
situated **situado(a)**
six hundred **seiscientos(as)**
sixth **sexto(a)**
sixty **sesenta**
size **tamaño** *m.* (6)

ski **esquí** *m.*
skill **destreza** *f.* (6)
(to) ski **esquiar** (A)
skirt **falda** *f.*
slacks **pantalones** *m.*
(to) sleep **dormir (ue,u)**
I can't sleep. **No puedo dormir.**
sleepyhead **dormilón(ona)** *m.(f.)*
slice of bread **rebanada de pan** *f.*
slippery **resbaloso(a)**
It's slippery out. **Está resbaloso.**
slow, slowly **despacio**
small **pequeño(a)**
(to) smile **sonreírse (i,i)**
snack **merienda** *f.*
Spanish snack **tapa** *f.*
(to) sneeze **estornudar**
(to) snore **roncar**
snow **nieve** *f.*
It's snowing. **Nieva.**
so **tan**
so-so **más o menos**
soap **jabón** *m.*
soccer **fútbol** *m.*
social event **evento social** *m.*
sock **calcetín** *m.*
soda **soda** *f.*
sofa **sofá** *m.*
soft drink **refresco** *m.*
solitude **soledad** *f.* (10)
solution **solución** *f.*
some **unos(as)**
someday **algún día**
someone **alguien** (3)
something **algo**
sometimes **a veces**
son **hijo** *m.*
song **canción** *f.* (9)
I'm sorry. **Lo siento.**
soup **sopa** *f.* (2)
cold soup with tomatoes, garlic, onion **gazpacho** *m.* (2)
south **sur** *m.*
the Soviet Union **La Unión Soviética**
space **espacio** *m.*
Spain **España**
Spanish **español(a)**
special **especial**
spectacle **espectáculo** *m.*
(to) spend time **pasar tiempo**
sphere **globo** *m.*
spicy **picante**
spicy sauce **salsa picante** *f.*
spider **araña** *f.* (12)
spirit **espíritu** *m.* (8)
spoon **cuchara** *f.*
sport **deporte** *m.*
sporting goods store **tienda de deportes** *f.*
sports coat **saco** *m.* (1)
spring **primavera** *f.*
square **plaza** *f.*
square meters **m² (metros cuadrados)** (6)
squid **calamares** *m.*
stadium **estadio** *m.*
star **estrella** *f.*
starch **almidón** *m.*
state **estado** *m.*
station **estación** *f.*
stationery store **papelería** *f.*
(to) stay in bed **quedarse en cama**
(to) stay in top condition **mantenerse en condiciones óptimas**
steak **bistec** *m.* (2)
stepfather **padrastro** *m.*
stepmother **madrastra** *f.*
stereo **estéreo** *m.*
stewardess **azafata** *f.* (5)
stocking **media** *f.*
stomach **estómago** *m.*
without stopping **sin parar**
store **tienda** *f.*
storm **tormenta** *f.*
It's stormy. **Hay tormenta.**
story **cuento** *m.* (10)
storyteller **cuentista** *m.* or *f.* (10)
stove **estufa** *f.*
strange **extraño(a); raro(a)** (9)
strawberry **fresa** *f.*
street **calle** *f.*
striped **de rayas** (1)
strong **fuerte**
student **alumno(a)** *m.(f.)*, **estudiante** *m.* or *f.*
studio **taller** *m.* (7)
(to) study **estudiar**
stupid **tonto(a)**
style **estilo** *m.*, **moda** *f.*
subway **metro** *m.*
subway station **estación de metro** *f.*
suddenly **de repente; de golpe** (10)
(to) suffer **sufrir**
sufficient **suficiente**
sugar **azúcar** *m.*
(to) suggest **sugerir (ie,i)**
suit **traje** *m.* (1)
suitcase **maleta** *f.* (6)
summer **verano** *m.*
sun **sol** *m.*
(to) sunbathe **tomar el sol**
Sunday **domingo** *m.*
It's sunny out. **Hace sol.**
Super! **¡Super!**
superimposed **superpuesto(a)** (8)
supernatural **sobrenatural** (12)
sure **seguro(a)**
Sure! **¡Cómo no!** (4)
It will be a surprise; don't say anything to them. **Será una sorpresa; no les digas nada.**
surrealism **surrealismo** *m.* (7)
surrounded **rodeado(a)** (6)
survey **encuesta** *f.*
(to) sweat **sudar**
sweater **suéter** *m.*
sweatpants **sudaderas** *f.* (1)
sweet **dulce** *m.*
sweet roll, any **pan dulce**
(to) swim **nadar**
swimming pool **piscina** *f.*
swollen **hinchado(a)** (12)
system **sistema** *m.*

T

T-shirt **camiseta** *f.*
(beef) taco **taco (de carne)** *m.*
taco stand **taquería** *f.*
tag, label **etiqueta** *f.* (6)
(to) take **tomar**
(to) take a long time **tardarse**
(to) take off (airplane) **despegar** (6)
takes him **lo lleva**
(it) takes ... minutes **tarda... minutos**
(to) talk **hablar**
tall **alto(a)**
tan **bronceado(a)**
tapas restaurant **bar de tapas** *m.*
tape (recording) **cinta** *f.*
tape recorder **grabadora** *f.*
taste **gusto** *m.*
tasty **sabroso(a)** (3)
taxi **taxi** *m.*
(iced) tea **té (helado)** *m.*
teacher **profesor(a)** *m.(f.)*
telephone **teléfono** *m.*
telephone booth **cabina de teléfono** *f.*

telephone conversation **conversación telefónica** *f.*
television set **televisor** *m.*
color television set **televisor a colores** *m.*
(to) tell **decir**
(to) tell (a story) **contar** (12)
to tell the truth **para decir la verdad**
Tell me. **Dime.**
temperature **temperatura** *f.*
(to) take one's temperature **tomar la temperatura**
ten-trip ticket **billete de diez viajes**
tennis **tenis** *m.*
tennis ball **pelota de tenis** *f.*
tennis shoe **zapato de tenis** *m.*
tent **tienda de campaña** *f.*
tenth **décimo(a)**
terrace **terraza** *f.*
territory **territorio** *m.*
thank you **gracias**
thank you very much (many thanks) for... **muchas gracias por...**
I thank you. **Les agradezco.**
thanks a million for... **mil gracias por...**
Thanksgiving mass **misa de Acción de Gracias** *f.*
that **aquel(la), ese(a), que**
Is that it? **¿Así es?**
that is **o sea** (3)
that is to say **es decir**
that is why **por eso**
that one **aquél(la)** *m.(f.)*, **ése(a)** *m.(f.)*
That's all. **Es todo.**
the **el** *m.*, **la** *f.*, **las** *f. pl.*, **los** *m. pl.*
theater **teatro** *m.*
theatrical **teatral**
their **su**
theme **tema** *m.* (7)
then **entonces, pues**
there **allí**
there is / are **hay**
there is going to be **va a haber**
over there **allá**
they **ellos(as)** *m.(f.)*
They are from... **Son de...**
thigh **muslo** *m.*
thin **delgado(a)**
thing **cosa** *f.*
(to) think **pensar (ie)**
third **tercer(o/a)**
(to) be thirsty **tener sed**
this (month / afternoon) **este(a) (mes / tarde)**
This is... (introduction) **Le (Te) presento a...**
this one **éste(a)** *m.(f.)*
thousand **mil**
three **tres**
three hundred **trescientos(as)**
throat **garganta** *f.*
one must go through... **hay que pasar por...**
(to) throw oneself **tirarse**
There's thunder. **Truena.**
Thursday **jueves** *m.*
ticket **billete** *m.*
tie **corbata** *f.* (1)
time **tiempo** *m.*, **vez** *f.*
at some other time **en otra oportunidad**
on time **a tiempo**
from time to time **de vez en cuando**
It's about time! **¡Ya es hora!**
What time...? **¿A qué hora...?**
What time is it? **¿Qué hora es?**
many times **muchas veces**
timid **tímido(a)**
tip **propina** *f.*
tired **cansado(a)**
to **a**
to the **al**
toast (salutation) **brindis** *m.*
toast (food) **pan tostado** *m.*
toaster **tostador** *m.*
today **hoy**
Today is the (day) of (month). **Hoy es el (día) de (mes).**
toe **dedo del pie** *m.*
together **junto(a)**
toilet **WC** *m.*
tomato **tomate** *m.*
tomorrow **mañana**
tomorrow (morning / night) **mañana (por la mañana / noche)**
tonality **tonalidad** *f.* (7)
(to) tone up **tonificar**
tongue **lengua** *f.*
too **también**
too (much) **demasiado**
tooth **diente** *m.*
(to) touch **tocar**
tourist **turista** *m.* or *f.*
toward **hacia** (5)
towel **toalla** *f.*
town **pueblo** *m.*
(to) trace **trazar** (11)
traditional **tradicional**
tragic **trágico(a)** (11)
train **tren** *m.*
training **entrenamiento** *m.* (6)
trait **rasgo** *m.* (9)
(to) translate **traducir** (9)
(to) travel **viajar**
travel agency **agencia de viajes** *f.*
traveling companion **acompañante** *m.* or *f.* (5)
traveler's check **cheque de viajero** *m.*
trip **viaje** *m.*
(to) take a trip **hacer un viaje**
truly **verdaderamente**
trumpet **trompeta** *f.*
(to) try to **tratar de**
(to) try on **probarse** (1)
Tuesday **martes** *m.*
tuna **atún** *m.*
(to) turn **doblar**
(to) turn over **dar una vuelta**
twenty **veinte**
twilight **crepúsculo** *m.* (5)
(to) twist (a body part) **torcerse** (10)
two **dos**
the two **los(las) dos**
two hundred **doscientos(as)**
(to) type **escribir a máquina**
typewriter **máquina de escribir** *f.*

U

ugly **feo(a)**
uncertainty **incertidumbre** *f.* (10)
uncle **tío** *m.*
(to) understand **comprender**
United States **los Estados Unidos**
universal **universal** (11)
university **universidad** *f.*
unlimited **sin límite**
unreality **irrealidad** *f.* (10)
until **hasta**
(to) go up **subir**
Uruguay **Uruguay**
Uruguayan **uruguayo(a)**
useful **útil**

as usual **como de costumbre**
usually **usualmente**

V

VCR **vídeo** *m.*
vacant **vacío(a)**
vacation **vacaciones** *f.*
valise **valija** *f.* (6)
value **valor** *m.* (11)
van **camioneta** *f.* (6)
varied **variado(a)**
various **varios(as)**
veal **ternera** *f.* (2)
vegetable **vegetal** *m.*
verdura *f.* (3)
Venezuela **Venezuela**
Venezuelan **venezolano(a)**
very **muy, bien**
Very well, thank you. **Muy bien, gracias.**
vest **chaleco** *m.* (1)
videocassette **vídeo** *m.*
violet **violeta** *f.*
violin **violín** *m.*
virus **virus** *m.*
(to) visit **visitar**
(to) be visiting **estar de visita**
vitamin **vitamina** *f.*
volcano **volcán** *m.*
volleyball **vólibol** *m.*
vulgar **grosero(a)** (11)

W

(to) wait **esperar**
waits for them **los espera**
waiter (waitress) **camarero(a)** *m.(f.)*
(to) wake up **despertarse (ie)**
walk **paseo** *m.*
(to) take a walk **dar un paseo**
(to) walk **caminar**
wallet **cartera** *f.*
(to) want **desear, querer(ie)**
warm **caliente**
(to) wash **lavar**
(to) wash (one's hands, hair, brush one's teeth) **lavarse (las manos, el pelo, los dientes)**
(to) wash clothes **lavar la ropa**
(to) wash dishes **lavar los platos**
washing machine **lavadora** *f.*
(to) watch **mirar**
(to) watch one's weight **guardar la línea**
Watch out! **¡Cuidado!**
(to) watch television **mirar la televisión**
water **el agua** *f.*
watermelon **sandía** *f.*
(to) waterski **esquiar en agua**
waterskiing **esquí acuático** *m.*
wave **onda** *f.* (9)
way **manera** *f.*
in that way **de esa manera**
we **nosotros(as)** *m.(f.)*
weak **débil**
weather **tiempo**
What's the weather like? **¿Qué tiempo hace?**
wedding **boda** *f.*
Wednesday **miércoles** *m.*
week **semana** *f.*
weekend **fin de semana** *m.*
(to) weigh **pesar**
I weigh ... kilos. **Peso... kilos.**
you're welcome **de nada**
well **bien**
Well done! **¡Bravo!** (10)
well then **pues**
west **oeste** *m.*
wet **mojado(a)** (3)
what? **¿qué?, ¿cómo?**
What a pity! **¡Qué pena!**
what a shame... **qué vergüenza...** (9)
when **cuando**
where? **¿adónde?, ¿dónde?**
Where are you from? **¿De dónde es / eres?**
Where is ...? **¿Dónde está...?**
Where is / are there ...? **¿Dónde hay...?**
which? **¿cuál?**
whichever **cualquier**
a good while **un buen rato**
white **blanco(a)**
who? **¿quién?**
Who's calling? **¿De parte de quién?** (4)
whole **entero(a)**
Whose is it? **¿De quién es?**
why? **¿por qué?**
why not? **¿por qué no?**
wide **amplio(a)** (11)
wife **esposa** *f.*
wind **viento** *m.*
window **ventana** *f.*
shop window **escaparate** *m.*
It's windy out. **Hace viento.**
winter **invierno** *m.*
(to) wish for **desear**
(to) wish them **desearles**
with **con**
with all my heart **con todo el corazón**
with me **conmigo**
with pleasure **con mucho gusto**
with you **contigo** (5)
within **dentro de**
without **sin**
without stopping **sin parar**
woman **mujer** *f.*
wonderful **formidable**
wool **lana** *f.* (1)
work **obra** *f.* (7)
(to) work **trabajar, funcionar**
worker **trabajador(a)** *m.(f.)*
from another world **extraterreno(a)** (12)
worried **preocupado(a)**
Don't worry. **No se preocupen.**
worse, worst **peor**
... would like... **quisiera...**
I would like something for... **Quisiera algo (alguna cosa) para...**
we would like... **(nosotros) quisiéramos...**
wrist **muñeca** *f.*
(to) write **escribir**
writer **escritor(a)** *m.(f.)* (10)

Y

year **año** *m.*
yellow **amarillo(a)**
yes **sí**
yesterday **ayer**
yogurt **yogur** *m.*
you (familiar) **tú**, (familiar plural) **vosotros(as)** *m.(f.)*, (formal) **usted/Ud.**, (formal plural) **ustedes/Uds.**
young **joven**
younger **menor**
your **tu, su**

Index